古典文獻研究輯刊

五　編

潘美月・杜潔祥　主編

第 **12** 冊

《新序》校證（下）

陳茂仁　著

國家圖書館出版品預行編目資料

《新序》校證（下）／陳茂仁著 — 初版 — 台北縣永和市：花
木蘭文化出版社，2007〔民96〕

目 2+298 面；19×26 公分（古典文獻研究輯刊 五編：第 12 冊）

ISBN：978-986-6831-45-4（全套精裝）
ISBN：978-986-6831-57-7（精裝）
1. 新序　2. 研究考訂
122.47　　　　　　　　　　　　　　　　　96017436

ISBN - 978-986-6831-57-7

9 789866 831577

古典文獻研究輯刊
五　編　第十二冊　　　　　ISBN：978-986-6831-57-7

《新序》校證（下）

作　　者　陳茂仁
主　　編　潘美月　杜潔祥
企劃出版　北京大學文化資源研究中心
出　　版　花木蘭文化出版社
發 行 所　花木蘭文化出版社
發 行 人　高小娟
聯絡地址　台北縣永和市中正路五九五號七樓之三
　　　　　電話：02-2923-1455／傳真：02-2923-1452
電子信箱　sut81518@ms59.hinet.net
初　　版　2007 年 9 月
定　　價　五編 30 冊（精裝）新台幣 46,500 元

《新序》校證（下）

陳茂仁　著

目　　錄

《新序》卷第八

陽朔元年二月癸卯護左都水使者光祿大夫臣劉向上

義　勇

茂仁案：此刻本〈目錄〉作「節士」，各本並同。

（一）陳恆弒簡公而盟

陳恆弒簡公而盟，盟者皆完其家，

　　武井驥曰：「吳本無『盟』字，朝鮮本同。」

　　梁容茂曰：「(陳恆弒簡公而盟者)《御覽》四一八引、何本、程本、百子本：俱疊上『盟』字，是也。事見哀十四年《左傳》及《史記・齊世家》。」

　　蔡信發曰：「《外傳》『陳恆』作『田常』。『田』、『陳』古音同。《說文》：『恆，常也。』陳恆，即田常，爲避文帝諱，改恆爲常。」

　　茂仁案：「陳恆弒簡公而盟」，四庫《新序》版本有二，二本「盟」字並重出，梁先生以四庫本爲底本，失檢。《韓詩外傳》六作「田常弒簡公，乃盟于國人」，《群書集事淵海》四〇引「簡」上有「齊」字。「而盟，盟」，《太平御覽》四一八引、《春秋別典》一四引「盟」字並重出，與此同，程榮本、祕書本、鐵華館本、龍溪本亦並同，《群書集事淵海》四〇引「盟」字不重出，元刊本、楚府本、何良俊本、楊美益本、白口十行本並同，「而盟」屬下連讀。蔡先生以田、陳古音同，又爲避文帝諱，改恆爲常，是也。崔述《洙泗考信錄・考古續說》二「附齊爲田氏考」云：「《史記・田敬仲完世家》云：『敬仲之如齊，以陳字爲田氏。』應劭云：『始食采地，由是改姓田氏。』〈正義〉曰：『敬仲既奔齊，不欲稱故國號，故改陳字爲田氏。』余按：《左

傳》稱陳文子、陳桓子、陳乞、陳恆、陳逆、陳豹，《論語》亦稱陳文子、陳成子，
皆未嘗改爲田。非但春秋之世而已，《孟子》書亦稱陳賈、陳仲子，是戰國之時，猶
未嘗改也。安在有改陳爲田之事哉！蓋陳之與田，古本同音；顚，天、田、年等字，
古皆入眞、文韻，而端、透、定、泥母下之字，與知、徹、澄、孃母下之字，古音
亦未嘗分；皆自隋唐以後音轉始分爲二。（中略）田字在定母下，陳字在澄母下，然
則三代以上讀田音正與陳同，故陳之文或訛而爲田爾，非敬仲改之也。」是。《說文》
十三篇下田部「田」字段〈注〉、錢大昕《十駕齋養新錄》五，說並略同。陳、田，
正、假字也。

不盟者殺之。

　　茂仁案：《韓詩外傳》六作「不盟者死及家」，審下文云「雖然，不盟則殺父母
也」，知不盟者，非殺及身耳，並及其家，故此當從《韓詩外傳》六作「不盟者死及
家」爲是。《太平御覽》四一八引，無此句。

石他人曰：「昔之事其君者，皆得其君而事之；今謂他人曰：『舍而君而事我。』」
他人不能。

　　武井驥曰：「《韓詩》卷六無『人』字。」

　　梁容茂曰：「（石他人曰：昔者之事其君者皆得其君而事之）《外傳》六：無『人』
字。」

　　蔡信發曰：「《外傳》『他』下無『人』，下同。檢：本書〈節士〉：『狐父之盜丘
人也』，《列子·說符》、《呂覽·介立》，『丘』下並無『人』，『人』乃衍文。此章『他』
下有『人』字，《外傳》無，亦衍文。當以《外傳》爲準，此誤。石，姓。他，名。」

　　茂仁案：「石他人」，《韓詩外傳》無「人」字，下同，《太平御覽》四一八引作
「召他入」，《群書集事淵海》四〇引、《春秋別典》一四引並與此同。他，爲「佗」
之隸變，說見《說文》八篇上人部「佗」字段〈注〉，楚府本「石」作「右」，非是，
形近而訛也。「昔之事其君者……他人不能」，四庫《新序》版本有二，二本「昔」
下並無「者」字，梁先生以四庫本爲底本，失檢。《韓詩外傳》六作「古之事君者，
死其君之事。舍君以全親，非忠也；捨親以死君之事，非孝也。他則不能」。《太平
御覽》四一八引，無此三十二字。

雖然，不盟，則殺父母也；從而盟，是無君臣之禮也。

　　武井驥曰：「《御覽》四百十八引『殺』作『弑』。」又曰：「宋板《御覽》作『盟
之』。」

茂仁案：《韓詩外傳》六作「然不盟，是殺吾親也；從人而盟，是背吾君也」，《太平御覽》四一八引作「不盟，是弒父母也；盟之，是無君臣之禮」。楚府本「母」作「毋」，下同，毋、母，形近而訛也。

生於亂世，不得正行；劫於暴上，不得道義；

武井驥曰：「《韓詩》『上』作『人』、『道』作『全』。」

施珂曰：「《外傳》六作『劫乎暴人，不得全義。』」

梁容茂曰：「《外傳》作：『劫於暴人，不得全義。』」

茂仁案：《太平御覽》四一八引無此數句，《群書集事淵海》四○引、《春秋別典》一四引則並與此同。「生於亂世」，《韓詩外傳》六「生」上有「嗚呼」二字，而無「於」字。審此有「於」字，於文氣較完，且此並爲四字句式，有「於」字是也。「劫於暴上」，《韓詩外傳》六「上」作「人」，審此文義，欲求全身而劫（盟）於此弒君之人，知作「人」爲長也。「不得道義」，《韓詩外傳》作「不得全義」，審此句與上文「不得正行」對言，「道」爲名詞，與「正」作動詞，不類。故此以作「不得全義」，於文例爲長。

故雖盟，不以父母之死，不如退而自殺，以禮其君。」乃自殺。

盧文弨曰：「（不以）此二字疑。」

武井驥曰：「宋板《御覽》作『乃盟以免父母死，而自殺以禮其君』，《韓詩》作『乃進盟以免父母，退伏劍以死其君』。」

施珂曰：「（不如退而自殺而禮其君）《御覽》四一八引『不以』作『以免』，是也。《外傳》作『乃進盟以免父母，』亦可證此文『不以』二字之誤。」

梁容茂曰：「此恐有脫誤。不以，疑當作『以免』。《外傳》作：『乃進盟以免父母，退伏劍以死其君。』《御覽》四一八引作：『乃盟以免父母之死，而自殺以禮其君。』」

茂仁案：鐵華館本作「以禮其君」，不作「而禮其君」，施先生以鐵華館本爲底本，失檢。《太平御覽》四一八引作「乃盟以免父母死，而自殺以禮其君」，《韓詩外傳》六作「悲夫！乃進盟以免父母，退伏劍以死其君」。梁先生云「不以，疑當作『以免』」，審此字面文義，確有難通處。上文「故雖盟」，「雖」當讀爲「唯」，本書卷十「漢王既用滕公、蕭何之言」章，云「唯信亦以爲大王不如也」，《史記‧淮陰侯傳》「唯」作「惟」，《長短經‧霸圖篇》〈注〉「唯」作「雖」，《資治通鑑》九「唯」亦作「惟」。〈考證〉云：「張文虎曰：『惟』，《漢書》作『唯』，王本作『雖』（中略）。

王念孫《讀書雜志》四之八《漢書・韓彭盧吳傳》曰：『雖字，古多借作惟，又作唯。惟信亦以爲大王不如也，當作一句讀。言非獨大王以爲不如，雖信亦以爲不如也。』」是。唯、惟、雖古字通用之辯，又見王念孫《讀書雜志》卷三之四《史記・張儀列傳》「雖無出甲」條，又見《經傳釋詞》、《經詞衍釋》、《古書虛字集釋》八、《助字辨略》一，又本書本卷十「漢三年」章，「且夫楚雖無彊」，元刊本、楚府本、何良俊本、楊美益本、白口十行本、程榮本、祕書本、陳用光本、四庫本、百子本「雖」並作「惟」，又該章文末〈注〉云「『楚雖無彊』，《漢》、《史》作『楚唯無彊』」，「雖」作「唯」，並二者通用之證也。是以「故雖盟」，即「故唯盟」，意即從盟之意也，「不以父母之死」即承此而來，《戰國策・秦策》云：「向欲以齊事王。」〈注〉云：「以，猶使也。」此「不以」之「以」亦訓「使」，「不以父母之死」即不使父母往死之謂也，梁先生疑「不以」當作「以免」，蓋受制於字面義也，《群書集事淵海》四〇引、《春秋別典》一四引並與此同，不誤也，下文「不如退而自殺」，「不如」二字，蓋後人不知「雖」當讀爲「唯」，而據字面文義所衍也，當刪，《太平御覽》四一八引云：「乃盟以免父母死，而自殺以禮其君。」乃先盟而後自殺，適爲上述「故雖盟，不以父母之死，不如退而自殺，以禮其君」之明證。「乃自殺」，《群書集事淵海》四〇引「乃」作「遂」，義同。

（二）陳恆弑君

陳恆弑君，使勇士六人，劫子淵棲，

盧文弨曰：「昭二十六年《左傳》有『子淵捷』。古捷、接多通用。此『棲』疑『接』之訛。」

武井驥曰：「《御覽》四百三十七引作『田桓將弑君，勇士六人劫子川捷曰：‘子與我，請分齊之半以予子；子不吾與，今此是已。’子川捷曰』云云。」

施珂曰：「《御覽》四三七引桓下有將字。棲作捷，《左傳》合。捷下更有『曰：‘子與我，請分齊之半以予。子不吾與，今此是已。’』當據補。」

梁容茂曰：「（使勇士六人劫子淵棲曰）《御覽》四三七引作：『田桓將弑君，勇士六人劫子川捷曰：子與我請分齊之半以予子，不吾與，今以此是已，子川捷曰……』知，作『智』。下同。案：齊頃公孫有子淵捷者，蓋即其人也。《拾補》云：『昭二十六年《左傳》有子淵捷，古捷接多通，此棲接之訛。』」

蔡信發曰：「《拾補》：『昭二十六年《左傳》有子淵捷。』《淮南・說山》：『陳成子恆之劫子淵捷也。』高〈注〉：『陳成子將弑齊簡公，勇士十六人，脅其大夫子淵

捷，欲與分國。捷不從，故曰劫之。』《御覽》四三七引：『田恆將弒君，勇士六人劫子川捷。』〈齊世家〉：『齊人共立悼公子壬，是爲簡公。簡公四年五月庚辰，田常執簡公于徐州。公曰：‘余蚤從御鞅言，不及此。’甲午，田常弒簡公于徐州。』川、淵並有水義，《御覽》誤淵爲川。子川捷，即子淵捷。此『樓』，當『捷』之形訛。本文據《淮南》，《淮南》不載劫捷人數，此明言六人，《御覽》本之，訖高〈注〉，多至十六人，是皆增益之詞，可不拘膠。」

茂仁案：「陳恆弒君」，《太平御覽》四三七引作「田恆將弒君」，《春秋別典》一四引、《天中記》二四引並與本文同。《淮南子・說山篇》高誘〈注〉作「陳成子將弒齊簡公」，並有「將」字。審下文云「臣弒君，非知也」、「見利而背君」，顯爲將弒而未弒之言，故「恆」下，當據補「將」字。陳、田，正、假字也，說見本卷「陳恆弒簡公而盟」章，「陳恆弒簡公而盟」條校記；又高〈注〉「陳成子」，《淮南子・說山篇》作「陳成子恆」，是知陳成子即陳恆也。「劫子淵樓」，四庫《新序》版本有二，二本「子淵樓」並重出，梁先生以四庫本爲底本，失檢。《太平御覽》四三七引「子淵樓」作「子川捷」，下同，《淮南子・說山篇》作「子淵捷」，下同。盧文弨云「『樓』疑『接』之訛」，蔡先生云「『樓』，當『捷』之形訛」，是也，當據改，下同，陳鱣校同。《淮南子・說山篇》〈注〉「劫子淵樓」作「脅其大夫子淵捷，欲與分國」，《太平御覽》四三七引作「劫子川捷曰：『子與我，請分齊之半以予子，子不吾與，今此是已。』」審《太平御覽》四三七引所言，與下文「子之欲與我」及「使吾無此三者，與何補於子？若吾有此三者，終不從子矣」，正相呼應，故「劫子淵樓」句下當據《太平御覽》四三七引之文補，以符文意。楚府本「使」作「仗」，非是，形近致訛也。「劫子淵樓」，《春秋別典》一四引、《天中記》二四引「子淵樓」並重出，各本並同，是，當據補，「樓」爲「捷」訛，說見上，《太平御覽》四三七引「子川捷」重出，作「捷」，正是也。重出之「子淵捷」下句，當屬下連讀。

曰：「子之欲與我，以我為知乎？臣弒君，非知也；

　　武井驥曰：「《御覽》『知』作『智』。」

　　茂仁案：「以我爲知乎」，知、智，古、今字，《春秋別典》一四引、《天中記》二四引則並與此同。

以我為仁乎？見利而背君，非仁也；以我為勇乎？劫我以兵，懼而與子，非勇也。

　　武井驥曰：「《御覽》『背』作『倍』。」

梁容茂曰：「《御覽》四三七引：背，作『倍』。背、倍，古通。」

茂仁案：「見利而背君」，《春秋別典》一四引、《天中記》二四引並與此同。倍，古為並母、之部；背，古為幫母、職部，二者音近可通，《說文》四篇下肉部云：「背，脊也。」又八篇上人部云：「倍，反也。」職是，倍、背，正、假字也。

使吾無此三者，與，何補於子？若吾有此三者，終不從子矣。」乃舍之。

武井驥曰：「《御覽》『何』上有『子』字。」又曰：「《御覽》『子矣』作『夫子』。」

施珂曰：「《御覽》引與下有子字，何作無。子字當補。」

茂仁案：《春秋別典》一四引、《天中記》二四引「與」下並無「子」字，與此同，各本並同。《太平御覽》四三七引「與」下有「子」字、「從」下有「夫」字，審此「夫」字，當作語詞，無義。又《太平御覽》四三七引「何補於子」作「無恆矜子」，文不辭，非是。

（三）宋閔公臣長萬

宋閔公臣長萬，以勇力聞，

梁容茂曰：「《外傳》八：長萬，作『宋萬』。」

蔡信發曰：「《左傳》、《公羊傳》、《外傳》『長萬』作『宋萬』，〈宋世家〉作『南宮萬』，〈正義〉作『南宮長萬』。南宮為姓，萬為名，因為宋大夫，故稱宋萬，長萬乃其字，《漢書·古今人表》，列於下中。」

茂仁案：「宋閔公臣長萬」，《左傳·莊公十一年》「長萬」作「南宮長萬」，《春秋·莊公十二年》、《左傳·莊公十二年》、《公羊傳·莊公十二年》、《韓詩外傳》八「長萬」並作「宋萬」，《春秋繁露·王道篇》作「萬」，《史記·宋微子世家》作「南宮萬」。《左傳·莊公十二年》〈釋文〉云：「本或作長萬。長，衍字也。下亦然。」《春秋繁露·王道篇》〈注〉引賈逵曰：「南宮氏，萬名，宋卿。」蔡先生云「長萬乃其字」，《漢書古今人表疏證》「南宮萬」引梁玉繩曰：「（上略）亦曰南宮長萬（中略），梁履繩曰：『疑長是其字。』」王引之《經義述聞》述二二〈春秋名字解詁〉「宋南宮萬字長【莊十一年《左傳》作『南宮長萬』，十二年《經》作『宋萬』，《傳》亦作『宋萬』，又作『南宮萬』。梁氏處素曰：『疑長是其字。』案：春秋時，名字並稱者，皆先字而後名，故曰南宮長萬】云：「萬讀曰曼。〈魯頌·閟宮篇〉：『孔曼且碩。』毛〈傳〉曰：『曼，長也。』曼與萬古字通。《荀子·正論篇》：『曼而饋。』楊〈注〉曰：『曼當為萬。列萬舞而進食。』是其例也。」曼之音萬，別見錢大昕《十駕齋養

新錄》二「曼」。據上，萬讀曰曼，曼訓長，則萬爲名，長爲字也，適與古人取字，名與字常有意義之相關合，是也，故知以「長萬」爲字，及以「長」字爲衍之說，並非是。王引之之說別見周法高《周秦名字解詁彙釋》上，略見《春秋名字解詁彙釋補編》上。

萬與魯戰，師敗，爲魯所獲，囚之宮中，數月，歸之宋。

施珂曰：「《漢魏叢書本》囚誤曰。」

梁容茂曰：「莊十二年《公羊傳》：『莊公歸，散舍諸宮中數月，然後歸之。』《外傳》八作：『莊公散舍諸宮中數月，然後歸之。』何本：囚，作『曰』，誤。」

茂仁案：「囚之宮中，數月，歸之宋」，施先生所引《漢魏叢書本》爲指陳用光本及程榮本而言，今二本並作「囚」，不作「曰」，施先生失檢。審《左傳・莊公十年》云：「夏六月，齊師、宋師，次于郎。公敗宋師于乘丘。」又《左傳・莊公十一年》云：「（冬）乘丘之役【在十年】，公以金僕姑射南宮長萬，公右歂孫生搏之。宋人請之，宋公靳之。」據此，魯莊公十年夏六月，宋、齊進犯魯國，魯敗宋於乘丘，南宮長萬於是役見俘。至莊公十一年多，魯方釋長萬回宋。則長萬之被俘已年餘，此作「數月」，不類，疑當作「歲餘」。「歲餘」一辭，又見本書卷十「留侯張子房於漢已定」章，「杜門不出，歲餘」，是其比。

宋閔公博，

盧文弨曰：「（與）舊作『宋』，據莊公十二年《公羊傳》，當作『與』，《外傳》八同。」又曰：「博與搏通。《詩・小旻》〈傳〉：『徒搏曰暴虎。』〈釋文〉：『博音搏。』」

武井驥曰：「《韓詩》卷八作『宋萬與閔公博』，《史・宋世家》曰：『秋，湣公與南宮萬獵，因博爭行。』」

梁容茂曰：「《公羊》、《外傳》：宋，俱作『與』，人下有『皆』字，當從之。《拾補》：宋作與。云：『舊作宋，據莊公十二年《公羊傳》，當作與，《外傳》八同。』又云：『博與搏通，《詩・小旻》〈傳〉徒搏曰暴虎，〈釋文〉：博音搏。』」

蔡信發曰：「《公羊》、《外傳》『宋』作『與』，『博』作『搏』。《拾補》：『舊作宋，據莊十二年《公羊傳》，當作與，《外傳》八同。博，與搏通。《詩・小旻》〈傳〉：『徒搏曰暴虎。』〈釋文〉：『博音搏。』是。」

茂仁案：「宋閔公博」，《公羊傳・莊公十二年》作「與閔公博」，《韓詩外傳》八作「宋萬與閔公博」，《春秋繁露・王道篇》云：「宋閔公矜婦人而心妒，與大夫萬博。」《史記・宋微子世家》云：「湣公與南宮萬獵，因博，爭行。」職此，「宋」當改作

「與」，與下文「公謂萬曰」正相呼應，又此章除文首稱「宋閔公」外，文中悉作「閔公」，獨此作「宋閔公」，不類，知「宋」之不當有，當據改作「當」爲是，陳鱣亦校作「與」。楚府本「博」作「搏」，祕書本作「博」。盧文弨引《詩・小旻》〈釋文〉證「博與搏通」，是。博、搏，形近而訛也。

婦人在側，

茂仁案：「婦人在側」，《公羊傳・莊公十二年》、《韓詩外傳》八「人」下並有「皆」字。

公謂萬曰：「魯君孰與寡人美？」

蔡信發曰：「《公羊傳》、《外傳》並無此十一字。」

茂仁案：《左傳・莊公十二年》、《春秋繁露・王道篇》亦並無此十一字。

萬曰：「魯君美，天下諸侯唯魯君耳，宜其為君也。」

武井驥曰：「《公羊・十二年》作『甚矣！魯侯之淑，魯侯之美也。天下諸侯宜爲君者，唯魯侯爾』。」

梁容茂曰：「《公羊》、《外傳》作：『甚矣！魯侯之淑，魯侯之美也。』」

茂仁案：《春秋繁露・王道篇》作「天下諸侯宜爲君，唯魯君耳」。

閔公矜婦人，妬，因言曰：「爾魯之囚虜，爾何知？」

盧文弨曰：「（因）兩書作『其』，當從之。」

武井驥曰：「《韓詩》作『矜此婦人，妬其言，顧曰』，《公羊》同。」

梁容茂曰：「何本：囚，作『因』，誤。」

茂仁案：「妬，因言曰」，《公羊傳・莊公十二年》作「妬其言，顧曰」，《韓詩外傳》八同，唯「妬」作「妒」，《春秋繁露・王道篇》作「妬其言曰」，四庫本、鐵華館本、四庫全書薈要本、龍溪本「妬」並作「妒」，盧文弨云「（因）兩書作『其』，當從之」，陳鱣亦校作「其」。審此文義已足，「因」非必改作「其」也，端視句讀之異而異耳。妒，正字，通作「妬」，說見《龍龕手鑑新編》編號00941。

萬怒，遂搏閔公頰，齒落於口，絕吭而死。

武井驥曰：「《公羊》、《韓詩》作『搏閔公，絕脰』，《史》曰：『遂以局殺湣公于蒙澤。』」

梁容茂曰：「《公羊》作：『搏閔公，絕其脰。』下死字作『弒』。《外傳》作：『搏

閔公絕脰。』下死字作『弒』。」

　　蔡信發曰：「《左傳》作『宋萬弒閔公於蒙澤』，《公羊傳》作『萬怒，搏閔公，絕其脰』，《外傳》作『宋萬怒，搏閔公，絕脰』，〈宋世家〉作『湣公與南宮萬獵，因博爭行，湣公怒，辱之曰：始吾敬若，今若魯虜也。萬有力，病此言，遂以局殺湣公于蒙澤』。〈宋世家〉據《左傳》，《外傳》本《公羊傳》，各據所聞而著錄，於焉參差，至本章乃因《公羊傳》、《外傳》。」

　　茂仁案：《春秋繁露·王道篇》作「致萬怒，搏閔公，絕脰」。《中論·法象篇》云：「宋敏碎首于棋局。」所言與此異。

仇牧聞君死，趍而至，遇萬於門，攓劍而叱之。

　　盧文弨曰：「『趍』訛，下同。」又曰：「（攓）《公羊》作『手』。」

　　武井驥曰：「吳本『趍』作『趨』。」又曰：「《韓詩》『攓』作『手』。」

　　梁容茂曰：「《公羊》、《外傳》：趍，俱作『趨』。攓，俱作『手』。《拾補》亦作趨，謂趍訛，下同。」

　　茂仁案：《公羊傳·莊公十二年》、《韓詩外傳》八「死」並作「弒」、「趍」並作「趨」、「攓」並作「手」，楚府本、祕書本、鐵華館本、百子本、龍溪本「趍」亦並作「趨」，下同。死、弒；攓、手，並通。趨、趍，正、俗字。陳鱣校趍作趨，作「趨」，不誤也。

萬臂擊仇牧而殺之，齒著於門闔。

　　盧文弨曰：「（擊）《公羊》作『搹』。」

　　武井驥曰：「《公羊》作『搹仇牧，碎其首』。」

　　梁容茂曰：「《公羊》、《外傳》：擊，俱作『搹』；『而殺之』，俱作『碎其首』。」

　　蔡信發曰：「〈宋世家〉文義與此同；《公羊傳》有『碎其首』，《外傳》同，與此異。」

　　茂仁案：「萬臂擊仇牧而殺之」，《左傳·莊公十二年》作「批而殺之」，《公羊傳·莊公十二年》、《韓詩外傳》八並作「萬臂搹仇牧，碎其首」，《史記·宋微子世家》作「萬搏牧」，《白氏六帖》八「仇牧碎首」〈注〉、《白孔六帖》二五「仇牧碎首」〈注〉並引《公羊》作「萬批牧，首碎，齒著于闔」。《左傳·莊公十二年》杜預〈注〉引《字林》云：「（批）擊也。」《春秋左氏傳舊注疏證·莊公十二年》云：「洪亮吉云：『《一切經音義》引此傳作‘搹而殺之’。今審《說文》：‘搹，反手擊也。’今本作批，非是。』」《公羊傳·莊公十二年》何休〈解詁〉云：「側手曰搹。」職此，各

書所載雖異，其實一也。「齒著於門闔」，楚府本「著」作「者」、「闔」作「門」。者、著，形近致訛也，闔、門，並通。

仇牧可謂不畏彊禦矣，趙君之難，顧不旋踵。

　　盧文弨曰：「（君）『臣』訛。」

　　武井驥曰：「叢書本『君』作『臣』，嘉靖本、朝鮮本同，非。」

　　蒙傳銘曰：「『趍』乃『趨』之俗。宋本作『君』，是也。」

　　梁容茂曰：「（趙臣之難）趙，百子本作『趨』。《拾補》：臣，作『君』，云：『臣訛。』」

　　蔡信發曰：「《拾補》『臣』作『君』，云：『臣，訛。』是。」

　　茂仁案：「趙君之難」，四庫《新序》版本有二，二本並作「君」，不作「臣」，梁先生以四庫本為底本，失檢。「君」，形似「君臣」合刻，元刊本、楚府本、何良俊本、楊美益本、程榮本、祕書本、陳用光本「趙君之難」並作「趙臣之難」，鐵華館本、百子本、龍溪本並作「趨臣之難」，武井驥《纂註本》、白口十行本、四庫本並作「趙君之難」。趨、趙，正、俗字。審此文義，「君」當作「君」，「君」之作「臣」者，蓋涉「君」字連類而誤也。

（四）崔杼弒莊公

崔杼弒莊公，令士大夫盟者皆脫劍而入，言不疾、指不至血者死，

　　施珂曰：「盟字當作疊。《外傳》二正疊盟字。」

　　梁容茂曰：「《外傳》二：令，作『合』；疊『盟』字。」又曰：「（指不血者死）《晏子・內篇・雜上》：十，作『七』。《外傳》作：『指血至者死』。十下有『餘』字。百子本：血作『盟』。」

　　茂仁案：「崔杼弒莊公」，《群書集事淵海》一一引「崔」上有「魯襄公二十五年，齊」八字，較此為詳。「令士大夫盟者皆脫劍而入」，《韓詩外傳》二「令」作「合」、「盟」字重出。令、合，形近而訛，非是。祕書本「大」作「天」，亦形訛也，非是。「指不至血者死」，陳用光本「血」亦作「盟」，非是，蓋涉上文「盟」字而誤。四庫《新序》版本有二，二本「不」下並有「至」字，梁先生以四庫本為底本，失檢。《韓詩外傳》二作「措血至者死」，不辭。

所殺十人，次及晏子。

武井驥曰：「《晏子·雜上篇》『十』作『七』，《韓詩》卷二十下有『餘』字。」

蒙傳銘曰：「《後漢書·馮衍傳》李賢〈注〉引《晏子春秋》，亦作『所殺七人。』古文七作十，十作十，二字形似，往往互譌。如《莊子·達生篇》：『十日戒，三日齊。』《記纂淵海》九八引『十』作『七』，證以《禮記·坊記》『七日戒，三日齊』之文，知今本《莊子》七誤作十。又如《史記·自序》：『於是論次其文，七年而太史公遭李陵之禍。』《漢書·司馬遷傳》：『於是論次其文，十年而遭李陵之禍。』張守節〈正義〉云：『案：從太初元年（西元前104年）至天漢三年（西元前98年），乃七年也。』據此，知《漢書》七亦誤作十也。然《新序》此文作『十人』，《晏子》作『七人』，《韓詩》作『十餘人』，三說不同者，襄公二十五年《左傳》云：『（莊）公踰牆，又射之，中股，反隊，遂弒之。賈舉、州綽、邴師、公孫敖、封具、鐸父、襄伊、僂堙皆死。祝佗父祭於高堂，至，復命。不說弁而死於崔氏。申蒯侍漁者，退謂其宰曰：『爾以帑免，我將死。』其宰曰：『免，是反子之義也。』崔氏殺鬷蔑于平陰。晏子立於崔氏之門外……』崔杼弒莊公，所殺士大夫與盟者，蓋印（茂仁案：印當作即）指賈舉等人言之。若除去申蒯之宰，鬷蔑二人不計，實得十人，故《新序》云『所殺十人』，《晏子》沿此誤作『七人』，《韓詩》則包此二人並計之，故云『所殺者十餘人也』。」

蔡信發曰：「《晏子》『十人』作『七人』，《外傳》作『十餘人』，與此異。」

茂仁案：《群書集事淵海》一一引、《春秋別典》七引亦並作「十人」，與此同。此作十人者，蓋取其大數爲言；作十餘人者，則舉其成數也；作七人者，十之與七，古文形近而易混，七爲十字之誤也。本文「所殺十人」，《晏子春秋·內篇·雜上篇》作「所殺七人」，《韓詩外傳》二作「所殺者十餘人」，非異也，蓋所舉異耳，蒙先生之說是。

晏子奉梧血，仰天歎曰：

茂仁案：《呂氏春秋·知分篇》作「晏子俛而飲血，仰而呼天曰」。《韓詩外傳》二「梧」作「杯」、「歎」作「嘆」，《春秋別典》七引同，且「天」下有「而」字。祕書本「梧」作「捂」，何良俊本、祕書本「歎」並作「嘆」。梧、杯，正、俗字，說見《說文》六篇上木部「梧」字段〈注〉；捂、梧，形近而訛也。古「歎」與「嘆」義別，歎與喜、樂爲類，嘆與怒、哀爲類，說見本書卷一「晉平公浮西河」章，「中流而歎」條校記。職此，「歎」當據改作「嘆」。

「惡乎！崔子！將為無道，殺其君。」

武井驥曰：「《晏子》『殺』作『弒』。」

蔡信發曰：「《外傳》『崔子』作『崔杼』，《晏子》無『將』字。子，男子美稱，杼弒君，罪大惡極，晏子斷無尊子之理，《外傳》作『杼』，直呼其名，是，當從，此乃涉《晏子》而誤。杼既弒莊公，則此不當出以『將』字，《晏子》無，是，此乃涉《外傳》而誤。」

茂仁案：《韓詩外傳》二「子」作「杼」，《晏子春秋·內篇·雜上篇》作「崔子為無道而弒其君」，無「將」字，《群書集事淵海》一一引、《春秋別典》七引則並有「將」字，與此同，各本並同。蔡先生云「杼弒君，罪大惡極，晏子斷無尊子之理」，是也，當據《韓詩外傳》二改。又上文云「崔杼弒莊公」，顯見弒事已行，其無道之行亦已為矣，故此「將」字為衍，本書卷七「申包胥者」章，云「申包胥不受命而赴於秦乞師，曰：『吳為無道，行封豕長虵，蠶食天下，從上國，始於楚。』」以吳行蠶食天下，始於楚，為虐已行，故不作「吳將為無道」，無「將」字，即其比，《太平御覽》五四九引《史記》（今佚）云：「崔杼殺莊公，晏嬰立崔杼門外，曰：『君為社稷死，死之為社稷亡，亡若為己死，非其私暱，誰敢任之。』門開而入，枕公屍而哭，三踊而出，人謂崔杼殺之，杼曰：『民之望也，舍之得民。』」知弒事已行，即其明證，「將」字，當刪也。殺、弒，義通。

盟者皆視之。

盧文弨曰：「（視之）《外傳》二，作『視足』，較勝。」

蒙傳銘曰：「『之』字不誤。崔杼弒莊公，劫盟士大夫，所殺十餘人，晏子則面斥其弒君之罪，盟者皆驚愕而視之。若作『視足』，反不辭矣（《韓詩》作『足』，疑為『之』字之誤）。盧說未諦。」

梁容茂曰：「《外傳》：之，作『足』。」

茂仁案：賴炎元《韓詩外傳考徵》二云：「『盟者皆視之』，野竹齋本、通津本、毛本同，程本、何本之作足。周廷寀曰：『之本或作足，非。』趙懷玉曰：『作之者，非。』案：疑當作之，崔杼無道，殺戮與盟者多人，晏子竟而責其弒君，故大夫驚而視之。」是。審「之」篆文作「㞢」與「止」形近，而「止」即「足」也，竊以為「足」乃後人據「止」字而改，而「止」為涉「之」字篆文而誤也。《群書集事淵海》一一引、《春秋別典》七引並作「之」，不誤也，各本亦並不誤。

崔杼謂晏子曰：

茂仁案：「崔杼謂晏子曰」，《呂氏春秋・知分篇》作「崔杼不說，直兵造胸，句兵鉤頸，謂晏子曰」。《春秋別典》七引「杼」作「子」。

「子與我，我與子分國；子不吾與，吾將殺子。直兵將推之，曲兵將勾之，唯子圖之。」

武井驥曰：「《晏子》作：『子變子言，則齊國吾與子共之』，《韓詩》作『子不與我，殺子』，驥按：我、吾多互用。」又曰：「《晏子》作『戟既在脰，劍既在心』，《呂覽・知分篇》作『直兵造胸，勾兵鉤頸』，《論衡・命義篇》作『直兵指胷，白刃加頸』。」

梁容茂曰：「《晏子》作：『子變子言，吾與子共之；子不變子言，戟既在脰，劍既在心。』《呂覽・知分篇》作：『子變子言，則齊國吾與子共之；子不變子言，則今是已。』」又曰：「《呂氏》作：『直兵造胸，勾兵鉤頸。』《論衡・命義篇》作：『直兵指胸，白刃加頸。』黃暉《論衡校釋》云：『白當作曲：曲直對文。』」

茂仁案：《晏子春秋・內篇・雜上篇》作「子變子言，則齊國吾與子共之；子不變子言，戟既在脰，劍既在心，維子圖之也」，《呂氏春秋・知分篇》同，唯「戟既在脰」以下數句，作「則今是矣」。《韓詩外傳》二「勾」作「鉤」。《群書集事淵海》一一引「子不吾與」作「不與」，《春秋別典》七引「吾與」作「與我」，下「吾」字亦作「我」。劉師培《晏子春秋校補》云：「實則推亦誤字，當從《淮南》高〈注〉作摧【《音義》引】。」鄒太華《晏子逸箋》云：「孫云：『高誘注《淮南子》：＂晏子不從崔杼之盟，將見殺，晏子曰：＂句戟何不句，直弟何不摧，不撓不義。＂＇』劉云：『推乃摧字之譌也。』摧者，摧陷之義也。《韓詩外傳》、《新序・義勇篇》均作推，與此同誤。當從《淮南》高〈注〉訂正。《呂氏春秋・知命篇》作子惟之矣。惟亦摧字之誤也。高〈注〉《淮南》所據蓋古本。」是，當據改，下同。勾、鉤，古並爲見母、侯部，音同可通，《說文》三篇上句部云：「句，曲也。」段〈注〉云：後人「改句曲字爲勾，此淺俗分別，不可與道古也。」又同篇同部云：「鉤，曲鉤也。」段〈注〉云：「鉤字依《韻會補》：『曲物曰鉤。』因之以鉤取物亦曰鉤。」職是，鉤、句，正、假字；句、勾，正、俗字，則勾亦鉤之借字也。

晏子曰：「嬰聞：『回以利而背其君者，非仁也；劫以刃而失其志者，非勇也。』」

武井驥曰：「《晏子》『仁』作『義』，《韓詩》『回』作『留』、『背』作『倍』。」

梁容茂曰：「《晏子》：回下有『我』字：仁，作『義』；劫下有『我』字。」

茂仁案：《晏子春秋‧內篇‧雜上篇》「回」、「劫」下並有「吾」字、「背」作「倍」、「仁」作「義」，《韓詩外傳》二「回」作「留」，《群書集事淵海》一一引「刃」作「兵」，並無二「者」字。背，古為幫母、職部；倍，古為並母、之部，音近可通。《說文》四篇下肉部云：「背，脊也。」又八篇上人部云：「倍，反也。」職此，倍、背，正、假字。留，當讀與本書卷七「堯治天下」章，「無留吾事」之「留」字同，訓阻滯也。職是，回、留義通。

《詩》云：「愷悌君子，求福不回。」

茂仁案：「愷悌君子」，《詩經‧大雅‧旱麓》「愷悌」作「豈弟」，《春秋別典》七引《呂氏春秋》同，《呂氏春秋‧知分篇》作「凱弟」。《群書集事淵海》一一引無此十字。《韓詩外傳考徵》「六、《韓詩外傳》引《詩》與齊、魯、毛三家異文考」云：「愷悌君子，《毛詩》作豈弟君子，《說苑‧修文》引《詩》同，此《魯詩》也。《禮記‧表記》作凱弟君子，此《齊詩》也。案：〈孔子閒居〉〈釋文〉：『凱本又作愷，又作豈。』左氏僖十二年傳、《孝經》〈釋文〉：『凱本作豈，悌本作弟。』是愷、豈、凱通，悌、弟通。」是。《說文》無「凱」字，五篇上豆部云：「豈，還師振旅樂也。」又十篇下心部云：「愷，樂也。」又五篇上豈部云：「愷，康也。」段〈注〉云：「凱，俗字也。」職此，愷、豈，正、假字；愷、凱，正、俗字；弟、悌，古、今字。

嬰可謂不回矣。

武井驥曰：「《韓詩》無『謂不』二字。」

梁容茂曰：「《晏子》：回，作『革』。」

茂仁案：「嬰可謂不回矣」，《晏子春秋‧內篇‧雜上篇》作「今嬰且可以回而求福乎」，《呂氏春秋‧知分篇》同，唯「乎」下有「子惟之矣」四字，《韓詩外傳》二作「嬰其可回矣」。《群書集事淵海》一一引無此六字。

直兵推之，曲兵勾之，嬰不之回也。

蒙傳銘曰：「宋本『鉤』作『勾』，鐵華館本同。勾、鉤古通。」

梁容茂曰：「《晏子》：兵，作『刃』。」

茂仁案：「曲兵勾之」，《晏子春秋‧內篇‧雜上篇》「兵」作「刃」、「勾」作「鉤」，元刊本、楚府本、何良俊本、楊美益本、白口十行本、程榮本、祕書本、陳用光本、四庫全書本、百子本「勾」亦並作「鉤」。鉤、勾，正、假字，說見上。「嬰不之回也」，《晏子春秋‧內篇‧雜上篇》作「嬰不革矣」，《韓詩外傳》二作「嬰不之革也」，《群書集事淵海》一一引、《春秋別典》七引並作「嬰之不回也」，祕書本「之」音

誤作「知」，非是。

崔子舍之，晏子趨出，

梁容茂曰：「百子本：趨，作『趨』。」

茂仁案：「晏子趨出」，審下文云「其僕將馳。晏子拊其手曰：『虎豹在山林，其命在庖廚。馳不益生，緩不益死，按之成節，然後去之。』」故於此，晏子不當有「趨出」之舉，《韓詩外傳》二「趨出」作「起而出」，是。《晏子春秋・內篇・雜上篇》「趨」作「趨」，《春秋別典》七引同，楚府本、鐵華館本、龍溪本亦並同。趨、趨，正、俗字。

授綏而垂，其僕將馳。

盧文弨曰：「（授綏而乘）『垂』訛，據《呂氏・知分篇》改。」

武井驥曰：「《呂覽》作『受綏而乘』，《韓詩》亦作『乘』，舊本『乘』作『垂』，非。」

施珂曰：「盧說是也。《晏子・雜上篇》、《外傳》皆作乘。」

梁容茂曰：「《呂氏》：垂，作『乘』。《拾補》：垂作乘。云：『舊訛垂，據《呂氏・知分篇》改。』」

蔡信發曰：「《呂覽》、《外傳》、《拾補》並『垂』作『乘』。《拾補》：『舊訛垂，據《呂氏・知分篇》改。』是。垂，乘之形近而譌。」

茂仁案：《晏子春秋・內篇・雜上篇》、《呂氏春秋・知分篇》、《韓詩外傳》二並作「授綏而乘」，陳鱣亦校「垂」作「乘」。《呂氏春秋・知分篇》〈集釋〉引畢沅曰：「援舊多作授，汪本作受。案《意林》作援，今從之。」《晏子春秋・內篇・雜上篇》張純一〈校注〉云：「盧云：『授《呂氏春秋・知分篇》同，《意林》所載《呂氏》作援，當從之。』純一案：授蓋援之形誤，盧從《意林》是也，今據正。《御覽》見三百七十六、又四百八十同。」盧文弨云「（乘）舊訛垂」，蔡先生從之，武井驥說同。審「授綏而垂」不誤也，古人上車，由其御僕授綏，使升者攀而得上也。《禮記・曲禮上篇》言駕車之禮法云：「君出就車，則僕并轡授綏。」〈注〉云：「車上僕所主。」又《禮記・曲禮上篇》云：「凡僕人之禮，必授人綏。」又《禮記・少儀篇》云：「僕於君子，君子升下則授綏。」由此知古時駕車之儀，人主上、下車，人僕必授之以綏。「授綏」一辭多見，《儀禮・士昏禮篇》云：「壻御婦車，授綏，姆辭不受。」〈注〉云：「僕人之禮，必授人綏。」《儀禮・士昏禮篇》又云：「壻授綏，姆辭曰：『未教不足與為禮也。』」《禮記・曲禮上篇》云：「乘路車，必朝服，載鞭策，不敢授綏。」

《禮記‧檀弓上篇》載魯莊公及宋人戰于乘丘云：「公隊，佐車授綏。」《禮記‧郊特牲篇》云：「壻親御，授綏，親之也。」《禮記‧昏義篇》云：「御婦車，而壻授綏，御輪三周，先俟于門外。」前賢固知上車須援綏而上，殊不知上車前，御僕於禮須先下綏以引升車者，故改「授」為「援」，非是，上引畢沅云：「援舊多作授。」即其明證。且此句非由晏子角度言，實由御者為言也，下句「其僕將馳」可得知之。即因其僕「欲」速離，故此云「授綏而『垂』」，前賢誤以「授」為「援」，為符文義，並以形訛之由，改「垂」為「乘」，此又失之。檢《孝經緯援神契》二八云：「舜時德盛，山車有垂綏。」知「授綏而垂」，就文句言之，於義已通，唯審上下文義，此「垂」，當為「箠」之借字也，箠，古為端母、歌部；垂，古為禪母、歌部，二者音近之字，可相通用，《說文》五篇上竹部云：「箠，所以擊馬也。」段〈注〉云：「《周禮》假垂為箠，〈垂氏〉：『掌共燋契是也。』」《永樂大典》一一○七六「箠」〈注〉云：「馬策，又杖也。漢景帝定箠令，師古曰：『箠，策也，所以擊者，亦作捶。』」又下文載晏子拊僕人之手，示意其無馳，其所以知僕人將馳之理，即在於僕人「授綏而垂」之「垂」字，即因僕以杖策馬，將馳以避禍，是以晏子知之而止之。知「授綏而垂」，非「援綏而乘」之誤也。援、授；乘、垂，並形近而致訛，並非是。

晏子拊其手曰：「虎豹在山林，其命在庖廚。

武井驥曰：「《韓詩》『虎豹』作『麋鹿』，《晏子》『拊』作『撫』，作『鹿生於野，命繫于廚』，《呂覽》作『鹿生於山，而命懸於廚』。」

梁容茂曰：「《晏子》：拊，作『撫』。下作：『鹿生於野，命懸于廚。』《呂氏》：下二句作：『鹿生於山而命懸于廚。』」

蔡信發曰：「《呂覽》、《外傳》『拊』作『撫』。二字音義相同。《說文》：『拊，揗也。撫，安也，一曰：循也。』段氏〈注〉拊：『揗者，摩也。古作拊揗，今作撫循，古今字也。』段說是。」

茂仁案：「晏子拊其手曰」，《晏子春秋‧內篇‧雜上篇》、《呂氏春秋‧知分篇》、《韓詩外傳》二「拊」並作「撫」，又《呂氏春秋‧知分篇》「其手」作「其僕之手」。「虎豹在山林，其命在庖廚」，《韓詩外傳》二作「麋鹿在山林，其命在庖廚」，與此略異。

馳不益生，緩不益死，

茂仁案：楚府本無「生」字，他本並有，楚府本奪耳，當補。

按之成節，然後去之。」

盧文弨曰：「（按之）《外傳》作『安行』，當從之。」

梁容茂曰：「按之，《外傳》作『安行』。《拾補》云：『《外傳》作安行，當從之。』」

茂仁案：審此文義，作「按之」於義爲長，非必改之也。且作「安行」，義欠妥，鄒太華《晏子逸箋》云：「『徐之』，張云：徐，《呂覽》作安，《意林》引同。太華按：徐，《說文》：『安行也。』《呂覽》作安，殆言安行，非安之本義；蓋安，《說文》：『竫也。』竫謂亭安，則謂停而不行，義則不通矣。」《春秋別典》七引，與此同，各本並同。

《詩》云：「彼己之子，舍命不渝。」晏子之謂也。

梁容茂曰：「百子本：己，作『巳』，誤。」

蔡信發曰：「《外傳》『渝』作『偷』。偷，媮之異體，此乃渝之同音假借。《說文》：『媮，巧黠也。渝，變污也。』語見《詩·鄭風·羔裘》。毛〈傳〉：『俞，變也。』」

茂仁案：「彼己之子」，百子本作「己」，不作「巳」，梁先生失檢。《詩經·鄭風·羔裘》（毛詩）「己」作「其」。李富孫《詩經異文釋》四云：「『彼其之子』，鄭〈箋〉云其或作記，或作己。讀聲相似，〈大叔于田〉〈箋〉引作『彼己之子』，〈崧高〉〈箋〉引作『彼記之子』。」其、記、己，並通，說又見朱熹《詩集傳·鄭風·羔裘》四、馮登府《三家詩異文疏證》一四〇七、黃位清《詩異文錄·羔裘》一、陳壽祺《三家詩遺說考·魯詩·羔裘》二。「舍命不渝」，「舍」或作「釋」，或作「澤」，或作「赦」；「渝」或作「偷」，或作「愉」。《詩異文錄·羔裘》一云：「張衡〈西京賦〉：『其樂愉愉。』與上偷字叶。古愉每叶偷，故音同得借。《詩》：『他人得愉。』鄭作『偷』。《後漢·馬融傳》〈注〉亦引作偷，可證。惠氏棟曰：『「舍命不渝」乃古語，而詩人引之，《管子·小問》云：「語曰：『澤命不渝，信也。』澤古通釋，亦即舍。《周禮》鄭〈注〉：『舍榮，即釋榮是也。』』案：此句當从古語原文【宋本《爾雅·釋言》〈疏〉作「赦命不渝。」】」說又見《詩經異文釋》四「舍命不渝」。渝、偷，正、假字，說別見《三家詩遺說考·魯詩·羔裘》二陳喬樅述補。

（五）佛肸以中牟叛

佛肸以中牟叛，置鼎於庭，致士大夫，

武井驥曰：「宋板《御覽》六百四十五引『佛肸』上有『田卑處中牟』五字，六百三十三『鼎』作『鑊』，《說苑·立節篇》作『設祿邑炊鼎』。」

茂仁案：「佛肸以中牟叛」，《說苑・立節篇》「叛」作「畔」，《春秋別典》一五引同，《太平御覽》六四五引「佛」上有「田卑處中牟」五字，於義較長也。叛、畔，古並爲並母、元部，音同可通，《說文》二篇上半部云：「叛，半反也。」又十三篇下田部云：「畔，田界也。」段〈注〉云：「（畔）經典多借爲叛字。」職此，叛、畔，正、假字。「置鼎於庭」，《春秋別典》一五引亦作「設祿邑炊鼎」。《太平御覽》六三三引《說苑》作「置鑊於庭」。

致士大夫，曰：「與我者受邑，不吾與者烹。」

武井驥曰：「《御覽》六百三十三作『召大夫而盟曰："從我者賞之，不從我者罰之。"』」

茂仁案：楚府本無「大」字，奪耳，當補。《說苑・立節篇》「吾與」作「與我」，《春秋別典》一五引同，何良俊本「吾與」倒乙作「與吾」，並通。

大夫皆從之，至於田卑【田卑，中牟之邑人也】，

盧文弨曰：「此八字，宋本作〈注〉，別本亦同。《說苑》作『田基』，《水經注》作『田英』。」

武井驥曰：「吳本『田卑』以下八字爲〈註〉，《說苑》『卑』作『基』。」

蒙傳銘曰：「此八字，崇本書院本、涵芬樓本、鐵華館本並是〈注〉。田卑，《御覽》四二一引作『田基』，《御覽》六三三、《記纂淵海》五四引並作『田英』，《冊府元龜》七三九引作『繇基』。」

梁容茂曰：「（注文。田卑中牟之邑人也）何本、程本、百子本：本此句已誤入正文。《拾補》云：『此八字，宋本作〈注〉，別本亦同。《說苑》作田基，《水經注》作田英。』案：《拾補》謂別本亦同，實則不然，何本、程本、百子本，皆已誤入正文。」

蔡信發曰：「《拾補》：『此八字，宋本作〈註〉，別本亦同。《說苑》作『田基』，《水經注》作『田英』。』《校補》：『《拾補》謂別本亦同，實則不然，何本、程本、百子本，皆已誤入正文。』是。」

茂仁案：「至於田卑」，《永樂大典》一〇三一〇注引《資治通鑑・外紀》「田卑」亦作「田基」，《春秋別典》一五引亦同，且「基」下有〈注〉云：「一作田卑，亦中牟人。」《太平御覽》六三三引《說苑》作「田英」，下同。「【田卑，中牟之邑人也】」，四庫《新序》版本有二，二本並將此〈注〉附入正文，梁先生以四庫本爲底本，失檢。梁先生云「《拾補》謂別本亦同，實則不然，何本、程本、百子本，皆已誤入正

文」，是。除梁先生所舉三本外，祕書本、陳用光本、四庫本亦並將此〈注〉誤入正文。

曰：「**義死不避斧鉞之罪，義窮不受軒冕之服。無義而生，不仁而富，不如烹。**」

　　武井驥曰：「《御覽》六百三十三『死』下有『者』字、下『窮』下同、『罪』作『威』。」又曰：「《御覽》『服』作『賜』。」

　　施珂曰：「《御覽》六四五引上義字下有士字。無下義字。」

　　茂仁案：「義死……不如烹」，《說苑・立節篇》作「義者軒冕在前，非義弗乘；斧鉞於後，義死不避」，《太平御覽》六三三引《說苑》作「義死者不避斧鉞之威，義窮者不受軒冕之賜，無義而生，不如有義而死，吾不從也」，《永樂大典》一〇三一〇〈注〉引《資治通鑑・外紀》作「義死不避斧鉞之誅，義窮不受軒冕之服，無義而生，不仁而富，不如有義而烹」。金嘉錫《說苑補正・敬慎篇》云：「《記纂淵海》作『義死者不避斧鉞之威，義窮者不受軒冕之賜，無義而生，不如有義而死。』」左先生松超《說苑集證・敬慎篇》云：「本書〈善說〉：『前雖有乘軒之賞，未爲之動也；後雖有斧質之威，未爲之恐也。』《淮南子・繆稱》：『前有軒冕之賞，不可以無功取也；後有斧鉞之禁，不可以無罪蒙也。』」

褰衣將就鼎，佛肸脫屨而生之，趙氏聞其叛也，攻而取之。

　　武井驥曰：「《御覽》『就』作『入』，六百三十三作『無義而生，不如有義而死，吾不從也，乃褰裳就鑊』。」又曰：「《御覽》作『佛肸說而止』，六百三十三作『佛肸止之』。」

　　茂仁案：「褰衣將就鼎」，《說苑・立節篇》作「遂祛衣將入鼎」，《春秋別典》一五引同，唯無「遂」字，《太平御覽》六三三引《說苑》作「乃褰裳就鑊」，《太平御覽》六四五引「就」則作「入」。「佛肸脫屨而生之」，《說苑・立節篇》作「佛肸播而之」，《太平御覽》六三三引《說苑》作「佛肸止之」，《永樂大典》一〇三一〇〈注〉引《資治通鑑・外紀》同，知《說苑・立節篇》「而」下奪「止」字，左先生松超《說苑集證・敬慎篇》並有說。《太平御覽》六四五引作「佛肸說乃止」。《春秋別典》一五引「趙氏聞其叛也，攻而取之」作「趙氏屠中牟，得而取之」。

聞田卑不肯與也，求而賞之。

　　茂仁案：《太平御覽》六三三引《說苑》「求」作「召」，求、召，並通。《春秋別典》一五引此作「論有功者，田基爲始」，《永樂大典》一〇三一〇〈注〉引《資治通鑑・外紀》同，且「田」上有「以」字。

田卑曰：「不可也。一人舉而萬夫俛首，智者不為也；賞一人以慚萬夫，義者不取也。

梁容茂曰：「（一人舉首而萬夫俛首）日人公田連太郎劉向《新序》云：『而，面之誤也。』疑誤。」

蔡信發曰：「《校補》引日人公田連太郎劉向《新序》：『而，面之誤也。』疑其誤。案：而，連詞，用法同『以』。《經傳釋詞》七：『家大人曰：而，猶以也。「而」與「以」同義，故二字可以互用。宣公十五年《左傳》曰：敝邑易子而食，析骸而爨。』據此，則此『而』與下文『當一人以憨萬夫』之『以』可互用。公田連太郎之說，誤；《校補》之疑，可隨之而解。」

茂仁案：「一人舉而萬夫俛首」，四庫《新序》版本有二，二本「舉」下並無「首」字，梁先生以四庫本為底本，失檢。梁先生引日人公田連太郎劉向《新序》云「『而，面之誤也。』疑誤」，蔡先生舉此句「而」與下句「賞一人以慚萬夫」之「以」字為互文，以證梁先生之疑為是，是也。審下文「賞一人以慚萬夫」，《太平御覽》六四五引、祕書本「以」並正作「而」，即其明證也。

我受賞，使中牟之士懷恥，不義。」

武井驥曰：「《御覽》『懷』作『皆』。」

施珂曰：「《御覽》引懷作皆。」

茂仁案：「使中牟之士懷恥」，《太平御覽》六四五引「懷」作「皆」。《說苑・立節篇》作「則中牟之士，終身慚矣」，《春秋別典》一五引同，《太平御覽》四二一引《說苑》作「則中牟之士，終身憨矣」，又六三三引《說苑》作「則中牟之士盡愧矣」。皆，訓盡也，職此，「懷」作「皆」，於義似較長。

辭賞從處，

盧文弨曰：「（辭賞徙處）『從』訛。下云『南之楚』，作『徙』是。」

施珂曰：「《說苑・立節篇》下作『南徙於楚。』亦可為盧說之證。」

梁容茂曰：「《拾補》改從為『徙』。云：『從訛。』下文云南之楚，作『徙』是。」

蔡信發曰：「《拾補》改『從』為『徙』，云：『從，訛。』是。」

茂仁案：盧文弨說是也。從、徙，形近而訛，下文「遂南之楚」，即「移徙」之證也，《說苑・立節篇》、《永樂大典》一〇三一〇〈注〉引《資治通鑑・外紀》、《春秋別典》一五引並云：「南徙於楚。」並其明證也。陳鱣校「從」作「徒」，非是，蓋「徙」之訛也。

曰：「以行臨人，不道，吾去矣。」遂南之楚。

　　武井驥曰：「《御覽》『南之』二字倒，《說苑》作『南徙於楚』。」

　　蔡信發曰：「《拾補》以『之』作『徙』。檢：『之』本義爲往（見《甲骨文集釋》第六引羅振玉《增訂殷虛書契考釋》），經傳以此爲說者，屢見不鮮。『之』之引伸，即有徙義，故可不必以『之』作『徙』，而《拾補》之所以主『之』作『徙』，乃求之過甚使然。」

　　茂仁案：「遂南之楚」，盧文弨之說不誤也，此條盧文弨《群書拾補》未校，蔡先生之說，蓋引《群書拾補》「辭賞徙處」之〈校記〉而來，〈校記〉云：「（辭賞徙處）『從』訛。下云『南之楚』，作『徙』是。」審盧文弨云「下云『南之楚』，作『徙』是」，乃以「南之楚」爲證「辭賞從處」之「從」當作「徙」爲是也，非意以「南之楚」之「之」字爲「徙」也，蔡先生恐失之。《說苑‧立節篇》「遂南之楚」作「襁負其母，南徙於楚，楚王高其義，待以司馬」，《春秋別典》一五引同，《永樂大典》一〇三一〇〈注〉引《資治通鑑‧外紀》亦同，唯無「襁」字。

（六）楚太子建

楚太子建，以費無極之譖見逐，建有子曰勝，在外，子西召勝使治白，號曰白公。

　　茂仁案：「子西召勝使治白，號曰白公」，《史記‧楚世家》云：「惠王二年，子西召故平王太子建之子勝於吳，以爲巢大夫，號曰白公。」〈集解〉曰：「服虔曰：『白，邑名，楚邑大夫皆稱公。』〈杜預〉曰：『汝陰褒信縣西南有白亭。』」〈正義〉云：「巢，今廬州居巢縣也，《括地志》云：『白亭，在豫州褒信東南三十二里。褒信，本漢鄳縣之地，後漢分鄳置褒信縣，在今褒信縣東七十七里。』」《左傳‧哀公十六年》杜預〈注〉略同。由是知巢、白爲二地名，則《史記‧楚世家》所云「白公」之由稱，與此異矣。《渚宮舊事》二引無此三十字。

【子西，太子建之弟，勝之叔父也】。

　　蔡信發曰：「《左‧昭公二十六年》〈注〉：『子西，平王之長庶也。』〈哀公六年〉〈注〉：『申，子西；結，子期；啓，子閭，皆昭王兄也。』《國語‧楚語下》〈注〉：『子西，平王之子，昭王之庶兄令尹公子甲也。』並與此同，是；《史記‧楚世家》前以子西爲平王之庶弟，旋以子西爲昭王弟，自相矛盾，並與此異，誤。《史記志疑》亦略有辨說。」

茂仁案：蔡先生說是。《史記·楚世家》云：「子西，平王之庶弟也，（中略）（楚昭王）讓其弟公子申爲王。」〈考證〉引梁玉繩曰：「（子西）此以爲平王庶弟，下文又云昭王弟，舛矣。」是。祕書本無此〈注〉，《渚宮舊事》二引、《春秋別典》一五引並同，他本並有之。

勝怨楚逐其父，將弑惠王及子西【惠王亦子西之姪，惠王之叔也】。

茂仁案：「勝怨楚逐其父」，《左傳·哀公十六年》、《史記·楚世家》並以勝之父建亡於鄭，而鄭殺之，致使勝走吳，其後子西召之，勝遂怨鄭，請子西出兵伐鄭，子西許之，唯未及出兵，晉伐鄭，楚反使子西救鄭，勝遂怒，乃與勇力死士石乞等，襲殺令尹子西、子綦於朝。二書所載白公勝謀反之由，並與此異。「【惠王亦子西之姪，惠王之叔也】」，祕書本無此〈注〉，《春秋別典》一五引同，他本並有之。《渚宮舊事》二引無此二十五字。

欲得易甲【人姓名】，

茂仁案：「【人姓名】」，祕書本無此〈注〉，他本並有。《渚宮舊事》二引無此七字。

陳士勒兵，以示易甲，曰：「與我，無患不富貴；不吾與，則此是也。」

蔡信發曰：「《渚宮舊事》『陳士』作『石乞』。」

茂仁案：《渚宮舊事》二引「陳士」作「石乞」、無「不吾與，則此是也」七字，《春秋別典》一五引「吾與」作「與我」。

易甲笑曰：「嘗言吾義矣，吾子忘之乎？

茂仁案：「嘗言吾義矣」，《渚宮舊事》二引「嘗」作「常」，其上並有「吾子」二字。嘗、常，古並爲禪母、陽部，音同可通。

立得天下，不義，吾不取也；威吾以兵，不義，吾不從也。

茂仁案：「吾不取也」，白口十行本「取」作「敢」，非是，敢、取，形近而訛。「威吾以兵」，祕書本「威吾」作「威我」。《渚宮舊事》二引無二「也」字。

今子將弑子之君，而使我從子，非吾前義也。

施珂曰：「《漢魏叢書》程本弑作試。弑、試古通。」

茂仁案：《渚宮舊事》二引「弑子」作「殺」、「我」作「吾」、無「前」字。《春秋別典》一五引「我」亦作「吾」，祕書本同。

子雖告我以利，威我以兵，吾不忍為也。

　　茂仁案：《渚宮舊事》二引無此三句。

子行子之威，則吾亦得明吾義也。

　　茂仁案：《渚宮舊事》二引作「子行其威，吾行其義，不亦可乎？」

逆子以兵，爭也；應子以聲，鄙也；吾聞士立義不爭，行死不鄙。」拱而待兵，顏色不變也。

　　茂仁案：《渚宮舊事》二引作「『且逆子以兵，爲爭；應子以聲，爲鄙。』拱而待兵，顏色不變」。

（七）白公勝將弒楚惠王

白公勝將弒楚惠王，王出亡，令尹、司馬皆死，

　　武井驥曰：「《御覽》四百三十八引『將』作『欲』。」

　　茂仁案：「白公勝將弒楚惠王」，《後漢書・黃琬傳》〈注〉引無「將」字、「弒」作「殺」，《太平御覽》四三八引「將」作「欲」，《群書集事淵海》一一引「白」上有「魯哀公十六年，楚」七字，有此七字，於文義較明。「王出亡，令尹、司馬皆死」，《左傳・哀公十六年》云：「秋七月，殺子西、子期於朝而劫惠王。」子西、子期之死，先於惠王之遭劫，所言與此異。祕書本「尹」作「丑」，非是，形近而訛也。

拔劍而屬之於屈廬，曰：「子與我，將舍子；子不與我，必殺子。」

　　武井驥曰：「宋板《御覽》四百二十一『拔』上有『勝』字，作『捨之及殺之』，『必』作『將』。」

　　梁容茂曰：「（必殺之）《御覽》四二一引：必，作『將』。卷四三八引：必，亦作『將』。」

　　茂仁案：《後漢書・黃琬傳》〈注〉引「拔」上有「勝」字，《太平御覽》四三八引同，又《太平御覽》四二一引「拔」上有「白公勝」三字。《渚宮舊事》二引云：「石乞將盟屈廬，拔劍而屬之曰。」本文未言明劫屈廬者爲誰，然觀此文義，知爲指「白公勝」也，《渚宮舊事》二引以爲「石乞」，並異。「必殺子」，四庫《新序》版本有二，二本並作「子」，不作「之」，梁先生以四庫本爲底本，失檢。《後漢書・黃琬傳》〈注〉引、《群書集事淵海》一一引「必」亦並作「將」，《類說》三〇引、《春秋別典》一五引則並作「必」，與此同。「必」猶「則」也；「則」，「將」也，並互文，

說見《古書虛字集釋》一○。

盧曰：「子殺叔父，而求福於盧也，可乎？

　　盧文弨於上「盧」字上補「屈」字、「曰」下補「《詩》有之曰：『莫莫葛藟，施于條枚。愷悌君子，求福不回』，今」等二十一字、「叔」上補「子」字，並云：「舊脫，以上皆孫詒讓據《後漢書・黃琬傳》〈注〉補，《御覽》四百三十八同。」

　　武井驥曰：「《御覽》『曰』下有『《詩》有之，曰：‘莫莫葛藟，延于條枚，愷悌君子，求福不回，今』二十一字，似是。一本及《後漢書・黃瓊傳》〈註〉同。上『盧』上有『屈』字。」

　　梁容茂曰：「(《御覽》) 曰下有『《詩》有之，曰：莫莫葛藟，肆於條枝，愷悌君子，求福不回，今』二十一字，與下文義正相接，當據補。何本：乎，作『于』，誤。《拾補》：叔上補『子』字，吾上補『且』字。云：『舊脫，以上皆孫詒讓據《後漢書・黃琬傳》〈注〉補，《御覽》四三八同。』又《拾補》於『盧曰』之上補『屈』字，云：『舊脫。』」

　　茂仁案：《太平御覽》四二一引上「盧」字上亦有「屈」字，《渚宮舊事》二引「曰」下亦有「《詩》有之矣，『莫莫葛藟，施於條枚。愷悌君子，求福不回』」二十字，《太平御覽》四三八引同，唯「施」作「肆」，並與《後漢書・黃琬傳》〈注〉引略同。《太平御覽》四二一引無「子殺叔，父而求福於盧也，可乎」十二字。審下文「子殺叔父，而求福於盧也」，為承此而言，故當據《後漢書・黃琬傳》〈注〉引補上「《詩》有之曰」云云等二十一字，盧文弨說是也。陳鱣校同。「子殺叔父」，《渚宮舊事》二引作「今子覆國」，陳鱣校「殺」下有「子」字。

吾聞知命之士，見利不動，臨死不恐，為人臣者，時生則生，時死則死，是謂人臣之禮。

　　盧文弨曰：「(『吾』上有『且』)『舊脫』。」

　　武井驥曰：「《後漢書》〈註〉『吾』上有『且』字，《御覽》同，『聞』下有『之』字，四百二十一同。」又曰：「《御覽》四百二十一作『是之謂禮』，一本同。」

　　茂仁案：「吾聞」，《後漢書・黃琬傳》〈注〉引、《太平御覽》四三八引並作「且吾聞之」，《渚宮舊事》二引作「且」，《類說》三○引無「吾聞」二字。陳鱣亦校作「且吾聞之」。

故上知天命，下知臣道，其有可劫乎！子胡不推之？」白公勝乃內其劍。

　　武井驥曰：「《御覽》『內』作『入』，《後漢書》〈註〉同，『劍』下有『焉』字。」

施珂曰：「《御覽》四二一引『臣道』作『人臣之道。』」

梁容茂曰：「《御覽》四二一引作：『故人知天命，下知人臣之道。』卷四三八引：下，作『上』，非。」又曰：「《御覽》四二一、四三八兩引：內，俱作『入』。」

茂仁案：《後漢書・黃琬傳》〈注〉引、《群書集事淵海》一一引並無「有」字，《渚宮舊事》二引「白公勝」作「乞」。《說文》五篇下入部云：「內，入也。」內、入，義同。

（八）白公勝既殺令尹、司馬

白公勝既殺令尹、司馬，欲立王子閭以為王，王子閭不肯，劫之以刃。

蔡信發曰：「《左傳》『王子閭』作『子閭』，下同。杜〈注〉：『子閭，平王子啓，五辭王者也。』平王之子，或字子木，或字子西，或字子期，則此當依《左傳》作『子閭』，或作『王子啓』，此誤。《左・哀公六年》〈注〉：『申，子西；結，子期；啓，子閭，皆昭王兄也。』〈十六年〉〈注〉：『子木，即建也。』可證。」

茂仁案：「欲立王子閭以為王」，蔡先生說是也，《渚宮舊事》二引亦無上「王」字，下同，亦其證也，當據刪，下同。元刊本「王」作「正」，非是，形近致譌也。

王子閭曰：「王孫輔相楚國，匡正王室，而後自庇焉，閭之願也。今子假威以暴王室，殺伐以亂國家，吾雖死，不子從也。」

施珂曰：「《漢魏叢書》陳本庇誤庇。」

蔡信發曰：「『閭』，《左傳》作『啓』。子閭，乃王子啓之字。詳見前條。此自稱，當作『啓』，不宜作『閭』。且閭既非其名，亦非其字，當從《左傳》作『啓』，此誤。」

茂仁案：「而後自庇焉」，陳用光本作「庇」，不作「庇」，施先生失檢。《渚宮舊事》二引、《太平御覽》四三八引「後」並作「后」，元刊本、楚府本、何良俊本、楊美益本、祕書本、陳用光本、四庫本、鐵華館本、百子本、龍溪本並同。后，為「後」之借字，說見《說文》九篇上后部「后」字段〈注〉。「閭之願也」，蔡先生以子閭乃王子啓之字，此自稱，當作「啓」，不宜作「閭」，且閭既非其名，亦非其字，故當從《左傳》作「啓」，是也。審古人為示敬重，常自稱名不稱字，稱他人，則稱字不稱名。作『閭』者，蓋受上下文「王子閭」而誤，《渚宮舊事》二引「閭」正作「啓」，即其明證，當據改。

白公勝曰：「楚國之重，天下無有，天以與子，子何不受也？」

　　茂仁案：「子何不受」，《渚宮舊事》二引無「也」字，楚府本同，《春秋別典》一五引則有「也」字，元刊本、何良俊本、楊美益本、白口十行本、程榮本、祕書本、陳用光本、四庫本、鐵華館本、百子本、龍溪本並同。

王子閭曰：「吾聞辭天下者，非輕其利也，以明其德也。不為諸侯者，非惡其位也，以絜其行也。

　　盧文弨曰：「『潔』非。」

　　梁容茂曰：「（以絜其行也）《拾補》云：『潔非。』案：四庫本作絜，不誤。」

　　茂仁案：《渚宮舊事》二引，於兩「以」上並有「欲」字、並無四「也」字。「以絜其行也」，四庫《新序》版本有二，二本並作「潔」，不作「絜」，梁先生以四庫本為底本，失檢。《後漢書・皇甫嵩朱雋列傳》〈注〉引、《渚宮舊事》二引、《春秋別典》一五引「絜」並作「潔」，陳用光本、四庫本並同。《說文》十三篇上糸部「絜」字段〈注〉云：「又引申為潔淨，俗作潔。」職此，絜、潔，正、俗字也，作「潔」未必誤也，盧文弨之說非是。

今吾見國而忘主，不仁也；劫白刃而失義，不勇也。子雖告我以利，威我以兵，吾不為也。」

　　武井驥曰：「《御覽》『國』下有『滅』字、『主』作『王』。」

　　施珂曰：「《天中記》三十六引國下有滅字，當據補。」

　　茂仁案：《渚宮舊事》無「今吾」二字、並無上二「也」字。《太平御覽》四二一引《說苑》（今佚）「國」下亦有「滅」字，審此「見國滅而忘主」，與下文「劫白刃而失義」正相對為文，是以「國」下有「滅」字，於文例為優也。「劫白刃而失義」，《春秋別典》一五引「劫」作「卻」，非是，形近而訛也。「威我以兵」，四庫本「我」作「吾」，義同。

白公彊之，不可，遂殺之。

　　武井驥曰：「《御覽》『遂』下有『縊而』二字。」

　　梁容茂曰：「何本、百子本：強，俱作『彊』。」

　　茂仁案：「白公彊之」，《後漢書・皇甫嵩朱雋列傳》〈注〉引、《太平御覽》四二一引、又四三八引、《春秋別典》一五引「彊」並作「強」，元刊本、楚府本、何良俊本、楊美益本、白口十行本、程榮本、四庫本並同，他本則並作「彊」。彊、強，古並為群母、陽部，音同可通。「遂殺之」，《太平御覽》四二一引《說苑》（今佚）

亦作「遂縊而殺之」，較此詳。

葉公高率眾誅白公，而反惠王於國。

武井驥曰：「《後漢書》〈註〉『高』上有『子』字、『眾』上有『楚』字。」

梁容茂曰：「公下疑脫『子』字。」

茂仁案：《春秋別典》一五引「公」下亦有「子」字。有無「子」字並通，無「子」字，蓋古漢語語法之姓名割裂所致，非奪也，說見本書卷三「樂毅為昭王謀」章，「柳下季曰」條校記。《渚宮舊事》二引無此十四字。

（九）白公之難

白公之難，楚人有莊善者，

盧文弨曰：「《渚宮舊事》〈註〉云：『《新序》作「莊義之」。』」

武井驥曰：「《韓詩》卷一『莊善』作『仕之善』。」

梁容茂曰：「《外傳》一：莊善，作『仕之善』，不作人名。《拾補》云：『《渚宮舊事》〈註〉云：《新序》作莊義之。』」

蔡信發曰：「《渚宮舊事》與此同；《外傳》『莊善』作『仕之善』，《渚宮舊事》原〈註〉引《外傳》作『莊之善』，《新序》作『莊義之』，並與此異。案：今本《外傳》作『仕之善』，《新序》作『莊善』，皆與〈註〉引不一。殆《外傳》本作『莊之善』，之，語詞，此省作『莊善』，後《外傳》『莊』字壞缺為『仕』，遂無名姓，至〈註〉引此作『莊義之』，『義』乃『善』之形近而訛，又涉《外傳》衍『之』而倒。」

茂仁案：「楚人有莊善者」，《韓詩外傳》一「莊善」作「仕之善」，《太平御覽》四二九引《韓詩外傳》作「壯之善」，又四九九引《韓詩外傳》作「杜之善」，《藝文類聚》二二引《韓詩外傳》作「社之善」，《渚宮舊事》二引與本文同，「者」下有〈註〉，其云：「《韓詩外傳》云：『莊之善』，《新序》作『莊義之』。」並與此異。審今本《新序》未見作「莊義之」者，則《渚宮舊事》之〈註〉本，為佚本邪？莊、壯於古人姓名，每每通用，說見梁玉繩《史記志疑》一一〈高祖功臣侯者年表〉「壯侯召歐」。賴炎元先生《韓詩外傳考徵》一云：「『有士之善者』，陳喬樅曰：『《漢書‧古人人表》有嚴善，列中中第五等，《外傳》所云莊之善，避明帝諱，改莊字為嚴也。《新序‧義勇篇》正作莊善，無之字，俗本《外傳》作仕之善者，古莊、壯通用，因誤壯為仕，趙懷玉校本據《新序》改正，是。《渚宮舊事》〈註〉引《新序》作莊義，義又善之誤字也。』案：陳說是也。《御覽》四百二十九引作壯之善，莊、壯字通，可證。」

是，唯陳喬樅引《渚宮舊事》〈注〉引《新序》作「莊義」，於「義」下奪「之」字，則非是，《漢書古今人表疏證》「嚴善」條引梁玉繩曰云云，所載《渚宮舊事》〈注〉引《新序》亦作「莊義之」，則不誤也。陳喬樅蓋以「莊義之」擬之「莊善」，以爲衍「之」字，遂刪之也。審此作「莊善」不作「莊之善」者，蓋受漢語姓名割裂所致，說見卷三「樂毅爲昭王謀」章，「柳下季曰」條校記。又《藝文類聚》二二引《韓詩外傳》「莊」作「社」、《太平御覽》四九九引《韓詩外傳》作「杜」者，蓋並與「壯」字形近而致訛也。陳鱣校「善」作「義」，非是。

辭其母，將往死之。

武井驥曰：「《御覽》四百二十一引無『將』字，《韓詩》作『將死君』。」

茂仁案：《渚宮舊事》二引「將往死之」亦作「將死君」。有「將」字是也，審上文「辭其母」，下文「其母曰」云云，顯見其未啓行，唯有死君之意耳，故上引《太平御覽》四二一引無「將」字，非是。

其母曰：「棄其親而死其君，可謂義乎？」

梁容茂曰：「《外傳》：親，作『母』，無下『其』字，又無『謂義』二字。」

茂仁案：《韓詩外傳》一無兩「其」字、「親」作「母」、無「謂義」二字，《渚宮舊事》二引同。楚府本、祕書本「母」並作「毋」，非是，形近而訛也。《太平御覽》四二一引、又四六九引「棄」並作「弃」，陳用光本、四庫全書薈要本「棄」並作「棄」。弃、棄，古、今字；棄，爲棄字篆文「𠒋」之隸定。

莊善曰：「吾聞事君者，內其祿而外其身。今所以養母者，君之祿也，身安得無死乎？」遂辭而行。

梁容茂曰：「（君之祿也）《御覽》四六九引：君，作『臣』。」

茂仁案：「君之祿也」，《太平御覽》四六九引「君」作「臣」，審上文云「內其祿而外其身」，其受君之祿甚明，又下文「身安得無死乎？」則其死君義明，「安得無死」，則所受奉祿亦授自君可知，是此作「君」爲是，《太平御覽》四六九引作「臣」者，蓋受「君」字連類而誤耳。楚府本「母」形訛作「毋」，非是。「身安得無死乎？遂辭而行」，《韓詩外傳》一作「請往死之」，《渚宮舊事》二引同。

比至公門，三廢車中。

梁容茂曰：「《外傳》：公門，作『朝』。何本：比，作『此』，非。」

茂仁案：《渚宮舊事》二引「比至公門」亦作「比至朝」。

其僕曰：「子懼矣。」曰：「懼。」「既懼，何不返？」

　　武井驥曰：「《御覽》『曰懼』以下作『何不反乎』，四百六十九作『曰懼則何反乎』。」

　　施珂曰：「《冊府元龜》七三九引既上有曰字，當據補。」

　　茂仁案：「既懼」，審本書凡人言，必有「曰」，或「云」，此獨無，不類，當據而補，施先生說是。「何不返」，《韓詩外傳》一作「何不反也」，《太平御覽》四二一引作「何不反乎」、又四六九引作「則何不反乎」。審上文云「子懼矣」，則「返」下以有「乎」字，於文氣較順。反、返，古、今字。

莊善曰：「懼者，吾私也，死義，吾公也。聞君子不以私害公。」

　　武井驥曰：「《御覽》作『死君公義也』、『聞』上有『吾』字，《韓詩》作『懼，吾私也，死君，吾公也』。」

　　梁容茂曰：「（死義吾公也）《外傳》：義，作『君』。《御覽》四二一、四六九兩引：俱作『死君公義也。』」

　　茂仁案：「死義」，《韓詩外傳》一作「死君」，《太平御覽》四二一引、又四六九引並同。審上文「棄其親而死其君」，以死君爲文，此句「死義」蓋承上文而來，又上文明言「吾聞事君者，內其祿而外其身」，明言受祿於君，如是，此作「死義」，不類矣，「義」當作「君」，上下相因，於義方足。本卷「齊崔杼弒莊公也」章，云「死君，義也；無勇，私也」，爲此之比，是「義」當作「君」之明證，當據改，下文「吾公也」，《太平御覽》四二一引、又四六九引並作「公義也」，亦並其比也。「聞君子不以私害公」，《太平御覽》四二一引、又四六九引「聞」上亦並有「吾」字，有「吾」字，於義爲長。

及公門，刎頸而死。君子曰：「好義乎哉！」

　　施珂曰：「《漢魏叢書》陳本義作善。義、善古通。」

　　茂仁案：陳用光本作「義」，不作「善」，施先生失檢。「君子曰」，《韓詩外傳》一「子」下有「聞之」二字、「哉」下有「必濟矣！夫《詩》云：『深則厲，淺則揭。』此之謂也」等十六字，於義爲長也。

（十）齊崔杼弒莊公也

齊崔杼弒莊公也，有陳不占者，

武井驥曰：「《孟子・離婁上篇》趙岐〈註〉『占』作『瞻』。」

蒙傳銘曰：「《御覽》四九九引《韓詩外傳》，作『陳不占東觀漁者。』」

梁容茂曰：「《孟子・離婁上》趙歧〈注〉作『陳不瞻』。」

蔡信發曰：「《孟子・離婁上》『有求全之毀』〈注〉作『陳不瞻』。占、瞻同音，並為照紐鹽韻，故相通作。」

茂仁案：「齊崔杼弒莊公也」，《太平御覽》四一八、又四九九、陳壽祺《三家詩遺說考・韓詩・補逸・目錄》並引《韓詩外傳》「弒」作「殺」，義通。《群書集事淵海》一二引、《蒙求集註》下〈注〉引並無「也」字。「有陳不占者」，《孟子・離婁上篇》趙岐〈注〉「占」作「瞻」，武井驥、梁先生、蔡先生所見本作「瞻」，蓋毛本也，梁玉繩《瞥記》三云：「陳不占，《孟子・不虞之譽》章〈注〉作『不瞻』，聲相近【毛本作「瞻」，誤】。」周法高先生《周秦名字解詁彙釋補編》下「齊陳書字子占」云：「張澍曰：『陳書字子占。鄭〈注〉《周禮》：『龜占書示食于吉。』則龜書即繇辭。又占與笘、佔同，謂書也。穎川人名小兒所書寫為笘。《新序》作陳不占。』朱駿聲曰：『占，視兆問也。……左昭十九傳，齊陳書字子占。』」二說並是也。古人名與字常有意義上之聯繫，名「書」，作「子占」者，由「書」義言之也；作「瞻」者，由「視兆問」義言之也，「書」為人「視」也，亦可。唯二者，以作「子占」為長。《太平御覽》四九九、《三家詩遺說考・韓詩・補逸・目錄》並引《韓詩外傳》作「陳不占東觀漁者」，亦作「占」。《文選》馬季長〈長笛賦〉〈注〉、《太平御覽》四一八並引《韓詩外傳》亦作「占」，《蒙求集註》下〈注〉引、《群書集事淵海》一二引、《春秋別典》七引、《天中記》二四引亦並作「占」，不作「瞻」，即其明證。

聞君難，將赴之。

茂仁案：「聞君難」，《群書集事淵海》一二引無「君」字。「將赴之」，《太平御覽》四一八引《韓詩外傳》作「將死之」，《太平御覽》四九九、《三家詩遺說考・韓詩・補逸・目錄》並引《韓詩外傳》同，唯「將」下並有「往」字。

比去，餐則失匕，上車失軾。

茂仁案：「餐則失匕」，《文選》馬季長〈長笛賦〉〈注〉引《韓詩外傳》作「食則失哺」，《白氏六帖》八〈注〉同，《太平御覽》四一八、又四九九、《三家詩遺說考・韓詩・補逸・目錄》並引《韓詩外傳》同，唯「食」作「隨」，《春秋別典》七引「匕」作「匙」。飡，「餐」之俗字。「上車失軾」，《蒙求集註》下〈注〉引「軾」作「式」，《春秋別典》七引作「轍」，作「軾」是也，軾、式，正假字，說見《說文》

十四篇上車部「軾」字段〈注〉。

御者曰：「怯如是，去有益乎？」

蒙傳銘曰：「（御者曰）崇本書院本作『御曰』，《御覽》引作『僕曰』。」

茂仁案：「御者曰……去有益乎」，崇本書院本（即楚府本）作「御者曰」，不作「御曰」，蒙先生失檢。《三家詩遺說考・韓詩・補逸・目錄》引《韓詩外傳》作「僕曰：『敵在數百里外，今食則失哺，上車失軾，雖往，其有益乎？』」《文選》馬季長〈長笛賦〉〈注〉引《韓詩外傳》作「其僕曰：『敵在數百里外，而懼怖如是，雖往，其益乎？』」審度諸文，《三家詩遺說考・韓詩・補逸・目錄》所引者，於義爲長且明。

不占曰：「死君，義也；無勇，私也。不以私害公。」

施珂曰：「《冊府元龜》七三九引君下有之字，義下有公字。當據補。」

茂仁案：「死君」，《文選》馬季長〈長笛賦〉〈注〉引《韓詩外傳》作「死君之難」。「不以私害公」爲承上文「死君，義也；無勇，私也」而來，前作「義」，而後作「公」，兩者似有未合。《北堂書鈔》三七云：「不以私事害公義。」（〈注〉文言引自《說苑》）、又云：「不以私好害公義」（〈注〉文言引自《東觀漢紀・陰興傳》），由是知本文之「私」，爲指「私事」、「私好」言；「公」，爲指「公義」言。職此，「不以私害公」是也。

遂往。

茂仁案：《文選》馬季長〈長笛賦〉〈注〉引《韓詩外傳》作「乃驅車而奔之，至公門之外」，《太平御覽》四一八引《韓詩外傳》作「遂驅車，比至公門外」，又四九九、《三家詩遺說考・韓詩・補・目錄》並引《韓詩外傳》作「遂驅車，比至門」。

聞戰鬥之聲，恐駭而死。

武井驥曰：「趙〈註〉『戰鬥』作『金鼓』。」

施珂曰：「《御覽》四九九引《外傳》，聞下更有『鼓鍾之音』四字。」

茂仁案：「聞戰鬥之聲，恐駭而死」，《孟子・離婁上》趙岐〈注〉作「聞金鼓之聲，失氣而死」，《文選》馬季長〈長笛賦〉〈注〉引《韓詩外傳》作「聞鍾鼓之聲，遂駭而死」，《太平御覽》四一八引《韓詩外傳》作「聞鍾鼓戰鬥之聲，遂駭而死」，《太平御覽》四九九引《韓詩外傳》作「聞鍾鼓之音、鬥戰之聲，遂駭而死」，《三家詩遺說考・韓詩・補逸・目錄》引《韓詩外傳》作「聞鼓鍾之音、戰鬥之聲，遂駭而死」。鐘、鍾，正、假字。

人曰：

蒙傳銘曰：「《御覽》引作『君子聞之曰：陳不占可謂志士矣，無勇而能行義，天下鮮矣。』」

茂仁案：「人曰」，《文選》馬季長〈長笛賦〉〈注〉引《韓詩外傳》作「君子曰」，《太平御覽》四九九、《三家詩遺說考・韓詩・補逸・目錄》並引《韓詩外傳》作「君子聞之曰」，並是。審本書文例，凡人聽聞某事，而爲之評論者，具云「君子曰」或「君子聞之曰」。作「君子曰」者，見卷五「君子曰」章，卷七「延陵季子者」章、「晉獻公太子之至靈臺」章、「申包胥者」章、「齊崔杼者」章、「公孫杵臼、程嬰者」章、「吳有士有張胥鄙」章，卷八「白公之難」章、「卞莊子好勇」章；作「君子聞之曰」者，見卷七「桀爲酒池」章、「楚昭王有士曰石奢」章、「申徒狄非其士」章、「鮑焦衣弊膚見」章，合共十三章，獨此作「人曰」，不類。「人曰」，當據上引補改作「君子曰」或「君子聞之曰」，方符本書文例。

「不占可謂仁者之勇也。」

茂仁案：《文選》馬季長〈長笛賦〉〈注〉引《韓詩外傳》作「不占無勇而能行義也，可謂志士矣」，《太平御覽》四九九、《三家詩遺說考・韓詩・補逸・目錄》並引《韓詩外傳》作「陳不占可謂志士矣！無勇而能行義，天下鮮矣！」並較此義爲長且明。

（十一）知伯囂之時

知伯囂之時，有士曰長兒子魚，絕知伯而去之。

武井驥曰：「《御覽》四百十八引無『囂』字。驥按：《說苑・立節篇》、《列子・說符篇》所載朱厲附事及桂房叔事略相類。知伯晉卿，荀林父弟，知季之後，以知爲氏。兒、倪通。」

蒙傳銘曰：「《列子・說符篇》所載杜厲叔事，又見《呂覽・恃君覽》，均與《說苑・立節篇》朱厲附事及《新序》此文長兒子魚事相類也。」

梁容茂曰：「《御覽》四一八引：無『囂』子（茂仁案：當作字）。案：此與《說苑・立節篇》朱厲附、《列子・說符篇》桂房叔之事相似。」

蔡信發曰：「諸書『知伯囂』並作『知伯瑤』。囂、瑤音近。在聲，囂屬曉紐，瑤屬喻紐，並屬喉音；在韻，並收宵韵。知伯囂，即知伯瑤。」

茂仁案：武井驥、梁先生所云《列子・說符篇》之「桂房叔」，當爲「杜厲叔」

之誤。「知伯囂之時」，「知」又作「智」，「囂」又作「瑤」、「繇」、「搖」，說見《漢書古今人表疏證》「智伯」引梁玉繩曰。《太平御覽》四一八引「知」作「智」、無「囂」字，下同。《春秋別典》一五引、孫詒讓《札迻‧新序》八「知」亦並作「智」，下同。知、智，二者古並爲端母、之部，音同可通。囂，古爲曉母、宵部；瑤、繇、搖，古並爲余母、宵部。囂與瑤等諸字並音近之字也。

三年，將東之越，而道聞知伯囂之見殺也，謂御曰：「還車反，吾將死之。」

　　武井驥曰：「《御覽》『越』作『魯』。」

　　施珂曰：「《御覽》四一八引越作魯。」

　　梁容茂曰：「《御覽》四一八引：越，作『魯』。」

　　茂仁案：《春秋別典》一五引、《札迻‧新序》八並與本文同作「越」。

御曰：「夫子絕知伯而去之，三年矣，今反死之，是絕屬無別也。」

　　茂仁案：「御曰」，《春秋別典》一五引「御」下有「者」字。「是絕屬無別也」，楚府本、何良俊本「屬」並作「属」。属，未見於字書，唯版刻習見，愚謂即「屬」字俗寫。

長兒子魚曰：「不然。吾聞仁者無餘愛，忠臣無餘祿。吾聞知伯之死而動吾心，餘祿之加於我者，至今尚存，吾將往依之。」反而死。

　　武井驥曰：「《御覽》『死』下有『之』字，宋板『反』上有『遂』字。」

　　梁容茂曰：「《御覽》四一八引作：『將往，吾佐之，遂反而死之。』」

　　茂仁案：「反而死」，審上文云「吾將死之」、「今反死之」，「死」下並有「之」字，而此無，蓋奪，《太平御覽》四一八引作「遂反而死之」，是也，當據補。

（十二）衛懿公有臣曰弘演

衛懿公有臣曰弘演，遠使未還。

　　武井驥曰：「《論衡‧儒增篇》作『哀公』。」

　　蒙傳銘曰：「《三國志‧魏書‧陳矯傳》裴松之〈注〉引「衛懿公」上有『齊桓公求婚於衛，衛不與，而嫁於許。衛爲狄所伐，桓公不救，至於國滅君死。懿公屍爲狄人所食，惟有肝在』等四十一字。又案：『《韓詩外傳》七‘弘演’作‘洪演’。』」

　　梁容茂曰：「《呂氏‧忠廉篇》：遠使未還，作『有所於使』，狄，作『翟』。狄、翟，古通用。《外傳》七：弘，作『宏』。次句作：『受命而使未反』。」

蔡信發曰:「《論衡》『衛懿公』作『衛哀公』,誤。〈校釋〉:『梁玉繩《瞥記》二曰:'衛懿公有哀公之號,見《論衡‧儒增》,以其爲狄所殺故也,亦猶魯哀公孫于越,《漢書‧人表》謂之出公,皆可補經傳所未及。'疑非塙論。』是。『弘演』,《外傳》作『洪演』,《淮南》作『宏演』,與此異。各書所作不一,音近使然。在聲,弘、洪、宏並屬匣紐;在韻,弘、宏並屬登部,或雙聲,或疊韻。」

茂仁案:「衛懿公有臣曰弘演」,《論衡‧儒增篇》「衛懿公」作「衛哀公」,黃暉〈校釋〉云:「『哀公』當作『懿公』,下同。仲任誤也。《呂氏春秋‧忠廉篇》、《韓詩外傳》七、《新序‧義勇篇》、《淮南‧繆稱訓》許〈注〉、《三國志‧魏書‧陳矯傳》裴松之〈注〉引《新序》(與今本不同)具載此事,並作『衛懿公』。狄人攻衛,即左氏閔二年傳戰於熒澤者,是懿公,非哀公也。梁玉繩《瞥記》二曰:『衛懿公有哀公之號,見《論衡‧儒增》,以其爲狄所殺故也,亦猶魯哀公孫于越,《漢書‧人表》謂之出公,皆可補經傳所未及。』疑非塙論。」梁玉繩之言蓋以《論衡‧儒增篇》「懿公」之作「哀公」爲度,輔以魯哀公或謂之出公,以臆測本文「懿公」見殺於狄而謂之「哀公」之可適性,純爲揣度之詞,非塙論也,黃暉之說是也。《淮南子‧繆稱篇》「弘」作「宏」,邵晉涵《南江札記‧左‧閔二年》引同。弘,姓也,《廣韻‧十七登‧弘》〈注〉云:「大也,又姓,衛有弘演。」則作「弘演」爲正。「遠使未還」,《韓詩外傳》七「還」作「反」,義同。

狄人攻衛,

武井驥曰:「《呂覽‧忠廉篇》『狄』作『翟』,通。」

茂仁案:《新書‧春秋篇》、《史記‧衛世家》「狄」亦並作「翟」。狄,古爲定母、錫部;翟,古爲定母、藥部,二者聲之轉也。《說文》四篇上羽部云:「翟,山雉也。」又十篇上犬部:「狄,北狄也。」職此,作「狄」爲是。《左傳‧閔公二年》云:「冬,十二月,狄人伐衛,衛懿公好鶴。」《韓詩外傳》七、《白孔六帖》九四〈注〉亦並作「狄」,並其證也。狄、翟,正、假字。

其民曰:

茂仁案:「其民曰」,《左傳‧閔公二年》作「國人受甲者,皆曰」,《韓詩外傳》七作「其民皆曰」,《新書‧春秋篇》作「寇挾城堞矣,衛君垂泣而拜其臣民曰:『寇迫矣,士民其勉之。』士民曰」,較此爲詳。

「君之所與祿位者,鶴也;所富者,宮人也。召使宮人與鶴戰,余焉能戰?」

武井驥曰:「《呂覽》『富』上有『貴』字,《韓詩》作『其民皆曰:‘君之所貴

而有祿位者，鶴也，所愛者，宮人也。’」《左傳・閔二年》云：『冬十二月狄人伐衛，衛懿公好鶴，鶴有乘軒者，將戰，國人受甲者皆曰：‘使鶴，鶴實有祿位，余焉能戰。’》《新書》曰：『鶴有飾以文繡而乘軒者』。」

梁容茂曰：「《呂氏》：與，作『予』，富上有『貴』字。《外傳》作：『君之所貴而有祿位者鶴也，所愛者宮人也。』」

蔡信發曰：「衛懿公好鶴，諸書並記；寵宮人，《左傳》、《史記》未有提及，與此異；而由《呂覽》始載，《外傳》、本章因之。」

茂仁案：「君之所與祿位者……余焉能戰」，《新書・春秋篇》作「君亦使君之貴優，將君之愛鶴，以爲君戰矣。我儕棄人也，安能守戰」，《史記・衛世家》作「君好鶴，鶴可令擊翟」。《左傳・閔公二年》、《史記・衛世家》未言及「宮人」，並與諸書異，《呂氏春秋・忠廉篇》與本文同，《韓詩外傳》七略同，蔡先生說是也，《白氏六帖》一五、《白孔六帖》五二云：「衛懿公好鶴，鶴有乘軒者，將戰，國人授甲皆曰：『使鶴，鶴實有祿位，予焉能傳。』」亦未載及宮人，《白孔六帖》九四〈注〉同。《呂氏春秋・忠廉篇》「召」作「君」，《群書集事淵海》一一引、邵晉涵《南江札記・左・閔二年》引並同。審此文義，作「君」較長，元刊本、楚府本、何良俊本、楊美益本、白口十行本、程榮本、祕書本、陳用光本、四庫本、百子本亦並作「君」，鐵華館本、龍溪本則並作「召」，與此同。

遂潰而去。

茂仁案：「遂潰而去」，《韓詩外傳》七作「遂潰而皆去」，《新書・春秋篇》作「乃潰門而出走」，義較明。

狄人追及懿公於榮澤，

武井驥曰：「《左傳》及《韓詩》『榮』作『熒』。」

梁容茂曰：「《呂氏》：追，作『至』；榮，作『滎』。《外傳》：追及，作『至攻』。」

蔡信發曰：「『榮澤』，《左》閔公二年《傳》作『熒澤』，《呂覽》、《外傳》並作『滎澤』。榮，滎並熒之形譌。蓋榮澤，鄭地；滎澤，無其地；唯『熒澤』屬衛，在今河南，切堛之地，則不得而知。本文因《呂覽》，乃涉此而誤。程師旨雲：『此澤應在黃河北岸，今不可考，應近淇縣。』說見《春秋左氏傳地名圖考》。淇縣，在河南汲縣東北。」

茂仁案：「狄人追及懿公於榮澤」，《左傳・閔公二年》作「及狄人，戰於熒澤」，《呂氏春秋・忠廉篇》作「翟人至，及懿公於榮澤」，《韓詩外傳》七作「狄人至，

攻懿公於滎澤」。「滎」，《左傳‧閔公二年》、《韓詩外傳》七並作「熒」，邵晉涵《南江札記‧左‧閔二年》引同，《呂氏春秋‧忠廉篇》作「榮」，祕書本同，他本並與本文同。蔡先生云滎、榮並熒之形誤，是也。王念孫《讀書雜志》四之一《漢書‧高帝紀》「滎陽」云：「陳平灌嬰十萬守滎陽，宋祁曰：『滎，舊本作熒。』又〈高后紀〉『灌嬰至滎陽』，宋祁曰：『景德本，滎作熒。』念孫案：『作熒者，是也。凡《史記》、《漢書》中熒陽字作滎者，皆後人所改，唯此二條作熒，乃舊本之僅存者，而子京未能訂正也。段氏若膺《古文尚書撰異》曰：‘攷澤字，古從火不從水，《周官經》："其用熒雉。"《詩》："定之方中。"鄭〈箋〉："及狄人戰於熒澤。"《春秋左氏傳‧閔公二年》："及狄人戰于熒澤。"〈宣十二年〉："及熒澤。"杜預〈後序〉云："即《左傳》所謂熒澤也。"《爾雅》〈注〉："圃田在熒陽。"〈釋文〉，凡六熒字，皆從火，〈隱元年〉〈注〉："虢國，今熒陽縣。"〈釋文〉："本或作滎，非。"尤為此字起例。《玉篇‧焱部》熒字下云："亦熒陽縣。"漢〈韓勑後碑〉、河南熒陽〈劉寬碑〉陰，河南熒陽〈鄭烈碑〉，熒陽，將封人也。字皆從火。而唐盧藏用撰書〈紀信碑〉，嘗以百萬之兵困高祖於熒陽，字正從火，至今明畫。《隋書‧王劭傳》上表言符命曰："龍圖鬥於熒陽者，熒字三火明火德之盛也。"然則熒澤、熒陽，古無從水者。’」云云，並以從水之滎，乃後淺人不知所改耳。王念孫說甚的。王先謙《三國志‧魏書‧武紀》「滎陽汴水」〈集解〉亦辯之甚詳，可相參稽也，劉正浩先生《周秦諸子述左傳考‧閔二年》亦略有說，《太平御覽》四一七引《呂氏春秋》作「熒」，則不誤，亦其明證也。

殺之，盡食其肉，獨舍其肝。

　　茂仁案：劉正浩先生《周秦諸子述左傳考‧閔二年》云：「食肉捨肝，刳腹為襃，《左傳》不載，亦不復見於先秦其他典籍，疑為後人所附益。」蓋是。「獨舍其肝」，《呂氏春秋‧忠廉篇》「舍」作「捨」。舍、捨，古、今字也。

弘演至，報使於肝畢，呼天而號，盡哀而止，

　　武井驥曰：「《呂覽》『號號』作『啼』。」
　　施珂曰：「（使報於肝畢）《外傳》七肝下有辭字。」
　　梁容茂曰：「（盡哀而死）《外傳》：畢上有『辭』字。號，《呂氏》作『啼』。《論衡‧儒增篇》作：『致命於肝，痛哀公之死。』」
　　茂仁案：《三國志‧魏書‧陳矯傳》裴松之〈注〉引作「致命於肝」。「報使於肝畢」，鐵華館本作「報使」，不作「使報」，施先生以鐵華館本為底本，失檢。《論衡‧

儒增篇》作「致命於肝」，《三國志・魏書・陳矯傳》裴松之〈注〉引同，《韓詩外傳》七「畢」上有「辭」字，《藝文類聚》二〇引《韓詩外傳》「畢」上則無「辭」字，與此同，有無「辭」字，並通。「呼天而號，盡哀而止」，《初學記》一七〈注〉引《呂氏春秋》作「號」，不作「嗁」，與此同，號、嗁，並通。又四庫《新序》版本有二，二本並作「止」，不作「死」，梁先生以四庫本爲底本，失檢。

曰：「臣請爲表。」因自刺其腹，內懿公之肝而死。

　　武井驥曰：「《呂覽》作『臣請爲褾。因自殺先出其腹實』，《論衡》作『痛哀公之死，身肉盡，肝無所附，引刀自剚其腹』。」

　　蒙傳銘曰：「《三國志》〈注〉引作『君爲其內，臣爲其外。』」

　　梁容茂曰：「《呂氏》：表，作『褾』，下句作『因自殺先出其腹。』《外傳》作：『若臣者獨死可耳，于是遂自剚其腹，實內懿公之肝。』」

　　蔡信發曰：「《呂覽》作『因自殺，先出其腹實，內懿公之肝』，《外傳》作『於是遂自剚，出腹實，內懿公之肝，乃死』，並與此異，而不及此得實。《淮南》高〈注〉：『狄人攻衛，食懿公，其肝在，宏演剖腹以盛之。』采此爲說，可證。」

　　茂仁案：「臣請爲表」，《呂氏春秋・忠廉篇》「表」作「褾」，許維遹〈集釋〉引黃生曰：「褾，即古表字。」「因自刺其腹，內懿公之肝而死」，《論衡・儒增篇》作「引刀自剚其腹，盡出其腹實，乃內哀公之肝而死」，並上言《呂氏春秋・忠廉篇》、《韓詩外傳》七所言出其腹實，並與此異，《三國志・魏書・陳矯傳》裴松之〈注〉作「乃剚腹，內肝而死」，「剚」乃挖空義，與諸書同。《白氏六帖》八〈注〉、《太平御覽》四一七並引《呂氏春秋》作「自取出肝，內懿公之肝」、《白孔六帖》二五〈注〉引《呂氏春秋》作「自取出肝，內懿公之肝」、《初學記》一七〈注〉引《呂氏春秋》作「因自出其肝，以內懿公之肝」、《藝文類聚》二〇引《韓詩外傳》同，唯無「以」字、《太平御覽》三七六引《呂氏春秋》作「因自殺，先出其肝，內公之肝」，亦並與此異，且異上引諸書。邵晉涵《南江札記・左・閔二年》引「刺」作「剌」，白口十行本、陳用光本、四庫本、龍溪本並同，是。剌、刺，形近而訛，當據改。

齊桓公聞之曰：「衛之亡也以無道，今有臣若此，不可不存。」於是救衛於楚丘。

　　武井驥曰：「《呂覽》『救』作『復立』，《韓詩》同。」

　　梁容茂曰：「《呂氏》、《外傳》作：『於是復立衛於楚丘』。百子本：丘，作『坵』。」

　　茂仁案：《春秋別典》三引《呂氏春秋》作「於是立衛於楚邱」。《左傳・閔公二

年》云：「（傳）二年封衛于楚丘。」又《左傳・僖公二年》云：「諸侯城楚丘而封衛焉。」杜預〈注〉云：「君死國滅，故《傳》言封。」國既滅，而後復封之，則言「救」，未若二書作「於是復立衛於楚丘」為長。檢百子本作「丘」，避聖諱，不作「坵」，梁先生失檢。《三國志・魏書・陳矯傳》裴松之〈注〉引作「齊桓公曰：『衛有臣若此而尚滅，寡人無有，亡無日矣。』乃救衛定其君。」

（十三）芋尹文者

芋尹文者，荊之歐鹿彘者也。

　　盧文弨曰：「（芋尹文）舊訛『芊』，據〈古今人表〉改。」

　　施珂曰：「此楚姓。《鄭語》：『姜、嬴、荊、芈實與諸姬代相干也。』本當作芈，俗作芊芋，又誤作芋。《書鈔》一二引作『芋』。」

　　蔡信發曰：「《渚宮舊事》作『芋尹文，荊之驅逐彘鹿者』。《拾補》『芋』作『芋』，云：『舊訛芊，據〈古今人表〉改。』」

　　茂仁案：「芋尹文者」，「芋尹文」獨見於此，《左傳・昭公七年》載芋尹無宇之事與此近似，愚疑本文為據此而改作者。「芋」《左傳・昭公七年》作「芋」。《漢書古今人表疏證》有「芋尹文」，顏師古〈注〉云：「芋，音于具反。」據是，似以作「芋」為是，《北堂書鈔》一二〇〈注〉引、《渚宮舊事》二引、《春秋別典》一五引「芋」亦並作「芋」，武井驥《纂註本》同。審芋尹文為「荊」人，荊，楚也，《史記・楚世家》云：「楚之先祖，出自帝顓頊高陽（中略）陸終生子六人，坼剖而產焉。其長，一曰昆吾，二曰參胡，三曰彭祖，四曰會人，五曰曹姓，六曰季連，芈姓，楚其後也。」楚既芈姓之後，則此荊之芋尹文，「芋」當為「芈」之誤也，施先生之說是，百子本作「芋」，俗字也。「荊之歐鹿彘者也」，《北堂書鈔》一二〇〈注〉引「歐」作「歌」，《渚宮舊事》二引作「驅逐」，《群書集事淵海》二二引、《春秋別典》一五引並與本文同。孫詒讓《札迻・新序》八云：「歐，當為毆之誤，《渚宮舊事》一作驅，字同。」檢此文載《渚宮舊事》卷二，孫詒讓云在卷一，失檢。《說文》八篇下欠部云：「歐，吐也。」又十篇上馬部云：「毆，古文驅从攴。」職此，作「毆」是也，孫詒讓之說是。毆，古「驅」字；作「歌」，形訛也；作「驅逐」，亦是。歐、毆，形近而訛，當據改。

司馬子期，獵於雲夢，載旗之長拖地。

　　盧文弨曰：「（載旗旗長拽地）『之』訛。（拽）『拖』訛。《渚宮舊事》作『旗長

拽地』，今從之。」

武井驥曰：「驥按：旗之之『之』，疑旗，疊字二點誤，『軹』恐『軾』字。」

施珂曰：「《書鈔》引拖作構。」

蒙傳銘曰：「『旗』誤作『之』，盧、武說是也。《後漢書‧鄧騭傳》：『時遭元二之災』句下〈注〉云：『臣賢案：元二即元元也。古書字當再讀者，則於上字之下爲小『二』字，言此字當兩度言之……今岐州石鼓銘，凡重言者皆爲『二』字，明驗也。』李賢此〈注〉，可爲《新序》此文之乃旗疊二而誤之證。」

梁容茂曰：「百子本：旗，作『旂』。」

茂仁案：「司馬子期」，元刊本「期」形訛作「朗」，非是。「載旗之長拽地」，《北堂書鈔》一二〇〈注〉引「拖」作「搆」，《渚宮舊事》二引作「拽」，並通。檢下文「臣以君旗拽地故也」，故此作「拽」較長。「載旗之長拖地」，陳鱣亦校「之」作「旗」、「拖」作「拽」，審此文義已足，非必改「之」作「旗」也。又百子本作「旗」，不作「旂」，梁先生失檢。

芊尹文拔劍齊諸軹而斷之。

盧文弨曰：「（齊諸軹）『軹』訛，或作『角』，下同。」

武井驥曰：「孔〈疏〉載《禮緯稽命徵》曰：『禮天子旗九刃，曳地；諸侯七刃，齊軹，大夫三刃，齊首。』」

施珂曰：「孫云：『案：盧校作軾者，據下文云：『大夫之旗齊於軾。』也。《渚宮舊事》載此事『齊諸軹』及下『大夫之旗齊於軾』。軹、軾兩字竝作角，是也。角、較音近字通。』案：孫說是也。下文『大夫之旗齊於軾。』《書鈔》引軾正作較。」

梁容茂曰：「《拾補》云：『軹訛。或作角。下同。』案：軹，疑當作『軾』。」

蔡信發曰：「《續修四庫全書提要‧子部‧儒家類》：『文弨〈注〉云：『軹，訛，或作角，下同。』不知軹固未合，軾亦非也。文當作角，角與較通。〈考工記〉賈〈疏〉引《從緯》云：『大夫齊較。』《左》昭七年《傳》孔〈疏〉引《從緯稽命徵》云：『大夫五刃齊較。』與此相合，《渚宮舊事》此及文並作角，不得改爲軾明矣。』」

茂仁案：孫詒讓《札迻‧新序》八云：「案：盧〈校〉作軾者，據下文云『大夫之旗齊於軾也』，《渚宮舊事》載此事，『齊諸軹』及下『大夫之旗齊於軾』，軹、軾兩字，並作『角』是也。角、較，音近字通。齊角即謂齊車輢、較也。昭十年《左傳》：『公卜，使王黑以靈姑銔，率吉，請斷三尺，焉而用之。』〈考工記‧輿人〉賈〈疏〉引服虔〈注〉云：『斷三尺，使至於較。大夫旗至較。』又引《禮緯》云：『諸侯旗齊軹，大夫齊較。』《左傳‧昭七年》孔〈疏〉引《禮緯稽命徵》云：『禮，天

子旗九刃,曳地;諸侯七刃,齊軫;大夫五刃,齊較;士三刃,齊首。』此下文云:
『王者之旗拽於地,國君之旗齊於軫,大夫之旗於角。』與《禮緯》差次正同,今
本齊角作齊軾,說雖可通,而與《緯》文不合矣。」孫詒讓之說甚旳。檢《禮緯稽
命徵》一八及《初學記》二二引《廣雅》及《禮含嘉文》、《公羊傳・襄公十六年》
〈疏〉引《禮說稽命徵》及《含文嘉》並與孫詒讓引同。職是,本文司馬子期爲大
夫,則其旗當齊諸「較」爲是,「軫」當據改作「較」,下同。

貳車抽弓於韔,援矢於筩,引而未發也。司馬子期伏軾而問曰:「吾有罪於夫子乎?」

　　茂仁案:「引而未發」,《渚宮舊事》二引無「引」字,《北堂書鈔》一二〇〈注〉引、《群書集事淵海》二二引、《春秋別典》一五引並有「引」字,與此同,各本並同。「吾有罪於夫子乎」,楚府本「夫」作「天」,非是,形近而訛也。

對曰:「臣以君旗拽地故也。國君之旗齊於軫,大夫之旗齊於軾。

　　盧文弨曰:「(『也』下補『王者之旗拽於地』)七字舊脫,《渚宮舊事》有。案:《廣雅》:『天子十二斿至地,諸侯九斿至軫,卿大夫九斿至軹。』」

　　施珂曰:「《書鈔》引作『臣聞之:「王者之旗拽於地,」』據此,當更補『臣聞之』三字。」

　　茂仁案:「臣以君旗拽地故也」,《北堂書鈔》一二〇〈注〉引、《渚宮舊事》二引並作「臣聞之,王者之旗拽於地」,是,當據而補改。

今子荊國有名大夫,而滅三等,文之斷也,不亦可乎?」子期悅,載之王所。

　　施珂曰:「《書鈔》引子下有『出自』二字。夫下有也字,滅下有之字,等下有雖字。」

　　茂仁案:《北堂書鈔》一二〇〈注〉引「文」上尚有「雖」字,《渚宮舊事》二引「子」下亦有「出自」二字、「文之斷也」作「雖文斷之」、「悅」下有「之」字。《群書集事淵海》二二引、《春秋別典》一五引則並與本文同。

王曰:「吾聞有斷子之旗者,其人安在?吾將殺之。」子期以文之言告,王悅,使文爲江南令而大治。

　　茂仁案:「王曰……吾將殺之」,《群書集事淵海》二二引作「王以斷旗之故,王將殺之」。「子期以文之言告,王悅」,《渚宮舊事》二引作「對曰:『臣固將謁之,彼鞭朴之使,而敢斷臣之旗,勇也;臣問之,而服臣以法,智也。勇且智,臣願君王

用之！』昭王曰：『善！』」文義較此爲詳且長。《群書集事淵海》二二引、《春秋別典》一五引則並與本文同。

（十四）卞莊子好勇

卞莊子好勇，養母，戰而三北，交遊非之，

　　武井驥曰：「《論語》曰：『卞莊子之勇。』周氏曰：『卞邑大夫。』司馬貞曰：『《戰國策》作館莊子，或作辯莊子。』」

　　蒙傳銘曰：「《戰國策・秦策二》作『管莊子』，《漢書・蕭望之傳》作『卞莊』，《後漢書・班固傳》作『卞嚴』（李賢〈注〉：『卞嚴，卞莊子也。』案：莊改爲嚴，蓋由避漢明帝諱也）。《史記・張儀列傳》司馬貞〈索隱〉：『館莊子，謂逆旅舍其人字莊子者，或作‘卞莊子’也。』武氏引書，似失檢。」

　　茂仁案：卞莊子、管莊子、館莊子，《論語・憲問篇》〈正義〉云：「《國策・秦策》作管莊子。管、卞古字通用。」卞，古爲並母、元部；管、館，古並爲見母、元部。管、館音同，並與卞爲音近之字也。《後漢書・崔駰傳》李賢〈注〉引無「好勇」二字、「遊」作「游」，《韓詩外傳》一〇「遊」亦作「游」，白口十行本亦同。遊，游之俗字，說見《說文》七篇上「游」字段〈注〉。

國君辱之。

　　武井驥曰：「《後漢書・班固傳》〈註〉引有『莊子受命，顏色不變』八字，一本同。」

　　茂仁案：《韓詩外傳》一〇「之」下有「卞莊子受命，顏色不變」九字。

及母死三年，冬，與魯戰，卞莊子請從，

　　盧文弨曰：「（魯）《後漢書・班固》、〈崔駰〉等〈傳〉，俱作『齊』，當從之。」

　　武井驥曰：「《後漢書》〈註〉並『冬』作『齊』，似是，一本同。驥按：齊省作亝，故誤。」

　　梁容茂曰：「冬，一本作齊，近是。《外傳》作：『三年魯興師。』《拾補》云：『《後漢書・班固》〈崔駰〉等傳俱作齊，當從之。』」

　　蔡信發曰：「『冬，與魯戰』，《外傳》作『魯興師，卞莊子請從』。《論語・憲問》：『卞莊子之勇。』〈集解〉：『周曰：‘莊子，卞邑大夫’』劉寶楠〈正義〉：《左・傳十七年》：『會於卞。』杜〈注〉：『魯國卞縣。』是卞爲魯邑。《荀子・大略》：『齊

人欲伐魯，忌卞莊子，不敢過卞。』是役固不得斷言即本文之戰，然莊子仕卞，爲大夫，當無疑慮。卞莊子既爲魯大夫，焉有伐魯之理？且本章下文旋載卞莊子『見於魯將軍』云云，則此『魯』爲『齊』之誤明矣。《拾補》所引，《外傳》所作，並是，當從。又『卞莊子』，《論語·憲問》〈正義〉：『《國策·秦策》作管莊子。管、卞古字通用。』案：二字古韻並在寒部，故相通作。」

茂仁案：「及母死三年」，祕書本「母」作「毋」，非是，形近而訛也。「冬，與魯戰」，《後漢書·班固傳》〈注〉引、又〈崔駰傳〉〈注〉引「與魯戰」並作「齊與魯戰」，愚謂本文「與」上奪「齊」字，非如盧文弨、蔡先生謂「魯」爲「齊」之誤也，上二〈注〉引即其明證，又《困學紀聞·論語篇》翁元圻〈注〉引「與魯戰」亦正作「齊與魯戰」，「與」上並有「齊」字，亦其證也，今此「與」上無「齊」字，蓋奪耳，非「魯」爲「齊」之誤也，當據補，陳鱣校「冬」爲「齊」，則失之不完。「卞莊子請從」，《後漢書·班固傳》〈注〉引、又〈崔駰傳〉〈注〉引並無「卞」字，蓋古漢語中之姓名割裂語法所致，說見本書卷三「樂毅爲昭王謀」章，「柳下季曰」條校記。

見於魯將軍曰：「初與母處，是以三北，今母死，請塞責而神有所歸。」

茂仁案：「今母死」，楚府本「母」作「毋」，非是，形近致訛也。「請塞責而神有所歸」，《韓詩外傳》一〇無「而神有所歸」五字，《後漢書·班固傳》〈注〉引、又〈崔駰傳〉〈注〉引並同。

遂赴敵，獲一甲首而獻之，曰：「此塞一北。」又入，獲一甲首而獻之，曰：「此塞再北。」又入，獲一甲首而獻之，曰：「此塞三北。」

茂仁案：「遂赴敵」，《韓詩外傳》一〇「敵」下有「而鬥」二字，《後漢書·班固傳》〈注〉引、又〈崔駰傳〉〈注〉引並同，有「而鬥」二字，於文義較明。「此塞一北」、「此塞二北」、「此塞三上」，《韓詩外傳》一〇「此」上並有「請以」二字，於義較長。

將軍曰：「毋沒爾家，宜止之，請為兄弟。」

蔡信發曰：「（母沒爾家）《外傳》『母』作『毋』。是。母、毋之誤刻。」

茂仁案：「毋沒爾家」，程榮本作「毋」，不作「母」，蔡先生以程榮本爲底本，失檢。「家」疑爲「宗」字之訛，作「宗」，於義較符，《韓詩外傳》一〇、《後漢書·

崔駰傳》〈注〉引下文「滅世斷家」並作「滅世斷宗」，「家」正作「宗」，即其明證。家、宗，形近而訛，當據改。元刊本、何良俊本、楊美益本、白口十行本、祕書本、四庫本、鐵華館本、龍溪本「毋」並作「母」，非是，形近致訛也。

莊子曰：「三北以養母也，是子道也；今士節小具而責塞矣。吾聞之，節士不以辱生。」

　　武井驥曰：「（今士節小具）〈崔駰傳〉〈註〉『士』作『志』。」

　　蒙傳銘曰：「宋本『塞責』作『責塞』，《後漢書‧崔駰傳》〈注〉同。」

　　茂仁案：「三北以養母也」，《韓詩外傳》一○無「三」字，「北」上有「夫」字，《後漢書‧班固傳》〈注〉引、又〈崔駰傳〉〈注〉引「三」上並有「夫」字，是。有「夫」字，於文氣較順。楚府本、程榮本「母」並作「毋」，非是，形近而訛也。「今士節小具而責塞矣」，《後漢書‧崔駰傳》〈注〉引「士」作「志」，檢下文「節士不以辱生」，則此作「士」爲是。楚府本「士節小具」作「亡節小其」，非是，亡、士；其、具，並形近而訛。各本「責塞」並作「塞責」。

遂反敵，殺十人而死。

　　武井驥曰：「《韓詩》『十』上有『七』字。」

　　梁容茂曰：「《外傳》：反，作『奔』，十上有『七』字。」

　　蔡信發曰：「《外傳》『十人』作『七十人』，與此異。」

　　茂仁案：「遂反敵，殺十人而死」，《論語‧憲問篇》〈正義〉引《韓詩外傳》作「遂反敵，殺數十人而死」，亦與此異。審古文十、七易混，蓋原作「十人」或「七人」，《韓詩外傳》於十或七處，標以七或十，以爲未定之詞，後人取以入正文，遂爲「七十人」，至《論語正義》，蓋審殺七十人爲不可能，遂又改作「數十人」，致有此異也。鐵華館本、龍溪本「反」並作「返」，反、返，古、今字。

君子曰：「三北又塞責，滅世斷家，於孝不終也。」

　　盧文弨曰：「（『又』作『已』）舊訛，又據〈崔駰傳〉〈注〉改，《外傳》同。」又曰：「（『家』作『宗』）舊訛『家』，亦據〈崔駰傳〉〈注〉、《外傳》改，又下『不』作『未』。」

　　武井驥曰：「吳本『又』作『而』，〈崔駰傳〉〈註〉作『已』，《韓詩》同。」又曰：「〈崔駰傳〉〈註〉『家』作『宗』，《韓詩》同。」又曰：「〈崔駰傳〉〈註〉『不』作『未』。」

梁容茂曰：「《外傳》：又作『已』。《拾補》同。云：『舊訛又，據〈崔駰傳〉〈注〉改，《外傳》同。』」

蔡信發曰：「《外傳》『又』作『已』，《拾補》同之，云：『舊訛「又」，據〈崔駰傳〉〈註〉改，《外傳》同。』是。」又曰：「《拾補》『家』作『宗』，云：『舊訛「家」，亦據〈崔駰傳〉〈註〉、《外傳》改，又下「不」作「未」。』『宗』義視『家』長，盧說是。」

茂仁案：「君子曰」，《韓詩外傳》一〇「子」下有「聞之」二字。「三北又塞責，滅世斷家，於孝不終也」，《韓詩外傳》一〇作「三北已塞責，又滅世斷宗，士節小具矣，而於孝未終也」，《後漢書·崔駰傳》〈注〉引作「三北已塞責，又滅世斷宗，於孝未終也」。上引「又」並作「已」、「不」並作「未」，《春秋別典》一五引《韓詩外傳》「又」作「而」，白口十行本同，盧文弨校「又」作「已」，是，當據改，陳鱣校同。已、而，義通。「家」、「宗」之辨，說已見上，當據而改。

《新序》卷第九

陽朔元年二月癸卯護左都水使者光祿大夫臣劉向上
善　謀

（一）齊桓公時

齊桓公時，江國、黃國，小國也，在江淮之間，近楚。

　　茂仁案：「在江淮之間」，《春秋別典》三引「間」作「閒」，鐵華館本、龍溪本
並同。閒、間，古、今字。

楚，大國也，數侵伐，欲滅取之，江人、黃人患楚。齊桓公方存亡繼絕，救
危扶傾，尊周室，攘夷狄，

　　茂仁案：「齊桓公方存亡繼絕」，《群書集事淵海》二一引無「齊」字、「桓」上
有「時」。有「時」，於文氣較完。楚府本「攘」作「攘」，二字古並爲日母、陽部，
音同可通。

為陽穀之會，貫澤之盟，與諸侯將伐楚。

　　盧文弨曰：「何訛『津』。」

　　梁容茂曰：「何本、百子本：澤，作『津』。《拾補》云：『何訛津。』」

　　蔡信發曰：「《春秋》僖公二年《經》：『秋九月，齊侯、宋公、江人、黃人盟于
貫。』三年：『秋，齊侯、宋公、江人、黃人會于陽穀。』據此，陽穀之會，後于貫
澤之盟，此倒置，失檢。《公羊·僖公九年》『貫澤之會』〈疏〉：『即上二年秋九月齊
侯、宋公、江人、黃人盟于貫。是也。而此言于貫澤者，蓋地有二名。』貫，宋地，

故城在今山東曹縣西十里。陽穀，齊地，故城在今山東陽穀東北五十里。見程師旨雲《春秋左氏傳地名圖考》。」

茂仁案：蔡先生之說是也。本文之所以倒置，或即涉《公羊‧僖公九年》所載「貫澤之會」而誤耳。「貫澤之盟」，祕書本、陳用光本「澤」字亦並作「津」，非是。上引《左傳‧僖公九年》之「貫澤之會」及本書卷四「昔者齊桓公與魯莊公爲柯之盟」章，云「貫澤之盟」，並作「澤」，不作「津」，並其明證，下文「來會盟於貫澤」，祕書本、何允中本、陳用光本、百子本並作「澤」，不誤，即其塙證。澤，俗寫作「泽」，作「津」者，蓋其與「澤」字俗寫「泽」形近而致誤耳。

江人、黃人慕桓公之義，來會盟於貫澤。管仲曰：「江、黃遠齊而近楚，楚為利之國也，若伐而不能救，無以宗諸侯，不可受也。」桓公不聽，遂與之盟。管仲死，楚人伐江滅黃，桓公不能救，君子閔之。

蔡信發曰：「《管子‧戒第》、《史記‧齊世家》，並載管仲之卒，在齊桓公四十一年，當魯僖公十五年。而楚人滅黃，見《春秋‧僖公十二年》；滅江，見〈文公四年〉。楚人滅黃，前仲歿三年，《穀梁》爲釋〈僖公十二年〉『夏，楚人滅黃』之經文，遂追記仲生前之言，以爲說解，《管子‧戒第》即是，可爲印證，然以黃之見滅，在仲歿之後，則大誤。」

茂仁案：「管仲死，楚人伐江滅黃」，蔡先生之說是。愚謂非唯此誤耳，楚滅黃於僖公十二年，滅江於文公四年，則先滅黃而後滅江也，此先言滅江而後滅黃，亦誤也，當乙正，《群書集事淵海》二一引「伐江滅黃」乙作「滅黃伐江」即其明證，則不誤也。

是後桓公信壞衰，諸侯不附，遂陵遲不能復興。

茂仁案：各本「壞」下並有「德」字。審「信壞德衰」爲正對，是也，當據而補。

夫仁智之謀，即事有漸，刀所不能救，未可以受其質，桓公受之，過也。管仲可謂善謀矣。

茂仁案：「刀所不能救」，各本「刀」並作「力」，是。刀、力，形近而訛，當據改。

《詩》云：「曾是莫聽，大命以傾。」此之謂也。

武井驥曰：「《詩‧大雅‧蕩篇》。」

（二）晉文公之時

晉文公之時，周襄王有弟太叔之難，出亡，居於鄭，不得入，使告難于魯、于晉、于秦。

梁容茂曰：「（出亡居於鄭）事見僖二十四、二十五年《左傳》。《史記・周本紀》云：『初惠后欲立王子帶，故以黨開翟人，翟人遂入周，襄王出犇鄭。』百子本：魯、晉互倒。」

茂仁案：四庫《新序》版本有二，二本「鄭」下並有「不得入」三字，梁先生以四庫本爲底本，失檢。又梁先生云「百子本：魯、晉互倒」，檢百子本魯、晉未倒也。龍溪本三「于」字並作「於」，下同。于、於，古、今字，說見《說文》四篇上烏部「於」字段〈注〉。

其明年春，秦伯師于河上，將納王。

茂仁案：《史記・晉世家》「師」作「軍」、「納」作「入」，義並通。楚府本「師」作「帥」，非是，形近致訛也。

狐偃言於晉文公曰：「求諸侯，莫如勤王，且大義也，諸侯信之。繼文之業而信宣於諸侯，今為可矣。」

茂仁案：「狐偃言於晉文公曰」，《國語・晉語四》「狐偃」作「子犯」，《呂氏春秋・不廣篇》作「咎犯」，《史記・晉世家》作「趙衰」。狐偃字子犯，又稱咎犯，見《漢書古今人表疏證》「狐偃」條。「求諸侯」，《史記・晉世家》作「求霸」，與此異。

卜偃卜之，曰：「吉，遇黃帝戰於阪泉之兆。」

武井驥曰：「《左傳》句上有『使』字。」

蔡信發曰：「（卜，偃卜之曰）《左》僖公二十五年《傳》首『卜』上有『使』。是，此脫。」

茂仁案：「卜偃卜之，曰」，蔡先生云上「卜」上奪「使」字，是也。唯斷句作「卜，偃卜之曰」，以「使卜」為句則容商榷，審《左傳・閔公元年》云：「卜偃。」杜預〈注〉云：「卜偃，晉掌卜大夫。」《國語・晉語二》云：「獻公問於卜偃。」韋昭〈注〉云：「卜偃，晉掌卜大夫郭偃也。」上引並以「卜偃」為句，則此亦當斷句作「使卜偃卜之」為上，不當以上「卜」字爲讀也。

公曰：「吾不堪也。」對曰：「周禮未改，今之王，古之帝也。」

　　梁容茂曰：「（周禮未故）僖二十五年《左傳》：故，作『改』。何本、程本、百子本：俱作『改』，是也。」

　　茂仁案：「周禮未改」，四庫《新序》版本有二，二本並作「改」，不作「故」，梁先生以四庫本為底本，失檢。元刊本「改」殘泐不可識，楊美益本作「故」，他本並同本文，《左傳·僖公二十五年》亦作「改」，杜預〈注〉云：「言周德雖衰，其命未改，今之周王自當帝兆，不謂晉。」據是，故、改，形近而訛也。

公曰：「筮之。」筮之，遇大有之睽，

　　茂仁案：「遇大有之睽」，白口十行本、程榮本、祕書本、陳用光本、鐵華館本、百子本、龍溪本「睽」並作「暌」，下同，非是，形近而訛也。《周易·睽卦》、《左傳·僖公二十五年》並作「睽」與本文同。

曰：「吉，遇『公用享于天子』之卦。戰克而王享，吉孰大焉。

　　梁容茂曰：「（戰克而王享吉謀大焉）僖二十五年《左傳》：謀，作『孰』。何本、程本、百子本同。」

　　茂仁案：「公用享於天子」，《周易·大有》「享」作「亨」。享、亨，經傳常互混，並「㫗」字之變，《說文》五篇下㫗部云：「㫗，獻也。（中略）𩎮，篆文㫗。」段〈注〉云：「據元應書，則㫗者籀文也，小篆作𩎮，故隸書作亨、作享，小篆之變也。」是。「戰克而王享」，《左傳·僖公二十五年》「享」作「饗」，下同。享、饗，古通，說見《說文》五篇下食部「饗」字段〈注〉。「吉孰大焉」，四庫《新序》版本有二，二本並作「孰」，不作「謀」，梁先生以四庫本為底本，失檢，各本亦並作「孰」，不誤也。

且是卦也，天為澤以當日，天子降心以迎公，不亦可乎！大有去睽而復，亦其所也。」晉侯辭秦師而下，三月甲辰，次于陽樊，右師圍溫，左師逆王。

　　茂仁案：「晉侯辭秦師而下」，祕書本「晉侯」作「晉師」。「次于陽樊」，《史記·晉世家》作「晉乃發兵至陽樊」。

夏四月丁巳，王入于王城，取太叔于溫，而殺之于隰城。

　　茂仁案：「王入于王城」，程榮本「于」作「干」，非是，形近而訛也。「殺之于隰城」，元刊本、楊美益本「于」亦並形訛作「干」，非是。

戊午，晉侯朝王，王享醴，命之侑，

梁容茂曰：「僖二十五年《左傳》：侑，作『宥』。侑、宥，通用。《管子·法法》：『文有三侑。』」

蔡信發曰：「《左傳》『侑』作『宥』，〈晉語〉『侑』上有『胙』。（中略）侑，姷之或體；宥、侑同音假借。《說文》：『宥，寬也。姷，耦也。』段氏〈注〉姷：『耕有耦者，取相助也。故引伸之，凡相助曰耦，姷之義取乎此。《周禮·宮正》："以樂侑食。"鄭曰："侑，猶勸也。"按：勸即助。』」

茂仁案：《左傳·僖公二十八年》「侑」亦作「宥」，《左傳·僖公二十五年》「侑」下有「請隧弗許，曰：『王章也。』有代德而有二王，亦叔父之所惡也。」等二十二字，較此為詳。《國語·晉語四》「命之侑」作「命公胙侑」。侑、宥，古並為匣母、之部，音同可通。

與之陽樊、溫、原、欑茅之田，晉於是始開南陽之地。

盧文弨曰：「（欑）何訛『攢』。」

梁容茂曰：「《拾補》：作欑。云：『何訛攢。』案：《左傳》作『欑』。下句作『晉侯於是乎始啓南陽。』」

蔡信發曰：「攢，欑之誤刻。欑，周地，在今河南修武縣西北二十里。」

茂仁案：「與之陽樊、溫、原、攢茅之田」，《國語·晉語四》作「賜公南陽：陽樊、溫、原、州、陘、絺、組、欑茅之田」，韋昭〈注〉曰：「八邑，周之南陽地。」「欑茅」為一地名，蔡先生斷句作「攢、茅」變為二地，恐失之不審。《白氏六帖》一四云：「晉侯朝王，王賜之溫、原、欑茅之田」，無「陽樊」，與此異。《左傳·僖公二十五年》「攢」作「欑」。盧文弨云「攢」為「欑」之訛，是也。攢、欑，形近而訛，當據改。楚府本、何良俊本、白口十行本、程榮本、祕書本、陳用光本、四庫本、鐵華館本、百子本、龍溪本「與」並作「予」，《說文》三篇上舁部云：「與，黨與也。」段〈注〉云：「（上略）與，當作予。予，賜予也。」職是，予、與，正、假字。

其後三年，文公遂再會諸侯以朝天子，天子錫之弓矢秬鬯，以為方伯，

梁容茂曰：「（天子錫之弓夫秬鬯）程本、百子本：夫，俱作『矢』。案：僖二十八年《左傳》云：『王命尹氏及王子虎內史叔與父策命晉侯為侯伯，賜之大輅之服戎輅之服，彤矢百，玈弓十，玈弓矢千，秬鬯一卣，虎賁三百人。』」

　　蔡信發曰：「《左傳》作『王命尹氏及王子虎內史叔興父，策命晉侯為侯伯，賜之大輅之物、戎輅之服，彤矢百，旅弓十，旅矢千，秬鬯一卣，虎賁三百人』，《史記》作『天子使王子虎，命晉侯為伯，賜大輅、彤弓矢百、玈弓矢千、秬鬯一卣、珪瓚、虎賁三百人』，並較此祥。」

　　茂仁案：「天子錫之弓矢秬鬯，以為方伯」，四庫《新序》版本有二，二本並作「矢」，不作「夫」，梁先生以四庫本為底本，失檢。

晉文公之命是也，卒成霸道，狐偃之謀也。

　　武井驥曰：「〈晉世家〉曰：『天子使王子虎命晉侯為伯，周作晉文侯命。』司馬貞曰：『《尚書·文侯之命》，是平王命晉文侯仇之語，今此乃是襄王命文公重耳之事，代數懸隔，勳策全乖，太史公雖復彌縫左氏，而系家頗亦時有疏謬。然計平王至襄王為七代，仇至重耳為十一代，而十三侯，又平王元年至魯僖二十八年，當襄二十年，為一百三十餘歲矣。學者頗合討論之，劉伯莊以為蓋天子命晉，同此一辭，尤為非也。』」

　　蔡信發曰：「《史記·晉世家》：『周作晉文侯命：「王若曰：父義和，丕顯文、武，能慎明德，昭登於上，布聞在下，維時上帝，集厥命于文、武。恤朕身，繼予一人，永其在位。」於是晉文公稱伯。』〈索隱〉：『《尚書·文侯之命》，是平王命晉文侯仇之語，今此乃是襄王命文公重耳之事，代數懸隔，勳策全乖，太史公雖復彌縫左氏，而系家頗亦時有疏謬。然計平王至襄王為七代，仇至重耳為十一代，而十三侯，又平王元年至魯僖二十八年，當襄二十年，為一百三十餘歲矣。學者頗合討論之，劉伯莊以為蓋天子命晉，同此一辭，尤為非也。』〈考證〉：『梁玉繩曰：「《尚書·文侯之命》，平王命晉文侯仇所作，乃以為襄王命文公重耳，舛矣。〈索隱〉已糾之，後儒俱以《史》為誤，惟劉伯莊言天子命晉，同此一辭，可哂之甚。依樣畫葫蘆，後世或然，三代時，亦有印板文字邪？《左傳》載命辭曰：『王謂叔父，敬服王命，以綏四國，糾逖王慝。』是重耳之策書也。豈忘檢《左傳》乎？《新序·善謀篇》，同《史》誤。」黃式三曰：「馬融從《史記》，以此為襄王命文公之辭。」』黃震《黃氏日鈔》：『晉文侯當周東遷有功，平王錫文侯，有文侯之命，此一時也。其後晉文公入周襄王，乃獻楚俘，天子使王子虎，命晉侯為伯，錫大路、弓、矢、秬、鬯，此又一時也。史遷乃取文侯命，屬之文公之下。義和者，文侯字也。〈註〉者又云：能以義和我諸侯。誤益誤矣。』屈師翼鵬《尚書今註今譯》：『文侯之命，幽王被弒於驪山之下，晉文侯、鄭武公助平王平定亂事，平王因得即位於東都。此平王念晉文侯之功，而錫之之辭也。《史記》以本篇為周襄王錫晉文公之辭，誤。』

又屈師『尙書文侯之命著成的時代』一文，別有詳考。諸說考之蓁翔，然梁氏以本文『晉文公之命』，與《史記》同誤，非。蓋本文固據《史記》，然改『侯』爲『公』，顯有所別，且《左》僖公二十八年《傳》有載襄王命文公之語，安知此所謂『晉文公之命』，非指《左傳》之命，或正指《左傳》之命，而更『侯』爲『公』邪？本文未錄《史記》命文，足見業知史公之謬，而改『侯』爲『公』。梁說失檢。」

　　茂仁案：「晉文公之命是也」，《史記・晉世家》〈正義〉云：「按『王若曰：父義和』，至『永其在位』，是《尙書》命文公仇之文，而太史公採《左傳》作此世家，然平王至襄王六代，文侯仇至重耳十一公，縣隔一百三十餘年，極疏謬矣。及裴氏於孔、馬〈注〉不考，年代亦依前失矣。《左傳》、《尙書》各有文，蓋周襄王自命文公作侯伯，及賜弓矢，《左傳》文分明，而太史公引《尙書》平王命文侯之文，太史公誤。」是。孫星衍《尙書今古文注疏・書序》三〇下、段玉裁《古文尙書撰異・書序》三二並略有辯，章太炎《鐂子政左氏說・僖二十八年傳鄭伯傅王用平禮也》則辯之蓁詳，並可相參稽也。《金樓子・說蕃篇》云：「晉文公……，周襄王以弟難出居鄭，告急。晉乃發兵至陽樊，圍溫，入襄王于周，周王賜晉河內、陽樊，命晉侯爲伯。」所載命侯伯事與《左傳》、《尙書》同。

夫秦魯皆疑，晉有狐偃之善謀以成霸功。故謀得於帷幄，則功施於天下，狐偃之謂也。

　　茂仁案：「夫秦、魯皆疑」，祕書本「魯」作「晉」。審上文晉有狐偃勤王之策，致使晉得受周天子賜以南陽地，以成霸功，其時爲疑者，秦、魯也，祕書本以「魯」爲「晉」，非是，他本並不誤。

（三）虞、虢皆小國也

虞、虢皆小國也。虞有下陽之阻塞，虞、虢共守之，晉不能禽也。

　　武井驥曰：「《左傳》作『下陽』，《郁離子》同。《穀梁》、《公羊》與此同。夏、下通。」

　　梁容茂曰：「虢，《公羊傳》作『郭』。夏陽，《左傳》作『下陽』。」

　　茂仁案：「虞、虢皆小國也」，《公羊傳・僖公二年》「虢」作「郭」，下同。《說文》六篇下邑部云：「郭，齊之郭氏虛。善善不能進，惡惡不能退，是以亡國也。」段〈注〉云：「《左傳》虢國字，《公羊》作郭。」郭、虢，古並爲見母、鐸部，音同可通，凌揚藻《蠡勺編》二七「郭姓虢之轉聲」亦有辯，可相稽證。「虞有下陽之阻

塞」，《穀梁傳・僖公二年》云：「夏陽者，虞、虢之塞邑也。」「下」作「夏」，武井驥《纂註本》、陳用光本、四庫本、百子本並同。《春秋・僖公二年》作「下陽」，杜預〈注〉曰：「下陽，虢邑，在河東大陽縣。」《史記・晉世家》〈集解〉引服虔曰：「下陽，虢邑也，在大陽東北三十里。」並作「下陽」。下、夏，古並爲匣母、魚部，音同可通。

故晉獻公欲伐虞、虢，荀息曰：「君胡不以屈產之乘，與垂棘之壁，假道於虞？」

　　茂仁案：「荀息曰」，《潛夫論・志氏姓篇》「郇息事獻公」，汪繼培〈箋〉曰：「《左傳》郇作荀。《廣韻・十八諄》荀字〈注〉云：『荀姓，本姓郇，後去邑爲荀。』」據是，「荀」當據改作「郇」爲長。「與垂棘之壁」，《左傳・僖公二年》、《韓非子・十過篇》、《呂氏春秋・權勳篇》、《淮南子・人間篇》「棘」並作「棘」、「壁」並作「璧」，陳用光本、四庫本、鐵華館本、龍溪本「棘」亦並作「棘」，各本「壁」亦並作「璧」。棘、棘，形近而訛，當據改；壁、璧，古通，下同。

公曰：「此晉國之寶也。

　　茂仁案：「此晉國之寶也」，《左傳・僖公二年》作「是吾寶也」，《韓非子・十過篇》作「垂棘之璧，吾先君之寶也；屈產之乘，寡人之駿馬也」，《呂氏春秋・權勳篇》同，唯無「馬」字。

彼受吾璧，

　　梁容茂曰：「《穀梁傳》：彼，作『如』；璧，作『幣』。」

　　蔡信發曰：「《穀梁傳》『彼』作『如』，『璧』作『幣』，下有『而』。玩以詞氣，『如』勝於『彼』，當從。《儀禮・聘禮》：『若過邦至于竟，使次介假道，束帛將命于朝，曰：「請帥奠幣。」下大夫取以入告。出許，遂入幣。』幣，猶今禮物。言幣可含璧、乘二物。此言璧而略乘，不類。璧當爲幣之音近而誤。蓋二字同屬並紐，且皆入聲。」

　　茂仁案：「彼受吾璧」，蔡先生之說是。審下文兩言「受吾幣」語、又有「其幣重」、「遂受其幣」之言，知「璧」爲「幣」之音訛。《穀梁傳・僖公二年》作「如受吾幣」，《韓非子・十過篇》、《呂氏春秋・權勳篇》並作「若受吾幣」，並爲其明證，當據改。

不借吾道，則如之何？」

　　茂仁案：「不借吾道」，審此句語法與文義乖隔，當誤。此「借吾道」與上文「受

吾幣」句法一律，唯審以文義，其結構實不同也，「受吾幣」、「借吾道」，並爲動詞—
代詞—名詞之句式。「受吾幣」，「吾」乃「幣」之定語；「借吾道」，「吾」乃「借」
之受語。「道」爲虞有，此謂借吾以道之意也，非謂借吾之道也；「幣」則晉有，此
謂受吾之幣之意也，非謂受吾以幣也。否定句式「不借吾道」，代詞「吾」當居動詞
「借」之前，作「不吾借道」方是，作「不借吾道」者，蓋涉上文「不受吾幣」而
致誤。《呂氏春秋・權勳篇》云：「若受吾幣而不吾假道，將奈何？」荀息曰：「不然，
彼若不吾假道，必不吾受也。」即其明證。「吾借」誤乙作「借吾」，當據乙正，下
同。

荀息曰：「此小之所以事大國也，彼不借吾道，必不敢受吾幣；

　　梁容茂曰：「《穀梁傳》：小下有『國』字。當據補。」

　　蔡信發曰：「《穀梁傳》『小』下有國。是，當補。」

　　茂仁案：「此小之所以事大國也」，文不辭。審此句「小」與「大國」對言，則
「小」下顯奪「國」字，當據「大國」補「國」字，以符文例。《穀梁傳・僖公二年》
「小」下有「國」字，即其明證。梁、蔡二先生之說是。

受吾幣而借吾道，則是我取之中府，置之外府；取之中廄，置之外廄。」公
曰：「宮之奇存焉，必不使受也。」

　　武井驥曰：「《公羊》作『則寶出之內藏，藏之外府』，《韓非子・十過篇》『我』
作『寶』，猶『置』作『藏』。」又曰：「《呂覽・權勳篇》『廄』作『皁』，《韓非子》
『取』上有『猶』字、『置』作『著』。」

　　梁容茂曰：「《穀梁傳》：受上有『如』字。置，作『藏』。」

　　茂仁案：《穀梁傳・僖公二年》上「受」字上有「如」字、上「置」字作「藏」、
「藏」上及下「置」上，並有「而」字，審此文義，有此數字，於文氣較完。《呂氏
春秋・權勳篇》同，唯字稍異，且「廄」作「皁」，高誘〈注〉云：「皁，櫪。」〈集
釋〉引馬敘倫曰：「皁本作皀，形與槏近，因訛爲槏，又改爲皁耳。皀者，古文廄字。」

荀息曰：「宮之奇知固知矣。雖然，其爲人也，通心而懦，又少長於君。

　　茂仁案：楚府本「懦」作「糯」，下同。糯、懦，形近而訛也。

通心則其言之略，懦則不能彊諫；少長於君，則君輕之。

　　茂仁案：各本「彊」並作「強」。彊、強，古並爲群母、陽部，音同可通。

且夫玩好在耳目之前，而患在一國之後，中知以上乃能慮之。臣料虞君，中知之下也。」公遂借道而伐虢。

武井驥曰：「（之下）《穀梁》作『以下。』」

茂仁案：「中知之下也」，百子本「之下」亦作「以下」，他本並與本文同。

宮之奇諫曰：「晉之使者，其幣重，其辭卑，必不便於虞。語曰：『脣亡則齒寒』矣，

蔡信發曰：「據《左傳》，宮之奇諫虞公凡二，分在僖公二年、五年，言脣亡齒寒者在後，《公》、《穀》則合而釋之。《左氏》『語』作『諺』，『脣』上有『輔車相依』。《呂覽·權勳》、《淮南·人閒》分作『虞之與虢也，若車之有輔也，車依輔，輔亦依車，虞、虢之勢也。先人有言曰：‘脣竭而齒寒’』，『夫虞之與虢，若車之有輪，輪依於車，車亦依輪，虞之與虢，相恃而勢也。』又《莊子·胠篋》、〈齊策二〉、〈趙策一〉、〈韓策二〉、〈淮南·說林〉、《史記·晉世家》所引，則並因《公》、《穀》，唯〈韓策〉『亡』作『揭』，《莊子》、《淮南》『亡』作『竭』。《呂覽·權勳》〈注〉：『竭，亡也。』畢沅校引梁伯子：『〈韓策〉〈注〉：‘揭，猶反也。’揭字似勝亡字。作竭，疑皆因揭而誤也』，劉師培亦主此說，見《劉申叔見生遺書·讀左箚記》。檢：揭、竭當並為渴之同音假借。《說文》：『揭，高舉也。竭，負舉也。渴，盡也。』脣亡齒寒，猶脣無齒寒，亦即脣盡齒寒。其詞順，其意明，設依梁氏高舉之揭解之，則不免牽強。」

茂仁案：「語曰：『脣亡則齒寒』矣」，孫詒讓《札迻·莊子》五「故曰：『脣竭則齒寒』」條，亦主「竭」為「揭」之借字，並引《戰國策·韓策》鮑〈注〉：「揭，反也。」為證，云作「揭」字為正，梁玉繩《瞥記》二同，唯云作「揭」字較勝。今檢「脣亡齒寒」見諸古籍者甚夥，其例如：《左傳·僖公五年》云：「諺所謂『輔車相依，脣亡齒寒』者。」《通志》九〇同，又〈哀公八年〉云：「脣亡齒寒，君所知也。」《公羊傳·僖公二年》云：「記曰：『脣亡則齒寒。』」《冊府元龜》二三八同，唯「脣」作「唇」，《穀梁傳·僖公二年》云：「語曰：『脣亡則齒寒。』」《戰國策·齊策二》云：「齒之有脣也，脣亡則齒寒。」又〈趙策一〉云：「臣聞『脣亡則齒寒。』」《墨子·非攻中篇》云：「古者有語：『脣亡則齒寒。』」《韓非子·存韓篇》云：「且臣聞之『脣亡則齒寒。』」又〈喻老篇〉云：「脣亡而齒寒。」《春秋繁露·王道篇》、《淮南子·人間篇》並同，《史記·晉世家》云：「脣亡則齒寒。」又〈田敬仲完世家〉云：「猶齒之有脣也，脣亡則齒寒。」並此「語曰：『脣亡則齒寒矣。』」《說苑·談叢篇》云：「脣亡而齒寒」，《白孔六帖》三〇云：「脣亡齒寒。」《通志》七七云：

「脣之與齒，脣亡則齒寒。」上引或謂「語曰」、「諺所謂」、「記曰」，或謂「臣聞」、「臣聞之」，顯見此句為昔時成語，審下文云「今日亡虢而明日亡虞矣」，又《左傳·僖公五年》云：「虢，虞之表也，虢亡，虞必從之（中略）諺所謂『輔車相依，脣亡齒寒』者，其虞虢之謂也。」「脣亡齒寒」為承「虢亡，虞必從之」而言，故作「亡」是也，竭、揭並當訓「亡」，高誘〈注〉「揭」為「亡」，是也。而以「竭」、「揭」字易「亡」字者，愚疑或以「脣」豈有「亡」之之理，遂度而改之耳，殊不知此「脣亡」為譬況之語，非實稱也。其例蓋如，《呂氏春秋·禁塞篇》所云：「單脣乾肺，費神傷魂，行說語眾，以明其道。」高誘〈注〉曰：「單，盡也。」以盡脣為示言之多也，「盡脣」亦譬況耳，非真脣盡也，又《呂氏春秋·介立篇》云：「焦脣乾嗌。」並其比也。祕書本、陳用光本、百子本「脣」並作「唇」，脣、唇，正、俗字，說見《永樂大典》三「平聲·八眞·脣」。

故虞虢之相救，非相為賜也，今日亡虢而明日亡虞矣。」公不聽，遂受其幣而借之道，旋歸。

武井驥曰：「《淮南子·人間訓》作『虢朝亡而虞夕從之矣。』」

梁容茂曰：「《淮南子》作：『虢朝亡而虞夕從之矣。』」

茂仁案：「今日亡虢而明日亡虞矣」，《韓非子·十過篇》亦作「虢朝亡而虞夕從之矣」，文異實同。

四年，反取虞。

茂仁案：「四年，反取虞」，《公羊傳·僖公二年》「四」上有「還」字，《冊府元龜》二三八同，《韓非子·喻老篇》作「還，反滅虞」，又〈十過篇〉作「反，處三年，興兵伐虞，又克之」，《淮南子·人間篇》作「還反伐虞，又拔之」，並有「還」字。「四」上有「還」字，於義較長且明，當據補。檢《左傳·僖公二年》載晉首次向虞借道以伐虢，得下陽，於〈僖公五年〉，載滅虢回程，并滅虞國，職是，《韓非子·十過篇》「四年」作「三年」，似較符於實。

荀息牽馬抱璧而前曰：「臣之謀如何？」

梁容茂曰：「《公羊傳》作：『虞公抱璧牽馬而至，荀息見曰：臣之謀如何？』案此應從《公羊傳》補改。」

茂仁案：《公羊傳·僖公二年》作「虞公抱寶牽馬而至，荀息見曰：『臣之謀何如？』」審《左傳·僖公五年》云：「冬十二月丙子，朔，晉滅虢，虢公醜奔京師，師還館於虞，遂襲虞，滅之。執虞公及其大夫。」職此，自不得有虞公抱寶牽馬之

事，若虞公未爲所俘，則虞公見勢已去，爲求存國，或得有此一舉。此理類於本書卷四「楚莊王伐鄭」章，云「克之，鄭伯肉袒，左執旌旌，右執鸞刀，以迎莊王」事。故此以本文所載爲長。白口十行本、祕書本「璧」並作「壁」，下同。

獻公曰：「璧則猶是，而吾馬之齒加長矣。」晉獻公用荀息之謀而禽虞，虞不用宮之奇謀而亡。

武井驥曰：「《韓非子》『加』作『亦益』，《呂覽》作『亦薄』，《公羊》『矣』下有『蓋戲之也』四字。」

梁容茂曰：「（而吾馬齒加長矣）《公羊傳》作：『寶則吾寶也，雖然，吾馬之齒亦已長矣。』」

茂仁案：「獻公曰」，《韓非子‧十過篇》「獻」下有「說」字，《呂氏春秋‧權勳篇》「獻」下有「喜」字，《史記‧晉世家》「獻」下有「笑」字，並較此義爲長。「璧則猶是，而吾馬之齒加長矣」，四庫《新序》版本有二，二本「馬」下並有「之」字，梁先生以四庫本爲底本，失檢。《韓非子‧十過篇》作「璧則猶是也，雖然，馬齒亦益長矣」，《呂氏春秋‧權勳篇》作「璧則猶是也，馬齒亦薄長矣」，《史記‧晉世家》作「馬則吾馬，齒亦老矣」。

故荀息非霸王之佐，戰國兼并之臣也；若宮之奇則可謂忠臣之謀也。

武井驥曰：「《御覽》四十七引『佐』下有『乃』字。」

施珂曰：「《御覽》四四七引戰國上有乃字。當據補。《漢魏叢書》程本、陳本兼并作并兼。」

梁容茂曰：「《御覽》四四七引：戰上有『乃』字；并兼，作『兼并』。」

茂仁案：「戰國兼并之臣也」，《永樂大典》一一六〇二引「戰」上亦有「乃」字、「兼并」亦乙作「并兼」，元刊本、楚府本、何良俊本、楊美益本、白口十行本、程榮本、祕書本、陳用光本、四庫本、百子本「兼并」亦並乙作「并兼」。

（四）晉文公、秦穆公共圍鄭

晉文公、秦穆公共圍鄭，以其無禮而附於楚。

武井驥曰：「《左傳》『禮』下有『於晉』二字。」

茂仁案：《左傳‧僖公三十年》作「晉侯、秦伯圍鄭，以其無禮於晉，且貳於楚

也，晉軍函陵，秦軍氾南」，審《左傳・僖二十三年》云：「（重耳出奔）及鄭，鄭文公亦不禮焉」，又《史記・秦本紀》云：「三十年，繆公助晉文公圍鄭」，則秦之圍鄭，爲助晉耳，職是，晉、秦之攻鄭，蓋以鄭嘗無禮於晉故也，故「禮」下有「於晉」，於義較長且明也。

鄭大夫佚之狐言於鄭君曰：「若使燭之武見秦君，圍必解。」

　　武井驥曰：「《左傳》『鄭君』作『鄭伯』、『曰』下有『國危矣』三字、『圍必解』作『師必退』。」

　　茂仁案：《冊府元龜》二四四、《通志》九一「君」亦並作「伯」、「曰」下亦並有「國危矣」三字、「圍必解」亦並作「師必退」。楚府本「狐」作「孤」，非是，形近而訛也。

鄭君從之，召燭之武使之。辭曰：「臣之壯也，猶不如人。今老矣，無能為也。」

　　梁容茂曰：「（臣之莊也）《左傳》：莊，作壯。何本、程本、百子本同。」

　　茂仁案：四庫《新序》版本有二，二本並作「壯」，不作「莊」，梁先生以四庫本爲底本，失檢。《左傳・僖公三十年》「鄭君」作「公」，下同，下「也」字下有「已」字，《冊府元龜》二四四、《通志》九一並同。有「已」字，於文氣較完。

鄭君曰：「吾不能蚤用子，今急而求子，是寡人之過也。然鄭亡，子亦有不利焉。」

　　武井驥曰：「《左傳》『蚤』作『早』，同。」

　　茂仁案：「吾不能蚤用子」，《白氏六帖》一七、《白孔六帖》六○、《冊府元龜》二四四、《通志》九一「蚤」亦並作「早」。蚤、早，古、今字。「是寡人之過也」，四庫本「之」字重出，非是，衍一「之」字，他本並不衍。「子亦有不利焉」，祕書本「有」作「知」。

燭之武許諾，夜出。

　　武井驥曰：「（夜出）《左傳》作『夜縋而出』。」

　　梁容茂曰：「《左傳》作：『夜縋而出。』」

　　茂仁案：「夜出」，《冊府元龜》二四四、《通志》九一亦並作「夜縋而出」，並較此爲長，《白氏六帖》一七、《白孔六帖》六○並作「乃夜縋」。

見秦君，曰：「秦、晉圍鄭，鄭知亡矣。

　　茂仁案：「見秦君」，《左傳·僖公三十年》「君」作「伯」，下同，《冊府元龜》二四四、《通志》九一並同。

若亡而有益於君，敢以煩執事。

　　武井驥曰：「《左傳》『若』下有『鄭』字。」

　　梁容茂曰：「《左傳》：亡下有『鄭』字。此當據補。」

　　茂仁案：「若亡而有益於君」，《通志》九一「亡」下亦有「鄭」字，於義較明也。

鄭在晉之東，秦在晉之西，越晉而取鄭，君知其難也，焉用亡鄭以陪晉。

　　武井驥曰：「（鄭在……取鄭）《左傳》作『越國以鄙遠』。」

　　梁容茂曰：「（鄭在……取鄭）《左傳》作：『越國以鄙遠。』」

　　茂仁案：「鄭在晉之東……越晉而取鄭」，《通志》九一亦作「越國以鄙遠」。「焉用亡鄭以陪晉」，《左傳·僖公三十年》「晉」作「鄰」，《通志》九一同，《史記·晉世家》「陪」作「厚」。審度文義，作「晉」較作「鄰」為明。

晉，秦之鄰也，鄰之彊，君之憂也。

　　武井驥曰：「《左傳》『強』作『厚』、『憂』作『薄』。」

　　茂仁案：《通志》九一「強」亦作「厚」、「憂」亦作「薄」也。武井驥《纂註本》、程榮本、陳用光本「鄰」並作「隣」，一字之異體也。各本「彊」並作「強」，古並為群母、陽部，音同可通。

若舍鄭以為東道主，行李之往來，共其資粮，亦無所害。

　　武井驥曰：「《左傳》『資糧』作『乏困』、下有『君』字。」

　　梁容茂曰：「（共其質糧）《左傳》：質糧，作『乏困』；『亦』上有『君』字。」

　　茂仁案：「若舍鄭以為東道主」，《史記·晉世家》「主」作「交」，〈索隱〉云：「交，猶好也。」職是，主、交，並通。「共其資粮，亦無所害」，四庫《新序》版本有二，二本並作「資」，不作「質」，梁先生以四庫本為底本，失檢。《左傳·僖公三十年》「資粮」作「乏困」、「亦」上有「君」字，《通志》九一同，唯「乏困」乙作「困乏」，武井驥《纂註本》、祕書本、陳用光本、四庫本、鐵華館本、百子本、龍溪本「粮」並作「糧」，糧、粮，正、俗字。

且君立晉君，晉君許君焦瑕，朝得入而夕設版而畫界焉，君之所知也。

　　武井驥曰：「《左傳》『得入』作『濟』。」

　　梁容茂曰：「《左傳》：得入作『濟』，無『而畫界』三字。」

　　茂仁案：《通志》九一「得」亦作「濟」、亦無「而畫界」三字。

夫晉何厭之有？既東取鄭，又欲廣其西境，不闕秦，將焉取之？

　　武井驥曰：「《左傳》『取』作『封』、『廣』作『肆』、『境』、『封』。」又曰：「《左傳》『不』上有『若』。」

　　梁容茂曰：「《左傳》：取，作『封』；廣，作『肆』；境，作『封』。」

　　茂仁案：《通志》九一上「取」字亦作「封」、「廣」亦作「肆」、「境」亦作「封」、「不」上亦有「若」字。阮元《左傳‧僖公三十年》「若不闕秦，將焉取之」〈校勘記〉云：「石經作『不闕秦，焉取之』，後人于『不』字上旁增『若』字，『焉』上旁增『將』字，刻本輒據石經續補之，字妄增。唯宋本不誤，〈考文提要〉同。案：〈正義〉本無『若』、『將』二字。」錢大昕《十駕齋養新錄》二云：「『若不闕秦，將焉取之』，唐石經本無『若』、『將』二字，出於後人旁添，宋高宗御書《左傳》亦無之。」職此，本文「將」字，衍也，當據刪。

闕秦而利晉，願君圖之。」秦伯說，引兵而還。

　　盧文弨曰：「（伯）何訛『兵』。」

　　武井驥曰：「（秦兵說）《左傳》『兵』作『伯』，是。」

　　蒙傳銘曰：「宋本『兵』作『伯』，陳用光本、鐵華館本並同。」

　　梁容茂曰：「《左傳》：秦兵，作『秦伯』。百子本作『君』。《拾補》亦作君，云：『何訛兵。』今四庫本亦訛兵，當據《左傳》改。」

　　蔡信發曰：「《左傳》『兵』作『秦伯』，《拾補》『兵』作『君』。是。當作『秦伯』或『君』。」

　　茂仁案：「闕秦而利晉」，《左傳‧僖公三十年》「而」作「以」，《通志》九一同。而、以，古通。「願君圖之」，《左傳‧僖公三十年》「願」作「唯」，《通志》九一同，楚府本作「惟」，義並通。「秦伯說」，陳用光本作「君」，不作「伯」，蒙先生失檢。武井驥《纂註本》、元刊本、楚府本、何良俊本、楊美益本、白口十行本、程榮本、祕書本、四庫本「伯」並作「兵」，百子本作「君」。審下文「引兵而還」，引兵者當為為首者，故此作「伯」、「君」是也，作「兵」，非是，鐵華館本、龍溪本同本文，亦並作「伯」，並不誤也，陳鱣校作「伯」。梁、蔡二先生並云《拾補》「兵」作「君」，

今檢盧文弨《群書拾補》作「伯」，不作「君」。「引兵而還」，《左傳‧僖公三十年》作「與鄭人盟，使杞子、逢孫、楊孫戍之，乃還」，《通志》九一同，並較此為詳。楚府本「引」作「休」。

晉咎犯請擊之，文公曰：「不可，微夫人之力，不能弊鄭。因人之力以弊之，不仁；

　　武井驥曰：「《左傳》『能弊鄭』作『及此』。」又曰：「《左傳》『以』作『而』。」
　　梁容茂曰：「《左傳》作：『微夫人之力，不及此。』案：《新序》蓋誤『不及此』之意而改為『不能弊鄭』也。《左傳》：以，作『而』。而、以古通。」
　　茂仁案：「微夫人之力，不能弊鄭」，《通志》九一作「微夫人之力不及此」。「因人之力以弊之」，《左傳‧僖公三十年》「以」作「而」、「弊」作「敝」，《通志》九一同，四庫全書薈要本「弊」作「獘」。敝、弊，古、今字；獘，俗引申為利弊字，說見《說文》十篇上犬部「獘」字段〈注〉。

失其所與，不知；以亂易整，不武。吾其還矣。」亦去，鄭圍遂解。燭之武可謂善謀，一言存鄭而安秦。

　　武井驥曰：「《左傳》『去』下有『之』字。」
　　梁容茂曰：「百子本：謀下有『矣』字。」
　　茂仁案：「亦去」，《通志》九一「去」下亦有「之」字。「去」下有「之」字，於文氣較完。「燭之武可謂善謀」，梁先生云百子本「謀」下有「矣」字，今檢百子本「謀」下無「矣」字。

鄭君不蚤用善謀，所以削國也。困而覺焉，所以得存。

　　茂仁案：何良俊本「困」作「因」，非是，形近致訛也。

（五）楚靈王即位

楚靈王即位，欲為霸，會諸侯，使椒舉如晉求諸侯。椒舉致命曰：「寡君使舉曰：『君有惠，賜盟于宋，曰：‘晉楚之從，交相見也。

　　盧文弨曰：「（君有惠）昭四年《左傳》句上有『曰』。」
　　梁容茂曰：「（若有惠賜盟于宋）《左傳》：若，作『君』。《拾補》云：『昭四年《左傳》，句上有曰字。』案：今四庫本有『曰』字。」
　　茂仁案：「君有惠」，四庫《新序》版本有二，二本並作「君」，不作「若」，梁

先生以四庫本爲底本，失檢。《左傳・昭公四年》「君」上有「日」字，《通志》九二同。審盧文弨云「昭四年《左傳》，句上有日字」，乃指「君有惠」言，爲作「寡君使舉曰：『日君有惠』」云云，梁先生云「今四庫本有『曰』字」，審四庫《新序》二本，並作「寡君使舉曰：『君有惠』」云云，「君」上並無「日」字，梁先生蓋失之不審也。

以歲之不易，寡人願結驩於二三君。』』

　　盧文弨曰：「（易）程、何訛『豞』。」

　　蒙傳銘曰：「（以歲之不豞）『豞』，宋本作『易』，鐵華館本亦作『易』，與昭公四年《左傳》合。」

　　梁容茂曰：「（以歲之不豞）《左傳》：豞，作『易』。《拾補》作易，云：『程、何訛豞。』案：四庫本亦訛爲豞。百子本：驩，作『懽』。」

　　蔡信發曰：「《拾補》據《左》昭公四年《傳》改『豞』作『易』。是。」

　　茂仁案：「以歲之不易」，四庫《新序》版本有二，二本並作「易」，不作「豞」，梁先生以四庫本爲底本，失檢。元刊本「易」作「昜」，楊美益本、程榮本並作「昜」，祕書本、陳用光本、百子本並作「豞」。昜、昜，並「易」之俗寫；豞，則易之形訛字也。「寡人願結驩於二三君」，梁先生云百子本「驩」，作「懽」，今檢百子本作「驩」與本文同，不作「懽」。

使舉請間，君若苟無四方之虞，則願假寵以請於諸侯。」

　　梁容茂曰：「百子本：間，作『問』。案：《左傳》作『間』。百子本非。」

　　茂仁案：梁先生說是。又何良俊本「諸」作「請」，非是，形近致訛也。

晉君欲勿許，司馬侯曰：「不可。楚王方侈，天其或者欲盈其心，以厚其毒而降之罰，未可知也。其使能終，亦未可知也。

　　盧文弨曰：「（盈）《左傳》作『逞』，二字亦通用。」

　　武井驥曰：「《左傳》『天』下無『其』字、『盈』作『逞』。」

　　梁容茂曰：「百子本：侈，作『多』。疑係『侈』之殘字。《左傳》：或上無『其』字；盈，作『逞』。《拾補》云：『《左傳》作逞，二字亦通用。』」

　　茂仁案：百子本作「侈」，不作「多」，梁先生失檢。

唯天所相，不可與爭，君其許之，修德以待其歸。

　　梁容茂曰：「《左傳》：唯上有『晉楚』二字。百子本：相，作『向』，非。」

茂仁案：「唯天所相」，《左傳‧昭公四年》「唯」上有「晉、楚」二字，檢下文云「若適淫虐，楚將棄之，吾誰與爭」，如是有「晉、楚」二字，於義為長且明，當據補。梁先生云「百子本：相，作『向』，非」，今檢百子本作「相」，不作「向」，梁先生失檢。

若歸於德，吾猶將事之，況諸侯乎！若適淫虐，楚將棄之，吾誰與爭。」

茂仁案：「楚將棄之」，元刊本、楚府本、楊美益本「棄」並作「弃」，武井驥《纂註本》、四庫本並作「棄」。弃、棄，古、今字；棄，為棄字篆文「𢍚」之隸定。

公曰：「晉有三不殆，其何敵之有？國險而多馬，齊楚多難，有是三者，何嚮而不濟？」

茂仁案：「何嚮而不濟」，《左傳‧昭公四年》「嚮」作「鄉」，杜〈注〉云：「鄉，本又作嚮。」《說文》六篇下邑部云：「鄉，國離邑，民所封鄉也。」段〈注〉云：「鄉者，今之向字。漢字多作鄉，今作向。所封，謂民域其中；所鄉，謂歸往也。《釋名》曰：『鄉，向也。』」職是，作「鄉」是也，鄉、向，古、今字；鄉、嚮，正、假字也。

對曰：「恃馬與險而虞鄰之難，是三殆也。

茂仁案：元刊本、楚府本、何良俊本、楊美益本、程榮本、祕書本、陳用光本「鄰」並作「隣」，一字之異體也。

四嶽、三塗、陽城、大室、荊山、終南，九州之險也，是不一姓；冀之北土，馬之所生也，無興國焉。

盧文弨曰：「（終南）《左傳》作『中南』。」

武井驥曰：「《左傳》『終』作『中』。」

梁容茂曰：「《左傳》：終南，作『中南』。」

茂仁案：「冀之北土」，楚府本「北土」作「比土」，非是，比、北，形近而訛也。

恃險與馬，不足以為固也，從古以然。是以先王務德音，以享神人，不聞其務險與馬也。

盧文弨曰：「（『務』下）《左傳》有『修』字。」又曰：「（享）《左》作『亯』。」

武井驥曰：「《左傳》『享』作『亯』，同。」

梁容茂曰：「《左傳》：德上有『脩』字；享，作『亯』。」

　　蔡信發曰：「《左傳》『享』作『亨』。杜〈注〉：『亨，通也。』〈會箋〉：『以亨神人，言爲神人所歆享也。襄二十七年：‘能歆神人。’其意略同。劉向《新序》援此文，亨作享，古字亨、享通。《易》：‘公用亨于天子。’〈釋文〉：‘亨，獻也。’‘王用亨于岐山。’鄭云：‘獻也。’杜不讀爲享者，蓋以神可言享，人不可言享耳。不知古人之文，多有從一而省者，人固不可言享，亦得因神而稱之。經傳之文，此類多矣。』案：亨、享形近，經傳互見，並亯之變體；亨，杜釋爲通，鄭訓爲獻，義亦無別。〈會箋〉妄據變體之二形，望文生義，非。《集韻》：『亨，或作享，古作亯、𠅫。』《說文》亯〈注〉：『亯者，籀文也。小篆作𠅫，故隸書作亨，作享，小篆之變也。』」

　　茂仁案：蔡先生之說是。《左傳・昭公四年》「務」下有「脩」字、「享」作「亨」。杜預〈注〉云：「亨，通也。」孔穎達〈疏〉云：「言治民事神，使人神通說，故云以亨神人也。」可備一說。享、亨，實爲篆文「亯」字隸定之變耳，其實一也，亨、享，並訓獻也，說見本書本卷「晉文公之時」章，「公用享于天子」條校記。「務」下有「脩」字，是也，檢下文「恃此三者而不修政德，亡於不暇」，即承此而言，故有「脩」字爲是，當據補。修、脩，正、假字。下文作「修」，此亦當補「修」字，陳鱣校同。

或多難以固其國，開其疆土，或無難以喪其國，失其守宇。若何虞難？

　　盧文弨曰：「（鄰國之難不可虞也）八字舊脫，據《左傳》補，下方可接。」

　　梁容茂曰：「《左傳》：有『鄰國之難不可虞也』八字。《拾補》亦據此補八字，謂下方可接。」

　　茂仁案：「或多難以固其國」，《左傳・昭公四年》「或」上有「鄰國之難不可虞也」八字，盧文弨云「八字舊脫，據《左傳》補，下方可接」，審下文「若何虞難」、「故人之難，不可虞也」，知有此八字爲是，盧文弨說是也，陳鱣校同。「開其疆土」，祕書本「疆」作「彊」，非是，彊、疆，形近而訛也。

齊有仲孫之難，而獲桓公，至今賴之；

　　茂仁案：「而獲桓公」，楚府本「桓」作「栢」，非是，蓋「桓」字缺筆避諱，楚府本不察，因形近而訛爲栢耳。「至今賴之」，《左傳・昭公四年》「賴」作「賴」，四庫本、鐵華館本、百子本、龍溪本並同。賴，版刻習見，愚疑即「賴」字俗寫。

晉有里克之難，而獲文公，是以爲盟主，

　　盧文弨曰：「（里克）《左》作『里丕』。」

武井驥曰：「《左傳》『克』作『丕』。杜預曰：『里克丕鄭，事見僖九年。』」

梁容茂曰：「《左傳》：里克作『里丕』。指里克與丕鄭也。詳僖九年《左傳》。」

蔡信發曰：「《左》昭公四年《傳》『里克』作『里丕』。檢：《左》僖九年《傳》：『九月，晉獻公卒，里克、丕欲納文公，故以三公子之徒作亂。』〈注〉：『丕鄭，晉大夫也。三公子，申生、重耳、夷吾也。』《史記・晉世家》：『二十六年秋九月，獻公卒，里克、邳鄭欲內重耳，以三公子之徒作亂。』又《國語・晉語四》，記此事甚翔，亦里克與丕鄭合謀。《左傳》、《國語》作『丕』，《史記》作『邳』；邳，『丕』之後起形聲本字，在此字異而義同。諸書皆里、丕（邳）並稱，則此但作里克，失檢。是乃涉《左》僖九年《傳》『冬十月，里克殺奚齊于次』而誤。」

茂仁案：「晉有里克之難」，《左傳・昭公四年》「里克」作「里、丕」。《國語・晉語四》未載此事，爲〈晉語二〉之誤，蔡先生恐失之不審。《春秋・僖公九年》云：「冬，晉里奚克殺其君之子奚齊。」又《左傳・僖公九年》云：「九月，晉獻公卒，里克、丕鄭欲納文公，故以三公子之徒作亂（中略），里克將殺奚齊，先告荀息曰（中略），冬十月，里克殺奚齊於次（中略）荀息將死之，人曰：『不如立卓子而輔之。』荀息立公子卓以葬。十一月，里克殺公子卓于朝，荀息死之。」又《春秋・僖公十年》云：「晉里克弒其君卓，及其大夫荀息。」《左傳・僖公十年》云：「夏四月，（中略）晉侯殺里克以說（中略），丕鄭聘于秦，且謝緩賂，故不及。」審上引，殺晉君奚齊及卓者，里克也，丕鄭，合謀耳，而未及弒也，今本文言「晉有里克之難」，非誤也，然《左傳・昭公四年》云「晉有里、丕之難」，亦未誤也，端視其作難之廣狹度爲言耳。

衛、邢無難，狄亦喪之，故人之難，不可虞也。

盧文弨曰：「（狄）《左》作『敵』，孫云：『邢非狄滅。』」

武井驥曰：「《左傳》『狄』作『敵』。」

梁容茂曰：「《左傳》：狄，作『敵』。事見閔二年、僖二十五年《左傳》。《拾補》云：『孫云邢非狄滅。』」

蔡信發曰：「《左傳》『狄』作『敵』。檢：《左》僖公元年《傳》：『諸侯救邢，邢人潰，出奔師，師遂逐狄人，具邢器用而遷之，師無私焉。夏六月，邢遷于夷儀。』二十五年《傳》：『下月丙午，衛侯燬滅邢。』邢非狄所滅，乃剪於衛，《左傳》作『敵』，可含狄、衛，義較此長。此作『狄』，乃涉僖公元年而誤。」

茂仁案：「衛、邢無難，狄亦喪之」，《左傳・昭公四年》「狄」作「敵」。《左傳・閔公二年》云：「冬十二月，狄人伐衛，衛懿公好鶴，（中略）衛師敗績，遂滅衛。（中

略）僖之元年，齊桓公遷邢于夷儀，二年封衛于楚丘。」衛見滅於狄，其後齊桓公復立之於楚丘，事又見本書卷八「衛懿公有臣曰弘演」章，衛塙嘗滅之於狄人，而狄攻邢，邢潰而出奔援軍，未嘗見滅於狄，唯受此戰，齊桓公因之遷邢於夷儀。《說文》二篇上哭部云：「喪，亡也。」段〈注〉云：「亡部曰：『亡，逃也。』亡，非死之謂，故〈中庸〉曰：『事死如事生，事亡如事存。』《尚書大傳》曰：『王之於仁人也，死者封其墓，況於生者乎？王之於賢人也，亡者表其閭，況於在者乎？』皆存亡與生死分別言之，（中略）公子重耳自偁身喪，魯昭公自偁喪人，此喪字之本義也。」職是，「喪」者，非死、滅之稱也，而爲亡逃之義也。初狄與衛戰，據《左傳‧閔公二年》云：「及狄人戰于熒澤，衛師敗績，遂滅衛。」〈疏〉引〈正義〉曰：「〈禹貢〉豫州、熒波、既豬導沇水入于河，溢爲熒，是熒在河南。此時衛都河北爲狄所敗，乃東徙渡河（下略）。」顯見狄滅衛前，衛亦嘗敗退走，渡河而東，與狄之見逐出奔同，《公羊傳‧僖公元年》云：「齊師、宋師、曹師次于聶北救邢。『救邢，救不言次，此其言次何？』『不及事也』，『不及事者何？』『邢已亡矣！』『孰亡之？』『蓋狄滅之！』『曷爲不言狄滅之？』『爲桓公諱也』。」檢此，邢之見逐於狄，其後齊桓公遷之于夷儀，《左傳‧閔公二年》雖未言邢見滅於狄，誠《公羊傳‧僖公元年》言，則邢當亦如衛，見滅於狄，而復受桓公立也。姑不論《公羊傳‧僖公元年》之說確否，然邢之見逐於狄，非妄也，如是言「衛、邢無難，狄亦喪之」，不亦可乎？喪者，亡也、逃也。愚疑《左傳‧昭公四年》「狄」之作「敵」者，蓋後人未知「喪」者本義而誤以引申義改之也，設若《公羊傳‧僖公元年》之說爲確，則作「敵」益誤矣，審本文上、下文義，爲述修政德以存國，不可虞鄰之難以爲倖存之諫言，今舉「衛、邢無難」，連荒外之「狄」亦能使之喪亡，以與上文「齊有仲孫之難，而獲桓公，至今賴之」，及「晉有里克之難，而獲文公，是以爲盟主」等句並列爲言以證，則「狄」作「敵」，不類，作「狄」，是也。

恃此三者而不修政德，亡於不暇，有何能濟？君其許之。

　　梁容茂曰：「百子本：政德，作『德政』。案：《左傳》作《政德》。百子本蓋臆改之。」

　　茂仁案：程榮本「修」作「脩」，修、脩，正、假字。陳用光本「政德」亦乙作「德政」。

紂作淫虐，文王惠和，殷是以隕，周是以興。夫豈爭諸侯哉！」

　　武井驥曰：「《左傳》『隕』作『隕』。」

施珂曰：「《左》昭四年《傳》霣作隕。霣、隕古通。」

蔡信發曰：「《左傳》『霣』作『隕』。霣，隕之同音假借。《說文》：『霣，齊人謂靁爲霣。隕，從高下也。』《漢書‧司馬相如傳》〈注〉：『霣，即隕字也。』是其證。」

茂仁案：「殷是以霣」，《左傳‧昭公四年》「霣」作「隕」。《說文》十四篇下阜部云：「隕，從高下也。」段〈注〉云：「〈釋詁〉曰：『隕，下落也。』〈毛傳〉曰：『隕，隋也。』隋即墮字。」又十一篇下雨部「霣，齊人謂靁爲霣。」段〈注〉云：「《公羊傳》：『星霣如雨。』段爲隕字」。職此，作「隕」是也，隕、霣，正、假字也。「周是以興」，楚府本奪「以」字，非是，與上句「殷是以霣」不對矣，他本並不奪。

乃許楚靈王，遂為申之會，與諸侯伐吳，起章華之臺，為乾谿之役，

梁容茂曰：「（起章華之台）起台事見昭七年《左傳》。」

茂仁案：「起章華之臺」，四庫《新序》版本有二，二本並作「臺」，不作「台」，梁先生以四庫本爲底本，失檢。《淮南子‧秦族篇》「起」作「作」。「爲乾谿之役」，《淮南子‧泰族篇》「爲」作「發」，義並通。

百姓罷勞，怨懟於下，群臣倍畔於上，公子弃疾作亂，靈王亡逃，卒死於野。故曰，晉不頓一戟而楚人自亡，司馬侯之謀也。

梁容茂曰：「（靈王逃亡）昭十三年《左傳》：『夏五月，癸亥，王縊于芊尹申亥氏。』」

蔡信發曰：「靈王，共王子，康王弟，其名《春秋》作『虔』，《史記》作『圍』。棄疾，靈王弟，平王熊居。《春秋》昭公十三年《經》：『夏四月，楚公子比自晉歸于楚，弒其君虔于乾谿。楚公子弃疾殺公子比。』《左傳》：『夏五月癸亥，王縊于芊尹申亥氏。』《國語‧吳語》：『王乃入芊申亥氏焉，王縊。申亥負王以歸，而土埋之其室。』《新書》：『王遂死於乾溪芊尹申亥之井。』《史記‧楚世家》：『十二年春，楚靈王樂乾谿，不能去也，國人苦役。初靈王會丘于申，僇越大夫常壽過，殺蔡大夫觀起。起子從亡在吳，乃勸吳王伐楚，爲間越大夫常壽過而作亂，爲吳間，使矯公子棄疾命，召公子比於晉。至蔡，與吳、越兵欲襲蔡，令公子比見棄疾，與盟于鄧，遂入殺靈王太子祿，立子比爲王，公子子晳爲令尹，棄疾爲司馬。於是，王乘舟，將欲入鄢，右尹度王不用其計，懼俱死，亦去王亡。靈王於是獨傍偟山中，野人莫敢入王，王行，遇其故鋗人，謂曰：『爲我求食，我已不食三日矣。』鋗人曰：『新王下法，有敢饟王從王者，罪及三族。且又無所得食。』王困，枕其股而臥。鋗人」

又以土自代，逃去。王覺而弗見，遂饑不能起。芋尹申無宇之子申亥曰：『吾父再犯王命，王弗誅，恩孰大焉？』乃求王，遇王饑於釐澤，奉之以歸。夏五月癸丑，王死申亥家。申亥以二女從死，并葬之』。又贊曰：『楚靈王方會諸侯於申，誅齊慶封，作章華臺，求周九鼎之時，志小天下，及饑死于申之家，爲天下笑，操行之不得，悲夫！勢之於人也，可不愼與？棄疾以亂立，嬖淫秦女，甚乎哉！幾再亡國。』據是，得知首亂者公子比，非公子棄疾。又靈王死申亥家，非卒於野，此並失檢。靈王縊死，抑饑死，抑死於井，竊以《左傳》、《國語》得其實。公子比，字子干；子皙，名黑肱，並共王子，康王弟，棄疾兄。據〈年表〉，章華臺成，在楚靈王七年；次于乾谿，民罷臣畔，並在十一年。」

　　茂仁案：四庫《新序》版本有二，二本並作「亡逃」，不乙作「逃亡」，梁先生以四庫本爲底本，失檢。蔡先生上言以靈王死於申亥之家，非卒於野。容值商榷。檢《淮南子・泰族篇》載靈王，云：「餓於乾谿，食莽飲水，枕塊而死。」則靈王死於「野外」也，又本文「野」字，亦可解爲「朝野」之「野」，如是觀之，則本文非誤也。蔡先生又言首亂者爲公子比，檢《史記・楚世家》所載，作亂者爲觀起之子出亡於吳，爲吳間，使矯公子棄疾命，以召公子比，與盟，子比並立爲王。職是，公子比爲首亂者，蔡先生說是也。白口十行本、程榮本、祕書本、陳用光本、百子本「弃」並作「棄」，武井驥《纂註本》、四庫本並作「棄」。弃、棄，古、今字；棄，爲棄字篆文「𣚓」之隸定。

（六）楚平王殺伍子胥之父

楚平王殺伍子胥之父，

　　梁容茂曰：「（平王殺伍子胥之父）事見定四年《公羊傳》及《穀梁傳》。此用《穀梁》文。」

　　茂仁案：四庫《新序》版本有二，二本「平」上並有「楚」字，梁先生以四庫本爲底本，失檢。

子胥出亡，挾弓而干闔閭，「大之甚！勇之」，爲是而欲興師伐楚，

　　盧文弨曰：「（『勇之』下補『甚』字）舊脫，據定公四年《穀梁傳》補。」

　　武井驥曰：「《公羊》作『闔閭曰：「士之甚！勇之甚！將爲之興師而復讐于楚。」』驥按：此脫文，宜從《公羊傳》。」

　　蒙傳銘曰：「『勇之』下，當補『甚』字，盧、武之說甚的。『大之甚』，與《穀

梁》同。范寧〈集解〉:『子胥匹夫,乃欲復讐於國君,其孝甚大,其心甚勇。』楊士勛〈疏〉:『子胥之復讐,違君臣之禮,失事主之道,以匹夫之弱,敵千乘之強,非心至孝,莫能然也。得事父之孝,非敬長之道,故曰其孝甚大。……』並言『其孝甚大』,正是此文『大』字之證。士、大二字形近,故《公羊傳》誤作士也。」

梁容茂曰:「『大』上應據《公》、《穀》補『闔廬曰』三字。」

蔡信發曰:「《拾補》據定公四年《穀梁傳》『勇之』下補『甚』字。是。」

茂仁案:「挾弓而干闔閭」,《穀梁傳·定公四年》作「挾弓」,下並有「持矢」二字。「大之甚!勇之」,《公羊傳·定公四年》作「闔廬曰:『士之甚!勇之甚』」,《穀梁傳·定公四年》作「闔廬曰:『大之甚!勇之甚』」,何休〈解詁〉云:「言其以賢士之甚。」范寧〈集解〉云:「子胥匹夫,乃欲復讎於國君,其孝甚大,其心甚勇。」職此,本文「大」上蓋奪「闔閭曰」三字,「勇之」下蓋奪「甚」字,盧文弨、梁先生之說並是,當據補。《公羊傳·定公四年》之「士」蓋爲「大」之形訛,蒙先生說是。四庫本「大之」作「闔閭」。「爲是而欲興師伐楚」,《公羊傳·定公四年》作「將爲之興師而復讎于楚」,《說苑·至公篇》作「吳王闔廬爲伍子胥興師,復讎於楚」。

子胥諫曰:「不可。臣聞之,君子不爲匹夫興師。且事君猶事父也,虧君之義,復父之讎,臣不爲也。」於是止。

武井驥曰:「《說苑·至公篇》『君子』作『諸侯』。」

梁容茂曰:「君子,《公羊傳》作『諸侯』;《穀梁傳》作『君』。」

茂仁案:「君子不爲匹夫興師」,《穀梁傳·定公四年》「君子」作「君」,無「子」字。審下文「且事君猶事父也,虧君之義,復父之讎,臣不爲也」,以「君」、「父」爲言,「君」、「臣」對言也,由是知「子」字爲衍也,又《公羊傳·定公四年》、《說苑·至公篇》、《越絕書·荊平王內傳》「君子」並作「諸侯」,諸侯即君,並其明證,「子」字蓋涉「君」字聯想而衍也,當據刪。

蔡昭公朝於楚,有美裘,楚令尹囊瓦求之,昭公不與。

蔡信發曰:「《史記》『囊瓦』作『子常』。子常乃囊瓦字。」

茂仁案:「楚令尹囊瓦求之」,《白氏六帖》四〈注〉「囊瓦」亦作「子常」。「昭公不與」,白口十行本、祕書本、陳用光本、四庫本、鐵華館本、百子本、龍溪本「與」並作「予」,《說文》三篇上舁部云:「與,黨與也。」段〈注〉云:「(上略)與,當

作予。予，賜予也。」職是，予、與，正、假字。

於是拘昭公於郢，數年而后歸之。

茂仁案：白口十行本、祕書本「后」並作「後」。后，爲後之借字，說見《說文》九篇上后部「后」字段〈注〉。

昭公濟漢水，沈璧，

茂仁案：《公羊傳·定公四年》作「於其歸焉，用事乎河」，《穀梁傳·定公四年》作「歸，乃用事乎漢」，並無「沈璧」事，並與此異。

曰：「諸侯有伐楚者，寡人請為前列。」

梁容茂曰：「（諸侯伐楚者）《公羊傳》作：『於其歸焉，用事乎河曰：天下諸侯苟有能伐楚者。』《穀梁傳》作：『歸乃用事乎漢曰苟諸侯有欲伐楚者。』」

茂仁案：四庫《新序》版本有二，二本「侯」下並有「有」字，梁先生以四庫本爲底本，失檢。

楚人聞之，怒，於是興師伐蔡，蔡請救于吳。

武井驥曰：「吳本『于』作『於』。」

茂仁案：白口十行本「于」亦作「於」，于、於，古、今字，說見《說文》四篇上烏部「於」字段〈注〉。

子胥諫曰：「蔡非有罪也，楚人無道也，君若有憂中國之心，則若此時可矣。」

武井驥曰：「《公羊》『諫』作『復』。」又曰：「《公羊》『若』下無『此』字。」

梁容茂曰：「《公羊傳》：無『此』字，《穀梁傳》有。」

茂仁案：「子胥諫曰」，《公羊傳·定公四年》作「伍子胥復曰」，《穀梁傳·定公四年》無「諫」字。審闔閭欲爲子胥伐楚，與子胥言於闔閭，請吳救蔡一事，非同一時之事，《越絕書·荊平王內傳》云：「子胥居吳三年，大得吳眾，闔廬將爲之報仇，子胥曰：『不可！臣聞諸侯不爲匹夫興師』，於是止。其後荊伐蔡，子胥言之闔廬，即使子胥救蔡而伐荊」云云，可證。故《公羊傳》作「伍子胥復曰」，用「復」字，欠安。審度文義，此有「諫」字，或如《穀梁傳》無「諫」字，並可，唯此有「諫」字，於義爲長。「則若此時可矣」，《公羊傳·定公四年》無「此」字，「若此」爲合成詞，略其一，無害其義。

於是興師伐楚,遂敗楚人於栢舉,而成霸道,子胥之謀也,故《春秋》美而
褒之。

　　茂仁案:「遂敗楚人於栢舉」,《公羊傳・定公四年》「栢舉」作「柏莒」,《穀梁
傳・定公四年》作「伯舉」,《白虎通疏證》〈注〉引〈定四年〉作「伯莒」,武井驥
《纂註本》、四庫本、鐵華館本、百子本「栢」並作「柏」。柏、伯,古並為幫母、
鐸部;舉、莒,古並為見母、魚部。並音同可通。《淮南子・詮言篇》作「柏莒」、
又〈兵略篇〉作「柏舉」。《國語・楚語》云:「有柏舉之戰,子常奔鄭,昭王奔隨。」
韋昭〈注〉云:「柏舉,楚地。」職是,作「柏舉」似較長。

(七)秦孝公欲用衞鞅之言

秦孝公欲用衞鞅之言,更為嚴刑峻法,易古三代之制度,

　　武井驥曰:「《文選》陸士衡〈豪士賦序〉〈註〉引無『度』字。」

　　梁容茂曰:「(更為嚴刑竣法)竣,程本、百子本:俱作『峻』。」

　　茂仁案:四庫《新序》版本有二,二本並作「峻」,不作「竣」,梁先生以四庫
本為底本,失檢,他本亦並作「峻」,不誤。楚府本「代」作「伐」,非是,形近而
訛也。

恐大臣不從,於是召衞鞅、甘龍、杜摯三大夫御於君,慮世事之變,計正法
之本,使民之道。

　　施珂曰:「《商子・更法篇》計作討,義較長。又《商子》使上有求字(一本脫
求字),與上文句法一律。」

　　茂仁案:「計正法之本」,《商君書・更法篇》「計」作「討」,並通。「使民之道」,
審本句與上文「慮世事之變」、「計正法之本」並列為言,則「使」上疑有奪字,《商
君書・更法篇》「計」上有「求」字,是,「求使民之道」,與上文「慮世事之變」、「計
正法之本」,文正一律,當據補,施先生之說是。

君曰:「代位不亡社稷,君之道也;錯法務明主長,臣之行也。

　　茂仁案:「代位不亡社稷」,《戰國策・趙策二》作「嗣立不忘先德」,《商君書・
更法篇》作「代立不忘社稷」,各本「稷」並作「稷」。位、立;亡、忘,古字並通,
說見孫詒讓《札迻・新序》八。稷、稷,形近而訛也。「錯法務明主長,臣之行也」,

《戰國策・趙策二》作「錯質務明主之長，臣之論也」，王先謙《荀子集解・大略篇》「錯質之臣不息雞豚」云：「錯，置也。質讀爲贄。《孟子》曰：『出彊必載質。』蓋古字通耳。置贄，謂執贄而置於君。〈士相見禮〉曰：『士大夫奠贄於君，再拜稽首。』《禮記》曰：『畜乘馬者，不察於雞豚。』或曰：『置贄猶言委質也，言凡委質爲人臣，則不得與下爭利。』」據是，「錯法」作「錯質」，似較長。

今吾欲更法以教民，吾恐天下之議我也。」

施珂曰：「《商子》作『今吾欲變法以治，更禮以教百姓。』」

茂仁案：「今吾欲更法以教民」，《商君書・更法篇》作「今吾欲變法以治，更禮以教百姓」。下文「法者所以愛民也，禮者所以便事也」、「是以聖人苟可以治國，不法其故；苟可以利民，不循其禮」，俱法、禮並列爲言，顯爲承此而來，故此句舊有訛奪，《商君書・更法篇》所載是也，當據補改。

公孫鞅曰：「臣聞『疑行無名，疑事無功』，君亟定變法之慮，行之無疑，殆無顧天下之議。

施珂曰：「《商子》名作成。」

茂仁案：「疑行無名」，《商君書・更法篇》「無名」作「無成」，《太平御覽》四九六引《商君書》則作「無名」，與本書同。

且夫有高人之行者，固負非於世；

武井驥曰：「《史・商君傳》『負非』作『見非』，《商子》作『見負』。」

施珂曰：「《商子》、《史記・商君列傳》，負皆作見。」

梁容茂曰：「《史記》：負，作『見』。」

茂仁案：《戰國策・趙策二》作「夫有高世之功者，必負遺俗之累；有獨知之慮者，必被庶人之恐」。「固負非於世」，《商君書・更法篇》「負非」作「見負」，《史記・商君傳》作「見非」，《通志》九三、《帝範・務農篇》〈注〉並同。負非、見非，義同，審上文「吾恐天下之議我也」、「殆無顧天下之議」，知「非」當讀若「誹」，「誹」正與下文「謷」對。《商君書・更法篇》之作「見負」者，蓋與《漢書・武帝紀》云：「士或有負俗之累。」顏〈注〉云：「謂被世議論也。」之義同。

有獨知之慮者，必見謷於民。

武井驥曰：「《史》『謷』作『敖』，《商子》作『見訾於人也』。」

施珂曰：「《史記》謷作敖。敖、謷古通。《商子》作訾。（一本作毀，毀猶訾也。）於義較長。」

梁容茂曰：「《史記》：謷，作『敖』。」

蔡信發曰：「『謷』，《商君書》作『驁』，《史記》作『敖』。驁、敖並謷之同音假借。《說文》：『謷，不省人言也。驁，駿馬。敖，出游也。』」

茂仁案：「必見謷於民」，《商君書·更法篇》「謷」作「訾」。《史記·商君傳》作「敖」，《通志》九三同，《帝範·務農篇》〈注〉作「傲」。《說文》三篇上言部云：「謷，不省人言也。」又同篇同部云：「訾，訾訾，不思稱意也。」又四篇下放部云：「敖，出游也。」謷、敖，古並為疑母、宵部，音同可通；謷、訾，義並通；謷、敖，正、假字。

語曰：愚者暗成事，知者見未萌，

武井驥曰：「《史》無『語曰』二字、『暗』『見』下並有『於』字。」

梁容茂曰：「（語曰愚者暗於成事）《史記》：無『語曰』二字，暗，作『闇』。」

茂仁案：四庫《新序》版本有二，二本並無「於」字，梁先生以四庫本為底本，失檢。《商君書·更法篇》「暗」亦作「闇」，「暗」、「見」下亦並有「於」字。

民不可與慮始，可與樂成功。

武井驥曰：「《史》『始』下有『而』字、無『功』字。」

施珂曰：「《史記》無功字。」

梁容茂曰：「（而可與樂成功）《史記》：無『功』字。」

蔡信發曰：「《商君書》、《史記》並無『功』。『成』下有『功』，與上句不對，乃衍文。《史記·西門豹傳》：『民可以樂成，不可與慮始。』亦無『功』，乃其證。」

茂仁案：四庫《新序》版本有二，二本下「可」字上並無「而」字，梁先生以四庫本為底本，失檢。《漢書·劉歆傳》〈移書讓太常博士〉、《通志》九三、《資治通鑑》二、《帝範·務農篇》〈注〉、《全上古三代文》太公《六韜》「樂成功」亦並作「樂成」，無「功」字。蔡先生云『『成』下有『功』，與上句不對，乃衍文』。孫詒讓《札迻·商子》五「而可與樂成」云：「嚴萬里〈校〉云：『舊本無‘而’字，‘成’下有‘功’字，今依《史記》增刪。』」檢《管子·法法篇》云：「民未嘗可與慮始，而可與樂成功。」《呂氏春秋·樂成篇》云：「民不可與慮化舉始，而可以樂成功。」並有「功」字。審此有無「功」字，義並通，唯無「功」字，與上句對，於文例為長，要之，「功」字非必衍也。闇、暗，古並為影母、侵部，音同可通。

郭偃之法曰：『論至德者不和於俗，成大功者不謀於眾。』法者所以愛民也，禮者所以便事也，

　　梁容茂曰：「《史記》：無『郭偃之法曰』五字。」

　　茂仁案：《史記‧商君傳》亦無「法者所以愛民也，禮者所以便事也」十四字，《通志》九三同。

是以聖人苟可以治國，不法其故；苟可以利民，不循其禮。」

　　梁容茂曰：「《史記》：治，作『彊』。」

　　茂仁案：《商君書‧更法篇》「治」亦作「彊」，《通志》九三、《資治通鑑》二、《帝範‧務農篇》〈注〉並同。

孝公曰：「善。」甘龍曰：「不然。臣聞『聖人不易民而教，知者不變法而治』。因民而教者，不勞而功成；據法而治者，吏習而民安之。今君變法不循故，更禮以教民，臣恐天下之議君，願君熟慮之。」

　　武井驥曰：「《史》『據』作『緣』。」

　　梁容茂曰：「《史記》：教下無『者』字。據，作『緣』。」

　　茂仁案：《史記‧商君傳》「功成」乙作「成功」、「據法」作「緣法」、無「臣聞」二字，亦無「今君變法不循故……願君熟慮之」二十四字，《通志》九三同。

公孫鞅曰：「子之所言者，世俗之所知也。

　　武井驥曰：「《史》『所知』作『言』。」

　　梁容茂曰：「《史記》：『所知』，作『言』。」

　　茂仁案：《商君書‧更法篇》「所知」亦作「言」，《通志》九三同。

常人安於所習，學者溺於所聞，

　　武井驥曰：「《史》『所習』作『故俗』。」

　　梁容茂曰：「《史記》：所習，作『故俗』。」

　　茂仁案：《商君書‧更法篇》「所習」作「故習」。《通志》九三、《資治通鑑》二「所習」亦並作「故俗」。習，訓俗也，即風俗，義通。

比兩者，所以居官而守法也，非所與論於典法之外也。

　　梁容茂曰：「《史記》上句作：『以此兩者，居官守法可也。』無『典』字。」

　　茂仁案：「比兩者」，比，底本殘泐，《商君書‧更法篇》、《史記‧商君傳篇》「比」

並作「此」,《通志》九三、《資治通鑑》二並同,武井驥《纂註本》、各本亦並同,是,當據改。「所以居官而守法也」,《史記‧商君傳》作「居官守法可也」,下句「非所與論於典法之外也」,無「典」字,《通志》九三、《資治通鑑》二並同。

三代不同道而王,五霸不同法而霸。

武井驥曰:「《史》『道』作『禮』。」

施珂曰:「《史記》道作禮。」

梁容茂曰:「《史記》:道,作『禮』。」

蔡信發曰:「《商君書》、《史記》『道』作『禮』。通篇禮、法並舉,無一例外,此驟作『道』,不類,當依二書作『禮』。」

茂仁案:「三代不同道而王」,《戰國策‧趙策二》「道」作「服」,《商君書‧更法篇》、《史記‧商君傳》「道」並作「禮」,《通志》九三同。孫詒讓《札迻‧商子》五「三代不同禮而王」云:「嚴云:『舊本作「同道」,《史記》作「同禮」。』案:此篇禮法並舉,作『道』訛,今改正。」亦主「道」之當作「禮」,愚審本文作「道」,於義亦通,非必改作「禮」也,《經籍纂詁》四九云:「道,禮也。《荀子‧天論》『故道無不明』〈注〉。」又云:「道,即禮也。《荀子‧議兵》『由其道則行,不由其道則廢』〈注〉。」又云:「道,猶禮也。《論語‧衛靈》『與師言之道與』皇〈疏〉,又《禮記‧檀弓下》『斯道也』〈注〉。」道即禮,字異實同也。「五霸不同法而霸」,《戰國策‧趙策二》「法」作「教」。

知者作法而愚者制焉,賢者更禮,不肖者拘焉。

武井驥曰:「《史》無『而』字。」

茂仁案:《戰國策‧趙策二》「法」作「教」、「更禮」作「議俗」,《商君書‧更法篇》「知」上有「故」字、「不」上有「而」字。審上下文義,「知」上有「故」字,於文義較長,於文氣亦較完。「不」上有「而」,作「賢者更禮而不肖者拘焉」,與「知者作法而愚者制焉」句法正一律,是也,當據補。

更禮之人,不足與言事;

施珂曰:「(更禮之人不足以言事)《漢魏叢書》程本、陳本更字作拘。涉上更字而誤。」

梁容茂曰:「(更禮之人)程本、百子本:更,俱作『拘』。」

茂仁案:鐵華館本作「與」,不作「以」,施先生以鐵華館本為底本,失檢。四庫《新序》版本有二,二本並作「拘」,不作「更」,梁先生以四庫本為底本,失檢。

《戰國策·趙策二》作「夫制於服之民，不足與論心；拘於俗之眾，不足與致意」。「更禮之人」，《商君書·更法篇》「更」作「拘」。審「更禮之人，不足與言事；制法之人，不足與論治」，爲承上文「知者作法而愚者制焉，賢者更禮，不肖者拘焉」爲言，則作「更禮」，非是，蓋涉上文而誤也，作「拘禮」是也，何良俊本、白口十行本、程榮本、祕書本、陳用光本、百子本並作「拘禮」，即其明證，《淮南子·氾論篇》云：「制法之民，不可與遠舉；拘禮之人，不可使應變。」亦其比也，當據改。《史記·商君傳》無此九字，《通志》九三同。

制法之人，不足與論治。君無疑矣。」

梁容茂曰：「（君及疑矣）何本、程本、百子本：及，俱作『無』，是也。下文亦作『君無疑矣』。」

茂仁案：「不足與論治」，《商君書·更法篇》「治」作「變」。審此文義，作「治」，於義較長。「君無疑矣」，四庫《新序》版本有二，二本並作「無」，不作「及」，梁先生以四庫本爲底本，失檢。元刊本、楊美益本「無」並作「及」，非是。《史記·商君傳》無此十三字，《通志》九三同。

杜摯曰：「利不百，不變法；功不什，不易器。

茂仁案：「利不百」，《商君書·更法篇》「利」上有「臣聞之」三字。審本文凡人臣言之於王，若舉前人之言或俗語，必以『臣聞』起，如上文「公孫鞅曰：『臣聞』」、「甘龍曰：『不然，臣聞』」，反之，若公孫鞅、甘龍、杜摯之對言，則不書「臣聞」二字。今審此杜摯之言「利不百」云云，本書卷十「孝武皇帝時」章，云「御史大夫曰：「不然。臣聞之『利不什，不易業；功不百，不變常』」，《漢書·韓安國傳》云：「安國曰：『不然，臣聞「利不什者，不易業；功不百者，不變常。』」」《通志》九八同。知此爲古時常語，故當有「臣聞」二字，本書卷十之例及《漢書·韓安國傳》並有「臣聞」二字即其明證，竊疑下文「臣聞之」三字當置於「利不百」句上，如是於文例爲優，於文義爲長，於文氣亦完也。「功不什」，《史記·商君傳》「什」作「十」，《通志》九三同，楚府本「什」形訛作「仕」，非是。什、十，古並爲禪母、緝部，音同可通，《說文》三篇上十部云：「十，數之具也。」又八篇上人部云：「什，相什保也。」職是，十、什，正、假字也。

臣聞之，法古無過，循禮無邪，君其圖之。」

盧文弨曰：「（臣）何訛『兩』。」

武井驥曰：「吳本『兩』作『臣』。」

施珂曰：「盧氏改兩爲臣。云：『何訛兩。』案：盧說是也。《商子》正作臣。」

蒙傳銘曰：「（兩聞之）宋本『兩』作『臣』，涵芬樓本亦作『臣』，與《商君書・更法篇》合。」

茂仁案：「臣聞之」，元刊本、白口十行本、程榮本、祕書本、陳用光本、鐵華館本、百子本、龍溪本「臣」並作「兩」，楚府本作「而」，並非是，形近而訛也，陳鱣校與此同。四庫本「臣」作「摯」，審本文凡人臣對君言，自稱「臣」，未有自稱「名」者，四庫本稱名，不類。

公孫鞅曰：「前世不同教，何古之法？帝王者不相復，何禮之循？

茂仁案：「前世不同教」，《戰國策・趙策二》作「古今不同俗」，《史記・趙世家》作「先王不同俗」。「帝王者不相復」，《戰國策・趙策二》、《史記・趙世家》並作「帝王不相襲」。「前世不同教」直至下文「臣故曰」，合共七十字，《史記・商君傳》無，《通志》九三同。

伏犧神農，教而不誅；

梁容茂曰：「（放而不誅）何本、程本、百子本：放，俱作『教』。」

茂仁案：四庫《新序》版本有二，二本並作「教」，不作「放」，梁先生以四庫本爲底本，失檢。祕書本、龍溪本「犧」並作「羲」，楚府本「教」作「敬」。犧、羲，古通；教、敬，形近而訛也。

黃帝堯舜，誅而不怒；及至文武，各當其時而立法，因事而制禮，禮法兩定，制令各宜，甲兵器備，各便其用。

茂仁案：「各當其時而立法」，《商君書・更法篇》無「其」字，「當時而立法」與下文「因事而制禮」文正一律，是也，「其」爲衍文，當據刪。「禮法兩定，制令各宜」，《商君書・更法篇》作「禮法以時而定，制令各順其宜」，下句「甲兵」乙作「兵甲」。

臣故曰：治世不一道，便國不必古。

武井驥曰：「《史》『必』作『法』。」

梁容茂曰：「《史記》：必，作『法』。」

茂仁案：「便國不必古」，《商君書・更法篇》「不必古」作「不必法古」，《史記・商君傳》作「不法古」，《通志》九三同。審「治世不一道」與「便國不必古」並列爲言，「一」，爲動詞，則「必」字改作動詞之「法」字，於文義較明，於文例較長

也，當據改。

故湯王之王也，不循古；殷湯之滅也，不易禮。

盧文弨曰：「（殷夏）《史》作『夏殷』。」

武井驥曰：「《史》作『湯武不循古而王，夏殷不易禮而亡』，《商子》『循』作『修』。」

梁容茂曰：「《史記》：作『湯武不循古而王，夏殷不易禮而亡。』百子本：殷夏，作『夏殷』。」

茂仁案：《商君書・更法篇》作「湯、武之王也，不脩古而興；殷、夏之滅也，不易禮而亡」，《史記・商君傳》作「故湯、武不循古而王，夏、殷不易禮而亡」，《通志》九三同。各本「湯王」並作「湯、武」。「殷湯」，《戰國策・趙策二》、《史記・趙世家》並作「夏、殷」，陳用光本、百子本同，他本並作「殷、夏」，並通。《商君書・更法篇》「循」作「修」，非是，蓋「修」字隸書作「脩」，與「循」字相近而致誤也。

然則反古者未可非也，循禮者未足多也。君無疑矣。」

梁容茂曰：「（反古者未可非，循禮者未足多也）《史記》：未，俱作『不』。」

茂仁案：四庫《新序》版本有二，二本「非」下並有「也」字，梁先生以四庫本為底本，失檢。《商君書・更法篇》「未」下有「必」字，《史記・商君傳》「未」作「不」、無下「君無疑矣」四字，《通志》九三同。

孝公曰：「善。吾聞窮鄉多怪，曲學多辯；

茂仁案：「吾聞窮鄉多怪」直至文末「謀之本也」，《史記・商君傳》無，《通志》九三同。「吾聞窮鄉多怪」，《戰國策・趙策二》、《史記・趙世家》「怪」並作「異」，《商君書・更法篇》「鄉」作「巷」。「曲學多辯」，《戰國策・趙策二》、《商君書・更法篇》「辯」並作「辨」，作「辯」，是，辯、辨，正、假字。

愚者之笑，知者哀焉；狂夫之樂，賢者憂焉。

梁容茂曰：「（狂天之樂）何本、程本、百子本：天，俱作『夫』，是也。」

茂仁案：四庫《新序》版本有二，二本並作「夫」，不作「天」，梁先生以四庫本為底本，失檢，各本並同。

拘世之議，人心不疑矣。」

施珂曰：「《商子》『人心』作『寡人』。」

茂仁案：「人心不疑矣」，《商君書‧更法篇》作「寡人不之疑矣」，審上文「吾恐天下之議我也」，並兩言「君無疑矣」，顯見「心不疑矣」，為指秦孝公言，故此奪「寡」字明矣，當據改。

於是孝公違龍摯之善謀，遂從衛鞅之過言，法嚴而酷，刑深而必，守之以公，當時取彊，遂封鞅為商君。

茂仁案：「於是孝公違龍摯之善謀」直至文末「謀之本也」，《商君書‧更法篇》無此一一一字。「當時取彊」，元刊本、楚府本、何良俊本、楊美益本、白口十行本、程榮本、祕書本、陳用光本、百子本「彊」並作「強」，彊、強，古並為群母、陽部，音同可通。

及孝公死，國人怨商君，至於車裂之。其患流漸至始皇，赤衣塞路，群盜滿山，卒以亂亡，削刻無恩之所致也。

茂仁案：「群盜滿山」，楚府本「滿」作「蒲」，非是，形近而訛也。

三代積德而王，齊桓繼絕而霸，秦、項嚴暴而亡，漢王垂仁而帝，故仁恩，謀之本也。

盧文弨曰：「（項）舊訛『夏』。」

武井驥曰：「嘉靖本『夏』作『項』，朝鮮本作『皇』，似是。」

蒙傳銘曰：「宋本『夏』作『項』，陳鱣校同。」

梁容茂曰：「一本夏作『項』，又有作『皇』者。《拾補》：夏，作『項』，云：『舊訛夏。』」

蔡信發曰：「《拾補》『夏』作『項』，云：『舊訛夏。』檢：『夏』，『皇』之誤刻。以上文言及『始皇』，而此作『秦皇』，則可與下句『漢王』對；設作『項』，固達，然顯突兀，亦欠工整。」

茂仁案：「秦、項嚴暴而亡」，元刊本、楊美益本、白口十行本、程榮本、祕書本、陳用光本、百子本「秦、項」並作「秦、夏」，楚府本作「秦、瓊」，四庫全書薈要本作「秦、楚」，他本則並與本文同。瓊、項，形近而訛也。蔡先生云「『夏』，『皇』之誤刻。以上文言及『始皇』，而此作『秦皇』，則可與下句『漢王』對」，蓋是，武井驥云：「朝鮮本作『皇』。」或可為證。唯作「項」，亦不誤也。四庫全書薈要本之作「楚」，蓋指西楚霸王項羽言，文異而實同也。

（八）秦惠王時

秦惠王時，蜀亂，國人相攻擊，告急於秦。

武井驥曰：「《史・張儀傳》作『苴蜀相攻擊，各來告急於秦』。」

茂仁案：《通志》九三、《冊府元龜》二三八亦並作「苴、蜀相攻擊，各來告急於秦」，《資治通鑑》三作「巴、蜀相攻擊，俱告急於秦」，所言並與此異。《史記・張儀傳》〈集解〉、〈索隱〉並以「苴」、「巴」音相近，爲一國。〈正義〉云：「《華陽國志》云：『昔蜀王封其弟于漢中，號曰「苴侯」，因命之邑曰「葭萌」，苴侯與巴王爲好，巴與蜀爲讎，故蜀王怒伐苴，苴奔巴求救於秦，秦遣張儀，從子午道伐蜀。王自葭萌禦之，敗績，走至武陽，爲秦軍所害，秦遂滅蜀，因取苴與巴焉。』《括地志》云：『苴侯都葭萌，今利州益昌縣五十里，葭萌故城是；蜀侯都益州巴子城，在合州石鏡縣南五里，故墊江縣也；巴子都江州，在都之北，又峽州界也。』」〈考證〉云：「恩田仲任曰：『按《水經注》亦云：「秦惠王遣張儀等救苴侯於巴，儀貪巴苴之富，因執其王以歸，而置巴郡焉。」』苴、巴爲二國審矣。」是。

惠王欲發兵伐蜀，以為道險峽難至，而韓人來侵秦。

武井驥曰：「《史》『人』作『又』。」

梁容茂曰：「《史記》作：『苴蜀相攻擊，各來告急於秦，秦惠王……。』峽，作『狹』；人，作『又』。案：此當依《史記》疊『秦』字爲是。」

茂仁案：「惠王欲發兵伐蜀」，《史記・張儀傳》「惠」上有「秦」字，《資治通鑑》三、《通志》九三、《冊府元龜》二三八並同。梁先生云「此當依《史記》疊『秦』字爲是」，審此本「秦」字不重出，亦通，蓋省之耳，各本並同。「以爲道險峽難至」，《史記・張儀傳》「峽」作「狹」，《資治通鑑》三作「陿」，胡〈注〉云：「陿與狹同。《漢書・趙充國傳》〈註〉：『山陜而夾水曰陿。』」王叔岷先生《史記斠證・張儀傳》云：「狹、陿、峽，皆俗陝字。《說文》：『陝，隘也。』」是。「而韓人來侵秦」，《史記・張儀傳》「人」作「又」，《資治通鑑》三、《通志》九六、《冊府元龜》二三八並同，作「又」，於義爲長。

秦惠王欲先伐韓，恐蜀亂；

武井驥曰：「《史》『恐蜀亂』作『後伐蜀，恐不利』。驥按：『秦』字似衍。」

茂仁案：「恐蜀亂」，《通志》九三、《冊府元龜》二三八亦並作「後伐蜀，恐不利」。武井驥疑「秦」爲衍文。審上、下文，上文既已言「惠王欲發兵伐蜀」云云，

此承之，故主詞可省，愚疑「秦惠王」三字爲衍文，下文「先伐蜀，恐韓襲秦之弊」，亦省主詞「秦惠王」，即其比。

先伐蜀，恐韓襲秦之弊，

　　武井驥曰：「《史》『先』上有『欲』字。」

　　茂仁案：「先伐蜀」，審上文「惠王欲發兵伐蜀」、「秦惠王欲先伐韓」，句例與此同，上二句並有「欲」字，此無，不類，《史記·張儀傳》「先」上有「欲」字，《通志》九三、《冊府元龜》二三八同，並其明證，當據補。「恐韓襲秦之弊」，《史記·張儀傳》「弊」作「敝」，《通志》九三同，下同，四庫本「弊」作「獘」，下同。敝、弊，古今字；獘，俗引申爲利弊之「弊」字，說見《說文》十篇上犬部「獘」字段〈注〉。

猶與未決。

　　武井驥曰：「吳本『與』作『豫』，《史》同。」

　　梁容茂曰：「（酒與未決）《史記》：酒，作『猶』，是也。何、程、百子本俱作『猶』。」

　　茂仁案：「猶與未決」，四庫《新序》版本有二，二本並作「猶」，不作「酒」，梁先生以四庫本爲底本，失檢。《史記·張儀傳》「與」作「豫」字，《通志》九三、《冊府元龜》二三八並同，白口十行本亦同。《說文》九篇下象部云：「豫，象之大者。」段〈注〉云：「（豫）亦借爲『與』字，如《儀禮》古文『與』作『豫』是也。」是與、豫古通也。《禮記·曲禮篇》云：「卜筮者，所以使民決嫌疑，定猶與也。」〈釋文〉云：「與，本亦作豫。」即其比也。

司馬錯與張子爭論於惠王之前，司馬錯以伐蜀，

　　施珂曰：「《漢魏叢書》程本、陳本以作欲。〈秦策〉同。」

　　茂仁案：「司馬錯與張子爭論於惠王之前」，《戰國策·秦策一》、《史記·張儀傳》「子」並作「儀」，《資治通鑑》三、《通志》九三、《冊府元龜》二三八並同，下同，並同。「司馬錯以伐蜀」，《戰國策·秦策一》、《史記·張儀傳》「以」並作「欲」。以，古爲余母、之部；欲，古爲余母、屋部，之、欲一聲之轉也，審此文義，作「欲」是也，「以」蓋「欲」之音誤，《通志》九三、《冊府元龜》二三八「以」亦並作「欲」，元刊本、楚府本、何良俊本、楊美益本、白口十行本、程榮本、祕書本、陳用光本、百子本、四庫本亦並同，並其明證，當據改。

張子曰：「不如伐韓。」王曰：「請聞其說。」對曰：「親衞善楚，下兵三川，塞什谷之口，當屯留之道，

盧文弨曰：「（塞什谷之口）〈秦策〉作『塞轘轅緱氏之口』。」

武井驥曰：「〈秦惠文君策〉作『塞轘轅緱氏之口』，《史》『什』作『斜』。徐廣曰：『一作尋。』方以智曰：『什谷即洛汭。』詳于《通雅》。」

蒙傳銘曰：「（親魏善楚）魏，宋本作『衞』，鐵華館本同。何良俊本作『魏』。作『魏』是也。據《史記·六國年表》，秦惠王元年（西元前337年），即魏惠王三十四年，亦即衞成侯二十五年。《孟子·梁惠王上》：『梁惠王（即魏惠王）曰：「晉國（案韓趙魏三家分晉，此言晉國，實指魏國，說見劉寶楠《愚錄》卷四），天下莫強焉，叟之所知也。及寡人之身，東敗於齊，長子死焉；西喪地於秦七百里；南辱於楚。寡人恥之，願比死者一洒之。」』惠王志切復仇，則魏國之強盛可知。《史記·衞康叔世家》云：『敬公十九年卒，子昭公糾立。是時三晉彊，衞如小侯，屬之。』張守節〈正義〉：『屬趙也。』〈衞世家〉又云：『（衞）成侯十六年，衞更貶號曰侯。成侯卒，子平侯立，平侯八年卒，子嗣君立。嗣君五年，更貶號曰君，獨有濮陽。四十二年卒，子懷君立。懷君三十一年，朝魏，魏囚殺懷君。……』由此觀之，則衞爾時積弱可知。今《新序》載張儀之言曰：『親魏善楚。』張儀縱橫家，其爲秦謀，知所欲親善者，必爲強盛之魏，而非弱小之衞也。《戰國策·秦策一》、《史記·張儀傳》並作『親魏善楚。』尤爲此文『魏』字磽證。」

梁容茂曰：「〈秦策〉作：『塞轘轅緱氏之口』。」

蔡信發曰：「『什谷之口』，《國策》作『轘轅緱氏之口』，《史記》作『斜谷之口』。〈集解〉：『徐廣曰：「一作尋，成皋鞏縣有尋口。」』〈索隱〉：『尋、什聲相近，故其名惑也。』《志疑》：『〈索隱〉本作什谷。是。湖本謁斜谷。〈策〉作轘轅緱氏之口，語雖不同，其地相近。一在河南鞏縣，一在緱氏縣東南轘轅關。』〈考證〉：『百衲、宋本、王本、毛本皆作什谷。』案：作什谷，是。至作轘轅緱氏之口，乃地近使然。轘轅，山名，在河南偃師縣東南，接鞏縣、登豐二縣界。」

茂仁案：「親衞善楚」，蒙先生校「衞」作「魏」，是。檢《戰國策·秦策一》、《史記·張儀傳》「衞」並作「魏」。下文言「魏」、「楚」，未言及「衞」者，如：「魏絕南陽，楚臨南鄭」、「而求解乎楚、魏」，並兩言「以鼎與予楚，以地予魏」，職是，作「魏」是也，「衞」，「魏」之誤也，《資治通鑑》三、《通志》九三、《冊府元龜》二三八「衞」並作「魏」，元刊本、楚府本、何良俊本、楊美益本、白口十行本、程榮本、祕書本、陳用光本、四庫本、百子本並同，並其明證，當據改。「塞什谷之口」，

《戰國策・秦策一》「什谷」作「轘轅緱氏」，《史記・張儀傳》作「斜谷」。〈集解〉引徐廣曰：「什，一作尋，成皋鞏縣有尋口。」〈索隱〉云：「一本作尋谷，尋、什聲相近，故其名惑也，《戰國策》云：『環轅緱氏之口，亦其地相近也。』」〈正義〉云：「《括地志》云：『溫泉水即尋，源出洛州鞏縣西南四十里。』」〈注〉《水經》云：『鄷城水，出北山鄷溪，又有故鄷城，在鞏縣西南五十八里，按洛州緱氏縣東南四十里，與鄷溪相近之地。』」〈考證〉云：「張文虎曰：『凌本，什作斜。』梁玉繩曰：『〈索隱〉本作什谷，是。湖本訛斜谷，《策》作轘轅緱氏之口，語雖不同，其地相近，一在河南鞏縣，一在緱氏縣東南轘轅關。』《通鑑地理通釋》曰：『《郡國志》：「鞏縣有尋谷水。」』徐廣曰：『什一作尋，成皋鞏縣有尋口。』尋、什，聲近，故其名異。《水經注》謂之洛汭，《郡縣志》謂之洛口，《新序・善謀》亦作什谷，愚按百衲宋本、王本、毛本，皆作什谷。」審上所言，作「什谷」是也，諸說並是。

魏絕南陽，楚臨南鄭，秦攻新城、宜陽以臨二周之郊，誅周王之罪，侵韓、魏之地，

施珂曰：「（侵楚、韓之地）《漢魏叢書》程本、陳本韓作魏。〈秦策〉同。」

茂仁案：「侵韓、魏之地」，《戰國策・秦策一》、《史記・張儀傳》「韓」並作「楚」，《資治通鑑》三、《通志》九三、《冊府元龜》二三八「韓」亦並作「楚」，元刊本、楚府本、何良俊本、楊美益本、白口十行本、程榮本、祕書本、陳用光本、四庫本、百子本並同。繆文遠《戰國策新校證》云：「金正煒曰：『「侵楚、魏之地」與上文「親魏善楚」相反，必有訛誤。「侵」疑當作「俠」，「俠」與「挾」通。「地」當為「從」。挾楚、魏以臨周，故周自知不救。或「侵」為「復」字之訛，復其侵地，以市德于楚、魏，而并力于周、韓也。《新序・善謀》誤與此同。』鍾風年曰：『張儀始云：「親魏善楚。」又云「魏絕南陽」云云，是可見楚、魏為助秦者必矣。而下文乃繼以「侵楚、魏之地」一語，秦安有于與周、韓相持之際，而反侵助己者之理？張儀斷不至作此謬語，「楚、魏」二字必誤。今細尋儀、錯之說，儀有「下兵三川」及「今三川、周室，天下之市朝也，而王不爭焉」諸語；錯駁儀說有「韓自知亡三川，……以地與魏」語。是儀之主伐韓，乃在得其三川。則焉有言及侵地反舍所期而轉圖助己之楚、魏？又儀之「秦攻新城、宜陽」一語，蓋即以二地隸于三川而發，并可為儀欲侵三川之證。故「楚、魏」二字，原必作「三川」。又「今三川周室」云云，亦為回應所欲侵而論不爭之非計者；若上語信作「侵楚、魏之地」，則是上下文不復呼應，亦可證舊必誤。』」金正煒、鍾風年之說並是。

周自知不救，九鼎寶器必出，據九鼎，按圖籍，挾天子以令於天下，天下莫
敢不聽，此王業也。

　　武井驥曰：「吳本『救』上有『能』字，《史》同。」

　　茂仁案：「周自知不救」，《史記・張儀傳》「不」下有「能」字，白口十行本同，
他本則與本文同。「按圖籍」，《戰國策・秦策一》「按」作「桉」，元刊本、楊美益本
並同，《史記・張儀傳》作「案」，《通志》九三、《冊府元龜》二三八並同。案、桉，
一字之異體；按、案，古並爲影母、元部，音同可通。《說文》六篇上木部云：「案，
几屬。」又十二篇上手部云：「按，下也。」職是，按、案，正、假字。

今夫蜀，西僻之國，而戎、狄之偷也，弊兵勞衆不足以成名，得其地不足以
爲利。

　　盧文弨曰：「（偷）〈策〉作『長』，《春秋後語》作『倫』。」

　　武井驥曰：「《嘉靖本、朝鮮本》『倫』作『偷』，誤。〈秦策〉作『長』。」

　　梁容茂曰：「（而戎狄之偷也）《史記》：狄，作『翟』；偷，作『倫』；百子本亦
作『倫』。《拾補》云：『偷，〈策〉作長，《春秋後語》作倫。』」

　　蔡信發曰：「《國策》『偷』作『長』、《史記》『偷』作『倫』。偷，當倫之誤刻。」

　　茂仁案：「西僻之國」，《戰國策・秦策一》「僻」作「辟」，下同。辟、僻，古、
今字。「而戎、狄之偷也」，四庫《新序》版本有二，四庫全書薈要本作「長」，四庫
全書本作「倫」，二本並不作「偷」，梁先生以四庫本爲底本，失檢。《戰國策・秦策
一》「偷」作「長」，高誘〈注〉云：「《續》云：『《新序》‘長’字作‘偷’，《後語》
作‘倫’字。』」《史記・張儀傳》「狄」作「翟」、「偷」作「倫」，《通志》九三同。
《冊府元龜》二三八「偷」作「倫」，武井驥《纂註本》、白口十行本、陳用光本、
百子本並同。狄，古爲定母、錫部；翟，古爲定母、藥部，二者一聲之轉也。《說文》
四篇上羽部云：「翟，山雉也。」又十篇上犬部云：「狄，北狄也。」職此，狄、翟，
正、假字。《說文》八篇上人部云：「倫，輩也。」則「偷」，爲「倫」字之形訛。審
下文重言此句作「夫蜀，西僻之國，而戎、狄之長也」，字正作「長」，不作「偷」、
「倫」。據是，作「長」是也，四庫全書薈要本作「長」，即其明證，當據改。

臣聞爭名者於朝，爭利者於市。

　　盧文弨曰：「（『臣』上有『今』）各本皆無，唯何有，當去之。」

　　茂仁案：「臣聞爭名者於朝」，盧文弨校「臣」上有「今」字，云：「各本皆無，
唯何有，當去之。」檢祕書本、陳用光本、百子本「臣」上亦並有「今」字，盧文

弨失檢。審此文義，無「今」字，於義較長，於文氣亦較完，諸本有「今」字者，疑涉下文「今三川、周室」而衍，元刊本、楚府本、何良俊本、楊美益本、白口十行本、程榮本、四庫本、鐵華館本、龍溪本並無「今」字，與此同，不誤也。

今三川、周室，天下之朝市也，而王不爭焉，顧爭於戎、狄，去王遠矣。」

盧文弨曰：「（戎）何訛『夷』。」

武井驥曰：「吳本及《史》、〈策〉作『戎狄』。」又曰：「《史》、〈策〉『王』下有『業』字。」

蒙傳銘曰：「上文云：『今夫蜀西僻之國，而戎狄之偏也。』此文當作『戎狄』，方與上文相應，宋本正作『戎狄』，涵芬樓本、鐵華館本並同。」

梁容茂曰：「（顧爭於戎狄）《史記》：狄，作『翟』。程本、百子本：戎，作夷。《拾補》云：『何訛夷。』」

茂仁案：「今三川」，祕書本「三」作「二」，非是，蓋形近致訛也。「顧爭於戎、狄」，四庫《新序》版本有二，二本並作「夷」，不作「戎」，梁先生以四庫本爲底本，失檢。程榮本、祕書本、陳用光本、四庫本、百子本「戎、狄」亦並作「夷、狄」，審上文「而戎、狄之偷也」、下文「而戎、狄之長也」，知作「戎、狄」爲是，蒙先生之說是也，元刊本、楚府本、何良俊本、楊美益本、白口十行本、鐵華館本、龍溪本亦並作「戎、狄」，與此同，不誤也。「去王遠矣」，《資治通鑑》三、《通志》九三、《冊府元龜》二三八「王」下亦並有「業」字。下文「欲王者，務博其德」、「三資者備而王隨之矣」，「王」下並無「業」字，《戰國策・秦策一》、《史記・張儀傳》並同，則此亦以無「業」字爲是，各本並同，諸書之有「業」字者，蓋涉上文「此王業也」而衍。

司馬錯曰：「不然。臣聞之，欲富者，務廣其地；欲彊者，務富其民；欲王者，務博其德，三資者備而王隨之矣。

武井驥曰：「《史》、〈策〉『欲富』下有『國』字、『彊』下有『兵』字。」

施珂曰：「〈秦策〉富下有國字。彊下有兵字。」

梁容茂曰：「《史記》：上富字下有『國』字，強下有『兵』字。」

茂仁案：「欲富者」、「欲彊者」，《資治通鑑》三、《通志》九三、《冊府元龜》二三八「富」下亦並有「國」字，「彊」下亦並有「兵」字。審「欲富者」、「欲彊者」、「欲王者」爲並列句，據是，則「富」下、「彊」下，不當有「國」、「兵」字也。楚

府本、何良俊本、白口十行本、程榮本、祕書本、陳用光本、四庫本、百子本「彊」並作「強」，下同，彊、強，古並爲群母、陽部，音同可通。

今王地小民貧，故臣願先從事於易。

梁容茂曰：「〈秦策〉：王下有『之』字。」

茂仁案：《戰國策・秦策一》且無「先」字。

夫蜀，西僻之國，而戎、狄之長也，有桀、紂之亂，以秦攻之，譬如以豺狼逐群羊也。

茂仁案：「譬如以豺狼逐群羊也」，《戰國策・秦策一》、《史記・張儀傳》「以」並作「使」，《資治通鑑》三、《通志》九三、《冊府元龜》二三八並同。楚府本無「以」字、「豺」作「犲」，元刊本、何良俊本、楊美益本、程榮本「豺」亦並作「犲」。以、使，義通，說見《古書虛字集釋》一；豺、犲，正、俗字。

得其地，足以廣國；取其財，足以富民繕兵，不傷眾而服焉。

武井驥曰：「《史》、〈策〉『服』上有『彼己』二字。」

茂仁案：「不傷眾而服焉」，《戰國策・秦策一》「服焉」作「彼已服矣」，《史記・張儀傳》作「彼已服焉」。

服一國，而天下不以為暴；利盡西海，而諸侯不以為貪，

盧文弨曰：「（西）〈策〉作『四』。」

武井驥曰：「吳本『服』作『拔』，《史》同。〈秦策〉句上有『故』字。」又曰：「〈秦策〉『西』作『四』，《史》『諸侯』作『天下』。」

梁容茂曰：「〈秦策〉：西海，作『四海』。《史記》：服上有『彼己』二字。服一國，作『拔一國』；諸侯，作『天下』。」

茂仁案：「服一國」，《戰國策・秦策一》作「故拔一國」，《史記・張儀傳》作「拔一國」，《資治通鑑》三、《通志》九三、《冊府元龜》二三八並同，審上文「不傷眾而服焉」，此承之，故作「服」爲長也。「服」上有「故」字，於文氣較順，楚府本無「服」字，奪也，他本並不奪。「服一國，而天下不以爲暴」與「利盡西海，而諸侯不以爲貪」句法一律，「服一國」與「利盡西海」對，愚疑「服一國」之「服」上當有奪字，唯所奪當非《戰國策・秦策一》所載之「故」字。「而諸侯不以爲貪」，《史記・張儀傳》「諸侯」作「天下」，《資治通鑑》三、《通志》九三、《冊府元龜》二三八並同，義並通。

是我一舉而名實附也，又有禁暴正亂之名。

武井驥曰：「吳本『正』作『止』。」

茂仁案：「又有禁暴正亂之名」，《史記・張儀傳》「正」作「止」，《資治通鑑》三、《通志》九三、《冊府元龜》二三八並同，白口十行本亦同。正，止，並通。〈考證〉云：「黃式三曰：『「而又」一句，當在「是我」句上。』」是，此二句易地，於文氣較順。

今攻韓劫天子，惡名也，而未必利也。有不義之名，而攻天下所不欲，危矣。

盧文弨曰：「（劫天子）〈策〉疊一句是。」

武井驥曰：「《史》『有』上有『又』字，〈秦策〉同。」

梁容茂曰：「〈秦策〉：疊『劫天子』三字。當據補。」

茂仁案：「今攻韓劫天子」，審下文「有不義之名，而攻天下所不欲」，為承「今攻韓劫天子」而來，此「不義之名」，即指「劫天子」言，故此「劫天子」三字當重，下文「惡名也，而未必利也」文、意方可接，盧文弨、梁先生之說並是，《戰國策・秦策一》「劫天子」重出，即其明證，陳鱣校同。「惡名也」，元刊本、楊美益本「惡」並作「惡」，惡、惡，正、俗字。「有不義之名」，《戰國策・秦策一》、《史記・張儀傳》「有」上並有「又」字，《資治通鑑》三、《通志》九三、《冊府元龜》二三八並同，「有」上有「又」字，於文義較長且明，當據補。

臣請謁其故：

武井驥曰：「吳本及《史》『謁』作『論』。」

茂仁案：《資治通鑑》三、《通志》九三、《冊府元龜》二三八「謁」亦並作「論」，白口十行本亦同。《史記・張儀傳》〈索隱〉本「謁」亦作「論」，云：「論者，告也、陳也，故謂陳不宜伐之端由也。」〈考證〉云：「各本謁作論，今從楓山、三條本、王念孫曰、〈秦策〉及《新序・善謀篇》『論』作『謁』。謁，告也。疑《史記》亦作『謁』，故〈索隱〉云：『告也』。論字，古無訓為告也。」

周，天下之宗室也，齊，韓之與國也。

盧文弨曰：「（韓）〈策〉下有『周』字。」

武井驥曰：「〈秦策〉『韓』下有『周』字。吳師道、田汝成皆云：『齊字恐衍，當云：韓，周之與國也。』」

梁容茂曰：「〈秦策〉：齊韓，作『韓齊』，之上有『周』字。」

蔡信發曰：「《國策》作『齊、韓，周之與國也』。〈考證〉：『田汝成：'齊字恐

衍。當云：韓，周之與國也。’愚按：史衍齊字，韓下奪周字。』檢：上文未嘗論齊，此驟出之，甚顯突兀，又下文齊、趙並舉，可審此『齊』乃衍文。田說是。」

茂仁案：「齊，韓之與國也」，《戰國策・秦策一》作「齊、韓，周之與國也」。審下文「周」、「韓」並舉，又「將二國併力合謀」，《戰國策・秦策一》高誘〈注〉云：「二國，周、韓也。」職是，知此「齊」字乃衍文，而「韓」下奪「周」字也，當據刪、補，蔡先生之說是，陳鱣校「韓」下亦有「周」字，唯「齊」字未刪。

周自知失九鼎，韓自知亡三川，

茂仁案：「周自知失九鼎」，楚府本無「失」字，奪耳，他本並不奪。「韓自知亡三川」，祕書本「三」作「山」，非是，「山」蓋涉「川」字聯想而致誤。

將二國併力合謀，

茂仁案：《戰國策・秦策一》「將」上有「則必」二字、「併」作「并」，《資治通鑑》三、《通志》九三、《冊府元龜》二三八「併」亦並作「并」，武井驥《纂註本》、元刊本、楚府本、何良俊本、楊美益本、白口十行本、程榮本、祕書本、陳用光本、四庫本、百子本並同。併从并得聲，可相通用，《說文》八篇上人部云：「併，竝也。」又同篇从部云：「并，相从也。」職是，作「併」是也，併、并，正、假字。祕書本「二」作「一」，非是，形近而訛也。

以因乎齊、趙，而求解乎楚、魏，以鼎與楚，以地與魏。以鼎與楚，以地與魏，

盧文弨曰：「（以鼎予楚，以地予魏）〈策〉二句不重，『予』作『與』，宋本同，下竝作『與』。」

武井驥曰：「〈秦策〉『予』作『與』。」

梁容茂曰：「《史記》：予，作『與』，不重此二句。《拾補》云：『〈策〉二句不重，予作與，宋本同，下並作與。』」

茂仁案：「以鼎與楚，以地與魏。以鼎與楚，以地與魏」，《戰國策・秦策一》、《史記・張儀傳》「以鼎與楚，以地與魏」並不重出，《資治通鑑》三、《通志》九三、《冊府元龜》二三八並同，各本「與」並作「予」，《說文》三篇上舁部云：「與，黨與也。」段〈注〉云：「（上略）與，當作予。予，賜予也。」職是，予、與，正、假字。

王不能止，此臣所謂危也，

盧文弨曰：「（止）『正』訛。」又曰：「（此）『北』訛。」

武井驥曰：「〈秦策〉『止』作『禁』。」

梁容茂曰：「何本、百子本：止，作『正』。《史記》仍作『止』，程本同作『止』。此，何本、程本俱作『北』。《拾補》云：『正訛，北訛。』」

茂仁案：「王不能止」，《戰國策・秦策一》「止」作「禁」，義同。祕書本、陳用光本「止」亦並作「正」，非是，形近而訛也。「此臣所謂危也」，元刊本「此」形訛作「比」，亦非是。

不如伐蜀完。」

武井驥曰：「〈秦策〉『蜀』下有『之』字。」

梁容茂曰：「（不如伐楚完）〈秦策〉：完上有『之』字。」

茂仁案：「不如伐蜀完」，四庫《新序》版本有二，二本並作「蜀」，不作「楚」，梁先生以四庫本爲底本，失檢。

秦惠王曰：「善！寡人請聽子。」

武井驥曰：「嘉靖本無『寡人』二字，〈秦策〉無『請』字。」

茂仁案：何良俊本無「寡人」二字，武井驥《纂註本》、元刊本、楚府本、楊美益本、白口十行本、程榮本、祕書本、陳用光本、四庫本、鐵華館本、百子本、龍溪本並有，與此同。

卒起兵伐蜀，十月取之，遂定蜀。蜀王更號爲侯，而使陳叔相蜀。

盧文弨曰：「（叔）〈策〉作『莊』。」

武井驥曰：「《史》作『陳莊』，〈策〉同，『王』作『主』。驥按：叔蓋字。」

梁容茂曰：「《史記》：『蜀王』上有『貶』字。叔，作『莊』；制，作『輕』。〈策〉：叔，作『莊』。」

蔡信發曰：「《國策》、《史記》、《通鑑》『陳叔』並作『陳莊』。本文既據《史記》，則此當作陳莊，此當誤。高〈注〉：『陳莊，秦臣也。』」

茂仁案：「蜀王更號爲侯」，《戰國策・秦策一》「王」作「主」，《史記・張儀傳》「蜀」上有「貶」字，《資治通鑑》三、《通志》九三、《冊府元龜》二三八並同。檢《史記・秦本紀》及〈六國年表〉，並云秦擊滅之，與此將蜀侯更號爲侯及與《史記・張儀傳》「貶蜀王更號爲侯」異。「而使陳叔相蜀」，《戰國策・秦策一》、《史記・張儀傳》「叔」並作「莊」，《資治通鑑》三、《通志》九三、《冊府元龜》二三八並同。姚氏本《戰國策・秦策一》高誘〈注〉云：「《續》：『《新序》作陳叔。』」蔡先生以本文既據《史記》，則此「當作陳莊」，而以作「陳叔」者爲誤；而武井驥之說「叔

蓋字」，未知何據？審《經籍纂詁》九〇云：「叔伯，言群臣長幼也。《詩・蘀兮》『叔兮伯兮』〈傳〉。」又云：「伯仲叔季，長幼之稱。《儀禮・士冠禮》『伯某甫仲叔季唯其所當』〈注〉。」據是，叔爲長幼之稱，則以爲「莊」之字，亦符古人取字，名與字於義相繫之原則，據是，此作「陳叔」者，非必如蔡先生所言之當爲誤也，「叔」或爲「陳莊」之字，一如武井驥說也。

蜀既屬秦，秦日益彊富厚，而制諸侯，司馬錯之謀也。

　　武井驥曰：「〈秦策〉『制』作『輕』，《史》同。」

　　茂仁案：「蜀既屬秦」，元刊本、楚府本、楊美益本「屬」並作「属」。属，未見於字書，唯版刻習見，愚謂即「屬」字俗寫。「而制諸侯」，《資治通鑑》三、《通志》九三、《冊府元龜》二三八「制」亦並作「輕」。「秦日益彊富厚」，元刊本、楚府本、何良俊本、楊美益本、白口十行本、程榮本、祕書本、陳用光本、四庫本、百子本「彊」並作「強」，彊、強，古並爲群母、陽部，音同可通。

（九）楚使黃歇於秦

楚使黃歇於秦，秦昭王使白起攻韓、魏，韓、魏服事秦，昭王方令白起與韓、魏共伐楚。黃歇適至，聞其計。

　　茂仁案：《史記・春申君傳》下「楚」字下有「未行」二字，《資治通鑑》四同。有「未行」二字，於義較明。

是時，秦已使白起攻楚，取數縣，楚頃襄王東徙。

　　盧文弨曰：「（項）『項』訛。」

　　武井驥曰：「《史・歇傳》作『秦已前使白起攻楚，取巫、黔中之郡，拔鄢、郢，東至竟陵』。」又曰：「〈秦昭襄王策〉作『王徙東北，保于陳城』，《史》作『東徙治於陳縣』。」

　　茂仁案：《史記・春申君傳》作「當是之時，秦已前使白起攻楚，取巫、黔中之郡，拔鄢、郢，東至竟陵，楚頃襄王東徙，治於陳縣」，較此爲詳。審度文義，本文「已使」當據之作「已前使」，於義較明。祕書本、陳用光本、百子本「頃」並作「項」，非是，形近而訛也。

黃歇上書於秦昭王，欲使秦遠交楚，而攻韓、魏以解楚，

　　茂仁案：「欲使秦遠交楚，而攻韓、魏以解楚」，《史記・春申君傳》作「黃歇見

楚懷王之爲秦所誘而入朝，遂見欺，留死於秦；頃襄王其子也，秦輕之，恐壹舉兵而滅楚，歇乃上書說秦昭王」。

其書曰：「天下莫彊於秦楚，

　　茂仁案：「天下莫彊於秦楚」，《戰國策・秦策四》、《長短經・七雄略篇》〈注〉「彊」並作「強」，下同，元刊本、楚府本、楊美益本、白口十行本、程榮本、祕書本、陳用光本、四庫本、鐵華館本、百子本、龍溪本並同，下同。彊、強，古並爲群母、陽部，音同可通。

今聞王欲伐楚，此猶兩虎相與鬥。兩虎相與鬥，

　　盧文弨曰：「（兩虎相與鬥）〈秦策〉不重。」

　　梁容茂曰：「〈秦策〉不重此句。」

　　茂仁案：「今聞王欲伐楚」，《戰國策・秦策四》、《史記・春申君傳》、《長短經・七雄略篇》〈注〉「王」上並有「大」字，《通志》九四、《全上古三代文》黃歇〈上書說秦昭王〉並同。「此猶兩虎相與鬥。兩虎相與鬥」，《戰國策・秦策四》「兩虎相與鬥」不重，且無「與」字。

而駑犬受其弊也。不如善楚，臣請言其說。

　　梁容茂曰：「（而駑大受其弊也）《史記》、何、程、百子本：大，俱作『犬』，是也。」

　　茂仁案：「而駑犬受其弊也」，四庫《新序》版本有二，二本並作「犬」，不作「大」，梁先生以四庫本爲底本，失檢。《史記・春申君傳》、《長短經・七雄略篇》〈注〉「弊」並作「獘」，四庫全書薈要本同。獘，俗引申爲利弊之「弊」字，說見《說文》十篇上犬部「獘」字段〈注〉。

臣聞之『物至則反，冬夏是也；致高則危，累棊是也』。

　　梁容茂曰：「《史記》：高，作『至』。」

　　蔡信發曰：「〈秦策〉『棊』作『碁』。棊，今作棋；碁，不見《說文》，乃棊之俗。《說文》：『棊，簿棊。』」

　　茂仁案：「致高則危」，《戰國策・秦策四》、《長短經・七雄略篇》〈注〉「高」亦並作「至」，《資治通鑑》四、《通志》九四、《全上古三代文》黃歇〈上書說秦昭王〉並同。高誘〈注〉云：「至，極也。」則「高」、「至」，義通。又《長短經・七雄略篇》〈注〉「致」作「智」，審此文義，作「智」，非是，蓋「致」之音誤也。「累棊是

也」，《長短經‧七雄略篇》〈注〉「棊」亦作「碁」，《通志》九四同，《全上古三代文》黃歇〈上書說秦昭王〉作「棋」，祕書本作「棊」。棊，與「棋」字，一字之異體也。《說文》無「碁」，有「棊」，六篇上木部云：「棊，簙棊。」又十三篇上糸部云：「綦，帛或从其。」蔡先生云「碁乃棊之俗」，愚謂木製者爲棋，石製者爲碁，字異質異而實同也。棊、綦，古並爲群母、之部，音同可通。

今大國之地，遍天下有其二垂，

盧文弨曰：「（徧）〈策〉作『半』。」

武井驥曰：「〈秦策〉『徧』作『半』。」

梁容茂曰：「〈秦策〉：徧，作『半』。」

茂仁案：「遍天下有其二垂」，《長短經‧七雄略篇》〈注〉「遍」亦作「半」，且「二垂」作「三垂」。《史記‧春申君傳》「遍」作「徧」，《資治通鑑》四、《通志》九四、《全上古三代文》黃歇〈上書說秦昭王〉並同。遍、徧，古並爲幫母、眞部，音同可通；半，古爲幫母、元部。遍、半，一聲之轉也。《說文》有「徧」無「遍」，二篇下彳部云：「徧，帀也。」職是，作「徧」爲正，武井驥《纂註本》、楚府本、何良俊本、白口十行本、程榮本、祕書本、陳用光本、四庫本、鐵華館本、百子本、龍溪本並作「徧」，即其證也。楚府本「垂」作「乖」，非是，形近致訛也。

此從生民以來，萬乘之地，未嘗有也。

盧文弨曰：「（也）下〈策〉有『先帝文王、莊王、王之身，三世而不接地於齊，以絕從親之要』共二十三字，《史記‧春申君傳》亦有，但數字不同。」

武井驥曰：「〈秦策〉是下有『先帝文王、莊王、王之身，三世而不接地於齊，以絕從親之要』二十三字。」

蔡信發曰：「〈秦策〉『也』下有『先帝文王、莊王、王之身，三世而不接地於齊，以絕從親之要』二十三字，《史記》同，唯『王』下無『王』，無『而』，『不』下有『忘』，《通鑑》有『先王三世不忘接地於齊，以絕從親之要』十六字，本文脫，當據〈策〉或《史》補。」

茂仁案：「此從生民以來」，《史記‧春申君傳》、《長短經‧七雄略篇》〈注〉「以」並作「已」，《通志》九四同。以、已，古通。《通志》九四、《全上古三代文》黃歇〈上書說秦昭王〉「也」下並有「先帝文王、莊王之身，三世不忘接地於齊，以絕從親之要」二十二字。

今王使盛橋守事於韓，盛橋以其地入秦，

盧文弨曰：「（盛）〈策〉作『成』，下同；（其）〈策〉無；（地）〈策〉作『北』；（秦）〈策〉作『燕』。」

梁容茂曰：「〈秦策〉：盛，作『成』，無『其』字；地，作『北』；秦，作『燕』。」

茂仁案：「盛橋以其地入秦」，《戰國策・秦策一》「盛橋」作「成橋」、「以其地入秦」作「以北入燕」，高誘〈注〉云：「燕入朝秦也。」《史記・春申君傳》則作「盛橋」，與此同，《資治通鑑》四、《通志》九四、《全上古三代文》黃歇〈上書說秦昭王〉並同，各本並同。姚氏本《戰國策・秦策四》上句亦作「盛橋」，職是，作「盛橋」是也。黃丕烈《戰國策札記》云：「吳氏補曰：『《史》作‘盛橋以其地入秦’爲是，《新序》同。』」繆文遠《戰國策新校證》云：「張琦曰：『篇內‘燕’字并誤。黃歇本爲秦合韓、魏伐楚而言，無與于燕，〈注〉附會，皆非也，當從《史》。』金正煒曰：『北』乃『地』字，形似而訛。『燕』當作『秦』，涉下文『拔燕』而誤也。」審此言以韓之地入秦，下言取魏地，則是黃歇之謀，欲秦絕韓、魏，并取其地，以示形勢，以解楚之危也，據是，繆文遠所引諸說并可從也。

是王不用甲不信威，而得百里之地也，王可謂能矣。

盧文弨曰：「（得）〈策〉作『出』。」

武井驥曰：「〈秦策〉『得』作『出』。」

梁容茂曰：「〈秦策〉：得，作『出』。」

茂仁案：《戰國策・秦策四》「信」作「伸」、「得」作「出」。信、伸，古、今字，說見《說文》八篇上人部「伸」字段〈注〉；「得」作「出」，文不辭，疑非是。楚府本「威」作「成」，非是，形近而訛也。

王又舉甲而攻魏，杜大梁之門，舉河內，拔燕、酸棗、虛、桃，

盧文弨曰：「（『甲』下）〈策〉有『兵』字。」又曰：「（拔）『攻』訛。」

武井驥曰：「〈秦策〉『甲』下有『兵』字。」又曰：「吳本『攻』作『拔』，《史》同。」

蒙傳銘曰：「宋本『攻』作『拔』，鐵華館本同。」

梁容茂曰：「〈秦策〉：甲下有『兵』字。」又曰：「（拔燕酸棗虛桃）程本、百子本：拔，作『攻』。《拾補》云：『攻訛。』」

茂仁案：「王又舉甲而攻魏」，《戰國策・秦策四》「甲」下有「兵」字。審此爲承續上文爲言，上文「是王不用甲不信威」，「甲」下無「兵」字，則「甲」下不當

有「兵」字也，《史記・春申君傳》無「兵」字，各本並同，並其明證。「拔燕」，四庫《新序》版本有二，二本並作「攻」，不作「枚」，梁先生以四庫本爲底本，失檢。楚府本「拔」作「板」，非是，形近致訛也。祕書本、陳用光本、四庫本「拔」亦並作「攻」。「酸棗」，《史記・春申君傳》「棗」作「棗」，陳用光本、百子本、龍溪本並同。棗、棗，形近而訛，當據改。

仁邢，

盧文弨曰：「（入）〈策〉作『人』。」

武井驥曰：「〈秦策〉『入』作『人』、無『邢』字。」

梁容茂曰：「〈秦策〉：入，作『人』。」

茂仁案：《戰國策・秦策四》『仁邢』作「人邢」，《史記・春申君傳》作「入邢」，《資治通鑑》四、《通志》九四、《全上古三代文》黃歇〈上書說秦昭王〉並同。王叔岷先生《史記斠證・春申君傳》云：「梁玉繩云：『此時河內尙屬魏，秦未舉之，說在〈穰侯傳〉。桃入，《策》作桃人，是，入字誤。（湖本誤以『入邢』爲句），邢字衍，《策》無之。玫邢卽邢丘，後十餘年，秦始拔之。此時亦未入秦也。』（中略）桃入，〈秦策〉作桃人，高〈注〉：『桃人，邑名。』入乃人之誤，梁說是。惟邢字非衍，邢乃荊之誤，當屬下讀。〈秦策〉作『楚、燕之兵』，黃氏〈札記〉云：『李善〈注〉《文選・辨命論》引燕作魏，《史記》、《新序》皆作『邢、魏之兵』，邢當作荊，徐廣曰『平皋有邢丘』者非，卽〈策〉文之楚也。《史記》上文桃人，人字誤作入，乃『入邢』爲讀，《新序》人作仁，人、仁同字。可知劉向時《史記》不作入也。俗本《新序》乃反依今《史記》改作入，誤之甚矣！唯予家所有北宋刻本《新序》未誤。』」黃丕烈說甚旳，元刊本、楚府本、何良俊本、楊美益本、白口十行本、程榮本、祕書本、陳用光本、百子本並作「入邢」，非是，四庫全書薈要本則作「人邢」，則其明證也。仁、人，古並爲日母、眞部，音同可通。「邢」，當據黃丕烈所云，校改作「荊」，屬下連讀。

魏之兵，雲翔而不敢救，王之功亦多矣。

盧文弨曰：「（邢魏）〈策〉作『楚燕』。」

武井驥曰：「〈秦策〉『救』作『校』。」

梁容茂曰：「〈秦策〉：邢魏，作『楚燕』。救，〈策〉作『校』，《史》作『捄』。」

蔡信發曰：「《國策》『魏』作『楚燕』，『雲』作『云』，『救』作『校』；《史記》作『捄』。云、雲，古今字。捄、救同音假借。《說文》：『救，止也。捄，盛土於梩

中也。』」

茂仁案:《資治通鑑》四、《通志》九四、《全上古三代文》黃歇〈上書說秦昭王〉「救」亦並作「捄」。胡三省《資治通鑑》四〈注〉云:「捄與救同。」《戰國策·秦策四》「楚、燕」當作「荊、魏」,說見上條校記。

王休甲息眾,二年而復之,

梁容茂曰:「〈秦策〉:而,作『然後』。《史記》:二,作『三』;而,作『而後』。」

蔡信發曰:「《史記》作『三年』。」

茂仁案:《資治通鑑》四、《通志》九四、《全上古三代文》黃歇〈上書說秦昭王〉並作「二年而後復之」。

有取滿【史作蒲】、

盧文弨曰:「(滿)〈策〉及《史》作『蒲』。」

武井驥曰:「吳本『有』作『又』,《史》『滿』作『蒲』,〈策〉同。」

梁容茂曰:「滿,《史》、〈策〉俱作『蒲』。《史記》:有取,作『又並』。《拾補》云:『有,又同。』」

蔡信發曰:「《國策》、《通鑑》『滿』作『蒲』。滿,蒲之形譌。蒲,今河北長垣縣治。」

茂仁案:「有取滿」,《戰國策·秦策四》「滿」作「蒲」,《史記·春申君傳》作「又并蒲」,《資治通鑑》四、《通志》九四、《全上古三代文》黃歇〈上書說秦昭王〉並同。白口十行本「有」作「又」,有、又,古通。蒲,高誘〈注〉云「蒲」為戰國時魏邑,職是,滿、蒲,形近而訛,當據改。「【史作蒲】」,元刊本、楚府本、何良俊本、楊美益本、白口十行本、程榮本、陳用光本、四庫本、百子本「史」下並有「記」字,武井驥《纂註本》、祕書本並無此〈注〉。

衍、首、垣,以臨仁、平丘、黃、濟陽、甄【史作嬰】城而魏氏服,

盧文弨曰:「(『黃』上)有〈策〉有『小』字。(甄)〈策〉、《史》作『嬰』。」

武井驥曰:「吳本『甄』作『嬰』,〈策〉同。『黃』上有『小』字、『服』下有『矣』字。」

梁容茂曰:「〈秦策〉:黃上有『小』字,服下有『矣』字。甄,《史》、〈策〉俱作『嬰』。百子本:丘,作『坵』。」

蔡信發曰:「《國策》、《通鑑》『甄』作『嬰』。〈考證〉引錢大昕:『下文云:許鄢陵嬰城。皆謂嬰城自守,不敢戰也。嬰城,非地名。』是。當依《國策》、《史記》、

《通鑑》作嬰，此失之。《漢書·蒯通傳》〈集注〉引孟康：『嬰，以城自繞。』」

　　茂仁案：「平丘」，百子本作「丘」，避聖諱，不作「坵」，梁先生失檢。「黃」，《戰國策·秦策四》「黃」上有「小」字、「甄」作「嬰」，《史記·春申君傳》「甄」亦作「嬰」，〈考證〉曰：『徐孚遠曰：「嬰城，謂城守也。」錢大昕曰：『下文云：「許鄢陵嬰城」，皆謂嬰城自守，不敢戰也。嬰城，非地名，黃即陳留之外黃。』王叔岷先生《史記斠證·春申君傳》引《通鑑》〈注〉云：「嬰，繞也。嬰城者，謂以兵繞城而自守也。」是。《資治通鑑》四、《通志》九四、《全上古三代文》黃歇〈上書說秦昭王〉「甄」亦作「嬰」，亦並其證也，「甄」，當據改作「嬰」。「甄【史作嬰】城而魏氏服」，楚府本【史作嬰】作【史記作娶】、「氏」作「氏」，武井驥《纂註本》、祕書本並無此〈注〉。娶、嬰；氏、氏，並形近而訛也。

王又割濮歷【史作磿】之北，

　　盧文弨曰：「〈歷〉〈策〉、《史》作『磿』，音同。」

　　武井驥曰：「《史》『歷』作『磿』，〈秦策〉同。歷、磿通。」

　　梁容茂曰：「又割濮歷（原注：史作磿）之北〉〈秦策〉：北下有『屬之燕』三字。歷，〈策〉《史》俱作『磿』。《拾補》云：『音同。』」

　　蔡信發曰：「《國策》『歷』作『磿』，『比』作『北』；《史記》『歷』作『磿』，『比』作『北』。《拾補》『歷』作『磿』，曰：『音同。』檢：磨，磿之誤。歷、磿二字，並從麻聲，故相通作。比、北之誤刻。」

　　茂仁案：「王又割濮歷【史作磿】之北」，四庫《新序》版本有二，二本〈注〉原並作「史記作磿」，不作「史作磿」，梁先生以四庫本為底本，失檢。世界書局《魏漢叢書》程榮本「北」作「比」，誤，蔡先生已指之，是，唯吉林大學影明萬曆新安程氏校《漢魏叢書本》作「北」，則不誤。《戰國策·秦策四》「歷」作「磿」，《史記·春申君傳》「歷」作「磿」，〈考證〉曰：「《新序》『磿』作『歷』，通。各本磨，誤。」王叔岷先生《史記斠證·春申傳》云：「王國維〈齊魯封泥集存序〉云：『古地名有歷字者，字均作磿。如〈秦策〉及《史記·春申君列傳》之『濮、磿』，《史記·侯表》之磿侯，〈樂毅列傳〉之磿室，今本皆轉訛作磨。今封泥有磿城丞印，足證上三磨字之訛。』（《觀堂集林》十五）。」是。元刊本、何良俊本、楊美益本、四庫本、百子本「濮歷【史作磿】」並作「濮歷【史記作磿】」，楚府本、白口十行本、程榮本、陳用光本則並作「濮歷【史記作磨】」，武井驥《纂註本》、祕書本並無此〈注〉。歷、磿、磨，並「磿」之形訛也，當據改。

注之秦、齊之要，絕楚、趙之脊，

盧文弨曰：「（注之）〈策〉作『屬之燕』，下又有『斷』字。（齊、秦）何倒。（之要）《史》作『注齊、秦之要』。（趙）〈策〉作『魏』。」

武井驥曰：「《史》、〈秦策〉『注之』以下作『屬之燕，斷秦、齊之要，絕楚、魏之脊』。注、屬通。」

梁容茂曰：「〈秦策〉：注之，作『斷』；趙，作『魏』。《史記》：注下無『之』字；秦齊，作『齊秦』《拾補》：秦齊，作『齊秦』。云：『何倒。』今四庫本亦作『秦齊』。」

蔡信發曰：「（北）《國策》下有『屬之燕』，『注之』作『斷』，『趙』作『魏』；《史記》『注』下無『之』。《國策》北下有『屬之燕』，與下文句法不一，他書無，是。審以文義，『斷』，『繼』之誤刻；『注』，『屬』古通。《說文》：『注，灌也。屬，連也。』在聲，注爲照紐，屬爲禪紐，古並屬舌音；在韻，注收遇韵，屬收燭韵，主要元音並同，音近相通。義謂連秦、齊要害之地。〈秦策四〉：『一舉眾而注地於楚。』〈注〉：『注，猶屬也。』是其證。《通鑑》引此作『注』，胡亦訓『注』爲連，是；不然，上句言割濮、歷之北，此又言斷秦、楚之要，則何以收『絕楚、趙之脊』之功？唯割濮、歷之北，連秦、齊之要，始可絕楚、趙之脊。是以《國策》作斷，不可通。上文業已縱論魏之得失，此不當復出『魏』字，《國策》誤。他書作『趙』，是其證。」

茂仁案：《戰國策》作「屬之燕，斷秦、齊之要，絕楚、魏之脊」，《史記·春申君傳》無上「之」字、「秦、齊」乙作「齊、秦」，《資治通鑑》四、《通志》九四、《全上古三代文》黃歇〈上書說秦昭王〉並同。四庫本「秦、齊」上有「燕斷」二字。《說文》十一篇上水部云：「注，灌也。」又八篇下尾部云：「屬，連也。」職是，注、屬，義通。《戰國策·秦策四》此文之「燕」字，蓋并衍也，參見上文繆文遠引張琦曰，四庫本「燕」字則承此而來。至此，秦已服魏，《戰國策·秦策四》仍言「絕楚、魏之脊」，非是，魏爲趙之訛，又其上句「斷」字，蔡先生云爲「繼」字誤刻，可備一說。唯此文「注之秦、齊之要」，於義已完足，愚疑「斷」字爲《戰國策·秦策四》爲與下文「絕楚、趙之脊」對言而誤衍。審本文秦既已服魏，且又割濮歷之北，則地連於齊，是「注秦、齊之要」也，秦西齊東，楚南趙北，秦、齊之地既連，則楚、趙爲之中斷矣，是以言「絕楚、趙之脊」，職此，本文蓋是也。

天下五合六聚，而不敢相救，王之威亦單矣。

武井驥曰：「〈秦策〉『單』作『憚』。」

梁容茂曰：「《史記》：無『相』字。單，〈策〉作『憚』。」

蔡信發曰：「《國策》『單』作『憚』。高〈注〉：『憚，難也。六國諸侯皆有畏難

秦王之威也。』〈集解〉：『徐廣曰：'單，亦作殫。'』〈索隱〉：『單，盡也。言王之威盡行也。』〈考證〉：『董份曰：'單，延也。《詩》云：單及鬼方。'』檢：〈索隱〉釋單爲盡，以單乃殫之假借。《說文》：『單，大也。殫，極盡也。』〈集解〉引徐廣曰：『單，亦作殫。』可審其說不謬。董氏訓單爲延，以單乃延之假借，並引《詩》爲證。是《詩》見〈大雅・蕩篇〉，原文作覃，董氏失之。即以董氏之說，訓單爲延，下當承以時間抑處所之詞，不然，意欠完足，無此文例，董說誤。《國策》作憚，高氏釋難，謂『六國諸侯，皆有畏難秦王之威也』，反賓語爲主語，曲折迂細，令人費解，蓋其不明憚乃殫之形譌或假借使然。」

茂仁案：「而不敢相救」，《戰國策・秦策四》亦無「相」字，《資治通鑑》四、《通志》九四、《全上古三代文》黃歇〈上書說秦昭王〉並同，唯《資治通鑑》四「救」作「捄」，救、捄，同，說已見上。「王之威亦單矣」，《戰國策・秦策四》「單」作「憚」，《史記・春申君傳》作「單」，與本文同。〈集解〉云：「徐廣曰：『單亦作殫。』」〈索隱〉云：「單者盡也，言王之威盡行矣。」高誘〈注〉云：「憚，難也。六國諸侯皆有畏難秦王之威也。」《說文》二篇上吅部云：「單，大也。」又四篇下歺部云：「殫，極盡也。」段〈注〉云：「古多假『單』字爲之，〈郊特牲〉：『社事單出里。』〈祭義〉：『歲既單矣。』」又十篇下心部云：「憚，忌難也。」職此，作「殫」是也，殫、單，正、假字；作「憚」則別一義。

王若能持功守威，挾戰功之心，而肥仁義之地，使無後患。

盧文弨曰：「（挾戰功）〈策〉作『省攻伐』，《史》作『絀攻取』。（地）〈策〉作『誠』。」

武井驥曰：「吳本作『絀攻取之心』。」

梁容茂曰：「〈秦策〉作：『省攻拔之心』；地，作『誠』。《史》，作：『絀攻取之心』。」

茂仁案：「挾戰功之心」，《戰國策・秦策四》作「省攻伐之心」，四庫全書薈要本同。《史記・春申君傳》作「絀攻取之心」，《資治通鑑》四、《通志》九四、《全上古三代文》黃歇〈上書說秦昭王〉並同，白口十行本亦同，《長短經・七雄略篇》〈注〉作「黜攻伐之心」。「而肥仁義之地」，《戰國策・秦策四》「地」作「誠」，高誘〈注〉云：「肥猶厚也，地猶道。」據是知《戰國策・秦策四》「誠」字，原作「地」字，作「誠」誤也。《長短經・七雄略篇》〈注〉「地」作「德」。「使無後患」，《戰國策・秦策四》「無」下有「復」字，於義較長。

三王不足四，五霸不足六也。

茂仁案：《戰國策・秦策四》、《史記・春申君傳》「霸」並作「伯」，《資治通鑑》四、《通志》九四、《全上古三代文》黃歇〈上書說秦昭王〉並同，武井驥《纂註本》、元刊本、楚府本、何良俊本、楊美益本、白口十行本、程榮本、祕書本、陳用光本、四庫本、百子本亦並同。霸、伯，古並為幫母、鐸部，音同可通。《說文》八篇上人部云：「伯，長也。」又七篇上月部云：「霸，月始生魄然也。」段〈注〉云：「後代魄行而霸廢矣，俗用為王霸字。實伯之假借字也。」職是，伯、霸，正、假字。

王若負人徒之眾，兵革之彊，乘毀魏之威，而欲以力臣天下之主，臣恐其有後患也。

武井驥曰：「〈秦策〉『兵』上有『恃』字、『兵革』作『甲兵』、『乘』作『一』。」

施珂曰：「《史記・春申君列傳》兵革上有仗字。上下文句法並一律。〈秦策〉仗作材，材疑杖之誤。杖、仗古今字。」

梁容茂曰：「百子本：彊，作『強』。案：《史記》作『彊』。」

茂仁案：「兵革之彊」，《戰國策・秦策四》作「材兵甲之強」，《史記・春申君傳》作「仗兵革之彊」，《資治通鑑》四、《通志》九四、《全上古三代文》黃歇〈上書說秦昭王〉並同，《長短經・七雄略篇》〈注〉「挾兵革之強」。仗、挾，並通；材、仗，形近而訛。彊、強，古並為群母、陽部，音同可通。楚府本「革」作「華」、「彊」作「彊」，並非是，並形近致訛也。「乘毀魏之威」，《戰國策・秦策四》「乘」作「壹」、「魏」下有「氏」字。作「壹」，非是。

《詩》云：『靡不有初，鮮克有終。』

武井驥曰：「《詩・大雅・蕩篇》。」

茂仁案：武井驥《纂註本》、元刊本、楚府本、何良俊本、楊美益本、白口十行本、程榮本、祕書本、陳用光本、四庫本、百子本「云」並作「曰」，義同。

《易》曰：『狐涉水，濡其尾。』此言始之易，終之難也。何以知其然也？

武井驥曰：「〈秦策〉無『涉水』二字，《易・未濟・象辭》作『小狐汔濟』。」

茂仁案：「狐涉水，濡其尾」，《戰國策・秦策四》作「狐濡其尾」，《周易・未濟・象辭》作「小狐汔濟，濡其尾」。《資治通鑑》四、《通志》九四、《全上古三代文》黃歇〈上書說秦昭王〉並與本文同。

智伯見伐趙之利，不知榆次之禍；

施珂曰：「〈秦策〉、《史記》不上皆有而字。」

梁容茂曰：「《史記》：智伯，作『昔智氏』。」

茂仁案：「智伯見伐趙之利」，《戰國策・秦策四》「伯」作「氏」，《史記・春申君傳》「智伯」作「昔智氏」，《通志》九四、《全上古三代文》黃歇〈上書說秦昭王〉並同。有「昔」字，於義較長且明，當據補。「不知榆次之禍」，「榆」字殘泐，《戰國策・秦策四》、《史記・春申君傳》並作「榆」，《資治通鑑》四、《通志》九四、《全上古三代文》黃歇〈上書說秦昭王〉並同，《長短經・七雄略篇》〈注〉作「揄」。〈索隱〉云：「智伯敗於榆次也，〈地理志〉：『屬太原，有梗陽鄉。』」〈正義〉云：「榆次，并州縣也。〈注〉《水經》云：『榆次縣南洞過水側，有鑿臺，智伯瑤割腹絕腸折頸摺頤處。』」職是，作「榆」是也。揄、榆，形近而訛也。何良俊本作「揄」，形誤也；他本並作「榆」，即其明證。

吳見伐齊之便，而不知干隧之敗；

盧文弨曰：「（遂）《策》、《史》作『隧』。」

蒙傳銘曰：「宋本『遂』作『隧』，何良俊本同。」

梁容茂曰：「〈秦策〉：遂，作『隧』。」

茂仁案：「而不知干隧之敗」，《長短經・七雄略篇》〈注〉「隧」作「遂」，陳用光本、四庫本、百子本並同，鐵華館本、龍溪本「干」則並形訛作「千」，非是。隧、遂，古並爲邪母、物部，音同可通。

此二國者，非無大功也，沒利於前，而易患於後也。

茂仁案：「沒利於前」，《戰國策・秦策四》「沒」作「設」，高誘〈注〉云：「設，劉本作『沒』字。」設，蓋「沒」之形訛字。《史記・春申君傳》〈考證〉引錢大昕曰：「沒與昧同，〈趙世家〉：『昧死以聞。』《戰國策》作『沒死』。」

吳之親越也，從而伐齊，既勝齊人於艾陵，

武井驥曰：「〈秦策〉『親』作『信』。」

梁容茂曰：「《史記》：親，作『信』。」

茂仁案：《資治通鑑》四、《通志》九四、《全上古三代文》黃歇〈上書說秦昭王〉「親」亦並作「信」。親、信，並通。

為越人所禽於三渚之浦。

盧文弨曰：「(『為』上有『還』)舊無，〈策〉、《史》有。(下『人』字)〈策〉、《史》作『王』。(渚)〈策〉作『江』。」

武井驥曰：「〈秦策〉『為』上有『還』字、『人』作『王』、『渚』『江』。」

梁容茂曰：「〈秦策〉：為上有『還』字；人，作『王』；渚，作『江』。《史記》：作『還爲越王禽三渚之浦。』《拾補》《史》〈策〉補『還』字，改人作『王』。」

茂仁案：《戰國策‧秦策四》作「還爲越王禽於三江之浦」，《資治通鑑》四同。《史記‧春申君傳》作「還爲越王禽三渚之浦」，《通志》九四、《全上古三代文》黃歇〈上書說秦昭王〉並同。盧文弨於「為」上補「還」字，有「還」字，於義較長且明，是。《說文》十一篇上水部云：「渚，(中略)《爾雅》曰：『小州曰渚。』」段〈注〉云：「〈召南〉傳曰：『渚，小洲也，水岐成渚。』」渚爲水岐處，則「三渚」蓋即三江之分岐(會合)處也，則「三渚」義與「三江」通。楚府本「渚」形訛作「諸」，非是。

智伯之信韓、魏也，從而伐趙，攻晉陽之城，勝有日矣，韓、魏畔之，

茂仁案：「智伯之信韓、魏也」，各本「智」並作「知」，下同。知、智，古、今字。「韓、魏畔之」，《戰國策‧秦策四》「畔」作「反」，《史記‧春申君傳》作「叛」，《資治通鑑》四、《通志》九四、《全上古三代文》黃歇〈上書說秦昭王〉並同。叛、畔，正、假字；叛、反，義通。

殺智伯瑤於叢臺之上。

武井驥曰：「《史》、〈策〉作『鑿臺』。」

施珂曰：「(殺智伯瑤於叢臺之上)〈秦策〉、《史記》叢皆作鑿。」

梁容茂曰：「(殺智伯瑤於叢臺之上)叢，《史》、〈策〉俱作『鑿』。」

蔡信發曰：「諸書『叢』並作『鑿』。高〈注〉：『晉陽下臺名，鑿地爲渠，以灌晉陽城，因聚土爲臺，而止其上，故曰鑿臺也。』〈考證〉曰：『《新序》作叢臺，疑誤。』叢，鑿之形近而誤。」

茂仁案：四庫《新序》版本有二，二本並作「知」，不作「智」，梁先生以四庫本爲底本，失檢。鐵華館本作「知」，不作「智」，施先生以鐵華館本爲底本，失檢。《戰國策‧秦策四》「叢臺」作「鑿臺」，《史記‧春申君傳》「叢臺之上」作「鑿臺之下」，《資治通鑑》四、《通志》九四、《全上古三代文》黃歇〈上書說秦昭王〉並同，白口十行本亦同。高誘〈注〉云：「晉陽下臺名，鑿地作渠，以灌晉陽城，因聚

土爲臺，而止其上，故曰鑿臺也。」蔡先生云「叢，鑿之形近而誤」，是也，當據改。

今王妬楚之不毀也，而忘毀楚之彊韓、魏也，臣爲王慮而不取也。

　　茂仁案：《戰國策・秦策四》「王」上有「大」字。《史記・春申君傳》「妬」作「妒」，《全上古三代文》黃歇〈上書說秦昭王〉同，四庫本、鐵華館本、龍溪本並同，楚府本作「茹」。妒，正字，通作妬，說見《龍龕手鑑新編》編號 00941。作「茹」，蓋妬字之形訛也。

《詩》曰：『大武遠宅而不涉。』從此觀之，楚國，援也；鄰國，敵也。

　　茂仁案：此《詩》不見今本《詩經》，蓋佚詩。

《詩》曰：『躍躍毚兔，遇犬獲之。他人有心，予忖度之。』

　　盧文弨曰：「（躍躍毚兔，遇犬獲之）此《史》在『他人有心』二句前，唯〈策〉與今《詩》同。」

　　武井驥曰：「《詩・小雅・巧言篇》上下句倒。」

　　梁容茂曰：「（《詩》曰躍躍毚兔，遇大獲之）案此見《詩・大雅・巧言篇》。《史記》：躍躍，作『趯趯』；大，作『犬』。何、程、百子亦作『犬』。《拾補》云：『此自《史》俱在他人有心二句前，唯〈策〉與今《詩》同。』」

　　蔡信發曰：「『曰』作『云』，前二句與後二句倒。《史記》『躍躍』作『趯趯』，『予』作『余』。《詩》見〈小雅・巧言〉章四，原文作『躍躍』，次第同〈秦策〉，異《史記》暨本文。案：從足與從走之字通，躍躍與趯趯義同。此次第異《詩》原文，乃涉《史記》而誤。」

　　茂仁案：四庫《新序》版本有二，二本並作「犬」，不作「大」，梁先生以四庫本爲底本，失檢。此見《詩經・小雅・巧言》，今本前二句與後二句互易，《戰國策・秦策四》同，當據乙正。「躍躍毚兔」，《戰國策・秦策四》「兔」作「兔」，《史記・春申君傳》「躍躍」作「趯趯」、「予」作「余」，《通志》九四同。《白氏六帖》二九〈注〉「躍躍毚兔」作「趯趯狡兔」，俞樾《茶香室叢鈔》一「躍躍毚兔」云：「國朝黎士宏《仁恕堂筆記》云：『〈小雅・巧言篇〉‘躍躍毚兔’〈注〉釋毚爲狡。』」又《永樂大典》六「平二一・覃」云：「毚，狡兔。」據是，毚兔、狡兔，義通。《文選》張平子〈西京賦〉李善〈注〉引《毛詩》、《全上古三代文》黃歇〈上書說秦昭王〉「躍躍」亦並作「趯趯」。《說文》二篇上走部云：「趯，躍也。」段〈注〉云：「〈召南〉傳曰：『趯趯，躍也。』」又二篇下足部云：「躍，迅也。」職是，趯、躍，義同。元刊本、楊美益本、百子本「兔」並作「兔」，何良俊本、四庫本並作「兔」，程榮

本作「兎」，鐵華館本作「兔」。兎、兔，形近而訛；兔、免，並「兔」之形訛字也；兔、兎，正、俗字。

今王中道而信韓、魏之善王也，此吳之親越也。

梁容茂曰：「《史記》：吳上有『正』字。親，作『信』。」

茂仁案：「此吳之親越也」，《戰國策・秦策四》「吳」上亦有「正」字、「親」亦作「信」，《資治通鑑》四、《通志》九四、《全上古三代文》黃歇〈上書說秦昭王〉並同。

臣聞之，敵不可假，時不可失，臣恐韓、魏卑辭除患，而實欺大國也。何則？王無重世之德於韓、魏，而有累世之怨焉。

武井驥曰：「〈秦策〉『假』作『易』、『魏』下有『之』字、『除』作『慮』。」

施珂曰：「（臣恐韓、魏之卑辭除患而實欺大國也）〈秦策〉除作慮，《史記》實下有欲字。」

梁容茂曰：「〈秦策〉：假，作『易』；除，作『慮』。」

茂仁案：鐵華館本「卑」上無「之」字，施先生以鐵華館本爲底本，失檢。《史記・春申君傳》〈考證〉云：「假，容假之假。《策》作易。張文虎曰：『除疑徐之誤，《說文》：『徐，緩也』，《策》作慮。』」審此文義，張文虎之說似可從也。「而實欺大國也」，《史記・春申君傳》「欺」上有「欲」字，《資治通鑑》四、《通志》九四、《全上古三代文》黃歇〈上書說秦昭王〉並同。

夫韓、魏父子兄弟，接踵而死于秦者，將十世矣，

武井驥曰：「嘉靖本『于』作『於』，〈秦策〉『十』作『百』、無『將』字。」

茂仁案：「接踵而死于秦者」，何良俊本、四庫本「于」並作「於」，于、於，古、今字，說見《說文》四篇上烏部「於」字段〈注〉。「將十世矣」，《戰國策・秦策四》作「百世矣」。梁玉繩《史記志疑》三〇〈春申君列傳〉云：《策》作『百世』，固非，此與《新序》作『十世』，亦非。高誘〈注〉《策》云：『百，一作累。』是也。」審《史記・六國年表》，秦昭王使白起擊魏，爲繫於三十四年，當韓釐王二十三年，又《史記・韓世家》載，韓自景侯六年，與趙、魏並列爲諸侯，其下列侯、文侯、哀侯、懿侯、昭侯、宣惠王、襄王，直至釐王，合共九世，唯韓自列侯九年，秦伐宜陽，取六邑起，便時攻韓，其間尤以宣惠王、襄王、釐王受擊最烈，若以受秦攻伐之列侯起算，至與秦昭王相當之釐王止，合共八世。故本文言「將十世矣」爲是，

梁玉繩言此作「十世」為非，蓋失考「十」前之「將」字也，其失明矣。《戰國策·秦策四》作「百」者，或涉「十」字連類而致誤耳。

本國殘，社禝壞，宗廟隳，

茂仁案：「社禝壞」，《戰國策·秦策四》、《史記·春申君傳》、《長短經·七雄略篇》〈注〉「禝」並作「稷」，《資治通鑑》四、《通志》九四、《全上古三代文》黃歇〈上書說秦昭王〉並同，武井驥《纂註本》、各本亦並同，下同。禝、稷，形近而訛，當據改。「宗廟隳」，《史記·春申君傳》「隳」作「毀」，《通志》九四、《全上古三代文》黃歇〈上書說秦昭王〉並同，楚府本作「墮」。隳、毀，義同。隳，為「墮」之俗字；墮，則為「墮」之隸變，說見《說文》十四篇下阜部「隓」字段〈注〉。

刳腹絕腸，折頯摺頸，身首分離，暴骨草澤，

武井驥曰：「吳本『頸』作『頤』，〈秦策〉作『刳腹折頤，首身分離』，《史》作『折頸摺頤』。」

施珂曰：「《史記》頯作頸，頸作頤。」

梁容茂曰：「《史記》作：『折頸摺頤』。」

茂仁案：「刳腹絕腸」，祕書本「腸」作「賜」，非是，形近而訛也。「折頯摺頸」，《戰國策·秦策四》作「折頤」，《史記·春申君傳》作「折頸摺頤」，《通志》九四、《全上古三代文》黃歇〈上書說秦昭王〉並同，祕書本「摺」作「折」，白口十行本「頸」作「頤」。

頭顱僵仆，相望于境，係臣束子，為群虜者，相及於路，

武井驥曰：「〈秦策〉作『父子老弱係虜，相隨於路』《史》作『係脰束手為群虜』。」

梁容茂曰：「〈秦策〉：作『父子老弱係虜相隨於路。』《史記》：作『父子老弱係脰束手為群虜者相及於路。』」

茂仁案：「頭顱僵仆」，楊美益本、楚府本「仆」並作「什」，非是，形近而訛。「係臣束子，為群虜者，相及於路」，《戰國策·秦策四》作「父子老弱，係虜相隨於路」，《史記·春申君傳》作「父子老弱，係脰束手為群虜者，相及於路」，《資治通鑑》四、《通志》九四、《全上古三代文》黃歇〈上書說秦昭王〉並同，《長短經·七雄略篇》〈注〉作「係頸束手為群虜者，相望於路」。鐵華館本「束」形訛作「朿」，非是，楚府本「虜」作「宣」，四庫全書薈要本「於」作「于」，百子本「及」形訛作「反」，非是。于、於，古、今字。

鬼神潢洋無所食，民不聊生，族類離散，流亡為僕妾者，

武井驥曰：「〈秦策〉作『狐祥』，《史》作『孤傷』。」又曰：「《史》『食』上有『血』字。」

施珂曰：「〈秦策〉潢洋作狐祥。《史記》作孤傷。又《史記》食上有血字。」

梁容茂曰：「〈秦策〉：潢洋，作『狐祥』。《史記》：作『鬼神孤傷，無所血食，人民不聊生。』」

蔡信發曰：「《國策》『潢洋』作『狐祥』，《史記》作『狐（茂仁案：當作孤）傷』。案：潢、狐、孤聲近。潢為匣紐唐部，狐為匣紐模部，孤為見紐模部；在聲，匣紐為淺喉音，與牙音見紐通；在韻，唐、模二部，對轉相通。洋、祥、傷，並收唐部，而潢洋、狐祥、孤傷，並疊韻衍聲複詞，但取其聲，不取其義，此作『徘徊』解。」

茂仁案：「鬼神潢洋無所食」，《通志》九四、《全上古三代文》黃歇〈上書說秦昭王〉「潢洋」亦並作「孤傷」、「所」下亦有「血」字。梁玉繩《史記志疑》三〇云：「《策》作『狐祥』，《新序》作『潢洋』，義並得通。」王叔岷先生《史記斠證・春申君傳》云：「『潢洋』亦作『潢漾』，《廣雅・釋訓》：『潢漾，浩溢也。』王念孫〈疏證〉云：『「潢漾」讀為「潢洋」，《楚辭・九辯》：「然潢洋而不可帶。」王逸〈注〉云：「潢洋，猶浩溢也。」蕩與溢通。〈秦策〉：「鬼神狐祥無所食。」《史記・春申君傳》「狐祥」作「孤傷」，《新序・善謀篇》作「潢洋」，古聲並相近。』」審潢，古為匣母、陽部；孤，古為見母、魚部；狐，古為匣母、魚部；洋，古為余母、陽部；祥，古為邪母、陽部；傷，古為書母、陽部。孤、狐音相近，而狐、潢一聲之轉；洋、祥、傷，並音近之字，並可通也。

盈海渚矣。

武井驥曰：「《史》『盈』下有『滿』字。」

施珂曰：「《漢魏叢書》程本、陳本渚皆作內。〈秦策〉、《史記》並同。」

梁容茂曰：「（盈海內矣）〈秦策〉：盈，作『滿』。《史記》：盈下有『滿』字。」

茂仁案：《戰國策・秦策四》作「滿海內矣」，《史記・春申君傳》作「盈滿海內矣」，《資治通鑑》四、《通志》九四、《全上古三代文》黃歇〈上書說秦昭王〉並同。渚為小洲，水分岐處也，說見上，則此作「渚」，義不及作「內」為長，武井驥《纂註本》、元刊本、楚府本、何良俊本、楊美益本、白口十行本、程榮本、祕書本、陳用光本、四庫本、百子本「渚」並作「內」，他本則並與此同。

故韓、魏之不亡，秦社稷之憂也。今王齎之與攻楚，不亦過乎！

盧文弨曰：「（齎）『資』同。」

武井驥曰：「吳本『齎』作『資』，《史》同。〈秦策〉『過』作『失』。」

梁容茂曰：「〈秦策〉：無『齎』、『與』二字；過，作『失』。《史記》：齎，作『資』。《拾補》云：『資同。』」

茂仁案：《資治通鑑》四、《通志》九四、《全上古三代文》黃歇〈上書說秦昭王〉「齎」亦並作「資」，白口十行本亦同。齎、資，義通。審下文「王以兵資於仇讎之韓魏」，故作「資」，於文例為長。唯此齎、資為互文，亦通。

且王攻楚，將惡出兵？王將藉路於仇讎之韓、魏乎？

梁容茂曰：「《史記》：藉，作『借』。藉，借通用。」

茂仁案：《資治通鑑》四、《通志》九四、《全上古三代文》黃歇〈上書說秦昭王〉「藉」亦並作「借」，下並同，楚府本作「籍」。借、藉，正、假字也，說見《說文》八篇上人部「借」字段〈注〉。又藉、籍，古通，說見本書卷一「昔者舜自耕稼陶漁而躬孝友」章，「舜孝益篤」條校記。

兵出之日，而王憂其不反也。是王以兵資於仇讎之韓、魏也。

盧文弨曰：「（出兵）《策》倒。」

武井驥曰：「《史》、《策》『出兵』二字倒。」

蒙傳銘曰：「涵芬樓本、鐵華館本『出兵』並作『兵出』。」

梁容茂曰：「（兵出之日）何本、百子本：反，作『及』。《拾補》：兵出，作『出兵』，云：『〈策〉倒；及，訛。』」

茂仁案：「兵出之日」，四庫《新序》版本有二，二本並作「出兵」，不乙作「兵出」，梁先生以四庫本為底本，失檢。程榮本、祕書本、陳用光本、四庫本、百子本「兵出」並乙作「出兵」。「而王憂其不反也」，祕書本、陳用光本「反」亦並作「及」，非是，形近而訛也。

王若不藉路於仇讎之韓、魏，

盧文弨曰：「（藉）何作『借』，宋本『藉』。」

梁容茂曰：「（王若不藉隨於仇讎之韓魏）上隨字，《史》作『路』。何、程、百子本同作『路』。」

茂仁案：四庫《新序》版本有二，二本並作「路」，不作「隨」，梁先生以四庫本為底本，失檢。楚府本、何良俊本、白口十行本、程榮本、祕書本、陳用光本、

四庫本「藉」並作「借」。借、藉，正、假字，說見上。

必攻隨水右壤，隨水右壤，此皆廣川大水，山林谿谷不食之地也，

盧文弨曰：「（水）〈策〉作『陽』。」

武井驥曰：「（隨水右壤）《史》疊下四字，〈秦策〉『水』作『陽』。」

梁容茂曰：「〈秦策〉：水，作『陽』；下重『隨陽右壤』四字。」

蔡信發曰：「《國策》『水』作『陽』，下同。高〈注〉：『隨陽、右壤，皆楚邑也。』〈索隱〉：『楚都陳，隨水之右壤，蓋在隨之西，今鄧州之西，其地多山林者，是也。』案：徧考輿書，楚無隨陽、右壤二邑，高〈注〉望文生義，失考。本文依《史記》作隨陽，是。然古亦無隨水之載，〈索隱〉之釋，穿鑿附會，亦非。《淮南‧脩務》〈注〉：『隨，循也。』《書‧君奭》序釋文：『西為右。』隨水右壤，謂循水以西之地也。」

茂仁案：「必攻隨水右壤」，《戰國策‧秦策四》「隨水」作「隨陽」，《史記‧春申君傳》「隨水右壤」不重，《資治通鑑》四同，武井驥《纂註本》、元刊本、楚府本、何良俊本、楊美益本、陳用光本、百子本亦並同。審此文義，此句當疊。蔡先生云本文依《史記》作隨陽為是，今檢《新序》諸本，未有作「隨陽」者，又此云「必攻隨水右壤」，攻為動詞，其下必接受詞，而此受詞之屬性當為代稱詞或名詞，則「隨水」古當有之，若解「隨」為「循」，恐與語法不類。《資治通鑑》四胡〈注〉云：「余謂右壤蓋其地，在楚都之右。」（古隨國為楚所滅）。審下文「注入地於齊，齊右壤，可拱手而取也」，亦云「右壤」，則此「右壤」當非地名，乃指隨水右側之地也，沈濤《銅熨斗齋隨筆》三「右壤」亦有辯，可相參本稽也。蔡先生云高〈注〉望文生義，是也。唯審之文義、語法，〈索隱〉及胡三省之說近是也。

王雖有之，不為得地，是王有毀楚之名，而無得地之實也。且王攻楚之日，四國必悉起兵以應王，秦、楚之兵構而不離，

茂仁案：「秦、楚之兵構而不離」，《全上古三代文》黃歇〈上書說秦昭王〉「構」作「搆」，祕書本、四庫本並同。《說文》有「構」無「搆」，六篇上木部云：「構，蓋也。」《孟子‧告子下篇》云：「吾聞秦、楚搆兵。」或指此言，字作「搆」，不作「構」，構、搆並從冓得聲，可相通用。

韓、魏氏將出兵而攻留、方與、銍、胡陵、碭、蕭、相，故宋必盡；

武井驥曰：「《史》、〈策〉無『韓』字。」

梁容茂曰：「（韓魏氏將出而攻留方與銍胡陵）〈秦策〉：無『韓』字；《史記》：

胡，作『湖』。」

　　蔡信發曰：「《國策》、《史記》、《通鑑》『胡陵』並作『湖陵』，是。故城在今山東魚臺縣東南六十里。」

　　茂仁案：四庫《新序》版本有二，二本「出」下並有「兵」字，梁先生以四庫本爲底本，失檢。《戰國策・秦策四》無「韓」字，《史記》亦無「韓」字、「胡」作「湖」，《資治通鑑》四、《通志》九四、《全上古三代文》黃歇〈上書說秦昭王〉並同，白口十行本「胡」亦作「湖」。〈考證〉引中積井德曰：「此取地獨漏韓氏，何也？」審下文「王破楚以肥韓、魏於中國」，則有「韓」字是，本文「魏」上有「韓」字，是也，此正可釋中積井德之疑。湖从胡得聲，二者可相通用。祕書本「方」作「万」，非是，形近致訛也。

齊人南面【史記作南面攻楚】，泗北必舉，此皆平原四達膏腴之地也，而使獨攻，王破楚以肥韓、魏於中國而勁齊。

　　盧文弨曰：「（『南面』下）《史》有『攻楚』二字。」

　　武井驥曰：「《史》作『泗上』。」

　　施珂曰：「《史記》北作上。」

　　梁容茂曰：「《史》：北，作『上』。案：〈策〉無『攻楚』二字。」

　　茂仁案：「齊人南面【史記作南面攻楚】，泗北必舉」，《史記・春申君傳》作「齊人南面攻楚，泗上必舉」，《資治通鑑》四、《通志》九四、《全上古三代文》黃歇〈上書說秦昭王〉並同。〈正義〉曰：「此時徐泗屬齊地。」〈考證〉曰：「胡三省曰：『時楚蠶食魯國，有泗上之地。』中井積德曰：『下文以泗水爲境者，設戰勝得地之後，則是時未屬齊。』」胡三省、中井積德之說是也。職此，「面」下當有「攻楚」二字，於義爲明。「【史記作南面攻楚】」，元刊本、楚府本、何良俊本、楊美益本、白口十行本、程榮本、四庫本、百子本並作「【史記南回攻楚】」，武井驥《纂註本》、祕書本無此〈注〉，陳用光本作「【史記南面攻楚】」，鐵華館本、龍溪本並作「【史作南面攻楚】」。「面」作「回」者，蓋受面之作「靣」而致訛也。

韓、魏之彊，足以枝於秦。齊，南以泗水為境，東負海，北倚河而無後患。

　　盧文弨曰：「（『枝』作『校』）舊作『枝』，宋本『校』，《策》同。」

　　武井驥曰：「吳本及《史》『枝』作『校』，〈秦策〉同。『秦』下有『矣』字。枝支通，又與校通。驥按：枝，枝梧之枝，〈項羽本紀〉曰：『諸將皆慴服，莫敢枝梧。』如淳曰：『枝梧猶枝捍也。臣瓚曰：小柱爲枝，邪柱爲梧。』」

施珂曰：「盧氏改枝爲校。云：『舊作枝、宋本作校，〈策〉同。』案：宋本作枝，盧氏失檢。《史記》作校。（〈正義〉：校、敵也。）與〈秦策〉同。」

梁容茂曰：「〈秦策〉：秦下有『矣』字，下又有『而』字。枝，作『校』。《史》亦作『校』。《拾補》：枝，作『校』，云：『舊作枝，宋本校，〈策〉同。』」

蔡信發曰：「《拾補》：『舊作枝，宋本校，〈策〉同。』枝，校之形譌。高〈注〉：『校，猶亢也。』〈索隱〉：『校，音教。謂足以與秦爲敵也。一云：校者，報也。言力爲報秦。』」

茂仁案：「足以枝於秦」，《戰國策・秦策四》、《史記・春申君傳》「枝」並作「校」，《通志》九四、《全上古三代文》黃歇〈上書說秦昭王〉並同。盧文弨校「枝」作「校」，云「舊作枝，宋本校」，檢宋本《新序》見諸清者，唯黃丕烈所藏本，現藏北京圖書館，即愚《新序校證》之底本，字作「枝」不作「校」，他本《新序》或爲校宋本、翻宋本、元刊本、明刊本、清刊本、補刊本亦並作「枝」，未見作「校」者，再檢《書目叢編》、《書目類編》及國內、大陸、美國國會圖書館、日本等各大館藏目錄，見載宋本《新序》者，亦唯見見藏於黃丕烈者，未見及他本，盧氏言宋本作「校」，恐失檢，抑其另見有宋本《新序》，而未見於今之世，且未爲見錄邪？校，高誘〈注〉云：「校，猶亢也。」〈索隱〉云：「校，音教，謂足以與秦爲敵也。一云：校者，報也，言力能報秦。」〈正義〉曰：「校，敵也。」盧文弨、王叔岷先生、蔡先生並以「枝」爲「校」字之誤。審《說文》六篇上木部云：「枝，木別生條也。」又云：「校，木囚也。」「枝」、「校」本義於此並未妥，段〈注〉云：「《周禮・校人》注曰：『校之言挍也，主馬者必仍挍視之（下略）。』陸德明曰：『比挍字，當從手旁。』張參《五經文字・手部》曰：『挍』，經典及〈釋文〉或以爲比挍字，案：字書無文，張語正謂《說文》無從手之挍也。故唐石經考校字皆從木，用張說也。但訂以《周禮》鄭〈注〉，則漢時固有從手之挍矣。比挍字，古蓋無正文，較、権等皆可用。」校、挍，並从交得聲，可相通用，職此，挍、校，正、假字也；枝、挍，形近而訛，當據改。

天下之國，莫彊於齊、魏，齊、魏得地保利，而詳事下吏，

武井驥曰：「《史》、〈策〉『保』作『葆』。」

梁容茂曰：「〈秦策〉：無上『魏』字。下吏，作『不吏』。《史記》：保，作『葆』。」

茂仁案：「齊、魏得地保利」，《通志》九四、《全上古三代文》黃歇〈上書說秦昭王〉「保」亦並作「葆」，武井驥《纂註本》、祕書本「彊」並作「強」。保、葆，古通；彊、強，古並爲群母、陽部，音同可通。〈考證〉引中井積德曰：「兩齊、魏

之魏字，疑並衍。愚按：依下文〈索隱〉小司馬本，亦無魏字。《新序》葆作葆。詳、佯通，偽事秦也。下吏，猶言下執事。」檢下文《史記》〈索隱〉云：「言齊一年之後，未即能爲帝，而能禁秦爲帝，有餘力矣。」中井積德之說是也。又下文云「出令韓、魏，歸帝重齊，是王失計也」，職是，言爲帝未能者，齊也，魏不與也，又《史記・田敬仲完世家》云：「（齊湣王）三十六年，王爲東帝，秦昭王爲西帝，蘇代自燕來入齊，見於章華東門，齊王曰：『嘻！善！子來，秦使魏冉致帝，子以爲何如？』對曰：『王之問臣也卒，而患之所從來微。願王受之，而勿備稱也。秦稱之，天下安之，王乃稱之，無後也，且讓爭帝名，無傷也。秦稱之，天下惡之，王因勿稱，以收天下，此大資也。且天下立兩帝，王以天下爲尊齊乎？尊秦乎？』王曰：『尊秦！』曰：『釋帝，天下愛齊乎？愛秦乎？』王曰：『愛齊而憎秦。』曰：『（上略）釋帝，則天下愛齊而憎秦（下略）。』於是齊去帝，復爲王，秦亦去帝位。」據是，與秦爭帝者，齊也，魏不與也，文載齊湣王三十六年，當秦昭王十九年。又《史記・六國年表》云：「（齊湣王）三十六年爲東帝，二月復爲王。」又云：「（秦昭王）十九年，十月爲帝，十二月復爲王。」與《史記・田敬仲完世家》所載合。職此，本文兩「魏」字，衍也，當據刪。

一年之後，為帝未能，其於楚王之為帝有餘矣。

盧文弨曰：「（禁）『楚』訛。」

武井驥曰：「嘉靖本、朝鮮本『禁』作『楚』，非。」

蒙傳銘曰：「《史記・春申君列傳》司馬貞〈索隱〉：『言一年之後，未能即爲帝，而能禁秦爲帝有餘力矣。然禁作楚者，誤也。』何良俊本、鐵華館本並作『禁』字不誤。」

梁容茂曰：「（其於楚王之爲帝有餘矣）《史記》：楚，作『禁』。〈索隱〉曰：『言齊一年之後，未即能爲帝，而能禁秦爲帝有餘力矣，然禁字作楚者誤也。』《拾補》云：『楚訛。』」

蔡信發曰：「《國策》、《史記》『楚』作『禁』，《通鑑》無此十八字。〈索隱〉：『言齊一年之後，未即能爲帝，而能禁秦爲帝有餘力矣，以禁字作楚者，誤也。』」

茂仁案：「其於楚王之爲帝有餘矣」，四庫《新序》版本有二，二本並作「禁」，不作「楚」，梁先生以四庫本爲底本，失檢。「楚」於此出之，不辭。《戰國策・秦策四》、《史記・春申君傳》「楚」並作「禁」，《全上古三代文》黃歇〈上書說秦昭王〉同。《史記》〈索隱〉云：「言齊一年之後，未即能爲帝，而能禁秦爲帝，有餘力矣，然禁字作楚者，誤也。」是。又上文言爭帝者，爲秦、齊，「楚」於此驟出之，不辭，

非是。楚、禁，形近而訛，武井驥《纂註本》、白口十行本、四庫本、鐵華館本、百本本、龍溪本「楚」亦並作「禁」，即其明證，當據改。

夫以王壤土之博，人徒之眾，兵革之彊，一舉事而樹怨於楚，出令韓、魏，歸帝重齊，是王失計也。

　　盧文弨曰：「（出）〈策〉作『絀』，（『重』下）〈策〉有『於』字。」

　　武井驥曰：「〈秦策〉『樹怨』作『注地』、『出』作『詘』，吳本作『遟』，《史》同。『重』下有『於』字。」

　　施珂曰：「《漢魏叢書》程本失誤夫。」

　　梁容茂曰：「〈秦策〉：出，作『詘』，重下有『於』字。《史記》：出，作『遟』，重下亦有『於』字。」

　　茂仁案：「一舉事而樹怨於楚」，《戰國策・秦策四》作「一舉眾而注地於楚」。「出令韓魏」，《戰國策・秦策四》「出」作「詘」，高誘〈注〉云：「詘，反。」《史記・春申君傳》作「遟」，《通志》九四、《全上古三代文》黃歇〈上書說秦昭王〉並同。〈集解〉引徐廣云：「遟，一作還。」白口十行本亦作「遟」。審「詘」、「遟」、「還」並有「反」意，並通。詘從出得聲，可相通用，本文「出」，當讀若「詘」。「歸帝重齊」，《通志》九四、《全上古三代文》黃歇〈上書說秦昭王〉「重」下亦並有「於」字。「是王失計也」，程榮本「失」作「夫」，非是，形近致訛也。

臣為王慮，莫若善楚，秦、楚合為一，而以臨韓，韓必拱手。

　　盧文弨曰：「（拱手）〈策〉作『授首』。」

　　武井驥曰：「《史》『拱手』作『斂手』，〈秦策〉作『受首』。」

　　梁容茂曰：「〈秦策〉：拱手，作『授首』。《史》：拱手，作『斂手』。」

　　茂仁案：《長短經・七雄略篇》〈注〉、《通志》九四、《全上古三代文》黃歇〈上書說秦昭王〉「拱手」亦並作「斂手」。《資治通鑑》四「拱手」作「斂手而朝」。拱、斂，義同，並與「授首」義近。

王施之以山東之險，帶以曲河之利，

　　盧文弨曰：「（施之）二字〈策〉作『襟』。（山東）舊倒，今從宋本。（曲河）〈策〉倒。」

　　武井驥曰：「《史》無『之』字，〈秦策〉同。『施』作『襟』、『東山』二字倒。」又曰：「〈秦策〉『曲河』二字倒。」

　　茂仁案：《戰國策・秦策四》「施之」作「襟」、「曲河」作「河曲」、「內」作「中」，

《資治通鑑》四「施之」亦作「襟」。《史記・春申君傳》「山東」乙作「東山」，《資治通鑑》四、《通志》九四、《全上古三代文》黃歇〈上書說秦昭王〉並同。《史記・田敬仲完世家》「而王以施三川」〈正義〉云：「施，張設也。言秦王於天子都，張設迫脅也。」〈考證〉引中井積德曰：「施，謂威加之。施三川與上文伐三川意全同。」職是，「施」亦爲動詞，此蓋以山東之險，威逼韓之意也，「施」、「襟」，並通；「山東」，疑「東山」之誤乙，正與下句「曲河」對言。東、曲並爲形容詞；山、河並爲名詞，故作「東山」爲長，胡三省〈注〉曰：「東山謂華山以至崤塞諸山，皆在咸陽之東。」元刊本、楚府本、何良俊本、楊美益本、白口十行本、程榮本、祕書本、陳用光本、四庫本、百子本並作「東山」，即其明證，當據乙正。又「王施之」之「之」字，宜據「帶以曲河之利」校刪，以符文例，《戰國策・秦策四》、《史記・春申君傳》並無「之」字，是其證也。

韓必為關內之侯，

　　盧文弨曰：「（侯）〈策〉作『候』，下同。高誘〈注〉：『爲秦察諸侯動靜也。』」

　　武井驥曰：「〈秦策〉『侯』作『候』。高誘曰：『爲秦察諸侯動喻也。』」

　　梁容茂曰：「（韓必爲關內之侯）《拾補》云：『候，〈策〉作「候」』下同。高誘〈注〉：爲秦察諸侯動靜也。」

　　茂仁案：元刊本、楚府本、楊美益本「侯」並作「候」，下同。審下文「如此而魏亦關內侯矣」、「而關內兩萬乘之主」，則上言高誘以「爲秦察諸侯動靜也」釋「候」，誤矣，知作「侯」爲是，候、侯，形近而訛也。又四庫《新序》版本有二，二本並作「侯」，不作「候」，梁先生以四庫本爲底本，失檢。

若是而王以十萬伐鄭，梁氏寒心，

　　盧文弨曰：「（伐）〈策〉、《史》作『戍』。」

　　武井驥曰：「吳本及《史》、〈策〉『伐』作『戍』。」

　　施珂曰：「（若是而王以千萬伐鄭，梁人寒心）《漢魏叢書》程本、陳本人皆作氏。」

　　梁容茂曰：「（是而王以十萬伐鄭）伐，《史》、〈策〉俱作『戍』。」

　　茂仁案：「若是而王以十萬伐鄭」，四庫《新序》版本有二，二本「是」上並有「若」字，梁先生以四庫本爲底本，失檢。鐵華館本作「十」，不作「千」，施先生以鐵華館本爲底本，失檢。《戰國策・秦策四》「伐」作「戍」。胡三省〈注〉云：「鄭，韓之國都也。」〈考證〉說同。審上文「韓必爲關內之侯」，韓既屬秦，秦何由將兵伐韓之國都「鄭」邪？必不然矣，「伐」當爲「戍」之形訛，《史記・春申君傳》、《長

短經‧七雄略篇》〈注〉「伐」並作「戍」，《資治通鑑》四、《通志》九四、《全上古三代文》黃歇〈上書說秦昭王〉並同，白口十行本亦同，即其明證也，當據改。至若作「成」者，亦「戍」之形訛也。「梁氏寒心」，鐵華館本、龍溪本「氏」並作「人」。

許、隔陵嬰城，而上蔡、召陵不往來也。如此而魏亦關內侯矣。

蔡信發曰：「（隔陵）《史記》、《通鑑》並作『鄢陵』。隔，鄢之誤刻。」

茂仁案：「許、隔陵嬰城」，《通志》九四、《全上古三代文》黃歇〈上書說秦昭王〉「隔」亦並作「鄢」，何良俊本亦同。蔡先生云「隔，鄢之誤刻」。審此古字率多互用，其上下左右有不必拘者，如崇之與崈、麋之與麗、鵝之與䳘，其例甚眾，說見葉大慶《考古質疑》三，而鄢之作隔，王觀國則以為古通用也，說見《學林》六「鄢」字條。愚謂鄢之作隔，非誤刻也，蓋一字之異體也。洪頤煊《讀書叢錄》一八「鄢」云「鄢陵」、「鄔陵」，經典常相亂，並可為參稽也。

王一善楚，而關內兩萬乘之主，注入地於齊，齊右壤，可拱手而取也。

盧文弨曰：「（兩萬乘之王）〈策〉作『主』。」

武井驥曰：「（兩萬乘之王）吳本下『王』作『主』，《史》同，無『入』字，〈秦策〉同，『兩』作『二』。」

梁容茂曰：「《史記》：一，作『壹』。下王字，《史》〈策〉俱作『主』。《史》〈策〉俱無『入』字。」

茂仁案：「王一善楚」，《史記‧春申君傳》「一」作「壹」，《全上古三代文》黃歇〈上書說秦昭王〉同。「而關內兩萬乘之主」，《長短經‧七雄略篇》〈注〉「內」下有「侯」字，有「侯」字於義為明。武井驥《纂註本》、元刊本、楚府本、何良俊本、楊美益本、程榮本、祕書本、陳用光本、四庫本、百子本「主」並作「王」。「注入地於齊」，《戰國策‧秦策四》、《史記‧春申君傳》、《長短經‧七雄略篇》〈注〉並無「入」字，《資治通鑑》四、《通志》九四、《全上古三代文》黃歇〈上書說秦昭王〉並同。「齊右壤」，四庫本「壤」作「攘」，非是，蓋形近而訛，抑音近而誤也。

王之地，一柱【史作經】兩海，要約天下，

盧文弨曰：「（柱）〈策〉、《史》作『經』。（約）〈策〉作『絕』。」

武井驥曰：「舊校曰：『柱《史》作經』，〈秦策〉作『注』，『齊』下有『之』字。」

梁容茂曰：「柱，〈秦策〉亦作『經』；約，〈策〉作『絕』。」

蔡信發曰：「『柱』，《國策》作『任』，《史記》、《通鑑》作『經』，與此異。」

茂仁案：「一柱【史作經】兩海」，《戰國策‧秦策四》「柱」作「任」，《史記‧

春申君傳》「桎」作「經」,《資治通鑑》四、《通志》九四、《全上古三代文》黃歇〈上書說秦昭王〉並同。《說文》六篇上木部云:「桎,足械也。」段〈注〉云:「鄭司農云:『桎梏者,兩手各一木也,元謂在手曰梏,在足曰桎。』」則「桎」以牽束兩腳也,而「經」字,胡三省〈注〉云:「東、西爲經。」職是,桎、經,義通,並爲連索意也。任,《說文》八篇上人部云:「任,保也。」此作「任」,亦通,唯不及「桎」、「經」之義長也。「【史作經】」,白口十行本作「【史記作經】」,武井驥《纂註本》、祕書本並無此〈注〉。「要約天下」,《戰國策・秦策四》「約」作「絕」。「約」有「束」意,「絕」則「斷絕」,二者義近,唯審文義,作「絕」,於義爲長。

是燕、趙無齊、楚,齊、楚無燕、趙,然後危動燕、趙,直搖齊、楚,此四國者,不待痛而服也。」昭王曰:「善。」於是乃止白起,謝韓、魏,發使賂楚,約為與國,黃歇受約歸楚。解弱楚之禍,全彊秦之兵,黃歇之謀也。

武井驥曰:「〈秦策〉『搖』作『持』。」

茂仁案:「危動燕、趙」,楚府本無「趙」字,他本並有之。「直搖齊、楚」,《戰國策・秦策四》「直搖」作「持」,《長短經・七雄略篇》〈注〉作「搖蕩」。

（十）秦趙戰於長平

秦趙戰於長平,趙不勝,亡一都尉。

茂仁案:《戰國策・趙策三》、《史記・虞卿傳》並與本文同。審《史記・白起傳》載秦昭王四十七年,秦、趙長平之戰,云:「秦使左庶長王齕攻韓,取上黨,上黨民走趙。趙軍長平,以按據上黨民。四月,齕因攻趙,趙使廉頗將,趙軍士卒犯秦斥兵,秦斥兵斬趙裨將茄。六月,陷趙軍,取二鄣四尉。七月,趙軍築壘壁而守之,秦又攻其壘,取二尉,敗其陣,奪西壘壁,廉頗堅壁以待秦,秦數挑戰,趙兵不出。」趙所亡者爲一裨將,與六尉,《資治通鑑》五,則云趙亡「一裨將四尉」,所言並與此異。胡三省〈注〉云:「裨,將軍之副將也。尉,軍中諸部都尉也。」檢《史記・白起傳》載趙軍之見殺,於四月裨將茄爲首難,六月方再亡四尉（都尉）,則此所載,蓋六月時,亡第一位都尉後之事。

趙王召樓昌與虞卿曰:「軍戰不勝,尉係死,寡人將束甲而赴之。」

盧文弨曰:「(係)〈趙策〉作『復』。」

武井驥曰:「《史・虞卿傳》『係』作『復』,〈趙孝成王策〉高本同。」又曰:「〈趙

策〉『束』作『卷』。」

  施珂曰:「《史記・虞卿列傳》亦作復。」

  梁容茂曰:「《戰國策・趙策》:係,作『復』。」

  蔡信發曰:「《國策》、《史記》『係』作『復』。是。」

  茂仁案:「尉係死」,《戰國策・趙策三》、《史記・虞卿傳》「係」並作「復」,《通志》九四同。〈集解〉引徐廣曰:「復,一作係。」鮑本《戰國策》〈注〉云:「係,尉名。」若鮑本為確,則《戰國策・趙策三》作「尉復死」,未知其名,而至漢時始知之,於理至疑,愚謂「係」,非名也。《說文》八篇上人部云:「係,絜束也。」段〈注〉云:「絜者,麻一耑也。絜束者,圍而束之。(中略)束之則縷與物相連,故凡相聯屬謂之係。(中略)〈釋詁〉曰:『係,繼也。』」則「尉係死」即尉繼死之義也,義與「尉復死」同,上條校記以軍尉之亡,為繼一「裨將」之後,是知「係」,當訓繼、復。據是,係,非名也,且此作「係」,非誤也。「寡人將束甲而赴之」,《戰國策・趙策三》作「寡人使卷甲而趨之,何如」,《史記・虞卿傳》同,唯「卷」作「束」、「趨」作「趨」,《通志》九四同。卷、束,義同;趨、趨,正、俗字。

樓昌曰:「無益也,不如發重寶使而為構。」

  盧文弨曰:「(寶)〈策〉無。」

  武井驥曰:「〈趙策〉『構』作『講』,《史》作『媾』、無『寶』字。構、講、媾通,和也。」

  施珂曰:「《史記》亦無寶字。」

  梁容茂曰:「〈趙策〉、《史記・虞卿傳》:俱無『寶』字。寶字當刪。」

  茂仁案:「不如發重寶使而為構」,《戰國策・趙策三》、《史記・虞卿傳》並無「寶」字、「構」並作「媾」,下同,《通志》九四同。〈集解〉云:「求和曰媾。」媾、構,並與「講」同,說見李賡芸《炳燭編》三「講」字條。《說文》三篇上言部云:「講,和解也。」又六篇上木部云:「構,蓋也。」又十二篇下女部云:「媾,重婚也。」講、媾、構並从冓得聲,可相通用,職是,媾、構,並為「講」之借字也。梁先生據《戰國策》、《史記》二書無「寶」字,云「寶字當刪」。審下文「王聽臣發使出重寶以附楚、魏,楚、魏欲王之重寶,必內吾使」,「重」下並有「寶」字,《戰國策・趙策三》、《史記・虞卿傳》、《通志》九四載此並同。下文該句為承此而言,故有「寶」字為是,《戰國策・趙策三》、《史記・虞卿傳》、《通志》九四無「寶」字者,蓋奪耳。

虞卿曰：「昌言構者，以為不構，軍必破也，而制構者在秦。且王之論秦也，欲破王之軍乎？不耶？」

施珂曰：「（欲破王之軍乎）《史記》王作趙。」

茂仁案：「不耶」，《戰國策・趙策三》、《史記・虞卿傳》「耶」並作「邪」，《通志》九四同，元刊本、楚府本、何良俊本、楊美益本、白口十行本、程榮本、祕書本、陳用光本、四庫本、百子本並同。邪、耶，古通。

王曰：「秦不遺餘力矣。必且破趙軍。」

盧文弨曰：「（且破）何倒，誤。」

茂仁案：「必且破趙軍」，《史記・虞卿傳》「且」下有「欲」字，《通志》九四同。「且欲」為合成詞，即「欲」意。

虞卿曰：「王聽臣發使出重寶以附楚、魏，楚、魏欲王之重寶，必內吾使，

武井驥曰：「《史》『欲』下有『得』字，〈秦策〉同，『內』作『入』。」

茂仁案：《通志》九四「欲」下亦有「得」字。《說文》五篇下入部云：「內，入也。」

吾使入楚、魏，秦必疑天下，恐天下之合從，必一心，如此，則構乃可為也。」

茂仁案：「秦必疑天下，恐天下之合從，必一心」，《戰國策・趙策三》作「秦必疑天下合從也，且必恐」，《史記・虞卿傳》同，唯「下」下有「之」字，《通志》九四同。

趙王不聽，與平陽君為構，發鄭朱入秦，秦內之，趙王召虞卿，曰：「寡人使平陽君為構秦，秦已內鄭朱矣。虞卿以為如何？」對曰：「王不得構，軍必破矣。天下之賀戰勝者皆在秦，鄭朱，貴人也，而入秦，秦王與應侯必顯重以示天下，楚、魏以趙為構，必不救王，則構不可得也。」

盧文弨曰：「（必不救王）《策》下有『秦知天下不救王』七字，當補入。」

施珂曰：「盧云：『《策》王下有‘秦知天下不救王’七字，當補入。』案：《史記》亦有此七字。」

梁容茂曰：「〈趙策〉：王下有『秦知天下不救王』七字。《拾補》云：『當補入。』」

蔡信發曰：「《國策》、《史記》、《通鑑》『王』下並有『秦知天下不救王』，此脫明矣，當據而補。《拾補》有說。」

茂仁案：「則構不可得也」，《史記・虞卿傳》「則」上亦有「秦知天下不救王」

七字、「得」下有「成」字，《資治通鑑》五、《通志》九四並同。《戰國策・趙策三》「得」下亦有「成」字。盧文弨云當補「秦知天下不救王」七字。審此文義，盧文弨說是也。

應侯果顯鄭朱以示天下賀戰勝者，終不肯構，長平大敗，遂圍邯鄲，為天下笑，不從虞卿之謀也。秦既解圍邯鄲，而趙王入朝，使趙郝約事於秦，割六縣而構。

　　武井驥曰：「〈趙策〉『縣』作『城』。」

　　蔡信發曰：「〈考證〉：『梁玉繩曰：‘〈趙策〉謂秦破趙長乎（茂仁案：當作平），歸使人索六城于趙而講。’鮑〈注〉曰：‘《史》書此事，在邯鄲圍解後，邯鄲之圍，非秦德趙而解，趙賴魏之力爾，何事朝秦而講以六城？〈策〉以長平破，懼而賂之，是也。’此仍《史》而誤。」

　　茂仁案：「秦既解圍邯鄲」，《史記・虞卿傳》「圍」移置「鄲」下，《通志》九四同。此以六縣構秦之誤，蔡先生云「此仍《史》而誤」，是也。

虞卿謂趙王曰：「秦之攻王也，倦而歸乎？亡其力尚能進之，愛主而不攻乎？」

　　武井驥曰：「吳本及《史》『亡』作『王以』，嘉靖本作『又』一字，〈趙策〉與吳本同。」

　　梁容茂曰：「《史記》：亡，作『王以』，無『之』字。」

　　茂仁案：「亡其力尚能進之」，《資治通鑑》五、《通志》九四、《冊府元龜》七四八「亡」亦並作「王以」，白口十行本亦同，何良俊本作「亦」，作「亦」於義為明。「愛主而不攻乎」，《戰國策・趙策三》、《史記・虞卿傳》「主」並作「王」，《資治通鑑》五、《通志》九四、《冊府元龜》七四八並同。審上、下文，稱趙王為「王」，不稱「主」，主、王，形近而誤也，各本並作「王」，即其明證，今據改。

王曰：「秦之攻我也，不遺餘力矣，必以倦歸也。」

　　武井驥曰：「《史》、〈策〉『倦』下有『而』字。」

　　茂仁案：「倦」下有「而」字，於義較明，審下文「倦而歸」為承此而言，故有「而」字是，《資治通鑑》五、《通志》九四、《冊府元龜》七四八亦並有「而」字。

虞卿曰：「秦以其力攻其所不能取，倦而歸，王又攻其力之所不能取以送之，是助秦自攻也。來年秦復攻王，王無救矣。」

　　盧文弨曰：「（王又以其力之所不能取）『攻』訛，今從〈策〉。（取）〈策〉作『攻』。

（送）〈策〉作『資』。」

　　武井驥曰：「《史》『又攻』作『又以』，〈趙策〉同、『取』作『攻』、『送』作『資』。」

　　施珂曰：「盧氏改攻爲以。云：『攻訛，從〈策〉作以。』案：《史記》亦作以。」

　　梁容茂曰：「〈趙策〉：攻，作『以』；取，作『攻』；送，作『資』。」

　　蔡信發曰：「（王又攻其力之所不能以送之）《國策》、《史記》『攻』作『以』，審以上下文義，是。」

　　茂仁案：「王又攻其力之所不能取以送之」，《漢魏叢書》程榮本「能」下有「取」字，蔡先生以程榮本爲底本，失檢。《戰國策・趙策三》「攻」作「以」、「取」作「攻」、「送」作「資」。《史記・虞卿傳》、《資治通鑑》五「攻」亦並作「以」。盧文弨、蔡先生並以「攻」作「以」爲是。今審此文義，此作「王又攻」云云爲長，下文「是助秦自攻也」蓋承此爲言，設若改「攻」爲「以」，則此句「取」字當據改作「攻」，以符下句「是助秦自攻也」語，要之，此不煩改字也。

王以虞卿之言告趙郝，曰：「虞卿能量秦力之所至乎？

　　盧文弨曰：「『趙郝』當重，〈策〉作『樓緩』，下竝同。」

　　武井驥曰：「（趙郝）〈趙策〉作『樓緩』。」又曰：「《史》『曰』上有『趙郝』二字。」

　　蔡信發曰：「《國策》告下有『樓緩』，下『趙郝』並作『樓緩』。《志疑》：『《新序・善謀上篇》，與此同。《國策》皆以趙郝爲樓緩，而移從秦來一段在前，未知孰是？』」

　　茂仁案：「王以虞卿之言告趙郝」，《戰國策・趙策三》「趙郝」作「樓緩」，「樓緩」並重出，下同，《冊府元龜》七四八同。「曰」，《史記・虞卿傳》「曰」上有「趙郝」二字，盧文弨云「趙郝當重」，審《通志》九四「趙郝」亦重出，白口十行本、四庫本並同，是，元刊本、楚府本、何良俊本、楊美益本、程榮本、祕書本、陳用光本、鐵華館本、百子本、龍溪本並不重，與此同。審此「趙郝」重出較長且明，當據補。《史記・虞卿傳》〈考證〉引梁玉繩曰：「《新序・善謀上篇》與此同，《國策》皆以趙郝爲樓緩，而移新從秦來一段在前，未知孰是？」審《戰國策・趙策三》載緩新從秦來，其前有言云「秦攻趙於長平，大破之，引兵而歸，因使人索六城於趙而講，趙計未定，樓緩新從秦來」云云，於此見樓緩去秦之趙，其至趙前，秦已使人索六城於趙，唯趙計未定耳，《史記・虞卿傳》趙郝云云，即此時語也，《新序》因之。唯審《戰國策・趙策三》視趙郝之語爲樓緩至趙後之言，所辯所論，於情亦符，實難斷其是非，顧炎武《日知錄》二六云：「〈虞卿傳〉樓昌、樓緩恐是一人，

虞卿進說，亦是一事。記者或以爲趙王不聽，或以爲聽之，太史公兩收之，而不覺其重耳。」又《戰國策・趙策三》所言索六城以構者，爲秦之求也，《冊府元龜》七四八同；而《史記・虞卿傳》、《新序》本文之言割六城以構者，爲趙之約事秦者，《資治通鑑》五、《通志》九四並同。六城之事，一爲秦之求，一爲趙欲構秦之資，六城之求、予，異也。

誠知秦力之所不進，

施珂曰：「《史記》不下有能字。」

茂仁案：《通志》九四「不」下亦有「能」字。審上文有「秦以其力攻其所不能取」、「王又攻其力之所不能取以送之」語，故此句「不進」作「不能進」，於義爲長，於文例較優也，當據補，楚府本「不」下正有「能」字，即其明證。

此彈丸之地不與，

茂仁案：「此彈丸之地不與」，《戰國策・趙策三》、《史記・虞卿傳》「與」並作「予」，武井驥《纂註本》、楚府本、何良俊本、白口十行本、程榮本、祕書本、陳用光本、四庫本、百子本並同，《說文》三篇上舁部云：「與，黨與也。」段〈注〉云：「（上略）與，當作予。予，賜予也。」職是，予、與，正、假字。元刊本、楚府本、楊美益本「丸」並作「九」，非是，形近而訛也。

令秦來年復攻於王，王得無割其內而構乎？」

盧文弨曰：「（於）衍，〈策〉無。」

施珂曰：「盧云：『於字衍，〈策〉無。』案：《史記》亦無。」

梁容茂曰：「〈趙策〉：無『於』字。」

茂仁案：《通志》九四亦無「於」字。審度文義及審上文「秦之攻王也」與「來年秦復攻王」語，並無「於」字，是，下文「來年秦復攻王」，正無「於」字，即其比也，「於」爲衍文，當據刪。

王曰：「請聽子割矣，子能必來年秦之不復攻乎？」趙郝曰：「此非臣所敢任也。他日，三晉之交於秦，相若也。

武井驥曰：「吳本及《史》、〈趙策〉『臣』下有『之』字、『他日』作『昔者』。」

又曰：「吳本及《史》『若』作『善』，〈趙策〉同。」

施珂曰：「〈趙策〉若作善。若猶善也。《爾雅・釋詁》：『若，善也。』」

蔡信發曰：「《國策》『他日』作『昔者』，『若』作『善』。《史記・虞卿傳》『郝』

下有『對』，『若』作『善』。〈考證〉：『《新序》'善'作'若'。若，猶同也。義長。』
此追溯往事，『他日』當依《國策》作『昔者』，方能與下文『今』字相因，應此緣
《史記》而誤。」又曰：「《爾雅·釋詁》：『若，善也。』二字義通，〈考證〉欠妥。」

　　茂仁案：「他日」，《戰國策·趙策三》作「昔者」，蔡先生云此爲追溯往事，「他
日」當依《戰國策》作「昔者」，方能與下文『今』字相因，是也。「三晉之交於秦」，
楚府本無「交於」二字，奪也，他本並有。「相若也」，《戰國策·趙策三》、《史記·
虞卿傳》「若」並作「善」，《通志》九四、《冊府元龜》七四八並同，白口十行本亦
同。〈考證〉曰：「《新序》『善』作『若』，若猶同也，義長。」蔡先生云「《爾雅·
釋詁》：『若，善也。』二字義通，〈考證〉欠妥」，審此文義，就若、善二字義通言
之，蔡先生說可從。唯「若」，除「善」義外，另有「同」義，則此「若」字，於此
訓「同」義，較訓「善」義爲長，則〈考證〉說是，未欠妥也。

今秦善韓、魏而攻王，王之所以事秦者，必不如韓、魏也。

　　武井驥曰：「吳本及《史》、〈趙策〉『他日』作『昔者』、『善』作『釋』、『而』
下有『獨』字。」

　　施珂曰：「〈趙策〉善作釋。」

　　茂仁案：「今秦善韓、魏而攻王」，《戰國策·趙策三》作「今秦釋韓、魏而獨攻
王」，《冊府元龜》七四八同。審此文與下文「齊交韓、魏，至來年而獨取攻於秦，
王之所以事秦，必在韓、魏之後也」意同，下文爲承此而來，故本句「攻」上，當
據補「獨」字。

**今臣之爲足下解負親之攻，開關通弊，齊交韓、魏，至來年而獨取攻於秦，
王之所以事秦，必在韓魏之後也，此非臣之所敢任也。」**

　　蒙傳銘曰：「《戰國策·趙策三》『開』作『啓』，『弊』作『敝』。《史記·虞卿傳》
『弊』作『幣』，陳用光本同。宋本作『弊』。敝、弊、幣，三字古通。」

　　茂仁案：「開關通弊」，《通志》九四、《冊府元龜》七四八「弊」亦並作「幣」，
何良俊本、祕書本、四庫本、百子本亦並同。《冊府元龜》七四八「開」亦作「啓」，
楚府本亦同。開、啓，義同。敝、弊、幣，並從敝得聲，可相通用，敝、幣，並「幣」
之借字也，並可參本書本卷「虞、虢皆小國也」章，「彼受吾璧」條校記。

**王以告虞卿，虞卿對曰：「郝言『不構，來年秦復攻王，王得無復割其內而構
乎？』今構，郝又不能必秦之不復攻也，雖割何益？**

　　武井驥曰：「《史》『割』下有『六城』二字。」

施珂曰：「《史記》割下有『六城』二字。」

茂仁案：「雖割何益」，《史記・虞卿傳》作「今雖割六城何益」，《通志》九四同，較此為明。

來年復攻，又割其力之所不能取以構，此自盡之術也。不如無構，秦雖善攻，不能取六縣，趙雖不能守，亦不失六城。

武井驥曰：「《史》、〈策〉『以』作『而』。」

茂仁案：「又割其力之所不能取以構」，《通志》九四、《冊府元龜》七四八「以」亦並作「而」。以、而互文，上文「王得無復割其內而構乎」，《戰國策・趙策三》、《史記・虞卿傳》、《通志》九四、《冊府元龜》七四八「而」並作「而」，不作「以」，即其證。「不能取六縣」，《戰國策・趙策三》「縣」作「城」，下同，縣、城，並通。

秦倦而歸，兵必疲，我以五縣收天下以攻罷秦，是我失之於天下而取償於秦也。

盧文弨曰：「（五縣）《史記・虞卿傳》作『六城』。」

武井驥曰：「《史》、〈策〉『五縣』作『六城』。」

梁容茂曰：「《史記》：五縣，作『六城』。」

蔡信發曰：「《史記》『五縣』作『六城』。《國策》、《史記》本章上文並言『六縣』或『六城』，此驟出五縣，與上數不合，乃仍《策》而誤。」

茂仁案：「我以五縣收天下以攻罷秦」，《戰國策・趙策三》「五縣」作「五城」，《史記・虞卿傳》作「六城」，《通志》九四、《冊府元龜》七四八並同，鮑本《戰國策》亦校作「六城」，蔡先生以《戰國策》、《史記》本章上文並言「六縣」或「六城」，此驟出五縣，與上數不合，為仍《戰國策》而誤；盧文弨、武井驥、梁先生但云《史記》作「六城」，而未參贊是非。今審此文義，作「五縣」非誤也，審上文「秦雖善攻，不能取六縣，趙雖不能守，亦不失六城」，則秦之善攻，至多取五城也，而趙之不能善守，其失至多亦五城耳。虞卿之言「五縣（城）」者，蓋以其為設言秦之善攻取與趙之不善守之數也，以此之數，收天下以攻罷秦，則其勢優劣可計，非必以多於「五城」之「六城」為構也，以「五縣（城）」收天下以攻秦可收之利甚大於以「六城」構秦之收益，故何枉以「六城」為構乎？是知此「五縣（城）」，未可視為上下文「六城」之誤，此虞卿之設言也，虛數也，非欲為構之實數也。前賢臆改「五」為「六」者，蓋涉上下文「六城」所致而失考耳。罷，為「疲」之借字，說見《說文》七篇下疒部「疲」字段〈注〉。

吾國尚利，孰與坐而割地，自弱以彊秦？

梁容茂曰：「（而割地自弱以彊秦）何、程、百子本：彊，俱作『強』。」

茂仁案：四庫《新序》版本有二，二本並作「強」，不作「彊」，梁先生以四庫本爲底本，失檢。《戰國策‧趙策三》「彊」作「強」，祕書本、陳用光本、四庫本亦並同。彊、強，古並爲群母、陽部，音同可通。

今郝曰『秦善韓、魏而攻趙者，必王之事秦不如韓、魏也。』是使王歲以六城事秦也，坐而地盡。

施珂曰：「《史記》必下有『以爲韓、魏不救趙也，而王之軍必孤，又以』十六字。」

蔡信發曰：「《史記》『必』下有『以爲韓魏不救趙也而王之軍必孤有以』十六字。《讀書雜志》三：『上文趙郝曰：「今秦善韓、魏而攻王，王之所以事秦，必不如韓、魏也。」故虞卿復舉其詞而駁之曰：「是使王歲以六城事秦也。」然則此文當以「必王之事秦不如韓、魏也」爲一句，而必字以下，王之事秦之上，不當有以爲韓、魏云云十六字，明矣。此不知何處錯簡，與上文皆不相屬。〈趙策〉及《新序‧善謀篇》並無此十六字。』是。」

茂仁案：「必王之事秦不如韓、魏也」，《通志》九四「必」上亦有「以爲韓、魏不救趙也，而王之軍必孤，有以」十六字。審此文義，虞卿此言爲用上文趙郝之言以駁趙郝者，故此不當有「以爲」云云等十六字，且此驟出此十六字，於文亦不辭，非是，《戰國策‧趙策三》、《冊府元龜》七四八並無此十六字，各本並無，即其明證。王念孫以爲不知何處錯簡者，是也，說見《讀書雜志》三之四《史記‧平原君虞卿列傳》。

來年秦復來割，王將與之乎？不與，是棄前功而挑秦禍也；與之，即無地而給之。

武井驥曰：「《史》、〈策〉『來』作『求』、『割』下有『地』字。驥按：來、求字相似，蓋寫誤。」

梁容茂曰：「《史》、〈策〉：來，俱作『求』。」

茂仁案：「來年秦復來割」，《戰國策‧趙策三》、《史記‧虞卿傳》「復來割」並作「復求割地」，《通志》九四、《冊府元龜》七四八並同。「王將與之乎」，《戰國策‧趙策三》「與」作「予」，武井驥《纂註本》、元刊本、楚府本、楊美益本、白口十行本、程榮本、祕書本、陳用光本、四庫本、百子本並同。予、與，正、假字。「不與」，

祕書本「與」作「子」，非是，子、予，形近而訛也。「是棄前功而挑秦禍也」，《戰國策·趙策三》、《史記·虞卿傳》「棄」並作「弃」，元刊本、楚府本、楊美益本、鐵華館本、龍溪本並同，武井驥《纂註本》、四庫本並作棄。弃、棄，古、今字；棄，為棄字篆文「𣇐」之隸定。「與之」，元刊本、楊美益本、白口十行本、程榮本、祕書本、陳用光本、四庫本、百子本「與」並作「予」。予、與，正、假字。

語曰：『彊者善攻，而弱者不能守。』

　　茂仁案：祕書本「彊」作「強」，下同。彊、強，古並為群母、陽部，音同可通；祕書本「攻」作「之」，非是。

今坐而聽秦，秦兵不弊而多得地，是彊秦而弱趙也。

　　茂仁案：《戰國策·趙策三》「弊」作「敝」，《史記·虞卿傳》作「獘」，四庫本同，下並同。獘，俗以為利弊之「弊」字，說見《說文》十篇上犬部「獘」字段〈注〉。敝、弊，正、假字。祕書本「弱」作「韵」，非是，形近致訛也。

以益彊之秦而割愈弱之趙，其計固不止矣。

　　盧文弨曰：「（其）『兵』訛。」

　　武井驥曰：「吳本『兵計』作『其計』，是。」

　　蒙傳銘曰：「宋本『兵』作『其』，鐵華館本亦作『其』，與〈趙策〉、《史記》合。」

　　梁容茂曰：「兵，一本作『其』。案：《史記》作『其』。《拾補》亦作其，云：『兵訛。』」

　　茂仁案：武井驥《纂註本》、楚府本、程榮本、何允中本、陳用光本、四庫全書本、百子本「其」亦並作「兵」。兵、其，形近而訛也。

且王之地有盡，而秦之求無已，以有盡之地，給無已之求，其勢必無趙矣。」

　　武井驥曰：「〈趙策〉『且』下有『秦，虎狼之國也，無禮義之心，其求無已，而』十六字。」

　　茂仁案：「且王之地有盡，而秦之求無已」，《戰國策·趙策三》作「且秦，虎狼之國也，無禮義之心，其求無已，而王之地有盡」，《冊府元龜》七四八同，唯無「之心」二字、「地」作「城」。

計未定，樓緩從秦來，趙王與樓緩計之，

　　茂仁案：「計未定」，《戰國策·趙策三》「計」上有「趙」字、「從」上有「新」

字,《史記·虞卿傳》「計」上有「趙王」二字,《通志》九四同。《史記·虞卿傳》〈考證〉云:「楓山、三條本無『趙王』二字。」

曰:「與秦地與無與,孰吉?」

蔡信發曰:「《國策》作『與秦城,何如不與何如』,《史記》作『予秦地何如毋予孰吉』。《讀書雜志》三:『此本作「予秦地如毋予,孰吉?」如者,與也。言予秦地與不予,二者孰吉也?《新序》作「予秦地與無予,孰吉?」是其明證矣。今本上有何字者,後人據〈趙策〉加之也。〈趙策〉作「與秦城,何如不與?」(今本不與下,又有何如二字,亦後人不曉文義而妄加之。辯見〈趙策〉)何與孰同義。〈趙策〉言何如,則不言孰吉;此言孰吉,則不言何如。後人又加何字,斯為謬矣。』是。」

茂仁案:《通志》九四亦作「予秦地,何如毋予孰吉」。上言引王念孫說,見《讀書雜志》三之四《史記·平原君虞卿列傳》,其言辯見〈趙策〉者,見《讀書雜志》卷二之一《戰國策·趙策》「與秦城何如不與何如」條。「如」訓「與」,又見《古書虛字集釋》七。

緩辭讓曰:「此非臣之所能知也。」王曰:「雖然,試言公之私。」

茂仁案:祕書本「緩」作「諼」,非是,形近而訛也。

樓緩對曰:「亦公父文伯母乎?公父文伯仕於魯,病死,女子為自殺於房中者二人。其母聞之,不肯哭也。

盧文弨曰:「(『亦』上有『王』)舊無,〈策〉有。」又曰:「(二)〈策〉作『八』,下作『為死者十六人』。」

武井驥曰:「《史》、〈策〉『曰』下有『王』字。」又曰:「〈趙策〉『人』作『八』。」

梁容茂曰:「〈趙策〉:亦上有『王』字。案:事見《禮記·檀弓下》。」又曰:「〈趙策〉:人,作『八』,下作『為死者十六人』。」

蔡信發曰:「《國策》前『二人』作『二八』,後『二人』作『十六人』。〈考證〉:『〈策〉二人,誤為二八。』案:公父文伯事,別見《禮記·檀弓下》,曰:『文伯之喪,敬姜據其床而不哭,曰:「昔者,吾有斯子也,吾以將為賢人也。吾未嘗以就公室。今及其死也,朋友諸臣未有出涕者,而內人皆行哭失聲,斯子也,必多曠於禮矣夫。」』《國策》以女子為文伯而自殺者,十有六人,故前書『二八』,後作『十六』適相吻合,未嘗有誤,〈考證〉失之。《禮記》不載人數,《史記》暨本文以為二人,是乃傳聞不一,致生異歧,唯衡以常情,當以《史記》暨本文為是。」

茂仁案：「亦聞夫公父文伯母乎」，《戰國策‧趙策三》、《史記‧虞卿傳》「亦」上並有「王」字、「父」並作「甫」，下同，《通志》九四同。父，古為並母、魚部；甫，古為幫母、魚部，音近可通。「女子為自殺於房中者二人」，《戰國策‧趙策三》「女子」作「婦人」、「為」下有「之」字、「二人」作「二八」，下文「二人」作「十六」，《通志》九四「二人」則並作「二八」。《史記‧虞卿傳》〈考證〉云：「《策》作為之，二人誤二八。」蔡先生云「《國策》以女子為文伯而自殺者，十有六人，故前書『二八』，後作『十六』適相吻合，未嘗有誤，〈考證〉失之。《禮記》不載人數，《史記》暨本文以為二人，是乃傳聞不一，致生異歧，唯衡以常情，當以《史記》暨本文為是」，審度此文，蔡先生以〈考證〉失之為是，以自殺之人數當以《史記》及本文為二人為是，則待商榷。審《孔子家語‧曲禮子夏問第四十》載此事，未見載自殺者之數，但書「二三婦人之欲供先祀」云云，《孔叢子‧記義篇》載此事，云：「今死而內人從死者二人焉。」《永樂大典》一〇三〇九「室人從死」〈注〉略同，唯《韓詩外傳》一載此事，則云：「死之日，宮女縗絰而從者十人。」檢上所載，《史記‧虞卿傳》、《孔叢子‧記義篇》及本文之「二人」當為「二八」之誤，人、八，形近而訛。二八一十六，是以下文為自殺者「二人」，《戰國策‧趙策三》作「十六人」，而《韓詩外傳》一之「十人」，蓋「十六人」之奪誤，《通志》九四上下文並作「二八」即其證。即因公父文伯好內，至其死，無士之問，唯女子從死者眾，是以其母怒而不哭，則從死者，又以十六人為長也。「其母聞之」，祕書本「母」作「毋」，下同，並非是，形近而訛也。

其相室曰：『焉有子死而不哭者乎？』其母曰：『孔子，賢人也，逐於魯，而是人不隨也。

茂仁案：「孔子……是人不隨也」，《韓詩外傳》一作「昔是子也，吾使之事仲尼，仲尼去魯，送之不出魯郊，贈之不與家珍」，《孔叢子‧記義篇》云：「孔子，天下之賢人也，不用于魯，退而去，是子素宗之而不能隨」，並與此異。

今死而婦人為自殺者二人，若是者，必其於長者薄而於婦人厚也。』

武井驥曰：「〈趙策〉『二』作『十六』。」

茂仁案：「今死而婦人為自殺者二人」，《戰國策‧趙策三》作「今死而婦人為死者十六人」，《通志》九四「二人」作「二八」，是。「二人」當據改作「二八」，說見上。

故從母言，是為賢母；從妻言，是必不免為妬婦。

茂仁案：「是必不免爲妬婦」，《史記・虞卿傳》「妬」作「妒」，四庫本、鐵華館本、龍溪本並同。妒，正字，通作妬，說見《龍龕手鑑新編》編號 00941。

故其言一也，言者異，則人心變矣。

武井驥曰：「吳本、嘉靖本無『故』字。」

茂仁案：元刊本、楚府本、楊美益本、白口十行本並無「故」字，何良俊本、程榮本、祕書本、陳用光本、四庫本、鐵華館本、百子本、龍溪本則並有之。祕書本「則」作「同」，則、同，並通。

今臣新從秦來，而言勿與，則非計也；言與之，恐王以臣為秦也，故不敢對。

武井驥曰：「〈趙策〉『恐』上有『則』字。」

茂仁案：「言與之，恐王以臣爲秦也」，《戰國策・趙策三》「恐」上有「則」字、「臣」下有「之」字，《史記・虞卿傳》「爲」字重出，《冊府元龜》七四八「恐」上亦有「則」字。審此句與上文「而言勿與，則非計也」並列爲言，則此「恐」上當有「則」字，於文例較長，於文氣亦較完足，當據補。《史記・虞卿傳》重出「爲」字，於義亦通。

使臣得為大王計，不必與之。」

施珂曰：「《漢魏叢書》程本、陳本必作如。〈趙策〉、《史記》並同。」

茂仁案：「不必與之」，此句與文義乖，《戰國策・趙策三》、《史記・虞卿傳》「必」並作「如」，是也。必，爲「如」之訛，《通志》九四、《冊府元龜》七四八「必」並作「如」，武井驥《纂註本》、元刊本、楚府本、楊美益本、白口十行本、程榮本、祕書本、陳用光本、四庫本、百子本並同，即其明證，當據改。

王曰：「諾。」虞卿聞之，曰：「此飾說也。王慎勿與。」

武井驥曰：「〈趙策〉『慎』作『必』。」

蔡信發曰：「《史記》『慎』作『眘』。慎、眘古今字。《集韻》：『慎，古作眘。』」

茂仁案：「曰」，《戰國策・趙策三》作「入見王，王以樓緩言告之，虞卿曰」，《史記・虞卿傳》作「入見王曰」，《通志》九同。審以文義，《戰國策・趙策三》之說爲長且明，當據補。「此飾說也」，程榮本、祕書本、陳用光本、百子本「飾」並作「餙」，《俗書刊誤》四云：「飾，俗作餙。」「王慎勿與」，《戰國策・趙策三》「慎」作「必」，祕書本同，《史記・虞卿傳》「慎」作「眘」，《通志》九四同。蔡先生云「慎、眘古

今字。《集韻》：『愼，古作脊。』」是，唯「愼、脊古今字」，愼、脊誤乙耳。

樓緩聞之，往見王，王又以虞卿之言告樓緩。

　　茂仁案：《戰國策·趙策三》下「樓緩」作「之」，《冊府元龜》七四八同。審此樓緩爲主詞甚明，此以「之」代下「樓緩」，並通，《戰國策·趙策三》、《冊府元龜》七四八並同。

樓緩對曰：「不然。虞卿得其一，不得其二。夫秦、趙構難而天下皆說，何也？

　　茂仁案：「不得其二」，《戰國策·趙策三》作「不知其二也」。《通志》九四「構」作「搆」，四庫本同。搆、構並从冓得聲，可相通用。

曰：『吾且因彊而乘弱矣。』

　　武井驥曰：「〈趙策〉『且』作『將』。」

　　茂仁案：《戰國策·趙策三》「且」作「將」，《冊府元龜》七四八同。且、將，義通。

今趙兵困於秦，天下之賀戰勝者，必盡在於秦矣。故不如亟割地為和，以疑天下，而慰秦之心，

　　茂仁案：「故不如亟割地爲和」，《戰國策·趙策三》「爲」作「求」，爲、求，並通。

不然，天下將因秦之怒，乘趙之弊而瓜分之，

　　茂仁案：「天下將因秦之怒」，《史記·虞卿傳》「怒」上有「彊」字，《通志》九四同。〈考證〉引中井積德曰：「怒字疑衍。」王念孫《讀書雜志》三之四《史記·平原君虞卿列傳》云：「此怒字非喜怒之怒。《廣雅》曰：『怒，健也。』健亦彊也，彊怒連文，又與下句弊字對文，是怒即彊也。上文曰：『吾且因彊而乘弱』是其證。」是。

趙見亡，何秦之圖乎？

　　盧文弨曰：「（見）〈策〉、《史》作『且』。」

　　梁容茂曰：「〈策〉、《史》：見，俱作『且』。」

　　蔡信發曰：「《國策》、《史記》，『見』並作『且』，是。《呂覽·音律》〈注〉：『且，將也。』」

　　茂仁案：《戰國策·趙策三》、《史記·虞卿傳》「見」並作「且」，蔡先生言作「且」

爲是。審「見」字爲已然之詞，「且」字爲將然之詞，此處「天下將因秦之怒」爲設說之語，後用肯定之已然之詞「見」爲言，亦通，愚謂「見」亦通，不煩改字也。

故曰虞卿得其一，不得其二。願王以此決之，勿復計也。」

　　茂仁案：《戰國策・趙策三》作「王以此斷之，勿復計也」，《冊府元龜》七四八同。

虞卿聞之，往見王曰：「危哉！樓子之所以爲秦者，

　　茂仁案：「危哉」，王念孫《讀書雜志》三之四《史記・平原君虞卿列傳》云：「此危字非安危之危，危讀爲詭。詭，詐也，言其爲秦之計甚詐也。樓緩使趙王割地爲和，以疑天下而慰秦心，實則示天下以弱，而益秦之彊。名以爲趙而實以爲秦，故曰『詭哉！樓子之所以爲秦者。』」是。

是愈疑天下，而何慰秦之心哉！獨不言示天下弱乎？

　　蔡信發曰：「《國策》『是』上有『夫趙兵困於秦，又割地爲和』十一字。」

　　茂仁案：「是愈疑天下」，《冊府元龜》七四八「是」上亦有「夫趙兵困於秦，又割地爲和」十一字，有此十一字，於文義爲長且明，當據補。

且臣言勿與，非固勿與而已也。秦索六城於王，而王以六城賂齊。齊，秦之深讎也，得王之六城，并力而西擊秦，齊之聽王不待辭之畢也。則是王失之於齊，而取償於秦也。

　　茂仁案：「且臣言勿與」，《戰國策・趙策三》、《史記・虞卿傳》「與」下並有「者」字，於文氣較完，《資治通鑑》五、《通志》九四、《冊府元龜》七四八並有之。「而王以六城賂齊」，《戰國策・趙策三》「六城」作「五城」，下同，《冊府元龜》七四八同。此作「五城」者，爲承上文「秦雖善攻，不能取六縣，趙雖不能守，亦不失六城」而言「我以五縣收天下以攻罷秦」之「五縣」而來。審度文義，此作「六城」、「五城」，義並通。

而齊、趙之仇可以報矣，而示天下有能爲也。

　　武井驥曰：「《史》作『深讐』。」

　　茂仁案：「而齊、趙之仇可以報矣」，《史記・虞卿傳》「仇」作「深讎」，《通志》九四、《冊府元龜》七四八並同，《資治通鑑》五亦同，唯「讎」作「讐」。元刊本、楚府本、楊美益本、程榮本、百子本「仇」並作「讎」，武井驥《纂註本》、何良俊

本、白口十行本、程榮本、陳用光本、四庫本則並作「讐」。《說文》八篇上人部云：「仇，讎也。」則仇、讎，義同也。讎、讐，一字之異體。

王以此為發聲，兵未窺於境，臣見秦之重賂，而反構於王也。

　　梁容茂曰：「（臣見秦之事賂而反構於王也）程、百子本：事，俱作『重』。」

　　茂仁案：四庫《新序》版本有二，二本並作「重」，不作「事」，梁先生以四庫本為底本，失檢。《史記‧虞卿傳》無「為」字、「賂」下有「至趙」二字，《資治通鑑》五、《通志》九四並同。審以文義，有「至趙」二字，於義較長且明。元刊本、楚府本、何良俊本、楊美益本、白口十行本「重賂」並作「事賂」。

從秦為構，韓、魏聞之，必盡重王，

　　茂仁案：祕書本「為」作「聞」，非是，蓋涉下文「韓、魏聞之」而誤。

　　重王，必出重寶以先於王，則是王一舉而結三國之親，而與秦易道也。」

　　武井驥曰：「《史》『三』作『二』，鮑彪曰：『韓、魏本趙與國，與齊為三』。」

　　茂仁案：祕書本「道」作「趙」，非是。道，古為定母、幽部；趙，古為定母、宵部。趙、道，聲轉之誤也。

趙王曰：「善。」即發虞卿東見齊王，與之謀秦。虞卿之謀行而趙霸，此存亡之樞機。樞機之發，間不及旋踵。

　　蔡信發曰：「〈考證〉：『蘇轍曰：＇太史公記虞卿與趙謀事，皆秦破長平後，而卿為魏齊棄相印走梁，則前此矣，意者魏齊死，卿自梁還相趙，而太史公失不言之耳。＇全祖望曰：＇〈范雎傳〉，則魏齊之亡，在秦昭王四十二年，其時虞卿已相趙，棄印與俱亡，而困于大梁。〈虞卿傳〉，謂其自此不得意，乃著書以消窮愁，是棄印之後，虞卿遂不復出也，乃長平之役，在昭王四十七年，史公所謂虞卿料事揣情為趙畫策者，反在棄印五年之後，則虞卿嘗再相趙矣。何嘗窮愁以老，而史公序長平之策于前，序大梁之困於後，顛倒其事，竟忘年數之參錯，豈非一大怪事也。＇』愚按：虞卿事、本傳與〈范雎傳〉不合。王懋竑《讀史謾記》、崔適《史記探源》亦論之。」

　　茂仁案：《史記‧虞卿傳》〈考證〉云：「秦、趙戰于長平以下，采〈趙策〉，但〈策〉主媾者皆樓緩語，而《史》以前為趙郝語，後為樓緩，次第亦不同，《通鑑》從《史》，而前後刪削太多。」是。

是故虞卿一言而秦之震懼，趨風馳指而請備。故善謀之臣，其於國豈不重哉！微虞卿，趙以亡矣。

　　武井驥曰：「叢書本『構』作『備』，非。」

　　茂仁案：「是故虞卿一言而秦之震懼」，「之」字似不辭，疑似衍文，實則當訓「則」，說見《古書虛字集釋》九。「趨風馳指而請備」，文不辭。審上文虞卿諫趙王以六城賂齊，使與伐秦，而「臣見秦之重賂而反構於王也」，知「備」字，當即「構」字之形誤，武井驥《纂註本》作『構』，即其明證，《戰國策‧趙策三》云：「虞卿未反，秦之使者已在趙矣。」《史記‧虞卿傳》、《資治通鑑》五、《通志》九四、《冊府元龜》七四八並略同，亦其明證，當據改。

（十一）魏請為從

魏請為從，趙孝成王召虞卿謀，過平原君。平原君曰：「願卿之論從也。」

　　梁容茂曰：「（趙孝武王名虞卿謀）百子本：此不提行，誤。見《國策‧趙策》。」

　　茂仁案：「魏請為從」，《戰國策‧趙策三》作「魏使人因平原君請從於趙」。四庫《新序》版本有二，二本並作「成王」，不作「武王」，梁先生以四庫本為底本，失檢。

虞卿入見王，曰：「魏請為從。」

　　施珂曰：「《史記》王字疊。是也。」

　　茂仁案：《通志》九四「曰」上亦有「王」字。「曰」上有「王」，於義較明。

對曰：「魏過。」王曰：「寡人固未之許。」對曰：「王過。」

　　盧文弨曰：「（王過）〈策〉作『王亦過矣』。」

　　梁容茂曰：「〈趙策〉作：『王亦過矣』。」

　　茂仁案：「王過」，《戰國策‧趙策三》作「王亦過矣」。審下文「臣故曰：『王過，魏亦過。』」為承此而來，下句「過」上亦有「亦」字。職是，此「過」上當據補「亦」字，有「亦」字，於文氣亦較完足。《戰國策‧趙策三》下文「王過，魏亦過」，正作「魏過，王亦過」，即其明證。

王曰：「魏請從，卿曰『魏過』，寡人未之許，又曰『寡人過』，然則從，終不可耶？」

　　茂仁案：「終不可耶」，楚府本「不」字重出，非是。《史記‧虞卿傳》「耶」作

「乎」,《通志》九四同。元刊本、楚府本、何良俊本、楊美益本、白口十行本、程榮本、祕書本、陳用光本、四庫本、百子本「耶」並作「邪」。耶、邪、乎,並通。

對曰:「臣聞小國之與大國從事也,有利,大國受福;有敗,小國受禍。

　　武井驥曰:「〈趙策〉作『凡強弱之舉事,強受其利,弱受其害』。」

　　梁容茂曰:「〈趙策〉作:『凡強弱之舉事,強受其利,弱受其害。』」

　　茂仁案:《史記‧虞卿傳》「利」、「敗」下並有「而」字,兩「受」下並有「其」字,《通志》九四同。郭嵩燾《史記札記》五上云:「秦、漢以下對君之詞,必務張大其國之勢,而高其主之賢,其源固出於虞卿也。是時趙地不廣於魏,其彊弱之勢亦無以加於魏,始皇十九年滅趙虜趙王遷,二十二年滅魏虜魏王假,魏之亡又後四年,以趙與秦接,其禍尤烈於魏也。虞卿之道諛,實開秦、漢以後二千年之風尚矣。」秦、漢後之諛君,道始虞卿,其然否,姑置不論,唯其時虞卿以趙小魏,確誇之矣,可參本書本卷「楚使黃歇於秦」章,稽之即知其然。

今魏以小請其禍,而王以大辭其福。臣故曰:『王過,魏亦過。』竊以為從便。」

　　盧文弨曰:「(王過,魏亦過)〈策〉作『魏過,王亦過』,是。」

　　武井驥曰:「《史》『小』、『大』下並有『國』字。」

　　梁容茂曰:「〈趙策〉:王、魏互乙。」

　　茂仁案:「王過,魏亦過」,《戰國策‧趙策三》「王」、「魏」二字互易,審上文虞卿先言「魏過」,後言「王過」,此為承上而來,故「王」、「魏」二字當據互易,於文例較長。《史記‧虞卿傳》「小」、「大」下並有「國」字,有「國」字,於義較明,《通志》九四同。

王曰:「善!」乃合魏為從。使虞卿久用於趙,趙必霸。會虞卿以魏齊之事,弃捐相印而歸。不用,趙旋亡。

　　武井驥曰:「《史》曰:『不重萬戶侯卿相之印,與魏齊間行,卒去趙。』」

　　施珂曰:「《漢魏叢書》程本、陳本『弃捐相印』皆作『弃侯捐相』。」

　　蒙傳銘曰:「『棄侯捐相』,陳用光本作『棄捐相印』,鐵華館本同。」

　　茂仁案:「弃捐相印而歸」,《通志》九四亦作「不重萬戶侯卿相之印,與魏齊間行,卒去趙」。元刊本、楚府本、楊美益本並作「弃侯捐相而歸」,何良俊本、白口十行本、程榮本、祕書本、陳用光本、百子本並作「棄侯捐相而歸」。度以《史記‧虞卿傳》所載,則此作「棄侯捐相而歸」,於義較長。

《新序》卷第十

陽朔元年二月癸卯護左都水使者光祿大夫臣劉向上
善　謀

（一）沛公與項籍俱受令於楚懷王

沛公與項籍俱受令於楚懷王，曰：「先入咸陽者王之。」

　　茂仁案：「先入咸陽者王之」，《史記·高祖本紀》「入咸陽」作「入關」，《漢書·高帝紀》作「定關中」。《史記·項羽本紀》作「先破秦，入咸陽者王之」。

沛公將從武關入，至南陽守戰，南陽守齮保宛城。

　　盧文弨曰：「（守戰）當作『與戰』，又當有『破之』二字。」

　　武井驥曰：「《史·高祖本紀》作『略南陽郡，南陽守齮走保城守宛』。顏師古曰：『宛，南陽之縣也。』驥按：上『守』字恐衍。」

　　蒙傳銘曰：「『守』當作『與』，武說非，盧說是也。《史記·高祖本紀》云：『沛公還至陽城，收軍中馬騎，與南陽守齮戰犫東，破之。』（《漢書·高帝紀》同，）可證。又據《史記》末當有『破之』二字。」

　　梁容茂曰：「《拾補》云：『守戰當作與戰。又當有破之二字。』案：《史記·高祖本紀》云：『收中軍（茂仁案：當作軍中）馬騎，與南陽守齮戰犫東，破之；略南陽郡，南陽守齮走保城守宛。』」

　　蔡信發曰：「《拾補》：『「守戰」，當作「與戰」。又當有「破之」二字。』案：『南陽』當重，『守』下宜有『與』，盧說欠妥；增『破之』，文明（茂仁案：當作義）較明，盧說是。」

茂仁案：「至南陽守戰」，義不可通，其下接言「南陽守齮保宛城」，知此句當有奪字，又下文「南陽守欲自殺」，知「南陽守」爲一語句，此析「守戰」爲一，知其誤矣！《史記・高祖本紀》云：「收軍中馬騎，與南陽守齮，戰犨東，破之，略南陽郡，南陽守齮，走保城守宛。」《漢書・高帝紀》、《資治通鑑》八、《冊府元龜》五並略同，《漢紀・高祖皇帝紀》云：「夏六月，沛公攻宛，韓王使張良從，南陽太守呂齮保城不下。」盧文弨云「守戰」當作「與戰」，且又當有「破之」二字。蔡先生則云「南陽」當重，「守」下宜有「與」字，且增「破之」二字，盧文弨所改作，至南陽「與」戰之主詞未明，欠妥，蔡先生評之是也；而蔡先生所改作之「至南陽，南陽守與戰，破之」，度此語法，則戰敗者可爲沛公，亦可爲南陽守，唯此戰戰敗者爲南陽守，審諸《史記・高祖本紀》、《漢書・高帝紀》、《漢紀・高祖皇帝紀》、《資治通鑑》八、《冊府元龜》五等文，即知其然，是以有下文「南陽守齮保宛城」語，《史記・曹相國世家》云：「從南攻犨，與南陽守齮，戰陽城郭東，陷陳，取宛，虜齮，盡定南陽郡。」又〈絳侯周勃世家〉云：「南攻南陽守齮，破武關、嶢關。」云云，亦並爲守齮戰敗之證，職是，蔡先生之論亦未安也，檢四庫全書薈要本作「至南陽，與南陽守齮戰」，上下文義完足，是也，當據補。至如盧文弨據補「破之」二字，於文義較明，然此文義已備，非必補之。「南陽守齮保宛城」，四庫全書薈要本無「南陽」二字，他本則並有。

【史作與南陽守齮戰犨東，破之，南陽守齮走保城守宛】

茂仁案：武井驥《纂註本》、元刊本、楚府本、何良俊本、楊美益本、白口十行本、程榮本、祕書本、陳用光本、四庫本、百子本並無此〈注〉，鐵華館本、龍溪本則並與此同，唯鐵華館本、龍溪本並無「齮」字，「宛」並作「苑」。《史記・高祖本紀》、《漢書・高帝紀》、《漢紀・高祖皇帝紀》亦並作「宛」與本文同，下同。宛、苑，古並爲影母、元部，音同可通。《史記・高祖本紀》〈正義〉云：「《括地志》云：『南陽縣故城，在宛大城之南隅，其西南有二面，皆故宛城。』」《漢書・高帝紀》顏〈注〉云：「宛，南陽之縣也。」職是，宛、苑，正、假字。

堅守不下，沛公引兵，圍宛三匝。

蔡信發曰：「《漢書》『匝』作『帀』。匝，不見《說文》，帀之俗字。《增韻》：『帀，俗作匝。』」

茂仁案：《太平御覽》三五七引陸賈《楚漢春秋》云：「高祖向咸陽南趣宛，宛堅守不下。乃匿其旌旗，人銜枚，馬束口，龍舉而翼奮。雞未鳴，圍宛城三匝，宛

城降。」所載較此爲詳。「堅守不下」，四庫本無「堅守」二字，他本並有。「圍宛三
匝」，《史記・高祖本紀》「匝」亦並作「帀」，《通典》一五八亦同，龍溪本亦同。帀、
匝，正、俗字。

南陽守欲自殺，其舍人陳恢止之曰：「死未晚也。」
　　武井驥曰：「《史》及《漢書》『殺』作『剄』。」
　　茂仁案：「南陽守欲自殺」，《通典》一五八、《資治通鑑》八、《冊府元龜》一二
六、又八九一「殺」亦並作「剄」。《說文》四篇下刀部云：「剄，刑也。」段〈注〉
云：「剄謂斷頭。」殺、剄，義通。

於是恢乃踰城見沛公曰：「臣聞足下約，先入咸陽者王之。今足下留兵盡日圍
宛。
　　梁容茂曰：「《史記》作『今足下留守宛』。」
　　茂仁案：「今足下留兵盡日圍宛」，《漢書・高帝紀》亦作「今足下留守宛」，《通
典》一五八、《資治通鑑》八、《冊府元龜》八九一並同。

宛，大郡之都也，連城數十，人民眾，蓄積多，其吏民自以爲降而死，故皆
堅守乘城，
　　武井驥曰：「《史》、《漢》『而』作『必』。太田周曰：『而，猶則也。』」
　　施珂曰：「《史記・高祖本紀》而作必。」
　　梁容茂曰：「《史記》作：『吏人自以爲降必死』。」
　　茂仁案：「人民眾」，《太平御覽》三一七引《史記・高祖本紀》作「人庶眾」，《通
典》一五八作「民庶眾」。「其吏民自以爲降而死」，《史記・高祖本紀》「而」作「必」、
「民」作「人」，《漢書・高帝紀》「而」亦作「必」，《通典》一五八、《資治通鑑》
八、《冊府元龜》八九一並同。民作人，蓋避唐太宗諱而改。

足下攻之，死傷者必多。死者未收，傷者未瘳。
　　梁容茂曰：「《史記》作：『今足下盡日止攻』。」
　　茂仁案：「足下攻之」，《漢書・高帝紀》亦作「今足下盡日止攻」，《資治通鑑》
八、《冊府元龜》八九一並同，《漢紀・高祖皇帝紀》作「足下盡力攻之」，《通典》
一五八作「足下盡日相攻」。「傷者未瘳」，楚府本「瘳」形訛作「廖」，非是，形近
而訛。

足下曠日則事留，引兵而去，宛完繕弊甲，砥礪凋兵而隨足下之後，

　　蔡信發曰：「《史記・高祖本紀》、《漢書・高祖紀》『宛』並重。是。」

　　茂仁案：《資治通鑑》八「宛」字亦重出。四庫本「弊」作「獘」。獘，俗引申為利弊字，說見《說文》十篇上犬部「獘」字段〈注〉。

　　足下前則失咸陽之約，後有彊宛之患，竊為足下危之。

　　茂仁案：「後有彊宛之患」，《史記・高祖本紀》「後」下有「又」字，《漢紀・高祖皇帝紀》「彊」作「強」，《通典》一五八並同。「後」下有「又」字，於文義較明，於文氣亦較完足，且與上文「前則失咸陽之約」句法一律，當據補。元刊本、楚府本、何良俊本、楊美益本、白口十行本、程榮本、祕書本、陳用光本、四庫本、百子本「彊」亦並作「強」，彊、強，古並為群母、陽部，音同可通。

為足下計者，莫如約宛守降，封之，因使止守，

　　梁容茂曰：「《史記》作：『莫若約降封其守。』」

　　茂仁案：「莫如約宛守降，封之」，《漢書・高帝紀》亦作「莫若約降封其守」，《通典》一五八、《資治通鑑》八、《冊府元龜》八九一並同。《漢紀・高祖皇帝紀》作「不如降之，封其守」。

引其甲兵，與之西擊，

　　梁容茂曰：「《史記》無『擊』字。」

　　茂仁案：「引其甲兵」，《史記・高祖本紀》、《漢書・高帝紀》「甲兵」並作「甲卒」，《通典》一五八、《資治通鑑》八、《冊府元龜》八九一並同，元刊本、楚府本、何良俊本、楊美益本、白口十行本、程榮本、祕書本、陳用光本、四庫本、百子本亦並同。兵、卒，義通，唯上文有「砥礪凋兵」句，故作「甲兵」，於義為長。鐵華館本、龍溪本則並作「甲兵」與本文同。「與之西擊」，《漢書・高帝紀》、《漢紀・高祖皇帝紀》亦並無「擊」字。審下文「引兵西，無不下者」，亦無「擊」字，故「擊」字，當據諸書刪。

諸城未下者，聞風爭開門而待足下，通行無所累。」

　　武井驥曰：「《漢書》疊『足下』二字。」

　　施珂曰：「《史記》『風』作『聲』。」

　　蒙傳銘曰：「（聞聲爭開門）『聲』，《史記》、《漢書》並如此作，黃丕烈校作『風』，鐵華館本同。」

　　茂仁案：「諸城未下者」，《漢紀・高祖皇帝紀》「諸城」作「北城」。「聞風爭開

門而待足下」，《史記・高祖本紀》、《漢書・高帝紀》「風」並作「聲」，《通典》一五八、《冊府元龜》八九一並同，何良俊本、白口十行本、程榮本、陳用光本、四庫本、百子本亦並同，祕書本作「殼」，楚府本奪「開」字。作「風」較「聲」義為長；殼，蓋「聲」之俗寫。「通行無所累」，《漢書・高帝紀》「通」上有「足下」二字，《資治通鑑》八、《冊府元龜》八九一並同。「通」上有「足下」二字，於義較長且明。

沛公曰：「善。」乃以宛守為殷侯，封陳恢千戶，引兵西，無不下者，遂先入咸陽，陳恢之謀也。

　　武井驥曰：「《漢書》『善』下有『七月』二字。」

　　茂仁案：「乃以宛守為殷侯」，《漢書・高帝紀》作「七月，南陽守齮降，封為殷侯」，《漢紀・高祖皇帝紀》作「七月，封南陽太守齮為殷侯」，並有「七月」，較此為明。下句「封陳恢千戶」，《漢紀・高祖皇帝紀》「戶」下有「侯」字。

（二）漢王既用滕公、蕭何之言

漢王既用滕公、蕭何之言，擢拜韓信為上將軍，引信上坐，

　　蔡信發曰：「《史記・淮陰侯傳》：『漢王之入蜀，信亡楚歸漢，未得知名，為連敖，坐法當斬，其輩十三人皆已斬，次至信。信乃仰視，適見滕公，曰：「上不欲就天下乎？何為斬壯士？」滕公奇其言，壯其貌，釋而不斬，與語，大說之。言於上，上拜以為治粟都尉，上未之奇。信數與蕭何語，何奇之。至南鄭，諸將行道亡者數十人，信度何等已數言上，上不我用，即亡。何聞信亡，不及以聞，自追之。人有言上曰：「丞相何亡！」上大怒，如失左右手。居一二日，何來謁上。上且怒且喜，罵何曰：「若亡，何也？」何曰：「臣不敢亡也。臣追亡者。」上曰：「若所追者誰？」何曰：「韓信也。」上復罵曰：「諸將亡者以十數，公無所追，追信，詐也。」何曰：「諸將易得耳。至如信者，國士無雙。王必欲長王漢中，無所事信；必欲爭天下，非信無所與計事者，顧王策安所決耳。」王曰：「吾亦欲東耳，安能鬱鬱久居此乎？」何曰：「王計必欲東，能用信，信即留；不能用，信終亡耳。」王曰：「吾為公以為將。」何曰：「雖為將，信必不留。」王曰：「以為大將。」何曰：「幸甚』，〈蕭相國世家〉：『何進言韓信，漢王以信為大將軍。』據是，得知薦信為大將者，乃蕭何，非滕公，此並言，蓋涉初滕公救信而誤。」

　　茂仁案：蔡先生之論是也，唯韓信之得為大將軍，若非初有滕公之釋而不斬，且言於上，上乃拜以為治粟都尉，韓信又豈有日後受蕭何之薦而為大將軍者乎？是

以此云「漢王既用滕公、蕭何之言,擢拜韓信爲上將軍」非必誤也。

王問曰:「丞相數言將軍,將軍何以教寡人計策?」

茂仁案:「將軍何以教寡人計策」,《史記‧淮陰侯傳》「策」作「筞」,陳用光本、四庫本、鐵華館本、百子本並同,《漢書‧韓信傳》作「筴」。策、筴,形近而訛,當據改;筞,爲「策」字隸書之隸定也。

信謝,因問王曰:「今東向爭權天下,豈非項王耶?」

梁容茂曰:「(豈非項王邪)《史記》:向,作『鄉』。向、鄉、嚮,俱通用。何、程、百子本:邪,俱作『耶』。案:《史記》作『邪』。邪、耶,通用。」

茂仁案:「信謝」,《資治通鑑》九「信」下有「辭」字。「今東向爭權天下」,《史記‧淮陰侯傳》、《漢書‧韓信傳》「向」並作「鄉」,《資治通鑑》九、《通志》九五並同,《通典》一五〇作「嚮」。《漢書‧韓信傳》顏〈注〉云:「鄉,讀曰嚮。」《說文》六篇下邑部云:「鄉,國離邑,民所封鄉也。」段〈注〉云:「鄉者,今之向字。漢字多作鄉,今作向。所封,謂民域其中;所鄉,謂歸往也。《釋名》曰:『鄉,向也。』」職是,鄉、向,古、今字;鄉、嚮,正、假字也。「豈非項王耶」,四庫《新序》版本有二,二本並作「耶」,不作「邪」,梁先生以四庫本爲底本,失檢。《史記‧淮陰侯傳》、《漢書‧韓信傳》「耶」並作「邪」,《通典》一五〇同,《漢紀‧高祖皇帝紀》作「也」,元刊本、楚府本、楊美益本、白口十行本亦並作「邪」。耶、邪、也,並通。

曰:「然。」「大王自斷【史作料】勇【史有悍字】仁彊孰與項王?」

武井驥曰:「(大王自斷勇仁悍強)吳本、朝鮮本無『悍』字,非。《史》作『自料勇悍仁強』,《漢書》同,句上有『信曰』二字。」

施珂曰:「《史記‧淮陰侯列傳》然下有曰字。當據補。《漢書‧韓信傳》有『信曰』二字。亦可證此有脫文。又案舊校斷下云:『《史》作料。』勇下云:『《史》有悍字。』《漢書》與《史記》同。《漢魏叢書》程本、陳本作『勇仁悍強。』悍字當從《史》、《漢》在仁字上。勇悍爲一事,仁爲一事,彊爲一事。」

梁容茂曰:「(勇仁強孰與項王)何、程、百子本:仁下俱有『悍』字,蓋據《史》而補也。案:見《史記‧淮陰侯列傳》。今四庫本《新序》已無『悍』字。」

茂仁案:「【史作料】」、「【史有悍字】」,武井驥《纂註本》、元刊本、楚府本、何良俊本、楊美益本、白口十行本、程榮本、祕書本、陳用光本、四庫本、百子本並無此〈注〉,鐵華館本、龍溪本則並與此同。「自斷勇仁彊」,四庫《新序》版本有二,

二本「仁」下並有「悍」字，梁先生以四庫本爲底本，失檢。《史記・淮陰侯傳》、《漢書・韓信傳》並作「自料勇悍仁彊」，《資治通鑑》九、《通志》九五並同，《漢紀・高祖皇帝紀》同，唯「彊」作「強」，《長短經・霸圖篇》〈注〉同，《通典》一五〇作「智勇仁彊」。盧文弨於「仁」下補「悍」字，云「宋本刪」，武井驥《纂註本》作「自斷勇仁悍強」，是，程榮本、祕書本、四庫本、陳用光本、百子本「仁」下亦並有「悍」字，當據補也。料、斷，古通，本書卷一「楚威王問於宋玉」章，「豈能與之斷天地之高哉」，《文選》宋玉〈對楚王問〉，「斷」作「料」，《藝文類聚》九〇、《長短經・論士篇》、《太平御覽》九三八引《春秋後語》「斷」亦並作「料」，並爲斷、料古通之證。武井驥《纂註本》、元刊本、楚府本、何良俊本、楊美益本、白口十行本、程榮本、祕書本、陳用光本、四庫本、百子本「彊」亦並作「強」，下同。彊、強，古並爲群母、陽部，音同可通。

漢王默然良久，曰：「不如也。」信再拜賀曰：「唯信亦以為大王不如也。

施珂曰：「（信爲拜賀曰……請言項王再人）爲、再二字誤植。當互易。」

蔡信發曰：「《史記》、《通鑑》『唯』作『惟』。〈考證〉：『張文虎曰：'惟，《漢書》作唯。王本作雖。'王念孫曰：'雖字，古多借作惟，又作唯。惟信亦以爲大王不如也，當作一句讀。言非獨大王以爲不如，雖信亦以爲不如也。'』是。案：王說見《讀書雜志》三。」

茂仁案：「信再拜賀曰」，鐵華館本、龍溪本「再」並作「爲」，亦通。「唯信亦以爲大王不如也」，《史記・淮陰侯傳》「唯」作「惟」、無「以」字，《長短經・霸圖篇》〈注〉「唯」作「雖」，《資治通鑑》九「唯」亦作「惟」。〈考證〉云：「張文虎曰：『惟』，《漢書》作『唯』，王本作『雖』，凌引一本，亦下有『以』字。王念孫《讀書雜志》四之八《漢書・韓彭盧吳傳》曰：『雖字，古多借作惟，又作唯。惟信亦以爲大王不如也，當作一句讀。言非獨大王以爲不如，雖信亦以爲不如也。』」王念孫說是也。唯、惟、雖，古字通用之辯，又見王念孫《讀書雜志》卷三之四《史記・張儀列傳》「雖無出甲」條。本書本卷「漢三年」章，「且夫楚雖無彊」，元刊本、楚府本、何良俊本、楊美益本、白口十行本、程榮本、祕書本、陳用光本、四庫本、百子本「雖」並作「惟」，又該章文末注云「『楚雖無彊』，《漢》、《史》作『楚唯無彊』」，「雖」作「唯」，此並爲王念孫說之證也。

然臣嘗事楚，請言項王為人。

茂仁案：「請言項王爲人」，鐵華館本「爲人」作「再人」，非是。此蓋以「爲」

爲「其」，再以「其」字形近而訛爲「再」所致，他本並不誤。

項王喑噁叱咤，

盧文弨曰「（噁）別本作『啞』，《史》同。」

武井驥曰：「《漢書》作『意烏猝嗟』。司馬貞曰：『喑噁，懷怒氣；叱咤，發怒聲。』」

梁容茂曰：「《拾補》云：『噁，別本作啞，《史》同。』案：今《史記》仍作『喑』。」

蔡信發曰：「《漢書》『喑噁叱咤』作『意烏猝嗟』。」

茂仁案：「項王喑噁叱咤」，《漢書・韓信傳》作「意烏猝嗟」，《漢紀・高祖皇帝紀》作「喑嗚叱咤」，《通典》一五○同，《通志》九五作「音烏猝嗟」。喑、音並從音得聲，可相通用；喑，古爲影母、侵部；意，古爲影母、職部，二者聲之轉也。噁，從惡得聲，惡古爲影母、鐸部；烏、嗚，古並爲影母、魚部，則亦一聲之轉。叱，古爲昌母、質部；猝，古爲清母、物部。咤，古爲端母、鐸部；嗟，古爲精母、歌部。職是，喑噁、意烏、喑嗚，蓋音之轉也；叱咤、猝嗟，於音無所涉，蓋以其意通故也。〈索隱〉云：「叱咤，發怒聲。」《漢書・韓信傳》顏〈注〉云：「李奇曰：『猝嗟猶咄嗟也。』」咄嗟蓋亦斥喝之聲也。《長短經・霸圖篇》〈注〉「噁」作「啞」，楚府本、陳用光本、四庫全書薈要本、百子本並同，啞、噁並從亞得聲，可相通用。

千人皆廢，然不能任屬賢將，此匹夫之勇耳。

武井驥曰：「《漢書》『此』下有『特』字。」

梁容茂曰：「《史記》：此下有『特』字。」

茂仁案：「千人皆廢」，《漢紀・高祖皇帝紀》「廢」作「靡」，義近。「然不能任屬賢將」，《長短經・霸圖篇》〈注〉「屬」作「属」，元刊本、楚府本、何良俊本、楊美益本並同。属，未見於字書，唯版刻習見，愚謂即「屬」字俗寫。「此匹夫之勇耳」，《漢紀・高祖皇帝紀》、《長短經・霸圖篇》〈注〉、《通典》一五○、《資治通鑑》九、《通志》九五「此」下亦並有「特」字，有「特」字，於文氣較完。

項王見人恭謹，言語呴呴，

盧文弨曰「《史》『嘔嘔』，《漢》『姁姁』。」

武井驥曰：「《史》作『嘔嘔』，《漢書》作『姁姁』，通。」

梁容茂曰：「呴呴：《史記》作『嘔嘔』；《漢書》作『姁姁』。呴呴、嘔嘔、姁姁，並通用。」

蔡信發曰：「《史記》、《通鑑》作『嘔嘔』，《漢書》作『姁姁』。在聲，呴爲曉紐，

嘔爲影紐，同屬喉音；在韻，並收侯部，又呴、姁並從句得聲，故三詞實可通作，《漢書·東方朔傳》〈注〉：『呴呴，言語順也。』《廣雅·釋訓》：『嘔嘔，喜也。』《漢書·韓信傳》〈注〉：『姁姁，和好貌。』」

茂仁案：「項王見人恭謹」，《漢紀·高祖皇帝紀》「見人」作「與人」，並訓待人之意，並通。《史記·淮陰侯傳》「恭謹」作「恭敬慈愛」，《長短經·霸圖篇》〈注〉、《資治通鑑》九並同。「言語呴呴」，《史記·淮陰侯傳》「呴呴」作「嘔嘔」，《資治通鑑》九同，《漢書·韓信傳》作「姁姁」，《通志》九五同，《長短經·霸圖篇》〈注〉作「呴嘔」。《史記·淮陰侯傳》〈索隱〉云：「（嘔）音吁。嘔嘔猶區區也。《漢書》作姁姁，鄧展曰：『姁姁，好也，張晏音吁。』」《漢書·韓信傳》顏〈注〉云：「姁姁，和好兒也。」梁先生、蔡先生說並是也。

人疾病，涕泣分飲食；

施珂曰：「《漢魏叢書》程本、陳本飲食作食飲。《史記》、《漢書》並同。」

蒙傳銘曰：「『食飲』，《史記·淮陰侯列傳》、《漢書·韓信傳》並如此作，鐵華館本作『飲食』。」

茂仁案：「涕泣分飲食」，《史記·淮陰侯傳》、《漢書·韓信傳》「飲食」並乙作「食飲」，《長短經·霸圖篇》〈注〉、《資治通鑑》九並同，《漢紀·高祖皇帝紀》無「飲」字，《通典》一五〇同，武井驥《纂註本》、元刊本、楚府本、何良俊本、楊美益本、白口十行本、程榮本、祕書本、陳用光本、四庫本、百子本「飲食」亦並乙作「食飲」。

至使人有功，當封爵，印刓綬弊，忍不能與，此所謂婦人之仁。

武井驥曰：「《漢書》無『綬弊』二字，『印』上有『刻』字。〈酈食其傳〉『刓』作『玩』。」

梁容茂曰：「《史》、《漢》俱無『綬』字。」

茂仁案：「印刓綬弊」，《史記·淮陰侯傳》無「綬」字、「弊」作「敝」。《漢書·韓信傳》作「刻印刓」，《通志》九五同，《長短經·霸圖篇》〈注〉作「銷印列幣」，《通典》一五〇作「印刓弊」，《資治通鑑》九作「印刓敝」。四庫本「弊」作「獘」。幣、弊，古通；敝、弊，古、今字；獘，俗引申爲利弊之弊，說見《說文》十篇上犬部「獘」字段注。「忍不能與」，《漢紀·高祖皇帝紀》作「悋而不能與」。「此所謂婦人之仁」，《漢紀·高祖皇帝紀》作「此特匹婦之仁耳」，《通典》一五〇同，且「特」上有「乃」字。

項王雖霸天下而臣諸侯，不居關中，都彭城，又背義帝約，而以親愛王，諸
侯不平；

武井驥曰：「《漢書》『中』下有『而』字。」

梁容茂曰：「（又背義帝之約）《史記》：又，作『有』。」

茂仁案：「項王雖霸天下而臣諸侯」，《漢紀・高祖皇帝紀》「霸」作「王」，《長
短經・霸圖篇》〈注〉「天下」作「中國」。「又背義帝約」，四庫《新序》版本有二，
二本「帝」下並無「之」字，梁先生以四庫本爲底本，失檢。《史記・淮陰侯傳》「又」
作「有」，《長短經・霸圖篇》〈注〉同，且「背」作「倍」。又、有，古通；倍，古
爲並母、之部；背，古爲幫母、職部，《說文》四篇下肉部云：「背，脊也。」又八
篇上人部云：「倍，反也。」職是，倍、背，正、假字也。「而以親愛王」，《漢紀・
高祖皇帝紀》「愛」作「疎」，非是，蓋涉「親」字聯想而致誤也。

諸侯之見項王遷逐義帝江南，亦皆歸逐其主，自王善地；

武井驥曰：「《史》『江』上有『置』字。」

梁容茂曰：「《史記》：江上有『置』字。」

茂仁案：《長短經・霸圖篇》〈注〉、《通典》一五〇、《資治通鑑》九「江」上亦
並有「置」字，《漢書・韓信傳》無「遷」字，《通志》九五同。

項王所過，無不殘滅，多怨，百姓不附，

武井驥曰：「《史》『多』上有『天下』二字，《漢書》疊『百姓』二字。」

施珂曰：「『百姓』二字當疊，《漢書》正作『多怨百姓，百姓不附。』古書疊字
多作食畫以識之，故誤脫耳。『多怨百姓』謂多結怨於百姓也。（本《漢書》〈注〉）。」

梁容茂曰：「《史記》：滅下有『者天下』三字，附上有『親』字。」

茂仁案：《史記・淮陰侯傳》「滅」下有「者」字、「多」上有「天下」二字、「附」
上有「親」字，《通典》一五〇、《長短經・霸圖篇》〈注〉並同，《資治通鑑》九「附」
上亦有「親」字。《漢書・韓信傳》「多怨」下有「百姓」二字，《通志》九五同。顏
〈注〉云：「結怨於百姓」，審此並爲四字句，《漢書・韓信傳》云：「多怨百姓，百
姓不附。」再審顏〈注〉，知有未當，審《史記・淮陰侯傳》云：「天下多怨，百姓
不附。」文、義通順，是也，「多怨」上有「天下」二字，於文義、文例爲長也。

特劫於威彊服耳。

施珂曰：「《史記》無服字。則彊爲彊盛之彊，威彊二字平列。」

梁容茂曰：「《史記》：無『服』字。」

　　茂仁案：《通典》一五○、《資治通鑑》九亦並無「服」字。王念孫《讀書雜志》三之五《史記‧淮陰侯列傳》云：「彊，讀『勉彊』之『彊』，『彊』下當有『服』字。『劫於威』三字連讀，『彊服』二字連讀，言百姓非心服項王，特劫於威而彊服耳。下文云：『今楚彊以威王此三人，秦民莫愛也。』語意正與此同。」是。

名雖為霸王，實失天下心，故曰『其彊易弱』。

　　武井驥曰：「《漢書》無『王』字。」

　　茂仁案：「名雖為霸王」，《史記‧淮陰侯傳》亦無「王」字，《長短經‧霸圖篇》〈注〉、《通典》一五○、《資治通鑑》九、《通志》九五並同，《漢紀‧高祖皇帝紀》「霸王」作「伯」，亦無「王」字。霸、伯，古並為幫母、鐸部，音同可通。《說文》八篇上人部云：「伯，長也。」又七篇上月部云：「霸，月始生魄然也。」段〈注〉云：「後代魄行而霸廢矣，俗用為王霸字。實伯之假借字也。」職是，伯、霸，正、假字。

今大王誠反其道，任天下武勇，何不誅？以天下城邑封功臣，何不服？以義兵從思東歸之士，何不散？

　　武井驥曰：「《史》『何』下有『所』字，下同。」

　　梁容茂曰：「《史記》：何下有『所』字；下兩何字下亦俱有『所』字。」

　　蔡信發曰：「《漢書》無三『所』。《讀書雜志》三：『三「所」字皆後人所加。〈索隱〉本出「何不誅」三字，〈注〉曰：「劉氏云『言何所不誅也。』」又出「何不散」三字，〈注〉曰：「劉氏云：『用東歸之兵，擊東方之敵，無不散敗也。』」則正文內無三「所」字明矣。《漢紀》有三「所」字，亦後人據誤本《史記》加之。《漢書》、《新序》並無三「所」字。《鹽鐵論‧結和篇》：「夫以天下之力勤，何不摧？以天下之士民，何不服？」句法與此同。』是。」

　　茂仁案：程榮本無「所」字，蔡先生云「《漢書》無三『所』」，蓋「何不誅」、「何不服」、「何不散」，《史記‧淮陰侯傳》、《漢紀‧高祖皇帝紀》、《長短經‧霸圖篇》〈注〉、《通典》一五○、《資治通鑑》九「何」下亦並有「所」字，蔡先生之無三「所」字，蓋與此為比也。上言王念孫語，見《讀書雜志》三之五《史記‧淮陰侯列傳》「何所不」條，又見《史記‧淮陰侯傳》〈考證〉引王念孫曰。

且三秦王為秦將，秦子弟數歲，所殺亡不可勝計，

　　盧文弨曰「《史》重一『將』字。（子弟）舊誤倒，從《史》、《漢》改。」

　　武井驥曰：「《漢書》疊『將』字、『歲』下有『而』字、『弟子』二字倒。或曰

弟子句屬上。」

梁容茂曰：「《史記》：疊『將』字；弟子，《史》《漢》俱作『子弟』，當從之。《拾補》：弟子作子弟，云：『舊誤倒，從《史》《漢》改。』」

茂仁案：「秦子弟數歲」，與上文義不接，《史記・淮陰侯傳》、《漢書・韓信傳》「秦」上並有「將」字，《長短經・霸圖篇》〈注〉、《通典》一五○、《資治通鑑》九、《通志》九五並同，是也，當據補。元刊本、楚府本、何良俊本、楊美益本、白口十行本、程榮本、祕書本、陳用光本、四庫本、百子本「子弟」並作「弟子」，作「子弟」是也，盧文弨曰：「（子弟）舊誤倒，從《史》、《漢》改。」審今宋本不誤也，鐵華館本、龍溪本並同，《長短經・霸圖篇》〈注〉亦同。

又欺其眾降諸侯，至新安，項王詐坑秦降卒二十餘萬人，

蔡信發曰：「（項羽詐坑秦降卒二十餘萬人）《史記》無『人』；《漢書》『坑』作『阬』，無『人』；《通鑑》無『人』。《集韻》：『阬，或从土。』《說文通訓定聲》：『阬，叚借為壙，為隍，字亦作坑。』是句上有『卒』，則其下可不必有『人』。」

茂仁案：「項王詐坑秦降卒二十餘萬人」，《漢魏叢書》程榮本作「項王」，不作「項羽」，蔡先生以程榮本為底本，失檢。《史記・淮陰侯傳》「坑」作「阬」、無「人」字，《漢書・韓信傳》「坑」亦作「阬」，《長短經・霸圖篇》〈注〉「二十」作「三十」、無「人」字，《通典》一五○、《資治通鑑》九亦並無「人」字。蔡先生云《漢書》無「人」字，恐失檢，而阬、坑、卒、人之說，可從。

唯獨邯、欣、翳脫，秦父兄怨此三人，痛入骨髓。今楚彊以威王此三人，秦民莫愛。

梁容茂曰：「《史記》：脫上有『得』字。」

茂仁案：《漢紀・高祖皇帝紀》「脫」上亦有「得」字，《長短經・霸圖篇》〈注〉、《通典》一五○並同。

大王之入武關，秋毫無所害，除秦苛法，與秦約，法三章，且秦民無不欲得大王王秦者。

盧文弨曰：「（『秦』下有『民』）舊脫，從《史》補。」

武井驥曰：「《漢書》『與秦』作『與民』、『章』下有『耳』字。《史》『秦』下有『民』字。」

梁容茂曰：「何、程、百子本：耳，俱作『且』，屬下讀。《拾補》：秦下有『民』字，云：『舊脫，從《史》補。』」

　　茂仁案：「秋毫無所害」，《史記‧淮陰侯傳》、《漢書‧韓信傳》「毫」並作「豪」，《漢紀‧高祖皇帝紀》「無所害」作「一無所取」。〈考證〉引張文虎曰：「豪，宋本、中統、游、王、柯本，竝同，俗作毫。」「與秦約」，義不可通。盧文弨校「秦」下有「民」字，曰：「舊脫，從《史》補。」是。檢《史記‧淮陰侯傳》「秦」下正有「民」字，《漢書‧韓信傳》「秦」作「民」，下文「秦民」正承此而來，並爲「秦」下當補「民」字之塙證，且「與秦民約」與下文「於諸侯約」句法正一律，當據補。王叔岷先生《史記斠證‧淮陰侯列傳》斷此句爲「與秦民約法三章耳」，蔡先生斷此句爲「與秦約法三章」。此文斷句，蓋有三說：黃生《義府》下「約法三章」云：「楊用修讀《漢書‧高帝紀》：『與父老約，法三章耳。』以『約』字句絕。謂後人連讀者誤。然審之〈紀〉末云：『初順民心，作三章之約。』又〈刑法志〉云：『約法三章。』知班史本不以『約』字爲句也。」據此，則黃生主張此句連讀不斷也；胡鳴玉《訂譌雜錄》九「法三章耳」云：「《史》、《漢》〈高紀〉『與父老約，法三章耳』：殺人者死，傷人及盜抵罪，餘悉除去秦法。諸吏人皆案堵如故。王厚齋、陸農師，皆以『與父老約』爲句，『法三章耳』另爲一句，朱子亦以爲然。」據此，則此數家並上引楊用修之說，爲讀作「與父老約，法三章耳」，《困學紀聞‧攷史篇》一二翁元圻〈注〉、《史記‧高祖本紀》〈考證〉引王應麟並同；邵晉涵《南江札記‧漢書‧高祖本紀》「元年與父老約法三章耳」云：「此『約法』，與上『苛法』對，因〈紀〉有『初順民心，作三章之法』。改『約』字爲讀，始厚齋王氏，然〈文紀〉中，宋昌有約法令之語，〈刑法志〉言約法三章者非一，當從舊也。」據是，則邵氏主張於「法」字爲讀，即「與父老約法，三章耳」。審上諸說並是也，唯須視其上下文而定其句讀，審本文「與秦民約，法三章耳」之「與秦民約」，與下文「於諸侯約」並言，上、下貫串，文、義並接，則此當以「約」字爲讀，《漢書‧高帝紀》云：「吾與諸侯約，先入關者王之，吾當王關中；與父老約，法三章耳，殺人者死，傷人及盜，抵罪。」即其明證，《潛夫論‧斷訟篇》云：「高祖制三章之約。」亦其比也。「且秦民無不欲得大王王秦者」，《史記‧淮陰侯傳》、《漢書‧韓信傳》「且」並作「耳」，《長短經‧霸圖篇》〈注〉、《通典》一五〇、《通志》九五並同，《漢紀‧高祖皇帝紀》「秦民」作「吏人」。「耳」當屬上連讀，四庫本「且」正作「耳」，即其明證也，當據改。

於諸侯約，

　　武井驥曰：「《漢書》『約』上有『之』字。」

　　茂仁案：「於諸侯約」，《漢紀‧高祖皇帝紀》「約」上亦並有「之」字，《長短經‧霸圖篇》〈注〉、《通典》一五〇、《資治通鑑》九、《通志》九五並同，祕書本「於」

作「與」。審此與上文「與秦民約」對言,則不當有「之」字也,且作「與」,於文例較長。

大王當王關中,民戶知之,大王失職之蜀,民無不恨者。今大王舉而東,三秦可傳檄而定也。」

武井驥曰:「《史》『戶』作『咸』。」

梁容茂曰:「《史》:戶,作『咸』;之蜀,作『入漢中』。」

茂仁案:「民戶知之」,《史記‧淮陰侯傳》作「關中民咸知之」,《通典》一五〇、《資治通鑑》九並同,《漢書‧韓信傳》作「關中民戶知之」,《通志》九五同,《長短經‧霸圖篇》〈注〉作「關中人固咸知之」。審以文義,「民」上有「關中」二字較明。「大王失職之蜀」,《史記‧淮陰侯傳》作「失職入漢中」,《長短經‧霸圖篇》〈注〉、《通典》一五〇、《資治通鑑》九並同。「民無不恨者」,《史記‧淮陰侯傳》「民」上有「秦」字,《通典》一五〇、《資治通鑑》九並同,《漢紀‧高祖皇帝紀》作「秦人無有不恨者」,《長短經‧霸圖篇》〈注〉作「秦人無不懼者」。「今大王舉而東」,《漢書‧韓信傳》無「大」字,《漢紀‧高祖皇帝紀》「舉」下有「兵」字。

於是漢王喜,自以為得信晚,遂聽信計,部署諸將所擊。

武井驥曰:「《漢書》『喜』上有『大』字。」

茂仁案:「於是漢王喜」,《史記‧淮陰侯傳》、《漢紀‧高祖皇帝紀》「喜」上亦並有「大」字,《通典》一五〇同。

八月,漢王東出,秦民歸漢。王遂誅三秦王,定其地,收諸侯兵,討項王,定帝業,韓信之謀也。

盧文弨曰「(秦民歸漢)下當重一『漢』字。」

梁容茂曰:「《拾補》云:『下當重一漢字。』是也。」

茂仁案:「漢王東出」,《史記‧淮陰侯傳》、《漢書‧韓信傳》「王」下並有「舉兵」二字、「出」下並有「陳倉」二字,《通志》九五同。「秦民歸漢」,盧文弨云「下當重一『漢』字」。審此文,凡敘述語句稱劉邦者,並稱「漢王」,獨此稱「王」,不類,當據補,盧文弨說是也。

(三)趙地亂

趙地亂,武臣、張耳、陳餘定趙地,立武臣為趙王,張耳為相,陳餘為將軍。

茂仁案：祕書本「定趙地」作「定其地」。

趙王間出，為燕軍所得，

茂仁案：「趙王間出」，《史記・張耳陳餘列傳》「趙」上有「趙王乃與張耳、陳餘北略地燕界」十三字，《資治通鑑》八同，唯無「乃」字。《漢書・張耳陳餘列傳》「趙」上則有「趙王乃與耳、餘北略地燕界」十一字。上引所述較此為詳，其「間」字，亦並作「閒」，《冊府元龜》八九一作「問」，楚府本同。閒、間，古、今字；問、間，形近而訛。

燕囚之，欲與三分其地，乃歸王。

武井驥曰：「《史・張耳陳餘傳》作『分趙地半』，《漢書》作『欲與分地』。」

梁容茂曰：「《史記》作『欲與分趙地半』。」

蔡信發曰：「《史記》作『欲與分趙地半』，《漢書》作『欲與分地』，《通鑑》作『欲求割地』，並與此異。」

茂仁案：「燕囚之」，《史記・張耳陳餘列傳》「燕」下有「將」字。「欲與三分其地」，審燕囚趙王，欲分趙地，何由「三分」？文義欠妥。《史記・張耳陳餘列傳》作「欲與分趙地半」，《漢書・張耳陳餘列傳》作「欲與分地」，《冊府元龜》八九一同，《資治通鑑》八作「欲求割地」，並無「三分」之說，是也。「三」蓋涉下文「未敢三分而王」而衍，當據刪。

使者至，燕輒殺之，以固求地。張耳、陳餘患之。

梁容茂曰：「《史記》：至，作『往』，無『固』字。」

茂仁案：《漢書・張耳陳餘列傳》「至」亦作「往」、無「張」、「陳」二字，《冊府元龜》八九一同。《資治通鑑》八「至」作「往請」。

有廝養卒，謝其舍中人，曰：「吾為公說燕，與趙王載歸。」

武井驥曰：「《史》無『人』字，《漢書》無『中人』二字、『公』上有『二』字。顏師古曰：『謝其舍，謂告其舍中人也，故下言『舍中人皆笑』，今流俗書本於此，『舍』下輒加『人』字，非也。』」

梁容茂曰：「《史記》無『人』字，下同。《漢書》作『舍人』。」

茂仁案：「謝其舍中人」，《史記・張耳陳餘列傳》無「人」字，下同，《漢書・張耳陳餘列傳》無「中人」二字，《冊府元龜》八九一同。審下文「舍中人皆笑之」，則二書舊奪「人」字耳。洪頤煊《讀書叢錄》原卷二○云：「〈張耳傳〉有『廝養卒

謝其舍曰』，師古曰：『謝其舍，謂告其舍中人也，故下言‘舍中人皆笑’，今流俗書本於此，‘舍’下輒加‘人’字，非也。』頤煊案：《史記》〈索隱〉所見《漢書》本作‘舍人’，〈曹參傳〉：‘告舍人趣治行’，〈韓信傳〉：‘其舍人得罪信’，舍人亦小史之屬，此‘舍’下義當有‘人’字。』洪頤煊說是也。「吾爲公說燕」，《漢書‧張耳陳餘列傳》「公」上有「二」字，《冊府元龜》八九一同。「公」、「二公」，義同，並指張耳、陳餘。

舍中人皆笑之，曰：「使者往十輩，死，若何以能得王？」

　　武井驥曰：「《史》『十』下有『餘』字、『死』上有『輒』字，《漢書》有『皆』字。」

　　施珂曰：「《史記‧張耳陳餘列傳》死上有輒字。《漢書‧張耳陳餘傳》死上有皆字。此文與《漢書》尤合，疑脫一皆字。」

　　梁容茂曰：「《史記》：十下有『餘』字，輩下有『輒』字。」

　　茂仁案：「使者往十輩，死」，審此句乃承上文「使者至，燕輒殺之」而言，疑「死」上奪「輒」字，今《史記‧張耳陳餘列傳》作「使者往十餘輩，輒死」，《冊府元龜》八九一同，「死」上並有「輒」字，即其明證。《漢書》作「使者往十輩皆死」，作「皆」，「輒」、「皆」，義通，亦其證也，當據補。

廝養卒曰：「非若所知。」乃洗沐往見張耳、陳餘，遣行見燕王。

　　梁容茂曰：「《史記》作：『乃走燕壁，燕將見之。』下燕王俱作『燕將』。」

　　茂仁案：《漢書‧張耳陳餘列傳》亦作「乃走燕壁，燕將見之」，《冊府元龜》八九一同，《資治通鑑》八亦同，唯「乃」作「廝養卒」。

燕王問之，對曰：「賤人希見長者，願請一巵酒。」已飲，又問之，復曰：「賤人希見長者，願復請一巵酒。」與之酒。卒曰：「王知臣何欲？」

　　茂仁案：《史記‧張耳陳餘列傳》、《漢書‧張耳陳餘列傳》並作「燕將見之，問曰：『知臣何欲』」，《冊府元龜》八九一同。鐵華館本、龍溪本「巵」並作「卮」。

燕王曰：「欲得而王爾。」

　　武井驥曰：「《史》『而王』作『趙王』，《漢書》『曰』下有『若』字、無『而』字。」

　　茂仁案：《史記‧張耳陳餘列傳》、《漢書‧張耳陳餘列傳》「燕王曰」，並作「燕將曰」，《冊府元龜》八九一同，三書「燕王」並作「燕將」，下同。「欲得而王爾」，

《史記‧張耳陳餘列傳》作「若欲得趙王耳」，《冊府元龜》八九一同，《漢書‧張耳陳餘列傳》作「若欲得王耳」，元刊本、何良俊本、楊美益本、白口十行本、程榮本、祕書本、陳用光本、四庫本、百子本「爾」並作「耳」，古通。

卒曰：「君知張耳、陳餘，何人也？」燕王曰：「賢人也。」曰：「君知其意何欲？」曰：「欲得其王耳。」

武井驥曰：「《史》、《漢》『何』下有『如』字。」又曰：「《史》、《漢》『意』作『志』。」

梁容茂曰：「《史記》：意，作『志』。」

茂仁案：《冊府元龜》八九一「何」下亦有「如」字、「意」亦作「志」。

趙卒笑曰：「君未知兩人所欲也。夫武臣、張耳、陳餘，杖馬箠，下趙數十城，

武井驥曰：「《史》、《漢》『策』作『箠』。」

梁容茂曰：「《史記》：策，作『箠』。」

茂仁案：「趙卒笑曰」，《史記‧張耳陳餘列傳》「笑」上有「乃」字，於文氣較完。「杖馬策」，《資治通鑑》八、《冊府元龜》八九一「策」亦並作「箠」，楚府本、何良俊本、程榮本、祕書本「策」並作「筴」，武井驥土《纂註本》、白口十行本、陳用光本、四庫本、鐵華館本、百子本並作「策」。筴、策，形近而訛；筴，為策字隸書之隸定。

此亦名欲南面而王，豈為卿相哉？

梁容茂曰：「《史記》作：『豈欲為卿相終已哉』！」

茂仁案：「此亦名欲南面而王」，文不辭，「名」當為「各」之形訛，《史記‧張耳陳餘列傳》、《漢書‧張耳陳餘列傳》「名」並作「各」，《資治通鑑》八、《冊府元龜》八九一並同，武井驥《纂註本》、各本亦並同，即其明證，當據改。「豈為卿相哉」，《史記‧張耳陳餘列傳》作「豈欲為卿相終已邪」，《資治通鑑》八同，唯「卿」作「將」；《冊府元龜》八九一亦同，唯「邪」作「耶」。

夫臣與主豈可同日道哉？顧其勢始定，未敢三分而王，

武井驥曰：「《史》『日』下有『而』字。」

茂仁案：《史記‧張耳陳餘列傳》「日」下有「而」字、「始」作「初」、「三」作「參」，《資治通鑑》八同，唯無「而」字。《漢書‧張耳陳餘列傳》、《冊府元龜》八九一「始」亦並作「初」。始、初，義通。

且以少長，先立武臣為王，以持趙心。

盧文弨曰：「（長少）宋作『少長』。」

蒙傳銘曰：「『長少』，《漢書·張耳陳餘傳》亦如此作，《史記·張耳陳餘列傳》作『少長』，鐵華館本同。」

梁容茂曰：「（且以長少立武臣為王）《拾補》云：『宋作少長。』案：《史》正作『少長』。」

蔡信發曰：「《史記》『長少』作『少長』。《拾補》：『宋作‘少長’。』是。」

茂仁案：「且以少長」，四庫《新序》版本有二，二本「長」下並有「先」字，梁先生以四庫本為底本，失檢。審「且以少長」與下文「先立武臣為王」意乖，「少長」當為「長少」之誤乙，如此方符「先立武臣為王」之意，《漢書·張耳陳餘列傳》「少長」作「長少」，《冊府元龜》八九一同，元刊本、楚府本、何良俊本、楊美益本、白口十行本、程榮本、祕書本、陳用光本、四庫本、百子本亦並同，並其明證。當據乙。

今趙地已服，此兩人亦欲分趙而王，時未可爾。

茂仁案：「時未可爾」，《史記·張耳陳餘列傳》、《漢書·張耳陳餘列傳》「爾」並作「耳」，《資治通鑑》八九一同，元刊本、楚府本、何良俊本、楊美益本、白口十行本、程榮本、祕書本、陳用光本、四庫本、百子本亦並同。爾、耳，古通。

今君囚趙王，此兩人名為求趙王，實欲燕殺之。

茂仁案：《史記·張耳陳餘列傳》「君」下有「乃」字，《資治通鑑》八九一同，《漢書·張耳陳餘列傳》「此」上有「念」字，《冊府元龜》八九一同。

此兩人分趙自立，夫以一趙尚易燕，況兩賢王左提右挈，執直義而以責不直之弱燕，滅無日矣。」

茂仁案：「執直義而以責不直之弱燕，滅無日矣」，《史記·張耳陳餘列傳》作「而責殺王之罪，滅燕易矣」，《資治通鑑》八、《冊府元龜》八九一並同，《漢書·張耳陳餘列傳》亦同，唯無「之罪」二字。

燕王以為然，乃遣趙王，養卒為御而歸，遂得反國，復立為王，趙卒之謀也。

茂仁案：「乃遣趙王」，《史記·張耳陳餘列傳》、《漢書·張耳陳餘列傳》「遣」並作「歸」，《資治通鑑》八、《冊府元龜》八九一並同。此與下文「養卒為御而歸」之「歸」字複，作「遣」字較長。

（四）酈食其

酈食其，號酈生。

　　蔡信發曰：「生，才智傑出之稱，侯嬴稱侯生，見《史記・魏公子傳》；年少學富之稱，賈誼稱賈生，見《史記・賈生傳》。此作『號酈生』，蓋涉《史記・酈食其傳》『酈生食其者，陳留高陽人也』而誤。」

　　茂仁案：司馬遷爲西漢人，所著《史記》迄武帝太初止，〈孝武本紀〉云：「孝武皇帝初即位，（中略）元年，漢興已六十餘歲矣。」又〈太史公自序〉云：「余述歷黃帝以來至太初而訖。」太初爲武帝第七個年號，自劉邦始，劉邦在位十二年，其下惠帝七年、呂后八年、文帝二十三年、景帝十六年，其下武帝建元至太初元年，共三十七年，則劉邦至武帝太初，合共一〇三年。即史遷去劉邦實未遠，其載酈食其事，當有所憑。《史記・酈生傳》云：「酈生食其者，陳留高陽人也。好讀書，家貧落魄，無以爲衣食業，爲里監門吏，然縣中賢豪不敢役，縣中皆謂之狂生，（中略）酈生問其將。」云云，則稱「生」者，非必如蔡先生所言才智傑出，抑或年少學富方得稱之，今《史記・酈生傳》稱「酈食其」爲「酈生」，《漢書・酈食其傳》、《長短經・霸圖篇》並〈注〉亦並同，則此言酈食其「號酈生」，非誤也。

說漢王：「臣聞之，知天之天者，王事可成；不知天之天者，王事不可成。

　　蒙傳銘曰：「陳用光本『王』下有『曰』字。」

　　梁容茂曰：「百子本：臣上有『曰』字，是也。」

　　茂仁案：「說漢王」，審本書凡問、答，必有「曰」字，此「王」下無「曰」字，蓋奪耳，《史記・酈生傳》、《漢書・酈食其傳》、《漢紀・高祖皇帝紀》、《長短經・霸圖篇》〈注〉「說漢王」之「王」下並有「曰」字，陳用光本、百子本並同，即其明證，當據補。「知天之天者」、「不知天之天者」，《長短經・霸圖篇》〈注〉上「天」字並作「人」。

王者以民爲天，而民以食爲天。

　　武井驥曰：「《史》『民』下並有『人』字。」

　　梁容茂曰：「《史記》：兩民下俱有『人』。」

　　茂仁案：《史記・酈生傳》「民」下有「人」字，《長短經・霸圖篇》〈注〉「民」並作「人」。《史記・酈生傳》「民」之作「民人」者，蓋避唐太宗諱，而後人以注文誤入正文者，避諱說又見梁玉繩《史記志疑》三二〈酈生陸賈列傳〉。

夫敖倉，天下轉輸久矣。臣聞其下乃有藏粟甚多。

茂仁案：武井驥《纂註本》、陳用光本、百子本「敖」並作「廒」。廒，敖之俗字。《史記・酈生傳》「乃」作「迺」，《漢紀・高祖皇帝紀》「藏」作「積」。乃猶且也；迺，亦且也，尙也，說見《經詞衍釋》六。

楚人拔滎陽，不堅守敖倉，乃引而東，

茂仁案：「楚人拔滎陽」，「滎」爲「熒」之形訛，說見本書卷八「衛懿公有臣曰弘演」章，「狄人追及懿公於滎澤」條校記，當據改。楚府本「拔」形訛作「技」，非是；祕書本「滎」作「榮」，下同，非是，並「熒」之形訛也。「乃引而東」，《史記・酈生傳》、《漢書・酈食其傳》「乃」並作「迺」，《冊府元龜》八四九同。

令讁過卒分守成皋，此乃天所以資漢。

盧文弨曰「（令適卒）適讀曰讁，舊本改作『讁』，又衍一『過』字。『過』乃『適』之訛，『讁』乃後人所注耳。」

武井驥曰：「《史》作『令適卒』，《漢書》同，並無『過』字。驥按：過、適以字形似，衍。顏師古曰：『適讀曰讁。』」

梁容茂曰：「《史記》：『讁過』作『適』。《拾補》亦作適，云：『適讀曰讁，舊本改作讁，又衍一過字，過乃適之訛，讁乃後人所注耳。』」

蔡信發曰：「《拾補》『讁』作『適』，云：『適，讀曰讁。舊本改作讁，又衍一過字，過乃適之訛，讁乃後人所注耳。』《漢書》顏〈注〉：『適，讀曰讁，讁卒謂卒之有罪讁者，即所謂讁戍。』案：適、讁同音假借，並从商聲，《說文》：『讁，罰也。適，之也。』又讁、過同義，諸書並不見『過』，則此『過』爲衍文明矣。至讁，乃讁之後起俗字。」

茂仁案：「令讁過卒分守成皋」，《史記・酈生傳》、《漢書・酈食其傳》「讁過」並作「適」，《資治通鑑》一〇、《通志》九六、《冊府元龜》八四九並同，《漢紀・高祖皇帝紀》「讁過」作「士」，《長短經・霸圖篇》〈注〉「讁過」作「適」、「分」作「東」。上引諸書並無「過」字，《冊府元龜》八九一、四庫全書薈要本並同。《漢書・酈食耳傳》顏〈注〉云：「適，讀曰讁，讁卒謂卒之有罪讁者，即所謂讁戍。」〈索隱〉云：「適卒，（中略）《通俗文》云：『罰罪云讁，即所謂讁戍。』」讁、謫，古並爲端母、錫部；適，古爲書母、錫部。讁、謫，音同，與「適」，並爲音近之字。《說文》無「謫」字，其二篇下辵部云：「適，之也。」又三篇上言部云：「讁，罰也。」職是，「適」爲「讁」、「謫」之借字。盧文弨、蔡先生並云「過」字爲衍，是也，愚謂

「過」字或涉「謫」字注文而誤入正文者，抑或涉「謫」字聯想而誤衍也。

方今楚易取而漢反卻，自奪其便，臣竊以為過矣。

武井驥曰：「吳本、朝鮮本作『反卻自守便』，《漢書》無『其』字。」

梁容茂曰：「（而漢反卻自守便）《史記》：守，作『奪其』，何、程、百子本同。」

茂仁案：「方今楚易取而漢反卻」，楚府本「今」作「令」，程榮本、陳用光本「卻」並作「却」，百子本作「郤」。今、令，形近而訛；却、郤，並「卻」之形訛字也。「自奪其便」，四庫《新序》版本有二，二本並作「奪其」，不作「守」，梁先生以四庫本為底本，失檢。《漢書·酈食其傳》無「其」字，《冊府元龜》八九一同，《長短經·霸圖篇》〈注〉亦同，唯「便」形訛作「使」，非是。元刊本、楚府本、何良俊本、楊美益本、白口十行本「自奪其便」並作「自守便」。《永樂大典》七五一三引無此十九字。

且兩雄不俱立，楚漢久相持不決，百姓騷動，海內搖蕩，農夫釋耒，工女下機，天下之心，未有所定也。

武井驥曰：「《漢書》『工』作『紅』。」

茂仁案：「農夫釋耒，工女下機」，《漢書·酈食其傳》「工」作「紅」，《通志》九六、《冊府元龜》八四九並同，《漢紀·高祖皇帝紀》亦同，唯「釋」作「失」，《冊府元龜》八九一「工」則作「織」。《漢書·酈食其傳》顏〈注〉云：「紅，讀曰工。」是。《永樂大典》七五一三引無此三十八字。

願陛下急復進兵，

武井驥曰：「《史》、《漢》『陛』作『足』。」

梁容茂曰：「《史記》：陛，作『足』。下並同。」

蔡信發曰：「是時劉邦未嘗稱帝，不當稱陛下，應據諸書作『足下』。」

茂仁案：「願陛下急復進兵」，《史記·酈生傳》、《漢書·酈食其傳》、《長短經·霸圖篇》〈注〉「陛下」並作「足下」，《漢紀·高祖皇帝紀》作「大王」。蔡先生云是時劉邦未嘗稱帝，不當稱陛下，應據諸書作「足下」，是也。審高帝五年劉邦方即帝位，此時猶為漢王，陛下之稱，蓋史官追書。愚謂此當如本書本卷「沛公與項籍俱受令於楚懷王」章，陳恢之稱劉邦為「足下」方是，四庫全書薈要本「陛下」正作「足下」，即其明證，當據改。

收取滎陽，據敖倉之粟，

盧文弨曰：「（敖）何作『廒』，俗，下同。」又曰：「《漢書》作『敖庾』。」

蒙傳銘曰：「上文『廒』作『敖』，宋本、涵芬樓本、鐵華館本並作『敖』，與《史記·酈生傳》、《漢書·酈食其傳》合。」

梁容茂曰：「何、程、百子本：敖，俱作『廒』，下同。《史》仍作『敖』。」

蔡信發曰：「《史記》『廒』作『敖』，《漢書》『廒倉』作『敖庾』，《通鑑》『廒』作『敖』。顏〈注〉：『敖庾，即敖倉。』廒，敖之俗字。」

茂仁案：「收取滎陽」，「滎」為「熒」之形訛字，說見本書卷八「衛懿公有臣曰弘演」章，「狄人追及懿公於熒澤」條校記，當據改。「據敖倉之粟」，武井驥《纂註本》、祕書本、陳用光本、四庫全書本「敖」亦並作「廒」，下同。元刊本「粟」作「栗」，非是，形近而訛。程榮本、陳用光本「據」並作「撽」，下同。撽，未見於字書，蓋「據」字俗寫。

塞成皋之險，杜太行之路，距蜚狐之口，守白馬之津，以示諸侯形制之勢，則天下知所歸矣。」

武井驥曰：「《漢書》『飛』作『蜚』。」

梁容茂曰：「（杜太行之路）《史記》：路，作『道』。」又曰：「《史記》：侯下有『效實』二字。無『計』字。」

蔡信發曰：「《漢書》『蜚』作『飛』（中略）《漢書》『飛』作『蜚』，乃飛之同音假借。《說文》：『飛，鳥翥也。蠱，臭蟲，負蠜也；蜚，蠱或從虫。』」

茂仁案：四庫《新序》版本有二，二本「杜」上並有「塞成皋之險」五字，梁先生以四庫本為底本，失檢。「杜太行之路」，本書本卷「酈生說漢王」章，「路」作「阪」，《史記·酈生傳》、《漢書·酈食其傳》、《漢紀·高祖皇帝紀》「路」並作「道」，《資治通鑑》一〇、《通志》九六、《冊府元龜》八四九、又八九一並同。「杜太行之路，距蜚狐之口」，梁玉繩《史記志疑》三二〈酈生陸賈列傳〉云：「案：義門《讀書記》云：『此似後人依託之語。時漢已虜魏豹、禽趙歇，河東、河內、河北皆歸漢，何庸復杜太行之道，以示諸侯形勢乎？燕、趙已定，即代郡蜚狐，亦非楚人所能北窺。無事距守壺關，近太行之道，何庸杜此兼距彼乎？與當時事實闊遠。』余謂斯乃秦人規取韓、趙舊談，酈生仍戰國說士餘習，滕口言之。其說高帝、說齊王皆用此語。而胡三省則曰：『此酈生形格勢禁之說也。蓋據敖倉、塞成皋，則項羽不能西；守白馬、杜太行、距蜚狐，則河北、燕、趙之地，盡為漢有，齊、楚將安歸乎？』胡三省之說甚旳。審酈生言此，蓋以此明諸易守難攻之要塞已俱歸於漢，以示天下

諸侯形制之勢，使諸侯知所歸向，故此二處要塞，漢雖早已有之，於此復言其險要以示諸侯，更具威嚇之意，言之何妨，非必爲後人依託之語也。《漢書・酈食其傳》、《漢紀・高祖皇帝紀》、《長短經・霸圖篇》〈注〉「蜚」並作「飛」，《通志》九六、《冊府元龜》八四九、又八九一並同。蜚、飛，古並爲幫母、微部，音同可通。《說文》十一篇下飛部云：「飛，鳥翥也。」又十三篇下蟲部云：「蟲，臭蟲，負蠜也，从虫非聲。蜚，蟲或从虫。」《文選》虞子陽〈詠霍將軍北伐詩〉李善〈注〉曰：「臣瓚曰：『飛狐在代郡西南，塞名。』」職是，飛、蜚，正、假字也。「守白馬之津」，《太平御覽》一六三引《漢書》「守」作「杜」。「以示諸侯形制之勢」，《史記・酈生傳》、《長短經・霸圖篇》〈注〉「侯」下並有「效實」二字，《法言義疏・重黎篇》〈注〉引《史記》同，唯「效」作「劾」。

漢王曰：「善。」乃從其計畫，復守敖倉，卒糧食不盡，以擒項氏。其後吳楚反，將軍竇嬰、周亞夫復據敖倉，塞成皋如前，以破吳楚，皆酈生之謀也。

　　茂仁案：「卒糧食不盡」，武井驥《纂註本》、元刊本、何良俊本、楊美益本、白口十行本、程榮本、祕書本「糧」並作「粮」，糧、粮，正、俗字也。「以擒項氏」，《史記・項羽本紀》云：「項王乃曰：『吾聞漢購我頭千金、邑萬戶，吾爲若德。』乃自刎而死。」職是，項羽自刎，未爲漢所擒也，與此說異。

（五）酈生說漢王

酈生說漢王，

　　茂仁案：《史記・酈生傳》〈考證〉云：「《通鑑考異》云：『《史》、《漢》皆以食其勸取敖倉及說齊合爲一事，獨《新序》分爲二，分爲二者是。』王先謙曰：『案：據〈高紀〉，三年九月，項羽令曹咎守成皋，自引兵東擊彭越。漢王使食其說齊連和。四年冬十月，韓信破齊，齊烹食其。漢破曹咎，就敖倉食。前後次第如此，是食其說漢王二事，竝在三年九月，《史》、《漢》合之，未爲非也。」說又見王先謙《漢書補注・酈食其傳》。楚府本、程榮本、祕書本、陳用光本、四庫本、百子本載此二事並不分，本書及他本則並分書之。

曰：「方今燕、趙已復，唯齊未下。

　　梁容茂曰：「《史記》：復，作『定』。《拾補》云：當提行。」

　　茂仁案：「方今燕、趙已復」，《漢書・酈食其傳》、《漢紀・高祖皇帝紀》、《長短

經・霸圖篇》〈注〉「復」亦並作「定」,《太平御覽》四六〇引《戰國策》亦同。《說文》二篇下彳部云:「復,往來也。」又七篇下宀部云:「定,安也。」燕、趙非漢故有,作「復」,義有未安,作「定」是也,《資治通鑑》一〇、《通志》九六、《冊府元龜》八九一「復」亦並作「定」,四庫全書薈要本同,即其證也,當據改。

今田橫據千里之齊,

盧文弨曰「(橫)當作『廣』,下同。」

武井驥曰:「『橫』當作『廣』,下同。《史》曰:『田橫立田榮子廣爲齊王,而橫相之,專國政。』事詳〈田儋傳〉。」

梁容茂曰:「《史記》:田橫,作『田廣』,下同。案:此當據《史記》作廣,下同。」

蔡信發曰:「《史記》、《漢書》『田橫』並作『田廣』,下同。檢《史記・淮陰侯傳》:『齊已聽酈生,即留縱酒,罷備漢守禦。信因襲齊歷下軍,遂至臨菑。齊王田廣以酈生賣己,乃亨之。』〈田儋傳〉:『漢王使酈生往說下齊王廣,及其相國橫』。《漢書》同。據是,田橫當作田廣。究此所以有此誤者,乃涉廣爲橫立,朝政取決於橫而改。」

茂仁案:「今田橫據千里之齊」,《長短經・霸圖篇》〈注〉「田橫」亦作「田廣」,下同,《通志》九六、《冊府元龜》八九一並同,四庫全書薈要本亦同,並可爲上說之證,當據改,陳鱣校同。

田間據二十萬之軍於歷城。

盧文弨曰「(田閒)案:劉攽云是田解。(『之』下有『眾』)舊脫。」

武井驥曰:「劉攽曰:『此時何緣更有田間,按〈田橫傳〉乃是田解。』」

梁容茂曰:「《史記》:據,作『將』,是也,軍上有『眾』字。《拾補》云:『案劉攽云:是田解。』」

蔡信發曰:「《史記》、《漢書》『軍』上並有『眾』。『軍』上有『眾』,是。當據《史》、《漢》而補。又案:《史》、《漢・田儋傳》、《通鑑》,斯時田間失勢奔趙,齊守歷下以距漢者,乃華無傷與田解,此作田間,亦緣《史記・酈食其傳》而訛。」

茂仁案:「田間據二十萬之軍於歷城」,《史記・酈生傳》、《漢書・酈食其傳》、《長短經・霸圖篇》〈注〉「據」並作「將」,「之」下並有「眾」字,《通志》九六、《冊府元龜》八九一並同。王先謙《漢書補注》引劉攽曰:「此時何緣更有田間?按〈田橫傳〉乃是田解。〈橫傳〉云:『齊使華毋傷、田解軍歷下以距漢。』」梁玉繩《史記

志疑》三二〈酈生陸賈列傳〉云：「田閒已于漢二年八月奔趙，是時齊方欲殺之，安得爲田廣將兵歷下乎？據〈田儋傳〉、〈寬傳〉乃田解也，劉攽言之矣。」據是，知「田閒」爲「田解」之誤，又審諸文義，「之」下有「眾」字爲是，當並據以改補。又《史記・淮陰侯傳》云：「齊已聽酈生，即留縱酒，罷備漢守禦。信因襲齊歷下軍，遂至臨菑」，則齊軍所駐者爲「歷下」，下文「即聽酈生罷歷下兵」，亦作「歷下」。〈集解〉引徐廣曰：「歷下，濟南歷城縣。」則歷下、歷城，一也。程榮本、陳用光本「據」並作「攄」，下同。攄，未見於字書，蓋「據」字俗寫。

諸田宗彊，負海，阻河、濟，

　　武井驥曰：「《漢書》『海』下有『岱』字。」

　　蔡信發曰：「《漢書》、《通鑑》『海』下並有『岱』。」

　　茂仁案：「諸田宗彊」《長短經・霸圖篇》〈注〉「彊」作「強」，武井驥《纂註本》、元刊本、楚府本、何良俊本、楊美益本、白口十行本、程榮本、祕書本、陳用光本、四庫本、百子本並同。彊、強，古並爲群母、陽部，音同可通。「負海阻河濟」，《漢書・酈食其傳》「海」下有「岱」字，則「負海、岱；阻河、濟」爲對矣，「岱」字蓋奪，《資治通鑑》一〇、《通志》九六、《冊府元龜》八九一並有「岱」字，即其證也，當據補。祕書本「負」作「員」，非是，形近而訛也。

南近楚，民多變詐，陛下雖遣數十萬師，未可以歲月下也。

　　武井驥曰：「《史》、《漢》『陛』作『足』、『下也』作『破也』。」

　　梁容茂曰：「《史記》：下作『破』。」

　　茂仁案：「民多變詐」，《漢書・酈食其傳》「民」作「齊人」，《通志》九六、《冊府元龜》八九一並同。「陛下雖遣數十萬師，未可以歲月下也」，《長短經・霸圖篇》〈注〉「陛下」亦作「足下」、「下」亦作「破」，《資治通鑑》一〇、《通志》九六、《冊府元龜》八九一並同。審度文義，作「足下」是也，說見本書本卷「酈食其」章，「願陛下急復進兵」條校記。何良俊本「數十」作「二十」。

臣請奉明詔說齊王，令稱東藩。」

　　武井驥曰：「《史》、《漢》作『使爲漢而稱東藩』。」

　　施珂曰：「《漢魏叢書》陳本令誤今。」

　　梁容茂曰：「《史》作：『使爲漢而稱東藩』。」

　　茂仁案：《史記・酈生傳》、《漢書・酈食其傳》、《長短經・霸圖篇》〈注〉「請」下並有「得」字、「令稱東藩」並作「使爲漢而稱東藩」，《資治通鑑》一〇、《通志》

九六、《冊府元龜》八九一並同,《漢紀‧高祖皇帝紀》亦同,唯「藩」下有「臣」字。

於是使酈生食其說齊王曰:「王知天下之所歸乎?」王曰:「不知也。」曰:「王知天下之所歸,則齊國可得而有也。若不知天下所歸,則齊國未可保也。」

武井驥曰:「(若不知天下所歸)《漢書》『天下』下有『之』字。」

梁容茂曰:「《史記》:所上有『之』字。依上文例當據補。」

茂仁案:「若不知天下所歸」,《史記‧酈生傳》、《漢書‧酈食其傳》、《長短經‧霸圖篇》〈注〉「下」下並有「之」字。此為承上而言,上文兩言「王知天下之所歸」,並有「之」字,此不當無,且有「之」字,於文氣亦較完,《通志》九六、《冊府元龜》八九一並有「之」字,亦其證也,當據補。「則齊國未可保也」,審此亦承上為言,上文「則齊國可得而有也」,又下文「齊國社稷,可得而保也」,則此「可」下當有「得」字,《史記‧酈生傳》、《漢書‧酈食其傳》、《漢紀‧高祖皇帝紀》、《長短經‧霸圖篇》〈注〉「可」下並有「得」字,即其明證,當據補。

齊王,曰:「天下何歸?」

武井驥曰:「《史》『何』下有『所』字。」

梁容茂曰:「《史記》:何下有『所』字。《史記會注考證》云:『所歸二字承上,《漢書》刪所字,非是。』」

茂仁案:「天下何歸」,此亦承上而來,上文三言「所歸」,此「歸」上亦當有「所」字為是,《史記‧酈生傳》、《資治通鑑》一○正作「天下何所歸」,即其明證,當據補。

曰:「歸漢。」王曰:「先生何以言之?」曰:「漢王與項王,戮力西面擊秦,約先入咸陽者王之。

茂仁案:「歸漢」,審下文有「故天下之事,歸於漢王」語,且下文俱言「漢王」,愚疑「歸漢」下當有「王」字,「卒」字,武井驥《纂註本》、楚府本、白口十行本、程榮本、祕書本、陳用光本、四庫本、鐵華館本、百子本、龍溪本「與」並作「予」。《說文》三篇上舁部云:「與,黨與也。」段〈注〉云:「(上略)與,當作予。予,賜予也。」職是,予、與,正、假字。「豪傑賢才皆樂為其用」,四庫《新序》版本有二,二本並作「傑」,不作「桀」,梁先生以四庫本為底本,失檢。《史記‧酈生傳》、《漢書‧酈食其傳》「傑」並作「英」,《資治通鑑》一○、《通志》九六並同。《漢紀‧高祖皇帝紀》「賢」作「俊」,《長短經‧霸圖篇》〈注〉「豪傑」作「英豪」,《冊府元

龜》八九一「豪傑賢才」作「豪賢英才」，諸書「其」並作「之」，楚府本、程榮本、鐵華館本「傑」並作「桀」。祕書本「其」作「兵」，非是，蓋「其」字隸書作「**其**」，與「兵」形近而致訛也。

諸侯之兵，四面而至，蜀漢之粟，方船而下。

　　茂仁案：《漢紀・高祖皇帝紀》「至」作「會」。

項王有倍約之名，殺義帝之實；於人之功無所記，於人之過無所忘；

　　盧文弨曰「（實）《史》作『負』。」

　　梁容茂曰：「《史記》：實，作『負』。」

　　茂仁案：《漢書・酈食其傳》、《漢紀・高祖皇帝紀》、《長短經・霸圖篇》〈注〉「倍」並作「背」，「實」並作「負」，《通志》九六、《冊府元龜》八九一並同，《史記・酈生傳》、《資治通鑑》一〇亦並同，唯「倍」與此同，不作「背」。倍、背，正、假字，說見上；「名」與「實」對，作「實」義較長。

戰勝而不得其賞；拔城而不得其封；非項氏莫得用事。

　　盧文弨曰「（下『得』字）『能』訛。」

　　梁容茂曰：「何、百子本：得，作『能』。《拾補》云：『能訛。』」

　　茂仁案：「非項氏莫得用事」，《漢紀・高祖皇帝紀》「得」作「敢」，《長短經・霸圖篇》〈注〉作「能」，祕書本、陳用光本並同。得、能，義通，唯此與上二句並列，上二句並作「得」，則此作「得」，於文例爲優。程榮本「拔」作「技」，非是，形近致訛也。

爲人刻印，刓而不能授；攻城得賂，積財而不能賞。

　　武井驥曰：「《史》無『財』字。」

　　施珂曰：「《史記》無財字。是也。『爲人刻印，刓而不能授；攻城得賂，積而不能賞。』文正相對。財字蓋即賂字之誤而衍者。《漢書》亦衍財字，王先謙〈補注〉有說。」

　　梁容茂曰：「《史記》無『財』字。」

　　《長短經・霸圖篇》〈注〉「歸漢」作「天下歸漢王」，《史記・酈生傳》〈考證〉云：「高山寺本，『漢』下有『王』字。」並其明證也，當據補。「先生何以言之」，《長短經・霸圖篇》〈注〉「言」作「知」。「戮力西面擊秦」，《長短經・霸圖篇》〈注〉「面」作「向」，王先謙《漢書補注・酈食其傳》云：「面，向也。」《說文》九篇上面部云：

「面，顏前也。」段〈注〉云：「（上略）引伸之爲相鄉之偭，（中略）偭，从面。」又八篇上人部云：「偭，鄉也。」段〈注〉云：「鄉，今人所用之向字也，漢人無作向者。」偭、面，古並爲明母、元部，音同可通。據是，偭、面，正、假字也。

漢王先入咸陽，項王倍約不與，而王漢中。

武井驥曰：「《史》『漢中』上有『之』字。」

施珂曰：「《史記・酈生列傳》、《漢書・酈食其傳》，漢上皆有之字。」

梁容茂曰：「《史記》：倍，作『負』；《漢》上有『之』字，是也。」

茂仁案：「項王倍約不與」，《長短經・霸圖篇》〈注〉「倍」亦作「負」，《資治通鑑》一〇同，《漢書・酈食其傳》作「背」，《通志》九六、《冊府元龜》八九一並同。倍，古爲並母、之部；背，古爲幫母、職部，《說文》四篇下肉部云：「背，脊也。」又六篇下貝部云：「負，恃也，（中略）一曰受貸不償。」段〈注〉云：「凡以背任物曰負，因之凡背德忘恩曰負。」又八篇上人部云：「倍，反也。」職是，倍、背，正、假字；倍、負，義通。「而王漢中」，《長短經・霸圖篇》〈注〉「王」下亦有「之」字，《資治通鑑》一〇、《通志》九六、《冊府元龜》八九一亦並同。

項王遷殺義帝，漢王起蜀漢之兵擊三秦，出關而責義帝之處，收天下之兵，立諸侯之後，

茂仁案：《史記・酈生傳》「漢王」下有「聞之」二字，《資治通鑑》一〇同，《長短經・霸圖篇》〈注〉亦同，唯「關」上有「武」字。有「聞之」及「武」字，於義較明且長，當據補。《漢紀・高祖皇帝紀》作「漢王定三秦，出武關而誅殺義帝之賊，收天下之兵，紹諸侯之業」，文異實同。祕書本「三」作「二」，非是，形近而訛也。

降城即以侯其將，得賂即以與其士，與天下同其利，豪傑賢才皆樂爲其用。

盧文弨曰：「（桀）何『傑』。」

武井驥曰：「《漢書》『予』作『分』。」又曰：「《漢書》作『豪英賢材，皆樂爲之用』。」

梁容茂曰：「（豪桀賢才）《史記》：予，作『分』。桀，作『英』。《拾補》云：『何作傑。』」

梁容茂曰：「《史記》無『財』字。」

蔡信發曰：「《史記》無『財』，《漢書》『刅』作『玩』，《通鑑》無此十九字。案：上二句與下二句對，則此『積』下有『財』，當爲衍文。」

茂仁案：《史記・酈生傳》無「財」字，《漢書・酈食其傳》、《通志》九六「刅」

並作「玩」，《群書治要》一六引《漢書》則作「刓」，與此同。《漢紀‧高祖皇帝紀》「賞」作「散」，《長短經‧霸圖篇》〈注〉無「刓」字。《漢書‧酈食其傳》顏〈注〉云：「臣瓚曰：『項羽吝於爵賞，玩惜侯印，不能以封人。』師古曰：『〈韓信傳〉作則（茂仁再案：〈韓信傳〉「則」作「刓」，師古失檢），此作玩，其義各通。』」是。玩、刓義通，又見《說文》四篇下刀部「刓」字段〈注〉。又「為人刻印，刓而不能授」與「攻城得賂，積而不能賞」文正一律，施、蔡二先生並以「財」為衍文，是也，《史記‧酈生傳》無「財」字，即其明證。「財」，蓋涉「積」字聯想而誤衍也，當據刪。

天下畔之，賢才怨之，而莫為之用。故天下之事，歸於漢王，可坐而策也。

　　武井驥曰：「《史》、《漢》並『事』作『士』，蓋相通。」

　　施珂曰：「《史記》、《漢書》事皆作士。事、士，古通。《論語‧述而篇》：『雖執鞭之士，吾亦為之。』《鹽鐵論‧貧富篇》引士作事。即其比。《說文》亦云：『士、事也。』」

　　梁容茂曰：「《史記》：事，作『士』，是也。」

　　茂仁案：「天下畔之」，《漢紀‧高祖皇帝紀》、《長短經‧霸圖篇》〈注〉「畔」並作「叛」，《群書治要》一六引《漢書》同。叛、畔，正、假字。「故天下之事」，《長短經‧霸圖篇》〈注〉「事」亦作「士」，《通志》九六同，事、士，古通。「可坐而策」，《史記‧酈生傳》、《漢紀‧高祖皇帝紀》「策」並作「筴」，《通志》九六、《冊府元龜》八九一並同，四庫本亦同。武井驥《纂註本》、白口十行本「策」並作「筞」。筞、策，形近而訛；筞，為「策」字隸書之隸定。

夫漢王發蜀漢，定三秦，涉西河之外，

　　茂仁案：「涉西河之外」，祕書本「涉」作「陟」，「陟西河之外」，文不辭，《說文》十一篇下沝部云：「渉，徒行濿水也，从沝步。涉，篆文从水。」又十四篇下𨸏部云：「陟，登也。」《史記‧酈生傳》〈考證〉云：「胡三省曰：『河自砥柱以上，龍門以下為西河。』」西河為黃河自龍門以下至砥柱一段之稱，則「涉」作「陟」，非是，形近而訛也，而「外」字，當為「水」字之誤，「水」字草書作「𠂆」，與「外」字形近，「外」蓋涉「水」字草書而誤，「涉西河之水」與「乘上黨之兵」對言，是也，若作「外」，則與「兵」不對，與「涉」亦乖矣，《長短經‧霸圖篇》〈注〉「外」正作「水」，《史記‧酈生傳》〈考證〉云：「高山寺本，外作水。」並其明證，當據改。

乘上黨之兵，

武井驥曰：「《史》、《漢》『乘』作『援』。」

梁容茂曰：「《史記》：乘，作『援』。」

茂仁案：「乘上黨之兵」，《通志》九六、《冊府元龜》八九一「乘」亦並作「援」，四庫全書薈要本亦同，《漢紀‧高祖皇帝紀》、《長短經‧霸圖篇》〈注〉則並作「授」。《漢書‧酈食其傳》顏〈注〉云：「援，引也。」則援、乘，並通。授、援，形近而訛也。

下井陘，誅成安，破北魏，舉三十二城，

武井驥曰：「《史》、《漢》『安』下有『君』字。」

施珂曰：「《史記》、《漢書》安下皆有君字。」

茂仁案：《長短經‧霸圖篇》〈注〉「安」下亦有「君」字，《資治通鑑》一〇、《通志》九六、《冊府元龜》八九一並同。作「北魏」，似誤而實無誤也，《史記‧酈生傳》〈索隱〉云：「謂魏豹也。豹在河北故也，亦謂西魏，以大梁在河南故也。」《漢書‧酈食其傳》顏〈注〉云：「謂魏豹也，梁地既有魏名，故謂此為北。」《漢紀‧高祖皇帝紀》此作「下井陘之路，誅成安君之罪，北破魏」，文義較此為明。「舉三十二城」，祕書本「三」作「七」，恐非，蓋形訛也。

此蚩尤之兵，非人之力也。

武井驥曰：「《漢書》作『此黃帝之兵，非人之力，天之福也』。」

蔡信發曰：「《漢書》『蚩尤』作『黃帝』，《通鑑》無此句。〈補注〉引周壽昌：『黃帝、蚩尤皆古之主兵者，故高帝起兵祠黃帝，祭蚩尤於沛廷。此言黃帝，《史記》言蚩尤，初無區別。』」

茂仁案：「此蚩尤之兵」，《漢書‧酈食其傳》、《漢紀‧高祖皇帝紀》「蚩尤」並作「黃帝」，《通志》九六、《冊府元龜》八九一並同。王先謙《漢書補注‧酈食其傳》引周壽昌曰：「黃帝，《史記》作『蚩尤』，黃帝、蚩尤皆古之主兵者，故高帝起兵祠黃帝，祭蚩尤於沛廷。此言黃帝，《史記》言蚩尤，初無區別。」梁玉繩《史記志疑》三二〈酈生陸賈列傳〉云：「翁孝廉曰：『酈生以蚩尤比漢王，毋乃失辭【《新序》同】，《漢書》改作黃帝，是。』」二說並是，唯檢《太平御覽》七九引《山海經》曰：「有人衣青，名曰黃帝女妖。蚩尤作兵伐黃帝，黃帝乃令應龍攻之冀州之野，應龍蓄水，蚩尤請風伯雨師，從大風雨。黃帝乃下天女，曰：『妖雨止。』遂殺蚩尤。」據是，蚩尤所為，非揆諸正道，終為黃帝所滅，此以蚩尤比諸漢王，則漢人自是以為意，

故周、翁二說並是，唯翁氏之說爲詳也。「非人之力也」，《史記・酈生傳》、《漢書・酈食其傳》、《長短經・霸圖篇》〈注〉「也」下並有「天之福也」四字，《資治通鑑》一〇、《通志》九六、《冊府元龜》八九一並同，《漢紀・高祖皇帝紀》「也」下則有「天之所授也」五字。度以此文義，此爲酈生說齊王之辭，故酈生誇漢王之受神（天）助，以示其析判之確，故此有「天之福也」四字，或「天之所授也」五字，於文義較長且文意較順，當據而補。

今已據敖倉之粟，塞成皋之險，守白馬之津，杜太行之阪，距飛狐之口，天下後服者先亡矣。

　　茂仁案：「今已據敖倉之粟」，《漢書・酈食其傳》「敖倉」作「敖庾」，《群書治要》一六引《漢書》則作「敖倉」，與此同。敖倉即敖庾，說見本書本卷「酈食其」章，「據敖倉之粟」條校記。「守白馬之津」，《太平御覽》一六三引《漢書》「守」作「杜」。「杜太行之阪」，《漢書・酈食其傳》「阪」作「院」，《漢紀・高祖皇帝紀》、《長短經・霸圖篇》〈注〉並作「坂」，《通志》九六、《冊府元龜》八九一並作「阤」。院、阤，並「阪」之形訛字也。「距飛狐之口」，《史記・酈生傳》「飛」作「蜚」，《資治通鑑》一〇同，元刊本、楚府本、何良俊本、楊美益本、白口十行本、程榮本、祕書本、陳用光本、四庫本、百子本亦並同。飛、蜚，正、假字也，說見本卷「酈食其」章，「距蜚狐之口」條校記。

王疾下漢王，齊國社稷，可得而保也；不下漢王，危亡可立而待也。」

　　茂仁案：《史記・酈生傳》、《漢書・酈食其傳》、《漢紀・高祖皇帝紀》「稷」並作「稜」，《通志》九六、《冊府元龜》八九一並同，武井驥《纂註本》、各本亦並同。稷、稜，形近而訛也，當據改。

田橫以爲然，即聽酈生，罷歷下兵、戰守之備，與酈生日縱酒，此酈生之謀也。

　　武井驥曰：「《漢書》作『守戰備』。」

　　梁容茂曰：「《史記》作『罷歷下兵守戰備』。」

　　茂仁案：「田橫」爲「田廣」之誤，說見上。「罷歷下兵、戰守之備」，《史記・酈生傳》、《漢書・酈食其傳》並作「罷歷下兵守戰備」，《通志》九六、《冊府元龜》八九一並同。《漢紀・高祖皇帝紀》作「乃罷守兵」，《長短經・霸圖篇》〈注〉作「罷歷下兵守」，《資治通鑑》八九一作「罷歷下守戰備」。視此較諸書爲明也。

及齊人蒯通說韓信曰：「足下受詔擊齊，何故止？將三軍之眾，不如一豎儒之功？可因齊無備擊之。」

茂仁案：《史記‧淮陰侯傳》云：「將軍受詔擊齊，而漢獨發閒使下齊，寧有詔止將軍乎？何以得毋行也？且酈生一士，伏軾掉三寸之舌，下齊七十餘城，將軍將數萬眾，歲餘，乃下趙五十餘城，爲將數歲，反不如一豎儒之功乎？」《漢書‧蒯通傳》、《縱橫家佚書輯本七種‧蒯子》、《資治通鑑》一〇、《冊府元龜》六六三、又九三五並略同。《漢紀‧高祖皇帝紀》云：「四年冬十月，韓信將伐齊，聞既和，欲還。蒯通說信曰：『將軍受詔擊齊，未有詔止，何以得無行乎？且酈生一儒士，仗軾下齊七十餘城，將軍以數十萬眾，乃下趙五十餘城，勞苦將士數年，反不如一豎儒之功乎？』」所載並較此爲詳。武井驥《纂註本》、楚府本、何良俊本、白口十行本、程榮本、祕書本、陳用光本、四庫本、百子本「豎」並作「竪」。豎、竪，正、俗字。

韓信從之，酈生為田橫所害。後信通亦不得其所，由不仁也。

武井驥曰：「《史》曰：『田廣聞信兵至，乃以爲酈生賣己，遂烹之』。」

茂仁案：《史記‧高祖本紀》云：「韓信用蒯通計，遂襲破齊。齊王烹酈生，東走高密。」又〈淮陰侯傳〉、《漢書‧蒯通傳》、《漢紀‧高祖皇帝紀》、《長短經‧霸圖篇》〈注〉、《資治通鑑》一〇、《通志》九六、《冊府元龜》六六三、又八九一、又九三五，所載酈生並爲齊王所烹，較此爲詳。

（六）漢三年

漢三年，項羽急圍漢王滎陽，

盧文弨曰「（滎）『榮』訛。」

梁容茂曰：「（項羽急圍漢王滎陽）《拾補》：滎，作『榮』，云：『榮訛。』事見《史記‧留侯世家》。」

蔡信發曰：「（項王急圍漢王滎陽）《史記》、《漢書》『滎陽』並作『滎陽』。榮，當滎之形譌。」

茂仁案：「項羽急圍漢王滎陽」，四庫《新序》版本有二，二本並作「滎」，不作「榮」，梁先生以四庫本爲底本，失檢；又《漢魏叢書》程榮本作「項羽」，不作「項王」，蔡先生以程榮本爲底本，失檢。武井驥《纂註本》、元刊本、楚府本、楊美益本、程榮本、祕書本、陳用光本「滎」並作「榮」。滎、榮，並爲「熒」之形訛，說見本書卷八「衛懿公有臣曰弘演」章，「狄人追及懿公於滎澤」條校記，當據改。

漢王恐憂，與酈生謀橈楚權。

武井驥曰：「《漢書》『橈』作『撓』。」

施珂曰：「（與酈食其謀撓楚權）《史記‧留侯世家》、《漢書‧張良傳》皆作撓。當以作撓爲正。」

茂仁案：「與酈生謀橈楚權」，鐵華館本作「酈生」，不作「酈食其」，施先生以鐵華館本爲底本，失檢。《史記‧留侯世家》、《漢書‧張良傳》、《漢紀‧高祖皇帝紀》、《長短經‧時宜篇》「酈生」並作「酈食其」，《資治通鑑》一〇、《冊府元龜》八四九並同。酈生，酈食其之號也，說見上章。《漢紀‧高祖皇帝紀》、《長短經‧時宜篇》「橈」並作「撓」，《資治通鑑》一〇、《冊府元龜》八四九並同，武井驥《纂註本》、各本亦並同，下同。《史記‧留侯世家》、《漢書‧張良傳》則並作「橈」與本文同，下同。橈，古爲日母、宵部；撓，古爲泥母、宵部，二者音近之字。《漢書‧張良傳》顏〈注〉云：「橈，弱也，音女教反，其字從木。」《說文》六篇上木部云：「橈，曲木也。」段〈注〉云：「引伸爲凡曲之偁，見《周易‧考工記》、〈月令〉、《左傳》，古本無從手之撓字，後人肊造之，以別於橈，非也。」又十二篇上手部云：「撓，擾也。」段〈注〉云：「此與女部嬈字，音、義皆同。」職是，作「橈」爲是，橈、撓，正、假字。

酈生曰：「昔湯伐桀，封其後於杞；武王伐紂，封其後於宋。

茂仁案：「昔湯伐桀，封其後於杞」，《禮記‧樂記篇》云：「武王克殷反商，（中略）下車而封夏后氏之後於杞。」《呂氏春秋‧愼大篇》、《韓詩外傳》三、《史記‧樂書》並略同，又《史記‧夏本紀》云：「湯乃踐天子位，代夏朝天下。湯封夏之後，至周封於杞也。」所言並與此異。梁玉繩《史記志疑》二〈夏本紀〉云：「禹後封杞，即湯封之，武王特因其舊封，重命之耳。故《路史》〈注〉據《大戴禮‧少閒篇》云：『湯放移桀，遷姒姓于杞。』它如《漢書‧梅福傳》云：『武王克殷，封殷于宋，紹夏于杞。』《文選》晉張士然〈求爲諸孫置守冢人表〉云：『成湯革夏而封杞。』即史公于〈留侯世家〉亦述酈生之言云：『湯伐桀，封其後於杞。』而此乃謂周封夏後于杞，何哉？」愚謂此史遷寫作《史記》之例，史遷於傳說異詞，難定其是非之際，蓋采「聞疑傳疑」之原則，將異說就其適處而並存之，以待後之方家論定，此爲審愼求實之態度，《史記‧刺客列傳‧聶政》司馬貞〈索隱〉之言得之矣，其云：「〈表〉聶政殺俠累在列侯三年，列侯生文侯，文侯生哀侯，凡更三代，哀侯六年爲韓嚴所殺。今言仲子事哀侯，恐非其實。且太史公聞疑傳疑，事難的據，欲使兩存，故〈表〉、〈傳〉各異。」史遷於「事難的據，欲使兩存」，傳疑以待後人論定之法，本爲嚴謹

求實之態度，唯此常令不知者所詬病，以爲前後舛亂而斷史遷之非，實誤史遷本意，並存異說之例甚多，此不煩贅舉，其例可參本書卷六「桀作瑤臺」章，「故伊尹去官入殷，殷王而夏亡」條校記，此正可釋梁玉繩之疑。「武王伐紂」，《漢書‧張良傳》「伐」作「誅」，義通。

今秦無德弃義，侵伐諸侯社稷，滅六國之後，使無立錐之地。

梁容茂曰：「（今秦無德弃義）《史記》：無，作『失』。」

茂仁案：「今秦無德弃義」，四庫《新序》版本有二，四庫全書薈要本作「棄」，四庫全書本作「棄」，二本並不作「弃」，梁先生以四庫本爲底本，失檢。《長短經‧時宜篇》，《資治通鑑》一〇「無」亦並作「失」。《資治通鑑》一〇、《冊府元龜》八四九「弃」並作「棄」，何良俊本、白口十行本、程榮本、祕書本、百子本並同，《長短經‧時宜篇》則亦作「棄」，下同，武井驥《纂註本》、陳用光本並同。弃、棄，古、今字；棄，爲棄字篆文「𠧪」之隸定。

陛下誠復立六國後，畢已授印，此君臣百姓必皆戴陛下德，莫不嚮風慕義，願爲臣妾。

盧文弨曰：「《史記‧留侯世家》作『畢已授印』。」

蒙傳銘曰：「宋本亦作『畢已授印』，鐵華館本同。」

施珂曰：「《漢魏叢書》程本、陳本作『畢授印已』誤。本書正作『畢已授印』。」

梁容茂曰：「（陛下誠能復立六國後）《史記》：後下有『世』字。下作『畢已受印』。」

蔡信發曰：「高帝五年即皇帝位，此三年猶爲漢王，陛下之稱，史官追書之。」

茂仁案：「陛下誠復立六國後」，四庫《新序》版本有二，二本「誠」下並無「能」字，梁先生以四庫本爲底本，失檢。《史記‧留侯世家》、《漢書‧張良傳》、《長短經‧時宜篇》並作「陛下」與本文同，且《史記》「後」下有「世」字。《史記‧留侯世家》〈考證云〉「梁玉繩曰：『天子稱陛下，自秦始也，然是時漢王未即天子位，而酈食其、張良，凡稱陛下者十五，非也。』周壽昌曰：『陛下之稱，史臣追書之。』」梁玉繩、周壽昌二說並是，梁說別見《史記志疑》二六〈留侯世家〉。審《漢紀‧高祖皇帝紀》「陛下」作「大王」（下同），以其時（漢三年）劉邦仍爲漢王，五年方即帝位，故《漢紀‧高祖皇帝紀》所載是也，下文「臣請借前箸而籌之」，《史記‧留侯世家》作「臣請藉前箸爲大王籌之」，稱劉邦爲「大王」，即其明證也，當據改，下同。「畢已授印」，《史記‧留侯世家》「授」作「受」，武井驥《纂註本》、元刊本、

楚府本、何良俊本、楊美益本、白口十行本、程榮本、祕書本、陳用光本、四庫本、百子本並作「畢授印已」。受、授，古、今字。

德義已行，陛下南嚮稱霸，楚必斂衽而朝。」

武井驥曰：「《漢書》『嚮』作『面』。」

茂仁案：《史記・留侯世家》「嚮」作「鄉」，《漢書・張良傳》、《漢紀・高祖皇帝紀》「嚮」並作「面」、「霸」並作「伯」、「斂」並作「歛」，《長短經・時宜篇》「嚮」亦作「面」、「斂」作「歛」。《資治通鑑》一〇、《冊府元龜》八四九「斂」並作「歛」，何良俊本、白口十行本、程榮本、祕書本、陳用光本、鐵華館本並同。鄉、嚮，正、假字；鄉，向，古、今字，說並見本書本卷「漢王既用滕公、蕭何之言」章，「今東向爭權天下」條校記。面，爲偭之借字，偭、鄉義同，說並見本書本卷「酈生說漢王」章，「戮力西面擊秦」條校記。《說文》有「斂」無「歛」，「歛」或爲其別體。

漢王曰：「善。趣刻印，先生因行佩之矣。」

茂仁案：「趣刻印」，《漢紀・高祖皇帝紀》「趣」作「趨」。趨、趣，古並爲清母、侯部，音同可通；促，古爲清母、屋部。趣、趨與促，並一聲之轉。《漢書・張良傳》顏〈注〉云：「趣，讀曰促。」《說文》二篇上走部云：「趣，疾也。」又「趨，走也。」又八篇上人部云：「促，迫也。」段〈注〉云：「與趣音義皆略同。」又云：「《玉篇》：『促、催二文相屬。』」職是，趣、趨，並爲「促」之借字也。

酈先生未行，

蒙傳銘曰：「此『先』疑涉上句『先』字而衍。本篇上文云：『酈食其號酈生。』漢人言『生』，謂『先生』也。如《史記・儒林傳》：『言禮自魯高堂生。』司馬貞〈索隱〉：『云"生"者，自漢以來儒者皆號"生"，亦"先生"省字呼之耳。』《漢書・高帝紀》：『以魏地萬戶封生。』顏師古〈注〉：『生猶言先生。』《史》、《漢》但言『酈生』，無稱『酈先生』者，此文《漢書・張良傳》作『酈生未行』，亦無『先』字，可證。」

茂仁案：「酈先生未行」，《史記・留侯世家》、《資治通鑑》一〇「酈先生」並作「食其」，《漢書・張良傳》、《冊府元龜》八四九並作「酈生」，《漢紀・高祖皇帝紀》、《長短經・時宜篇》並無「酈先生」三字。審本文稱酈食其並作「食其」或「酈生」，未有作「酈先生」者，檢之《史記》、《漢書》皆然，「先」字蓋爲衍文，《漢書・張良傳》無「先」字，即其明證。「先」字蓋涉上文「先生因行佩之矣」而衍，當據刪，蒙先生之論是也。

張良從外求謁，漢王方食，

武井驥曰：「《史》『求』作『來』，是。《漢書》同，『謁』下有『漢王』二字。」

梁容茂曰：「《史記》：求，作『來』。」

茂仁案：「張良從外求謁」，《史記‧留侯世家》「求」作「來」，《資治通鑑》一○、《冊府元龜》八四九並同，《漢書‧張良傳》亦同，且「謁」下有「漢王」二字。審度文義，作「來」，於義為長。

曰：「子房前。客有為我計撓楚權者。」具以食其言告之，曰：「其於子房意如何？」

盧文弨曰「（橈）何作『撓』，下同。」

梁容茂曰：「（客有為我計橈楚權者）。《拾補》云：『何作撓，下同。』」

茂仁案：四庫《新序》版本有二，二本並作「撓」，不作「橈」，梁先生以四庫本為底本，失檢。武井驥《纂註本》、各本「橈」亦並作「撓」，與此同，橈、撓，正、假字，說見上。「具以食其言告之」，《漢書‧張良傳》「言」作「計」、無「之」字，《資治通鑑》一○「言」作「語」，亦無「之」字。

良曰：「誰為陛下畫此計者？陛下事去矣！」漢王曰：「何哉！」良對曰：「臣請借前箸而籌之。」

武井驥曰：「《漢書》『而』作『以』。」

茂仁案：「臣請借前箸而籌之」，《史記‧留侯世家》「借」作「藉」、「而」作「為大王」，《資治通鑑》一○同，《漢書‧張良傳》「而」作「以」，《漢紀‧高祖皇帝紀》同，且「箸」作「筯」。藉、借，古、今字；箸、筯，正、俗字也。

曰：「昔湯伐桀，而封其後於杞者，斯能制桀之死命也，陛下能制項籍之死命乎？」曰：「未能也」。

武井驥曰：「（陛下）《史》句上有『今』字。」

茂仁案：「斯能制桀之死命也」，《史記‧留侯世家》、《漢書‧張良傳》、《漢紀‧高祖皇帝紀》、《長短經‧時宜篇》「斯」並作「度」，《資治通鑑》一○同。「陛下能制項籍之死命乎」，審下文作「陛下能……」句法者有六例，其「陛」上並有「今」字，此不當例外，蓋奪耳，《史記‧留侯世家》、《漢書‧張良傳》、《漢紀‧高祖皇帝紀》、《長短經‧時宜篇》「陛」上亦並有「今」字，即其明證，當據補。「曰：『未能也』」，《漢書‧張良傳》、《漢紀‧高祖皇帝紀》、《長短經‧時宜篇》並無此四字，下同。

「其不可一也。

　　茂仁案：《漢書・張良傳》、《漢紀・高祖皇帝紀》「也」並作「矣」。審本文張良八問，「其不可」語亦八，於第一、五、八等三問，並以「也」字收句，餘五問並以「矣」字收句。本文爲據《史記・留侯世家》而作，《史記・留侯世家》前三問並收「也」字，餘五問並收「矣」字。二者收「也」之數三，收「矣」之數五，也、矣，並通，唯爲符文例，則此一、五、八等三問，宜並改收「矣」字爲長。

武王伐紂，而封其後於宋者，斯能得紂之頭也；今陛下能得項籍之頭乎？」曰：「未能也。」

　　蔡信發曰：「《漢書》、《長短經》、《通鑑》、《通鑑本末》，均無此第二難，餘依次上推，而以下文『六國復橈而從之』爲第八難，與此異。唯《史記》同此。」

　　茂仁案：「武王伐紂……曰：『未能也』」，除上蔡先生所引諸書外，《漢紀・高祖皇帝紀》亦無此第二問，且諸書並以第三問爲第二問，餘類推之，其末以「且夫楚雖無彊，六國復橈而從之，陛下焉得而臣之乎」爲第八問，而與此異。上文「昔湯伐桀」直至「斯能得紂之頭也」，《史記・留侯世家》所載與本文同，本文以爲湯滅夏之前，湯即封夏後於杞；武王滅商之前，武王即封商後於宋。審《呂氏春秋・愼大篇》、《韓詩外傳》三、《禮記・樂記篇》、《孔子家語・辯樂解篇》並言武王勝殷之後，方封夏後於杞、封殷後於宋，並與此異。而《史記・夏本紀》云：「湯乃踐天子位，代夏朝天下。湯封夏之後，至周封於杞也。」所載封夏後於杞，在殷滅夏後，則與此同，唯授封者爲周，非此所稱之殷，則又與此異。至如武王封商後於宋，則爲武王勝殷之後，乃封紂子武庚於殷，以其弟管叔、蔡叔爲相。及成王立，武庚與管、蔡爲亂，周公東征，殺管叔、武庚，流放蔡叔，乃再封微子啓於宋，以繼殷祀，說見《史記・周本紀》，所載亦與此異。《史記》前後之有此異者，蓋史遷難定其是非，欲使兩存之耳，說見本書卷六「桀作瑤臺」章，「故伊尹去官入殷，殷王而夏亡」條校記。至如張良此八難之次序，《史記》、《漢書》已自差次，其目自未可知其無誤也，梁玉繩《史記志疑》二六〈留侯世家〉「其不可八矣」辨之甚詳，可參稽也。

「其不可二矣。武王入殷，表商容之閭，

　　茂仁案：「其不可二矣」，白口十行本「矣」作「也」。「表商容之閭」，《尚書・武成篇》作「式商容閭」，《北堂書鈔》一一同，《太平御覽》一五七引《尚書》同，唯「式」作「軾」，《禮記・樂記篇》、《史記・樂書》並作「使之行商容而復其位」，《孔子家語・辯樂解篇》作「使人行商容之舊，以復其位」，《帝王世紀》作「置旄

於商容之廬」，《北堂書鈔》一一引《帝王世紀》作「旌商容廬」，《白氏六帖》三〈注〉作「武主式商容之閭」，《全三國文》魏武帝〈告涿郡太守令〉作「封商容之閭」。

軾箕子之門，

武井驥曰：「《史》作『釋箕子之拘』，《漢書》『軾』作『式』。」

梁容茂曰：「《史記》作：『釋箕子之拘』。」

蔡信發曰：「《漢書》『軾』作『式』，義與此同。《史記》作『釋箕子之拘』，《通鑑》作『釋箕子之囚』，並與此異。王念孫以《史記》所作，乃後人據《禮記》、《逸周書》、《荀子》及東晉《古文尚書》改之，不知他書作『釋箕子之囚』，此獨作『式箕子之門』。說詳《讀書雜志》三。又王先謙以世習知武王釋箕子囚，不知有式箕子門之事，遂改門為囚，而不計式囚之不可通。說詳《漢書補注》。檢：《呂覽·慎大》：『靖箕子之宮。』〈注〉：『清淨其宮以異之。』（諸子平議二十三，讀靖為旌）《淮南·道應》：『柴箕子之門。』〈注〉：『柴，護之也。』義並近此。復證《史記》下文『式智者之門』（此同，唯式作軾），可悉二氏所考甚確。顏〈注〉：『式，亦表也。一說：至其門而撫車式，所以敬之。』」

茂仁案：「軾箕子之門」，《尚書·武成篇》作「釋箕子囚」，《荀子·大略篇》、《韓詩外傳》三、《禮記·樂記篇》、《史記·殷本紀》、又〈周本紀〉、又〈樂書〉、《漢紀·高祖皇帝紀》、《孔子家語·辯樂解篇》、《長短經·時宜篇》、《資治通鑑》一〇、《冊府元龜》五並作「釋箕子之囚」，《呂氏春秋·慎大篇》作「靖箕子之宮」，《史記·留侯世家》作「釋箕子之拘」，《淮南子·主術篇》、又〈泰族篇〉並作「解箕子之囚」、又〈道應篇〉作「柴箕子之門」，《漢書·張良傳》作「式箕子門」，所言除《漢書·張良傳》同此，《淮南子·道應篇》近此外，餘並與此異。王念孫《讀書雜志》三之三《史記·留侯世家》云：「『箕子之拘』，本作『式箕子之門』，今本『式』作『釋』，『門』作『拘』者，後人據《禮記》、《逸周書》、《荀子》及東晉《古文尚書》改之也。不知他書作『釋箕子之囚』，此獨作『式箕子之門』。《呂氏春秋·慎大篇》曰：『武王封比干之墓，靖箕子之宮【高注：「清淨其宮，以異之。」】表商容之閭，士過者趨車，過者下。』《淮南·道應篇》曰：『武王封比干之墓，表商容之閭，柴箕子之門【高注：「柴，護之」】。』二書說武王禮箕子之事與此文相近也。下文曰：『今陛下能封聖人之墓，表賢者之閭，式智者之門乎？』封聖人之墓，即封比干之墓；表賢者之閭，即表商容之閭；式智者之門，即式箕子之門。若作『釋箕子之拘』，則與下文不合矣！【徐廣音義曰：「釋，一作式；拘，一作囚。」】案：拘一作囚，當為拘一作門。蓋徐氏所見有二本，一作釋箕子之拘，一作式箕子之門也。今本則又改

門爲囚矣，而釋一作式，式字尚未改，則古本猶可考見也】，《漢書・張良傳》、《新序・善謀篇》竝作『式箕子之門』【師古曰：「式亦表也，一說至其門而撫車式，所以敬之」】。」王念孫說甚旳。軾、式，古並爲書母、職部，音同可通。《說文》十四篇上車部云：「軾，車前也。」又五篇上工部云：「式，法也。」職此，軾、式，正、假字也。

封比干之墓；

茂仁案：「封比干之墓」，《逸周書・克殷篇》、《荀子・大略篇》作「哭比干之墓」，《逸周書・克殷篇》、《史記・周本紀》、《帝王世紀》並云：「命閎夭封比干之墓。」《藝文類聚》一二同，並較此詳。程榮本「比」作「北」，非是，形近而訛也。

今陛下能封聖人之墓，表賢人之閭，軾智者之門乎？」曰：「未能也。」「其不可三矣。

梁容茂曰：「《史記》：軾，作『式』。」

茂仁案：軾、式，正、假字，說見上。《長短經・時宜篇》「表」作「褒」。表、褒，義通。

發鉅橋之粟，

蔡信發曰：「他書作『鉅橋』而與此同者，有《管子・版法法解》、《尙書大傳・牧誓》、《淮南・主術》、〈道應〉、《史記・殷本紀》、〈周本紀〉、〈齊世家〉、〈留侯世家〉、《漢書・張良傳》、《僞古文尙書・武成》；作『巨橋』而與此異者，有《逸周書・克殷》、《呂覽・愼大》、《說苑・指武》、《國語・周語》韋昭〈注〉、《藝文類聚》十二引《帝王世紀》、《水經・漳水》〈注〉、《金樓子・興王》、《長短經・時宜》、《通鑑》。《說苑集證》下：『巨、鉅古字通用。』檢：巨橋無所取義，巨當爲鉅之同音假借。《說文》：『巨，規巨也。鉅，大剛也。』《淮南・主術》注：『鉅橋，紂倉名也。一說：鉅鹿漕運之橋。』《史記・殷本紀》〈集解〉引許愼：『鉅橋，鉅鹿水之大橋也，有漕粟也。』」

茂仁案：「發鉅橋之粟」，審蔡先生所引《管子・版法法解》，當爲〈版法解〉之誤。又《冊府元龜》五、《全上古三代文》太公《六韜》亦並作「鉅橋」，而《白氏六帖》三〈注〉、《冊府元龜》八四九、《全三國文》高堂隆〈疾篤口占上疏〉則並作「巨橋」。巨、鉅，古並爲群母、魚部，音同可通，左先生松超《說苑集證》下云：「巨、鉅古字通用。」是也。蔡先生以古注，證當以「鉅」爲是，亦是，審此文義，當以「鉅」字爲正，《漢書・張良傳》顏〈注〉引服虔曰：「鉅橋，倉名也。」亦可

為證。

散鹿臺之錢，

蔡信發曰：「《漢書》『錢』作『財』。〈補注〉：『財，當依〈留侯世家〉作錢。〈周本紀〉亦作財。王念孫云：此後人依晚出《古文尚書》改之。〈武成〉〈正義〉、《群書治要》引正作錢。〈齊世家〉、《逸周書·克殷篇》、《管子·版法解》、《淮南·主術》、〈道應篇〉並同。〈殷本紀〉：帝紂厚賦稅以實鹿臺之錢。《呂覽·慎大篇》云：賦鹿臺之錢。《說苑·指武篇》：散鹿臺之金錢。並作錢。自偽書盛行，後人輒改錢為財，幸其參差不一，猶可考見古書元文。』案：〈補注〉引王說，詳見《讀書雜志》三，所考甚是。又他書『錢』作『財』者，有《尚書·武成》、《尚書大傳·牧誓》、《樂記》〈正義〉引《史記》、《史記·周本紀》、《說苑·指武》（今本）、《漢書·張良傳》、《漢紀·高祖紀》、《藝文類聚》十二引《帝王世紀》、《金樓子·興王》、《長短經·時宜》。」

茂仁案：「散鹿臺之錢」，《漢紀·高祖皇帝紀》、《長短經·時宜篇》、《金樓子·興王篇》「錢」亦並作「財」，《白氏六帖》三〈注〉、又一○、《冊府元龜》五並同，《藝文類聚》八五引《六韜》、《全上古三代文》太公《六韜》並作「散鹿臺之金錢」，《全三國文》高堂隆〈疾篤口占上疏〉作「散鹿臺之金」。王念孫《讀書雜志》三之一《史記·周本紀》云：「『散鹿臺之財』本作『散鹿臺之錢』，今作『財』者，後人依晚出《古文尚書》改之也，請以十證明之，晚出《尚書·武成篇》『散鹿臺之財』正義引〈周本紀〉曰：『命南宮括散鹿臺之錢。』又曰：『言鹿臺之財，則非一物也。』《史記》作錢，後世追論以錢為主耳，是《史記》本作錢不作財，一也；《群書治要》引《史記》亦作『散鹿臺之錢』，是唐初人所見本皆作錢，二也；〈齊世家〉曰：『散鹿臺之錢，發鉅橋之粟。』三也；〈留侯世家〉曰：『發鉅橋之粟，散鹿臺之錢。』四也；《逸周書·克殷篇》曰：『乃命南宮忽，振鹿臺之錢，散巨橋之粟。』〈周本紀〉即本於此，五也；《管子·版法解篇》曰：『決鉅橋之粟，散鹿臺之錢。』六也；《淮南·主術篇》、〈道應篇〉並曰：『發鉅橋之粟，散鹿臺之錢。』七也；〈殷本紀〉曰：『帝紂厚賦稅，以實鹿臺之錢。』是紂作鹿臺，本以聚錢，故〈周本紀〉言『散鹿臺之錢』，八也；《呂氏春秋·慎大篇》曰：『發巨橋之粟，賦鹿臺之錢，以示民無私。出拘救罪，分財棄責，以振窮困。』是分財不專在鹿臺，而賦錢則專在鹿臺，故曰『賦鹿臺之錢』，九也；《說苑·指武篇》曰：『武王上堂見玉，曰：「誰之玉也？」曰：「諸侯之玉也。」即取而歸之於諸侯，天下聞之曰：「武王廉於財矣！」入室見女曰：「誰之女也？」曰：「諸侯之女也。」即取而歸之於諸侯，天下聞之，曰：

‘武王廉於色矣！’於是發巨橋之粟，散鹿臺之錢，以與士民。』是玉與女皆在宮中，而金錢則在鹿臺，故曰『散鹿臺之金錢』，十也。自晚出《尚書》盛行於世，學者翫其所習，蔽所希聞，於是見古書中言散鹿臺之錢者，輒改錢爲財，其已改者，則有《漢書》、《漢紀》；其已改，而舊跡尚存者，則有〈周本紀〉、《逸周書》、《說苑》；其未改者，則有〈殷本紀〉、〈齊世家〉、〈留侯世家〉及《管子》、《呂覽》、《淮南》、《新序》；其引《史記》而已改者，則有〈樂記〉正義；其未改者，則有〈武成〉正義、《群書治要》，幸其參差不一，猶可考見古書原文，故具論之。」王念孫所論綦詳，又略見該書卷一之二《逸周書》、又卷四之八《漢書·蕭何曹參傳》及王先謙《漢書補注·張良傳》。

以賜貧嬴；今陛下能散府庫，以賜貧嬴乎？」曰：「未能也。」

　　武井驥曰：「《漢書》『嬴』作『窮』。」

　　梁容茂曰：「《史記》：嬴，作『窮』。下同。」

　　茂仁案：《漢紀·高祖皇帝紀》、《長短經·時宜篇》、《冊府元龜》八四九「嬴」亦並作「窮」，下同。《史記·周本紀》「以賜貧嬴」作「以振貧弱萌隸」，《冊府元龜》五作「以賑貧弱萌隸」。

「其不可四矣。殷事已畢，偃革為軒，倒載干戈，以示天下不復用兵；

　　武井驥曰：「《史》『載』作『置』、『戈』下有『覆以虎皮』四字。」

　　施珂曰：「《漢魏叢書》陳本偃字誤植倒字下。」

　　梁容茂曰：「《史記》：載，作『置』，下有『覆以虎皮』四字。」

　　茂仁案：「倒載干戈」，《禮記·樂記篇》「戈」下有「包之以虎皮」五字，《史記·樂書》同，唯「包」作「苞」。《史記·留侯世家》「載」作「置」，「戈」下有「覆以虎皮」四字，《太平御覽》二三〇引《漢書·百官表》「戈」下有「韜以虎皮而藏諸武庫」九字。包、苞，正、假字，說見《說文》一篇下艸部「苞」字段〈注〉。「戈」下有「包之以虎皮」或「覆以虎皮」，於義較長，當據補。檢陳用光本文與此同，「偃」字未誤植「倒」字下，施先生失檢。

今陛下能偃革倒載干戈乎？」曰：「未能也。」

　　梁容茂曰：「《史記》作：『今陛下能偃武行文，不復用兵乎！』」

　　茂仁案：「今陛下能偃革倒載干戈乎」，《長短經·時宜篇》亦作「今陛下能偃武行文，不復用兵乎」。

「其不可五也。休馬於華山之陽，以示無所用。今陛下能休馬無所用乎？」
曰：「未能也。」

　　武井驥曰：「《漢書》『也』作『矣』，下『六也』同。」

　　蒙傳銘曰：「此文陳用光本『也』作『矣』，下『六也』鐵華館本亦作『矣』，並
與《史記・留侯世家》合。」

　　茂仁案：「休馬於華山之陽」，《尚書・武成篇》「休」作「歸」，《冊府元龜》一
四二同，又八四九「休」作「牧」。《呂氏春秋・慎大篇》作「稅馬於華山」，高誘〈注〉
云：「稅，釋也。」《韓詩外傳》三作「馬放華山之陽」，《禮記・樂記篇》、《孔子家
語・辯樂解篇》並作「馬散之華山之陽」，《史記・樂書》同，唯無上「之」字，《史
記・周本紀》作「縱馬於華山之陽」，《通志》三下同，又〈留侯世家〉、《長短經・
時宜篇》「休」並作「放」，下同，《說苑・指武篇》作「縱馬華山」，《尸子》下作「牛
馬放之歷山」。「以示無所用」，《禮記・樂記篇》、《史記・樂書》、《孔子家語・辯樂
解篇》並作「而弗復乘」，《史記・留侯世家》、《漢書・張良傳》、《漢紀・高祖皇帝
紀》、《長短經・時宜篇》「用」並作「爲」，義同。「其不可五也」，祕書本、百子本
「也」並作「矣」。

「其不可六矣。休牛於桃林

　　梁容茂曰：「（休牛於桃林之陰）《史記》：休，作『放』。」

　　蔡信發曰：「《史記》、《通鑑》作『放牛桃林之陰』，《漢書》作『息牛桃林之壄』。
上文有『休馬於華山之陽』句，則此『休』自宜依《史》變文作『放』，又『林』下
當有『之陰』二字，方與上對，當補。《漢書》『休』作『息』，是。又『桃林』下有
『之壄』二字，固較此達，唯不逮《史記》之工整。」

　　茂仁案：「休牛於桃林」，四庫《新序》版本有二，二本「林」下並無「之陰」
二字，梁先生以四庫本爲底本，失檢。審此與上文「休馬於華山之陽」對句，疑此
句「林」下有奪文。審《尚書・武成篇》作「放牛于桃林之野」，《北堂書鈔》一五
引《尚書》作「牧牛桃林之野」，《呂氏春秋・慎大篇》作「稅牛於桃林」，《韓詩外
傳》三作「牛放桃林之野」，《商君書・墾令篇》作「從牛於農澤」，《史記・周本紀》
作「放牛於桃林之虛」，《禮記・樂記篇》、《孔子家語・辯樂解篇》並作「牛散之桃
林之野」，《史記・樂書》同，唯無上「之」字，《漢紀・高祖皇帝紀》作「息牛桃林
之埜」，《通志》三下、《冊府元龜》一四二並作「放牛於桃林之野」，《冊府元龜》八
四九作「放牛於桃林」。「林」下有「之野」或「之虛」二字，審此與上文對言，上
文句末有「之陽」二字，故此「林」下顯有奪文。蔡先生言當據《史記》、《資治通

鑑》補進「之陰」二字較爲工整。唯審山南、水北爲陽，山北、水南爲陰，則其時休牛於桃林者，似不當以求對上文「之陽」而定此句奪文當爲「之陰」，愚謂「林」下當據諸書補「之野」爲當。「其不可六矣」，白口十行本、程榮本、四庫本「矣」並作「也」。

【史作放牛桃林之陰，示天下不復輸積】，

　　茂仁案：今本《史記‧留侯世家》「示天下不復輸積」作「以示不復輸積」。武井驥《纂註本》、元刊本、楚府本、何良俊本、楊美益本、白口十行本、程榮本、祕書本、陳用光本、四庫本、百子本並無此〈注〉，鐵華館本、龍溪本則並與此同。

以示不復輸糧；今陛下能休牛不復輸糧乎？」曰：「未能也。」

　　盧文弨曰：「宋本〈注〉云：『《史》作放牛桃林之陰，示天下不復輸積』。各本『糧』作『粮』。下同。」

　　武井驥曰：「嘉靖本、朝鮮本『糧』作『粮』。」

　　梁容茂曰：「（以示不復輸粮）《史記》：粮，作『積』，下同。《拾補》：粮，作『糧』，云：『宋本〈注〉云：《史》作放牛桃林之陰，示天下不復輸積。各本糧作粮。下同。』案：積借爲粢，粢亦粮也。」

　　茂仁案：「以示不復輸糧」，四庫《新序》版本有二，二本並作「糧」，不作「粮」，梁先生以四庫本爲底本，失檢。《史記‧留侯世家》「糧」作「積」，《漢書‧張良傳》、《漢紀‧高祖皇帝紀》、《長短經‧時宜篇》並作「示天下不復輸積」，《資治通鑑》一〇同。「休牛」，各書載異，說見上。元刊本、楚府本、何良俊本、楊美益本、白口十行本「糧」並作「粮」，糧、粮，正、俗字。盧文弨云各本「糧」作「粮」，檢程榮本、祕書本、陳用光本、四庫本、鐵華館本、百子本、龍溪本並作「糧」，與此同，並不作「粮」，盧文弨失檢也。梁先生云「積借爲粢，粢亦粮也」。審「積」即儲意也，意指糧食，非必以積爲粢字之借而爲說也。

「其不可七矣。且夫天下游士，捐其親戚，棄墳墓，去故舊，

　　武井驥曰：「《史》『捐』作『離』，《漢書》作『左』。」

　　梁容茂曰：「《史記》：捐，作『離』。」

　　茂仁案：「且夫天下游士」，《漢紀‧高祖皇帝紀》、《長短經‧時宜篇》「游」並作「遊」。遊，游之俗字，說見《說文》七篇上水部「游」字段〈注〉。「捐其親戚」，《資治通鑑》一〇「捐」亦作「離」，《漢書‧張良傳》作「左親戚」，《漢紀‧高祖皇帝紀》、《長短經‧時宜篇》並作「離親戚」。《漢書‧張良傳》顏〈注〉云：「左者，

言其乖避而委離之，以從漢也。」職是，捐、左、離，並義通。

從陛下游者，皆日夜望尺寸之地。

武井驥曰：「《史》作『咫尺』，《漢書》無『游』字。」

梁容茂曰：「《史記》作：『徒欲日夜望咫尺之地』。」

茂仁案：「皆日夜望尺寸之地」，《資治通鑑》一〇亦作「徒欲日夜望咫尺之地」，《漢書・張良傳》、《長短經・時宜篇》並同，唯《漢書・張良傳》「徒欲」作「但」，《長短經・時宜篇》無「徒欲」二字耳。

今復立韓、魏、燕、趙、齊、楚之後，其王皆復立，游士各歸事其主，從其親戚，反其故舊、墳墓，陛下誰與取天下乎？其不可八也。

梁容茂曰：「《史記》：復下有『六國』二字。」

茂仁案：「今復……楚之後」，《長短經・時宜篇》「復」下亦有「六國」二字，《漢書・張良傳》作「今乃立六國後，唯無復立者」，《漢紀・高祖皇帝紀》作「今乃立六國後」。且《史記・留侯世家》、《漢書・張良傳》、《漢紀・高祖皇帝紀》、《長短經・時宜篇》並無「其王皆復立」五字。審此句與上文「今復立韓、魏、燕、趙、齊、楚之後」句意複重，故此「其王皆復立」五字，似以據上諸書刪之爲長也。《史記・留侯世家》「游」上有「天下」二字。「其不可八也」，祕書本、陳用光本、百子本「也」並作「矣」。

且夫楚雖無彊，

盧文弨曰「何本『雖』作『惟』。」

茂仁案：「且夫楚雖無彊」，《史記・留侯世家》、《漢書・張良傳》「雖」並作「唯」，《資治通鑑》一〇、《冊府元龜》八四九並同，《漢紀・高祖皇帝紀》、《長短經・時宜篇》「雖」並作「唯」、「彊」並作「強」，元刊本、楚府本、何良俊本、楊美益本、白口十行本、程榮本、祕書本、陳用光本、四庫本、百子本「雖」並作「惟」、「彊」並作「強」。唯、惟、雖，古並通，說見本書本卷「漢王既用滕公、蕭何之言」章，「唯信亦以爲大王不如也」條校記。彊、強，古並爲群母、陽部，音同可通。

六國復撓而從之，陛下焉得而臣之乎？誠用客之計，陛下之事去矣。」

梁容茂曰：「《史記》：國下有『立者』二字。」

茂仁案：「六國復撓而從之」，《資治通鑑》一〇「國」下亦有「立者」二字。陳鱣校「撓」作「橈」，橈、撓，正、假字，說見上。「誠用客之計」，《史記・留侯世

家》、《漢書‧張良傳》、《長短經‧時宜篇》「計」並作「謀」，《資治通鑑》一○同。計、謀，義通。

漢王輟食吐哺，罵曰：「豎儒！幾敗乃公事！」令趣銷印，止不使，遂并天下之兵，誅項籍，定海內，張子房之謀也。

　　武井驥曰：「《史》『乃』作『而』，《漢書》作『迺』。」

　　蔡信發曰：「《史記》、《通鑑》『乃』作『而』，《漢書》作『迺』。乃、而、迺作第二人稱『汝』解，並無本字假借。」

　　茂仁案：「豎儒」，《漢紀‧高祖皇帝紀》、《長短經‧時宜篇》「豎」並作「竪」，《資治通鑑》一○同，武井驥《纂註本》、楚府本、何良俊本、白口十行本、程榮本、祕書本、陳用光本、百子本並同。豎、竪，正、俗字。「幾敗乃公事」，《史記‧留侯世家》「乃」作「而」，《資治通鑑》一○同，《漢書‧張良傳》「乃」則作「迺」。《類林雜說‧忠諫一四》〈注〉「乃公」作「乃翁」，又〈綏九二〉〈注〉「乃公」作「迺翁」。《史記‧留侯世家》〈索隱〉云：「而公，高祖自謂也；《漢書》作乃公，乃亦汝也。」胡三省〈注〉云：「而，汝也。公，尊稱也。高祖嫚罵人，率曰：『而公』、『迺公』，蓋自尊辭。」而、乃並訓汝；迺，古乃字也，亦汝之謂也，並通。武井驥《纂註本》「籍」作「藉」，古通。

【楚雖無彊，漢史作楚唯無彊】。

　　茂仁案：武井驥《纂註本》、元刊本、楚府本、何良俊本、楊美益本、白口十行本、程榮本、祕書本、陳用光本、四庫本、百子本並無此〈注〉，鐵華館本、龍溪本則並與此同。

（七）漢五年

漢五年，追擊項王陽夏南，止軍，與淮陰侯韓信、建成侯彭越期，會而擊楚軍，

　　茂仁案：「漢五年」，《漢書‧高帝紀》、《漢紀‧高祖皇帝紀》並作「漢五年，冬十月」，《漢書‧張良傳》作「五年冬」，《資治通鑑》一一、《冊府元龜》一○○並作「五年冬十月」，《群書集事淵海》二○引作「漢高祖五年」。《漢書‧高帝紀》、《漢紀‧高祖皇帝紀》所載較此詳。「追擊項王陽夏南」，《史記‧項羽本紀》、《漢書‧高帝紀》、又〈張良傳〉「追」上並有「漢王」、「陽」上並有「至」字，《漢紀‧高祖皇

帝紀》「陽」上亦有「至」字，是，並當據補。「與淮陰侯韓信，建成侯彭越期」，《漢書·高帝紀》作「與齊王信、魏相國越期」，《資治通鑑》一一、《冊府元龜》一〇〇並同，《漢紀·高祖皇帝紀》作「與韓信、彭越期」。

至固陵，不會。

> 梁容茂曰：「《史記》：陵下有『而信越之兵』五字。」

> 蔡信發曰：「《史記》『陵』下有『而信、越之兵』。《通鑑》作『至固陵，與齊王信、魏相國越期會擊楚，信、越不至』。據此，有『而信、越之兵』五字，義較明。」

> 茂仁案：「不會」，《史記·項羽本紀》作「而信、越之兵不會」，《漢紀·高祖皇帝紀》作「皆不至會」。審度文義，《史記·項羽本紀》所載為明，蔡先生說是。

楚擊漢軍，大破之，漢王復入壁，深塹而守之，謂張子房曰：「諸侯不從約，奈何？」

> 茂仁案：《漢書·高帝紀》、《漢紀·高祖皇帝紀》並無「約」字，《通典》一五二、《資治通鑑》一一、《冊府元龜》一〇〇並同。《史記·項羽本紀》「奈」上有「為之」二字，於文氣較完。

對曰：「楚兵且破，而未有分地，其不至固宜。

> 茂仁案：「而未有分地」，《史記·項羽本紀》作「信、越未有分地」。

君王能與共天下，今可立致也；則不能，事未可知也。

> 梁容茂曰：「《史記》：共下有『分』字。則，作『即』。」

> 茂仁案：四庫全書薈要本「則」亦作「即」。則、即，義通。

君王能自陳以東傅海，盡與韓信；

> 茂仁案：《漢書·高帝紀》云：「齊王信之立，非君王意，信亦不自堅。彭越本定梁地始，君王以魏豹故，拜越為相國，今豹死，越亦望王，而君王不早定，今能取睢陽以北至穀城，皆以王彭越；從陳以東傅海與齊王信，信家在楚，其意欲復得故邑，能出捐此地以許兩人，使各自為戰，則楚易敗也。」《資治通鑑》一一、《冊府元龜》一〇〇並同，《通典》一五二、《記纂淵海》八六並略同，所載並較此詳。「盡與韓信」，《史記·項羽本紀》「韓信」作「齊王」。

睢陽以北至穀城，盡與彭越，使各自為戰，則楚易敗也。」

> 盧文弨曰：「『末句宋本作子房之謀也』。〈注〉云：『一作張子房之謀也』。」

梁容茂曰：「（睢陽以北至穀城）《拾補》謂至字，後脫當補。又云：『末句宋本作子房之謀也。〈注〉云：一作張子房之謀也。』案：今四庫本已有『至』字，末句亦作張子房之謀也。蓋宋本之舊。」

茂仁案：「睢陽以北至穀城」，四庫《新序》版本有二，二本並作「睢」，不作「雎」，梁先生以四庫本爲底本，失檢。《漢紀·高祖皇帝紀》「以」下有「東」字，非是，《史記·項羽本紀》、《漢書·高帝紀》、《通典》一五二、《資治通鑑》一一、《冊府元龜》一○○並無「東」字，與此同，《群書集事淵海》二○引、武井驥《纂註本》、各本亦並同，「東」字蓋涉上文「以東傳海」而衍者。楚府本「睢」作「雎」，祕書本作「淮」，並非是，並形近致訛也。「盡與彭越」，《漢紀·高祖皇帝紀》作「盡以王彭越」。

漢王乃使使者告韓信、彭越，曰：「并力擊楚，楚已破，自陳以東傳海，與齊王；睢陽以北至穀城，與彭相國。」

盧文弨曰：「（至）後脫，當補。」

蒙傳銘曰：「盧校是也，宋本、鐵華館本『北』下並有『至』字，與《史記·彭越傳》，《漢書·高帝紀》，〈彭越傳〉合。」

茂仁案：「楚已破」，於此不辭。此時楚尚未爲漢所滅，故「已」顯爲衍文。四庫本無「已」字，作「楚破」，是其明證，當據刪。「睢陽以北至穀城」，《群書集事淵海》二○引無「至」字，武井驥《纂註本》、元刊本、楚府本、何良俊本、楊美益本、白口十行本、程榮本、祕書本、陳用光本、百子本並同，四庫本、鐵華館本、龍溪本則並有「至」字，與此同。審上文云「睢陽以北至穀城」，文句與此同，故有「至」字爲是，他本無者，蓋奪耳。

使者至，韓信、彭越皆喜，報曰：「請今進兵。」

茂仁案：《史記·項羽本紀》無「喜」字，蓋奪。

韓信乃從齊行，彭越兵自梁至，諸侯來會，遂破楚軍于垓下，追項王，誅之於淮津，

茂仁案：《史記·項羽本紀》、《漢書·項籍傳》並言項羽爲自殺於烏江，又並言爲灌嬰追斬於東城；又《史記·高祖本紀》、又〈高祖功臣侯者年表〉、又〈灌嬰傳〉、《漢書·高帝紀》、又〈高惠高后文功臣表〉、又〈灌嬰傳〉亦並言項羽爲灌嬰追斬於東城。審《史記·夏本紀》〈集解〉引鄭玄曰：「〈地理志〉：『九江在尋陽南，皆東合爲大江。』〈索隱〉云：『尋陽記九江者，烏江、蚌江、烏白江、嘉靡江、沙江、畎江、廩江、隄江、箘江。』」又《史記·項羽本紀》〈正義〉云：「《《括地志》云：

『東城縣故城濠州定遠縣東南五十里。』〈地理志〉云:『東城縣屬九江郡。』」職是,東城屬九江郡,而烏江為九江之一,則東城、烏江二者文異而實同,上引諸書所言並與本文「誅之於淮津」異,而本書本卷「酈食其」章,則云項羽為漢王所擒,所云又與此異。楚府本「至」作「室」,龍溪本「垓」作「坂」,並非是,並形近致訛也。

二君之功,子房之謀也。

茂仁案:「子房之謀也」,審本書本卷「漢三年」章、又「漢六年正月」章、又「高皇帝五年」章,最末一句,文例皆姓、名並列,並作「張子房之謀也」,故此句「子」上顯奪「張」字,《群書集事淵海》二〇引,正有「張」字,武井驥《纂註本》、元刊本、楚府本、何良俊本、楊美益本、白口十行本、程榮本、祕書本、陳用光本、四庫本、百子本「子」上亦並有「張」字,即其明證,下文注云:「【一作張子房之謀也】」,亦其明證也,當據補。鐵華館本、龍溪本則與此同。

【一作張子房之謀也】。

茂仁案:武井驥《纂註本》、元刊本、楚府本、何良俊本、楊美益本、白口十行本、程榮本、祕書本、陳用光本、四庫本、百子本並無此〈注〉,鐵華館本、龍溪本則並與此同。

(八)漢六年正月

漢六年正月,封功臣,張子房未嘗有戰鬥之功。

蔡信發曰:「《志疑》:『〈侯表〉及《漢書·高帝紀》封功臣在十二月。』檢:高祖大封功臣,確在六年十二月,然良之冊封,則在正月。據〈侯表〉,留侯之封,時在正月丙午,該月適與此合,而梁氏以〈侯表〉及《漢書·高帝紀》他侯所封之年月,誤以良之封亦在斯月,故有此〈注〉。」

茂仁案:梁玉繩說是。檢梁玉繩之說,見《史記志疑》二六〈陳涉世家〉「漢六年正月封功臣」條。梁氏文,「十二月」下,有「非正月也」四字。

高皇帝曰:「運籌策帷幄之中,決勝千里之外,子房功也。子房自擇齊三萬戶。」

武井驥曰:「《史·留侯世家》『幄』作『帳』,《漢書》『幄』、『里』下並無『之』字。」

茂仁案:《史記·高祖本紀》「策」作「筴」、「幄」作「帳」、「勝」下有「於」

字，〈留侯世家〉同，唯無「於」字。《漢書・高帝紀》、《漢紀・高祖皇帝紀》並無「策」字，《白氏六帖》八〈注〉、又一五〈注〉、《資治通鑑》一一、《通志》五、《冊府元龜》一四八、《錦繡萬花谷・續集》三七引《史記》、《天中記》四八〈注〉並同，《永樂大典》一一六〇二引《西漢書》則有「策」字，《後漢書・鄧禹傳》〈注〉無「籌」字。《漢書・張良傳》無兩「之」字，《長短經・大體篇》亦無「策」字，「帷」、「千」上並有「於」字，四庫本、鐵華館本、百子本「策」並作「策」。梁玉繩《史記志疑》六〈高祖本紀〉「夫運籌策帷帳之中」云：「《漢書》無『策』字，《御覽》八十七引《史》作『于』字，疑『策』字譌，然〈留侯世家〉論亦作籌策也。」審「運籌策帷幄之中」與「決勝千里之外」對言，則無「策」字為是。籌，謀也、計也，策亦計也，籌、策於此，義實同，「策」或涉「籌」字連類而衍也，《漢書・高帝紀》、《漢紀・高祖皇帝紀》、《長短經・大體篇》並無「策」字，即其明證，當據刪。策、策，形近而訛，當據改。

良曰：「始臣起下邳，與上會留，此天以臣授陛下，陛下用臣計，幸而時中，臣願封留足矣，不敢當齊三萬戶。」乃封良為留侯，及蕭何等。

　　武井驥曰：「（『等』下）《史》、《漢》有『俱封』二字。」

　　施珂曰：「《史記》、《漢書》等下皆有『俱封』二字。是也。此脫去二字則文意未完。」

　　茂仁案：「幸而時中」，《冊府元龜》四八「時」作「得」。「不敢當齊三萬戶」，《史記・留侯世家》、《漢書・張良傳》並無「齊」字，下文「及蕭何等」並作「與蕭何等俱封」，《通志》九六並同，《資治通鑑》一一亦無「齊」字、「及蕭何等」作「封陳平為戶牖侯」，《能改齋漫錄》四無「當齊」二字。

其餘功臣皆未封，群臣自疑，恐不得封，咸不自安，有搖動之心。

　　梁容茂曰：「《史記》：作『其餘日夜爭功不決，未得行封。』」

　　茂仁案：「其餘功臣皆未封」，《通志》九六亦作「其餘日夜爭功不決，未得行封」，《漢書・高帝紀》、又〈張良傳〉、《漢紀・高祖皇帝紀》、《通典》一五二、《通志》五、《冊府元龜》四五、又四五一並略同。「咸不自安」，楚府本「咸」作「或」，非是，形近而訛也。

於是高皇帝在南陽南宮上臺，見群臣往往相與坐沙中語，

　　武井驥曰：「《史》『上臺』作『從復道』，《漢書》作『望見諸將往往數人偶語』。」

　　施珂曰：「《漢魏叢書》程本、陳本南陽皆作雒陽。」

梁容茂曰：「《史記》作：『上在雒陽南宮，從復道望見諸將，往往相與坐沙中語。』」

茂仁案：《漢書・高帝紀》作「上居南宮，從復道上見諸將，往往耦語」，又〈張良傳〉作「上居雒陽南宮，從復道望見諸將，往往數人偶語」，《漢紀・高祖皇帝紀》作「上從南宮複道上望見群臣，往往聚語」，《通典》一五二作「帝居南宮，從複道上見諸將往往耦語」，《資治通鑑》一一作「上在洛陽南宮，從複道望見諸將，往往相與坐沙中語」，《通志》九六作「上居雒陽南宮，從復道望見諸將，往往相與坐沙中偶語」，《冊府元龜》四五作「居雒陽南宮，從複道望見諸將，往往偶語」，又四五一作「帝居南宮，從複道上見諸將耦語」，《天中記》一六作「高祖居南宮，從復道上見諸將往往耦語」，元刊本、楚府本、何良俊本、楊美益本、白口十行本、程榮本、祕書本、四庫本、百子本「南陽」亦並作「雒陽」。《太平御覽》八七四引《史記》云：「天下大定，高祖都雒陽，置酒南宮。」職是，「南」當作「雒」，「南」字疑涉下文「南宮」而誤，當據改。

上曰：「此何語？」留侯曰：「陛下不知乎？謀反耳。」

武井驥曰：「《史》、《漢》『謀』上有『此』字。」

茂仁案：「謀反耳」，《資治通鑑》一一、《通志》九六「謀」上亦並有「此」字，審此承上文「此何語」而言，故有「此」字為是，當據補。梁玉繩《史記志疑》二六云：「邵氏疑問曰：『謀反何事明語沙中？上云：「何語？」良云：「謀反」，豈諸將不軌之情先之良與？未足信也。』明李維禎《史記評》曰：『沙中之人怏怏不平，見于詞色，未必謀反，但留侯為弭亂計，故權辭以對耳。』《評林》明茅坤曰：『沙中偶語，未必謀反也。謀反乃族滅事，豈野而謀者，子房特假此恐喝高帝，及急封雍齒，則群疑定矣。』《史通・暗惑篇》曰：『群小聚謀，俟問方對，若高祖不問，竟欲無言邪？且諸將圖亂，密言臺上猶懼覺知，群議沙中，何無避忌？然則複道之望坐沙而語，是敷演妄益耳。』」

上曰：「天下屬安，何故而反？」

武井驥曰：「《史》、《漢》作『屬安定』。」

梁容茂曰：「《史記》：安下有『定』字。」

茂仁案：「天下屬安」，《資治通鑑》一一、《通志》九六「安」下亦並有「定」字，元刊本、楚府本、楊美益本「屬」並作「属」，下同。属，未見於字書，唯版刻習見，愚謂即「屬」字俗寫。

留侯曰：「陛下起布衣，與此屬定天下，陛下已為天子，而所封皆蕭曹故人，所誅皆平生仇怨。

武井驥曰：「（故人）《史》、《漢》有『所親愛而』四字。」

施珂曰：「《漢魏叢書》程本、陳本仇怨皆作怨仇。」

梁容茂曰：「《史記》：人下有『所視（茂仁案：當作親）愛』三字；怨仇，作『所仇怨』。」

茂仁案：「陛下已為天子」，《史記・留侯世家》、《漢書・張良傳》「陛」上並有「今」字，《資治通鑑》一一、《通志》九六並同，《漢書・高帝紀》、《通典》一五二、《冊府元龜》四五、又四五一並作「今已為天子」。審此「陛」上有「今」字，於義為長。「所誅皆平生仇怨」，《史記・留侯世家》、《漢書・張良傳》「所」上並有「所親愛」三字，《資治通鑑》一一、《通志》九六並同，《通典》一五二「所」上有「及所親愛」四字，《漢紀・高祖皇帝紀》「仇怨」作「仇讎」，元刊本、楚府本、何良俊本、楊美益本、白口十行本、程榮本、祕書本、陳用光本、四庫本、百子本「仇怨」並作「怨仇」。讎、讎，一字之異體；仇、讎，義通。

今軍吏計功，以天下不足以遍封。

茂仁案：《史記・留侯世家》、《漢書・高帝紀》、又〈張良傳〉「遍」並作「徧」，《通典》一五二、《資治通鑑》一一、《通志》九六、《冊府元龜》四五、又四五一並同，武井驥《纂註本》、楚府本、何良俊本、白口十行本、程榮本、祕書本、陳用光本、四庫本、鐵華館本、百子本、龍溪本亦並同。徧、遍，古並為幫母、眞部，音同可通。《說文》有「徧」無「遍」，其二篇下彳部云：「徧，帀也。」職是，作「徧」為正。遍，蓋徧之後起本字。

此屬畏陛下不能盡封，又見疑平生過失及誅，故即聚謀反耳。」

茂仁案：「又見疑平生過失及誅」，《史記・留侯世家》「又」上有「恐」字，《資治通鑑》一一同，《漢書・高帝紀》作「而恐以過失及誅」，《通典》、《冊府元龜》四五、又四五一並同，《漢書・張良傳》作「又恐見疑過失及誅」，《通志》九六同，《漢紀・高祖皇帝紀》作「又恐過失及誅」。審上下文意，「又」下有「恐」字，於義為長。「故即聚謀反耳」，《史記・留侯世家》「即」下有「相」字，《資治通鑑》一一同，《漢書・高帝紀》、又〈張良傳〉「即」並作「相」，《通典》一五二、《通志》九六、《冊府元龜》四五、又四五一並同。

上乃憂曰：「為將奈何？」留侯曰：「上平生所憎，群臣所共知，誰最甚者？」

武井驥曰：「《史》『將』作『之』。」

茂仁案：「為將奈何」，《漢書·高帝紀》、《漢紀·高祖皇帝紀》「將」亦並作「之」，《通典》一五二、《資治通鑑》一一、《通志》九六、《冊府元龜》四五、又四五一並同。將、之，義通，說見《古書虛字集釋》九。

上曰：「雍齒與我有故【漢書音義曰：「未起時，有故怨」】，數窘辱我，欲殺之，為其功多，故不忍。」

武井驥曰：「《漢書》『故』下有『怨』字。」又曰：「《史》、《漢》『欲』上有『我』字。」

梁容茂曰：「（雍齒與我故）《史記》：故上有『有』字，數下有『嘗』字，下『我』字疊。」

茂仁案：「雍齒與我有故」，四庫《新序》版本有二，二本「故」上並有「有」字，梁先生以四庫本為底本，失檢。《漢書·張良傳》「故」下有「怨」字，《資治通鑑》一一、《通志》九六並同。《漢書·張良傳》顏〈注〉云：「服虔曰：『未起之時，與我有故怨也。』師古曰：『每以勇力困辱高祖。』」「怨」字，為涉注文而誤衍也，說見王念孫《讀書雜志》四之八《漢書·蕭何曹參傳》「有故怨」。【漢書音義曰：「未起時，有故怨」】，武井驥《纂註本》、元刊本、楚府本、何良俊本、楊美益本、白口十行本、程榮本、祕書本、陳用光本、四庫本、百子本並無此〈注〉，鐵華館本、龍溪本則並與此同。「數窘辱我」，《史記·留侯世家》、《漢書·張良傳》「我」字並重出，其一屬下連讀，《史記·留侯世家》「數」下尚有「嘗」字，《資治通鑑》一一、《通志》九六並同。

留侯曰：「今急先封雍齒，以示群臣，群臣見雍齒得封，即人人自堅矣。」

武井驥曰：「嘉靖本不疊『群臣』。」

茂仁案：何良俊本「群臣」不重出，則「以示」當從上連讀，唯「群臣」重出，於義較明，他本並重出。

於是上置酒，封雍齒為什方侯，而急詔趣丞相御史，定功行封。

蔡信發曰：「《史記·侯表》作『汁邡』，《漢書·功臣表》作『汁防』。什、汁並從十得聲，同音假借。邡，方之後起本字；防，邡之形訛。蓋從邑之字，皆有方名之義，又防、邡均從方得聲，亦同音假借。故三者名異而實同。故城在今四川什邡縣南，俗名雍齒城。」

茂仁案：審本文載高祖於漢六年正月封張良爲留侯，《漢書·高帝紀》、《冊府元龜》一○九並載高祖於六年三月封雍齒，《史記·高祖功臣侯年表》及《漢書·高帝紀》並載大封功臣於六年之十二月。所封時間，歷時一年，今本文合而書之，似爲同時受封，蓋誤矣。「封雍上爲什方侯」，《史記·高祖功臣侯年表》「什方」作「汁邡」，《漢書·高惠高后文功臣表》作「汁防」，《通典》一五二、《通志》五、《太平御覽》二九五引《史記》則並作「什邡」，《太平御覽》一九五引《漢書》則作「什方」，與此同。什，古爲禪母、緝部；汁，古爲章母、緝部，二者音近可通；方、防、邡，並从方得聲，可相通用。《說文》六篇下邑部云：「邡，汁邡，廣漢縣也。」段〈注〉云：「汁各本作什，非，今正。應劭〈注〉〈地理志〉曰：『汁音十。』如淳〈注〉〈功臣表〉曰：『汁，音什。』漢王君平『鄉道碑』曰：『汁邡王卿。』是則漢時此縣名作『汁』字，凡作『什』者，以其音改之也。」是。職是，「什方」，爲「汁邡」之借字也。「而急詔趣丞相御史」，「趣」爲「促」之借字，說見本卷「漢三年」章，「趣刻印」條校記。

群臣罷酒，皆喜曰：「雍齒且侯，我屬無患矣。」

茂仁案：「群臣罷酒」，《漢書·高帝紀》「群臣」與「罷酒」互乙，則「群臣」當屬下連讀。

還倍畔之心，銷邪道之謀，使國家安寧，累世無患者，張子房之謀也。

茂仁案：「畔」爲「叛」之借字，說見《說文》十三篇下田部，「畔」字段〈注〉。

（九）高皇帝五年

高皇帝五年，齊人婁敬戍隴西，過雒陽，

梁容茂曰：「見《史記·劉敬叔孫通傳》及〈留侯世家〉。婁，《史》作『劉』，以下仍作『婁』。」

茂仁案：「齊人婁敬戍隴西」，《史記·劉敬傳》、又〈留侯世家〉、《漢書·張良傳》「婁敬」並作「劉敬」，《史記·劉敬傳》下即改作「婁敬」，餘他書並未改。以其戍隴西時，高祖尚未賜姓「劉」，故此不當稱「劉敬」，《漢書·婁敬傳》、《漢紀·高祖皇帝紀》並作「婁敬」與此同，是也，各本亦並同。「過雒陽」，《史記·劉敬傳》、《漢紀·高祖皇帝紀》「雒」並作「洛」，下同，《資治通鑑》一一同，祕書本亦同，楚府本則形訛作「維」，非是。「雒」、「洛」之辯，或以「洛」之作「雒」，爲以漢行

火德，火忌水，故去水旁改佳旁，說見王觀國《學林》六「雒」、楊愼《丹鉛雜錄》五「雒字」、周嬰《卮林》一「雒水」等條，唯三書並已斥其非。凡伊、雒、瀍、澗之雒，从佳旁各；涇、渭、洛之洛，从水旁各。黃初以前，決不相亂，辯見王念孫《讀書雜志》四之六《漢書·地理志》「逾于洛」條，《說文》十一篇上水部「洛」字段〈注〉亦辯之甚詳，可相參稽。職是，此作「雒」是也。

脫輅輓，

武井驥曰：「《漢書·劉敬傳》『輅輓』二字倒，《史》同，下有『衣其羊裘』四字。」

梁容茂曰：「《史記》作：『脫輓輅』。下有『衣其羊裘』四字。」

茂仁案：「脫輅輓」，《漢書·婁敬傳》作「敬脫輓輅」，《古今合璧事類備要·別集》一〈注〉同，《冊府元龜》八四九亦同，唯無「敬」字，《白氏六帖》四〈注〉作「婁敬脫衣輓輅，去其羊裘」，《資治通鑑》一一作「脫輓輅，衣羊裘」，《通志》九六同，唯「脫」上有「敬」字。

見齊人虞將軍曰：「臣願見上，言便宜事。」

梁容茂曰：「《史記》：無『宜』字，《漢書》有。」

蔡信發曰：「《史記》無『宜』，《漢書》無『事』。《爾雅·釋詁》：『宜，事也。』便宜，即便事，故《史記》作『便事』，《漢書》作『便宜』。據之，得知此乃衍『宜』或『事』。」

茂仁案：「言便宜事」，《通志》九六、《古今合璧事類備要·別集》一〈注〉亦並無「事」字，同《漢書·婁敬傳》；《白氏六帖》四〈注〉則無「宜」字，同《史記·劉敬傳》；《冊府元龜》八四九作「言便宜事」，則與此同。

虞將軍欲與鮮衣，婁敬曰：「臣衣帛，衣帛見；衣褐，衣褐見。不敢易。」

武井驥曰：「（不敢易）《史》、《漢》有『衣』字。」

梁容茂曰：「《史記》：作『終不敢易衣』。」

茂仁案：「不敢易」，《白氏六帖》四〈注〉作「終不肯易衣」，《資治通鑑》一一作「終不敢易衣」，與《史記·劉敬傳》同，則此非婁敬語，《漢書·婁敬傳》作「不敢易衣」，《通志》九六同，則此與本文並婁敬語也。

虞將軍入言上，上召見賜食，已而問敬，

盧文弨曰「（入）『人』訛。」

茂仁案：程榮本「入」作「人」，非是，形近而訛也，他本並不誤。

對曰：「陛下都雒陽，豈欲與周室比隆哉？」上曰：「然。」敬曰：「陛下取天下與周室異。

茂仁案：「陛下取天下與周室異」，《漢書・婁敬傳》無「室」字，《資治通鑑》一一、《通志》九六、《冊府元龜》一三、又八四九、《古今合璧事類備要・別集》一〈注〉並同。

周之先，自后稷，堯封之邰，積德累善十餘世，公劉避桀居邠，

武井驥曰：「司馬貞曰：『邠，即豳也。古今字異耳。』」

梁容茂曰：「《史記》：邠，作『豳』，下同。邠、豳，通用。」

茂仁案：《漢書・婁敬傳》「累」作「絫」、「邠」亦作「豳」，下同，《冊府元龜》一三、《古今合璧事類備要・別集》一〈注〉並同。《漢紀・高祖皇帝紀》無「累善」二字、「桀」作「狄」、「邠」亦作「豳」，下同。《資治通鑑》一一「累」亦作「絫」，《通志》九六、《冊府元龜》八四九「邠」亦並作「豳」。稱地名則稱邠，稱山名則稱豳，而地名常因於山名，二者同音通用耳，如郂、岐之比。是邠、豳，古通，說見《說文》六篇下邑部「豳」字段〈注〉。《漢書・婁敬傳》顏〈注〉云：「絫，古累字。」《漢紀・高祖皇帝紀》「桀」之作「狄」，非是，蓋涉下文「大王以狄伐去邠」而誤也。

大王以狄伐去邠，

茂仁案：「大王以狄伐去邠」，《史記・劉敬傳》、《漢紀・高祖皇帝紀》、《長短經・霸圖篇》〈注〉「大」並作「太」，《通志》九六、《冊府元龜》一三、又八四九、《古今合璧事類備要・別集》一〈注〉並同，四庫本亦同。大、太，古通。

杖馬箠居歧，國人爭歸之。

武井驥曰：「《史》、《漢》『箠』作『策』。」

梁容茂曰：「（杖馬策居坡）《史記》：策，作『箠』；坡，作『岐』。何本、程本、百子本：俱作『岐』，是也。歸，《史記》作『隨』。」

茂仁案：「杖馬箠居歧」，四庫《新序》版本有二，二本並作「箠」，不作「策」；並作「歧」，不作「坡」，梁先生以四庫本為底本，失檢。《史記・劉敬傳》、《漢書・婁敬傳》、《長短經・霸圖篇》〈注〉、《通志》九六、《冊府元龜》一三、《古今合璧事類備要・別集》一〈注〉「策」並作「箠」、「歧」並作「岐」，四庫本、鐵華館本、

百子本「策」並作「筴」，武井驥《纂註本》、元刊本、何良俊本、白口十行本、程榮本、祕書本、陳用光本、四庫本、鐵華館本、百子本、龍溪本「歧」並作「岐」，楊美益本、楚府本則並作「坡」。《漢書・婁敬傳》顏〈注〉云：「筴，馬策也。」則筴、策，義通。歧、岐，古並爲群母、支部，音同可通。《說文》六篇下邑部云：「郂，郂或从山支聲，因岐山以名之也。」段〈注〉引〈漢志〉、〈地理志〉亦並作岐，則作「岐」爲正，岐、歧，正、假字。「國人爭歸之」，《史記・劉敬傳》「歸」作「隨」，二字並通，唯審此文義及下文「自海濱來歸之」，則此作「歸」爲長。

及文王爲西伯，斷虞芮訟，始受命，呂望、伯夷，自海濱來歸之。

茂仁案：元刊本、楚府本、何良俊本、楊美益本「芮」並作「芮」，非是，形近而訛也。

武王伐紂，不期而會孟津上八百諸侯，滅殷。

武井驥曰：「《漢書》『滅』上有『遂』字。」

梁容茂曰：「《史記》：津下有『之』字。侯下有『皆曰紂可伐矣遂』七字。」

茂仁案：《長短經・霸圖篇》〈注〉「津」下亦有「之」字，「侯」下亦有「皆曰：『紂可伐矣！』遂」七字。

成王即位，周公之屬傅相，乃營成周、雒邑，

施珂曰：「《漢書・婁敬傳》周下有都字。」

茂仁案：「成公之屬傅相」，楚府本「屬」作「属」。属，未見於字書，唯版刻習見，愚謂即屬字俗寫。「乃營成周雒邑」，《漢書・婁敬傳》、《漢紀・高祖皇帝紀》「周」下並有「都」字、無「邑」字，《通志》九六、《冊府元龜》一三、《古今合璧事類備要・別集》一〈注〉並同。「雒」上有「都」，作「都雒邑」，適與「營成周」句法一律，是也。

以爲天下中，諸侯四方納貢職，道里均矣。

梁容茂曰：「《史記》作：『以此爲天下之中也』。」

茂仁案：「以爲天下中」，《長短經・霸圖篇》〈注〉亦作「以此爲天下之中也」，《漢書・婁敬傳》、《漢紀・高祖皇帝紀》並作「以爲此天下中」，《通志》九六、《冊府元龜》一三、《古今合璧事類備要・別集》一〈注〉並同，《太平御覽》一六四引《漢書》則作「以爲天下之中」。

有德則易以王，無德則易以亡。凡居此者，欲令周務德以致人，不欲恃險阻，令後世驕奢以虐民。

　　武井驥曰：「《漢書》無『周』字、『德以』二字倒。」

　　梁容茂曰：「《史記》作：恃，作『依』；險阻，作『阻險』。」

　　茂仁案：「欲令周務德以致人」，《史記‧劉敬傳》、《長短經‧霸圖篇》〈注〉並作「欲令周務以德致人」，《漢書‧婁敬傳》、《通志》九六、《冊府元龜》一三、又八四九、《古今合璧事類備要‧別集》一〈注〉並同，唯並無「周」字。《漢紀‧高祖皇帝紀》亦同，唯無「令周」二字。「不欲恃險阻」，《史記‧劉敬傳》「恃」作「依」、「險阻」乙作「阻險」，《漢書‧婁敬傳》、《漢紀‧高祖皇帝紀》、《冊府元龜》一三並同，唯三書並無「依」字。

及周之衰，分為兩，天下莫朝，周不能制，非德薄，形勢弱也。

　　武井驥曰：「《漢書》『分』下有『而』字。」

　　茂仁案：「及周之衰也」，《史記‧劉敬傳》「及」上有「及周之盛時，天下和洽，四夷鄉風，慕義懷德，附離而竝事天子，不屯一卒，不戰一士，八夷大國之民，莫不賓服效其貢職」四十六字，《長短經‧霸圖篇》〈注〉、《通志》九六並略同，有此四十六字，於義較長。「分為兩」，《漢書‧婁敬傳》、《漢紀‧高祖皇帝紀》並作「分而為二」，《冊府元龜》一三、《古今合璧事類備要‧別集》一〈注〉並同。

今陛下起豐擊沛，收卒三千人，以之徑往，卷蜀漢，定三秦，與項羽大戰七十，小戰四十，使天下民肝腦塗地，父子暴骨中野，不可勝數。

　　武井驥曰：「《漢書》無『擊』字。」又曰：「《史》『羽』下有『戰滎陽，爭成皋之口』八字。」

　　梁容茂曰：「《史記》：起，作『收』；收，作『起』。」

　　茂仁案：「今陛下起豐擊沛」，《史記‧劉敬傳》「起」作「收」、無「擊」字。〈考證〉云：「各本豐下衍擊字，今從楓三本、毛本、凌引一本。」審《漢書‧婁敬傳》、《資治通鑑》一一、《通志》九六、《冊府元龜》一三、《古今合璧事類備要‧別集》一〈注〉亦並無「擊」字，即其明證。「與項羽大戰七十」，《長短經‧霸圖篇》〈注〉「羽」下亦有「戰滎陽，爭成皋之口」八字，《通志》九六同，《漢書‧婁敬傳》「羽」下有「戰滎陽」三字，《冊府元龜》一三、《古今合璧事類備要‧別集》一〈注〉並同，《資治通鑑》一一「羽」下則有「戰滎陽、成皋之間」七字，諸書所載並較此為明。

哭泣之聲未絕，傷夷者未起，而欲比隆成、康、周公之時，臣竊以為不侔矣。

　　盧文弨曰「（比）『北』訛。」

　　武井驥曰：「《漢書》無『周公』二字，《史》同。」

　　梁容茂曰：「（而欲比隆於成康）《史記》：夷，作『痍』。無『周公』二字。何本：比，作『北』。《拾補》云：『北訛。』」

　　蔡信發曰：「《史記‧劉敬傳》、《漢書‧婁敬傳》、《通鑑》，並無『周公』。考周公但輔成王誦，未嘗稱王，故此不當出以周公，是乃妄增，當依三書而刪。」

　　茂仁案：「傷夷者未起」，《史記‧劉敬傳》「夷」作「痍」。痍、夷，古並爲余母、脂部，音同可通。《說文》七篇下疒部云：「痍，傷也。」又十篇下大部云：「夷，東方之人也。」職是，痍、夷，正、假字也。「而欲比隆成、康、周公之時」，四庫《新序》版本有二，二本「隆」下並無「於」字，梁先生以四庫本爲底本，失檢。蔡先生云「周公但輔成王誦，未嘗稱王，故此不當出以周公，是乃妄增，當依三書而刪」，是也，《資治通鑑》一一、《通志》九六、《冊府元龜》一三、又八四九、《古今合璧事類備要‧別集》一〈注〉亦並無「周公」二字。《漢紀‧高祖皇帝紀》作「而欲比隆周室」，《長短經‧霸圖篇》〈注〉作「而欲比隆成周之時」。程榮本、四庫全書本「比」並作「北」，非是，形近而訛也。

且夫秦地被山帶河，四塞以為固，卒然有急，百萬之眾可具。

　　茂仁案：「且夫秦地被山帶河」，《漢紀‧高祖皇帝紀》無「且」字，《古今合璧事類備要‧別集》一〈注〉無「夫」字。「且夫」爲合成詞，去其一，無害於義也。楚府本「被」作「披」，被、披並从皮得聲，可相通用。被，引伸爲「橫被四表」之「被」，說見《說文》八篇上衣部「被」字段〈注〉。職是，披爲被之借字。「卒然有急」，卒，當讀曰猝。「百萬之眾可具」，《資治通鑑》一一、《永樂大典》一四九一二引《三輔黃圖》「可」下並有「立」字。有「立」字，於義爲長。

因秦之故，資甚美膏腴之地，此謂天府。

　　梁容茂曰：「（國秦之故質）《史記》：國，作『因』，何、程、百子本同。作『因』是也。」

　　茂仁案：四庫《新序》版本有二，二本並作「因」，不作「國」；並作「資」，不作「質」，梁先生以四庫本爲底本，失檢。「資甚美膏腴之地」，元刊本、楚府本、楊美益本「腴」並作「腹」，非是，形近而訛也。「此謂天府」，《史記‧劉敬傳》、《漢書‧婁敬傳》、《漢紀‧高祖皇帝紀》、《長短經‧霸圖篇》〈注〉「此」下並有「所」

字，《資治通鑑》一一、《通志》九六、《冊府元龜》一三、《古今合璧事類備要‧別集》一〈注〉、《永樂大典》一四九一二引《三輔黃圖》並同，《漢紀‧高祖皇帝紀》「謂」下並有「金城」二字。審下文有「此所謂金城千里，天府之國也」句，職是，《漢紀‧高祖皇帝紀》所載為長。

陛下入關而都，山東雖亂，秦故地可全而有也。

武井驥曰：「（而都）《史》、《漢》有『之』字。」

茂仁案：「陛下入關而都」，《永樂大典》一四九一二引《三輔黃圖》「都」下亦有「之」字，《漢紀‧高祖皇帝紀》作「陛下都關中」。

夫與人鬥，而不搤其亢，拊其背，

武井驥曰：「《史》『亢』作『肮』。」

茂仁案：「而不搤其亢」，《長短經‧霸圖篇》〈注〉、《太平御覽》一五六引《史記》「亢」並作「喉」，《太平御覽》一六四、《蒙求集註》下並引《漢書》作「吭」。《漢書‧婁敬傳》顏〈注〉引張晏曰：「亢，喉嚨也。」肮、吭，並亢之俗字，說見《說文》十篇下亢部「亢」字段〈注〉。

未全勝也。」

施珂曰：「《史記‧劉敬傳》及《漢書》此下更有『今陛下入關而都，案秦之故地。此亦搤天下之亢而拊其背也。』二十四字。」

梁容茂曰：「《史記》作：『未能全其勝也』。」

茂仁案：「未全勝也」，《史記‧劉敬傳》作「未能全其勝也」，其下有「今陛下入關而都，案秦之故地，此亦搤天下之亢而拊其背也」二十四字，《群書治要》一六與《太平御覽》一六四、又四六一及《群書集事淵海》四並引《漢書》、《長短經‧霸圖篇》〈注〉、《資治通鑑》一一、《通志》九六、《冊府元龜》一三、又八四九、《古今合璧事類備要‧別集》一〈注〉並略同。《漢書‧婁敬傳》「未」下有「能」字。《史記‧劉敬傳》所載較此為詳且長，當據補。

高皇帝疑，問左右大臣，皆山東人，多勸上都雒陽，

梁容茂曰：「以下本〈留侯世家〉。此當提行。」

蔡信發曰：「《史記‧留侯世家》、《漢書》『皇帝』並作『上』，『問』並作『之』。前後皆以『上』作高祖之代詞，此驟出『高皇帝』，不類，當依《史》、《漢》作『上』，始能上下一致。『問』作『之』。始可斷句，不然，左右大臣須重，為求簡達，『問』

當作『之』。」

茂仁案：梁先生云此當提行。審此文雖承自《史記·劉敬傳》與《史記·留侯世家》，然此二者所載一事，且文句多有互用者，今司馬遷礙於《史記》寫作體例，分載「劉敬」與「張良」，乃並述此事，且權宜取舍，今本文合「事」而論，以「記事本末」爲的以述，故此不當提行，若提行，則不類矣，檢各本並未提行，是也。《長短經·霸圖篇》〈注〉、《資治通鑑》一一、《通志》九六、《冊府元龜》一三、又八四九、《古今合璧事類備要·別集》一〈注〉亦合書之，亦其明證。「高皇帝疑，問左右大臣」，《史記·劉敬傳》、《漢書·婁敬傳》並作「高帝問群臣，群臣」，《通志》九六同。檢上、下文載劉邦之言並稱「上」，此獨稱「高皇帝」，不類，蓋承《史記·劉敬傳》、《漢書·婁敬傳》之「高帝」而來，唯此文自此始，辭句已轉承《史記·留侯世家》爲文，而《史記·留侯世家》於此作「上」，與上、下文一律，故此「高皇帝」改作「上」爲是，《漢書·張良傳》、《通志》九六並作「上疑之，左右大臣」，《漢紀·高祖皇帝紀》作「上問群臣，群臣」，《古今合璧事類備要·別集》一〈注〉作「上疑未能決」，亦作「上」，並爲其明證也，當據改。「問」當據《史記·留侯世家》、《漢書·張良傳》改作「之」，並屬上連讀，於文氣較順，於文義亦較明也。

「東有成皋，西有肴澠，

茂仁案：「東有成皋」，《史記·留侯世家》、《漢書·張良傳》「東」上並有「雒陽」二字，《通志》九六、《冊府元龜》八四九並同，有「雒陽」二字，於義爲長且明，當據補。「西有肴澠」，《史記·留侯世家》、《漢書·張良傳》「肴澠」並作「殽黽」，《通志》九六、《冊府元龜》一三並同，《漢紀·高祖皇帝紀》作「澠池」，《長短經·霸圖篇》〈注〉作「殽澠」，《資治通鑑》一一同，《太平御覽》一五六引《漢書》作「崤澠」，《類林雜說·都邑城郭第九十三》〈注〉引《漢書》作「淆澠」，顏〈注〉云：「殽，山也；黽，黽池也。」肴、殽、崤、淆，澠、黽，古字並通用。

倍河海，嚮伊、洛，其固亦足恃。且周王數百年，秦二世而亡，不如都周。」

梁容茂曰：「《史記》：無『海』字。」

茂仁案：「倍河海，嚮伊、洛」，《史記·留侯世家》作「倍河，向伊、雒」，《長短經·霸圖篇》〈注〉同，唯「倍」作「背」，《漢書·張良傳》作「背河，鄉雒」，《冊府元龜》一三同，《漢紀·高祖皇帝紀》作「背河，向洛」，《類林雜說·都邑城郭第九十三》〈注〉引《漢書》同，《資治通鑑》一一作「倍河，鄉伊、洛」，《通志》九六作「背河，鄉伊、雒」，《冊府元龜》八四九作「倍何，鄉伊雒」。倍、背，正、假

字，說見本書本卷「酈生說漢王」章，「項王倍約不與」條校記。鄉、嚮，正、假字；鄉，向，古、今字，說並見本書本卷「漢王既用滕公、蕭何之言」章，「今東向爭權天下」條校記。此「伊、洛」之「洛」字，作「洛」爲是，作「雒」非也，說見上「過雒陽」條校記。「且周王數百年」，《漢紀・高祖皇帝紀》作「且周七、八百年」，《長短經・霸圖篇》〈注〉作「周王七百年」，審《史記・周本紀》集解引皇甫謐曰：「周凡三十七王，八百六十七年」，則「數百年」，蓋約略之數耳。楚府本「且」作「旦」，非是，形近而訛也。

留侯張子房曰：「雒陽雖有此固，國中小，不過數百里，田地狹，四面受敵，此非用武之國。

　　武井驥曰：「《漢書・張良傳》『狹』作『薄』。」

　　梁容茂曰：「《史記》：狹，作『薄』。狹、薄，義同。」

　　茂仁案：《史記・留侯世家》、《漢書・張良傳》、《長短經・霸圖篇》〈注〉「國中小」並作「其中小」、「狹」並作「薄」，《資治通鑑》一一、《通志》九六、《冊府元龜》一三並同。《漢紀・高祖皇帝紀》上「國」字亦作「其」。

夫關中，左肴函，右隴蜀，沃野千里，南有巴蜀之饒，北有故宛之利，

　　武井驥曰：「《史》、《漢》『故』作『胡』，是。」

　　施珂曰：「（北有故苑之利）《史記・留侯世家》、《漢書・張良傳》，故皆作胡。是也。」

　　梁容茂曰：「《史記》：故，作『胡』，是也。宛，作『苑』。」

　　蔡信發曰：「《《史記・留侯世家》，《漢書・張良傳》、《通鑑》『故宛』並作『胡宛』。〈索隱〉：『崔浩云：「苑，馬牧，外接胡地，馬生於胡，故云胡苑之利。」』〈正義〉：『《博物志》云：「北有胡苑之塞，按上郡北地之北，與胡接，可以牧養禽獸，又多致胡馬，故謂胡苑之利也。」』〈考證〉：『《新序・善謀篇》，作宛。宛，大宛也。中統、游本，亦作宛。』顏〈注〉：『謂安定北地上郡之北與胡接之地，可以畜牧者也。養禽獸，謂之苑。』『故』，諸家並訓『胡』，無一例外。職是，此故當爲胡之形譌。再者，審以修辭，上句『巴蜀』與此『故宛』相並，不類；設作『胡宛』，正對，則此『故』作『胡』，當無疑慮。苑、宛並從夗得聲，形亦相近，於此說之以『苑』或『宛』，固並通，然作『宛』者鮮，作『苑』者夥，此誤『胡』爲『故』，而『故苑』不詞，遂改『苑』爲『宛』。」

　　茂仁案：「北有故宛之利」，鐵華館本作「宛」，不作「苑」，施先生以鐵華館本

爲底本，失檢。《史記‧留侯世家》、《漢書‧張良傳》「故宛」並作「胡苑」，《資治通鑑》一一、《通志》九六、《冊府元龜》一三、又八四九並同，《漢紀‧高祖皇帝紀》、《長短經‧霸圖篇》〈注〉並作「胡宛」。審「北有胡宛之利」與上文「南有巴蜀之饒」句法一律。知「故」爲「胡」之形訛，當據改，上諸先生說是也。宛、苑，古並爲影母、元部，音同可通。《史記‧留侯世家》〈索隱〉云：「崔浩云：『苑，馬牧，外接胡地，馬生於胡，故云胡苑之利。』」〈正義〉云：「《博物志》云：『北有胡苑之塞，按上郡北地之北，與胡接，可以牧養禽獸，又多致胡馬，故謂胡苑之利也。』」職是，作「苑」爲是，則苑、宛，正、假字也。

阻三面，守一隅，東向制諸侯。

武井驥曰：「《漢書》作『阻三面而固守，獨以一面東制諸侯』。」

梁容茂曰：「《史記》作：『阻三面而守，獨以一面東制諸侯』。」

茂仁案：《漢紀‧高祖皇帝紀》、《長短經‧霸圖篇》〈注〉亦並作「阻三面而守，獨以一面東制諸侯」，《資治通鑑》一一亦同，《漢書‧張良傳》、《通志》九六、《冊府元龜》一三亦並同，唯「守」上並有「固」字。

諸侯安定，河渭漕輓天下，西給京師。諸侯有變，順流而下，足以委輸。此所謂金城千里，天府之國也。婁敬說是也。」

茂仁案：「西給京師」，《漢紀‧高祖皇帝紀》、《長短經‧霸圖篇》〈注〉「西」上並有「足以」二字。審此與下文「足以委輸」對言，二書所載爲長也。

於是高皇帝即日駕，西都關中。

茂仁案：《史記‧留侯世家》、《長短經‧霸圖篇》〈注〉並無「皇」字，《漢書‧張良傳》「高皇帝」作「上」，《通志》九六同。《漢紀‧高祖皇帝紀》作「於是上即日車駕西入關，治櫟陽宮」，《資治通鑑》一一、《太平御覽》八七引《史記》並作「上即日車駕西都長安」，《通志》五作「上即日車駕西都長安，治櫟陽宮」，《冊府元龜》一三作「於是即日車駕，西都長安，後九月，徙諸侯於關中，治長樂宮」，《全漢文》五三揚雄〈解嘲〉云：「婁敬委輅脫輓，掉三寸之舌，建不拔之策，舉中國徙之長安。」審本文漢入都關中在高帝五年，《漢書‧高帝紀》載高帝七年二月，長安未央宮方修整完畢，於是月方自櫟陽徙都長安，於此之前，皆暫駐櫟陽宮。梁玉繩《史記志疑》二六〈留侯世家〉云：「是日之入都關中，乃居櫟陽宮，至七年始徙居長安，蓋櫟陽、長安俱關中也。《漢書‧高紀》改『入都關中』爲『都長安』，誤甚！不但長安宮闕未興，而其時盧綰尚爲長安侯，建都云乎哉？」審度文義，諸書載都長安者，未誤

也。高帝於即日入關，西都長安，爲其目的也，入關後，以長安宮闕尚待修整，未及都於此，故先治於櫟陽，待長安宮闕完繕，即遷都之，治櫟陽，權變耳，非高帝長久定都之地，長安，乃其所願也，是以諸書載「都長安」，實未誤也，梁玉繩以其先治櫟陽而苛之，不亦過乎？職是，《冊府元龜》一三所載並較諸書爲詳且長也。

由是國家安寧，雖彭越、陳豨、盧綰之謀，九江、燕代之兵，及吳、楚之難，關東之兵，雖百萬之師，猶不能以為害者，由保仁德之惠，守關中之固也。國以永安，婁敬、張子房之謀也。

　　武井驥曰：「（雖百萬之師）驥按：『雖』字恐衍，屬上。」

　　蔡信發曰：「彭越，漢五年，封梁王；十一年，呂后誣以謀反，被斬國除。陳豨，漢十年九月，自立爲王，劫略趙、代；十一年冬，爲樊噲軍卒斬於靈丘。盧綰，漢五年八月，立爲燕王；十二年四月，高祖崩，綰畏爲后誅，亡入匈奴。九江，指黥布；漢前一年，項羽王布於九江；漢四年七月，高祖封布爲淮南王；十一年，布叛，高祖擊之，布走越，爲番陽人所殺。上並詳《史》、《漢》本傳。燕，指燕王臧荼；荼反於漢五年十月，攻下代地，高祖自將擊之，得荼。詳《史》、《漢》〈高紀〉。代，指陳豨，或韓王信；信反代，十一年春，爲漢將柴奇斬於參合，分見《史》、《漢》〈絳侯世家〉、本傳。吳、楚之難，即景帝三年之七國之亂，由竇嬰、周亞夫平之。詳《史》、《漢》〈景紀〉。關東之兵，泛指關中以東之侯將。越有反叛之名，無反叛之實；綰自始未嘗背叛，此以與豨並列，承以黥布、臧荼、韓王信，不類，失考。豨，《史》、《漢》本傳並作豨。」

　　茂仁案：蔡先生說是。又雖，通作「唯」，訓即使，此蓋以關東之兵，即使有百萬之師，亦不能以爲害之意也，故「雖」字，非衍也。

上曰：「本言都秦地者，婁敬也。婁者乃劉也。」賜姓劉氏，拜為郎中，號曰奉春君，後卒為建信侯，封之二千戶。

　　茂仁案：本文載婁敬之說劉邦都關中，云：「陛下入關而都，山東雖亂，秦故地可全而有也。」關即關中，閱此文，欲漢都於關中者，似始於婁敬，唯審本書本卷「漢王既用滕公、蕭何之言」章，載韓信論項羽云：「項王雖霸天下而臣諸侯，不居關中而都彭城。」則其時以定都關中而制天下之說已行，非始自婁敬甚明，又《史記・項羽本紀》云：「人或說項王曰：『關中阻山河四塞，地肥饒，可都以霸。』」亦可爲證。故此云「本言都秦地者，婁敬也」，恐失之矣。「封之二千戶」，武井驥《纂註本》、元刊本、楚府本、何良俊本、楊美益本、白口十行本、程榮本、祕書本、陳

用光本、百子本並無此句。四庫本、鐵華館本、龍溪本並有此句,唯鐵華館本、龍溪本「千」並形訛作「十」也。

(十) 留侯張子房

留侯張子房,於漢已定,性多疾,即導引不食穀,杜門不出,歲餘。

　　梁容茂曰:「《史記》:疾,作『病』。」

　　茂仁案:「留侯張子房,於漢已定」,《史記・留侯世家》、《漢書・張良傳》並作「留侯從入關」,《通志》九六作「良從入關」。「性多疾」,《通志》九六「疾」亦作「病」,《資治通鑑》一一「性多疾」作「素多病」。《說文》七篇下疒部云:「疾,病也。」又云:「病,疾加也。」段〈注〉云:「苞咸〈注〉《論語》曰:『疾甚曰病。』」職是,渾言之,疾亦病也,然析言之,病甚於疾,審此文義,作「疾」為長。「即導引不食穀」,《史記・留侯世家》、《漢書・張良傳》「導」並作「道」,《資治通鑑》一一、《通志》九六並同。道、導,古、今字。

上欲廢太子,立戚氏夫人子趙王如意,大臣多爭,未能得堅決者也。呂侯恐,不知所為。

　　梁容茂曰:「《史記・留侯世家》:爭上有『諫』字。」

　　茂仁案:「大臣多爭」,《通志》九六「爭」上亦有「諫」字,《冊府元龜》八四九「爭」作「諍」,下同。《說文》三篇上言部云:「諍,止也。」段〈注〉云:「經傳通作爭。」又四篇下爪部云:「爭,引也。」段〈注〉云:「凡言爭者,皆謂引之使歸於己。」職是,爭、諍,正、假字也。「呂侯恐」,文不辭,義亦不通,「侯」當為「后」之音訛,《史記・留侯世家》、《漢書・張良傳》「侯」並作「后」,《通志》九六、《冊府元龜》八四九並同,各本亦並同,並其明證,下文「人或謂呂后曰」即承此而來,字正作「后」,亦此之證也,當據改。

人或謂呂后曰:「留侯善畫計策,上信用之。」

　　武井驥曰:「《漢書》無『人』字。」

　　梁容茂曰:「(善畫計策)《史記》:策,作『筴』。」

　　茂仁案:「留侯善畫計策」,四庫《新序》版本有二,二本並作「策」,不作「筴」,梁先生以四庫本為底本,失檢。《史記》「策」作「筴」,下同,《漢書》無「策」字,白口十行本、鐵華館本、百子本則並作「策」。孫詒讓《札迻》二《韓詩外傳》云:

「筴，與策字同。漢隸策字多作萊。」職是，筴、策同；策、策，形近而訛，當據改。

呂后乃使建成侯呂澤劫留侯

武井驥曰：「呂澤，呂后長兄，爲周呂侯。〈呂后紀〉曰：『次兄呂釋之，爲建成侯。』徐廣曰：『呂澤，高祖八年卒。然則如意爲趙王，在九年，《史》、《漢》所記蓋有誤。』」

蔡信發曰：「《史記・高祖功臣侯表》，建成侯當爲呂后兄釋之，而后兄澤乃周呂侯。《通鑑考異》、《史記志疑》並有辨說。據是，澤，當作釋之，此緣《史記》而誤。」

茂仁案：梁玉繩《史記志疑》二六云：「《史銓》謂誤以釋之爲澤，是也。蓋建成侯名釋之，周呂侯名澤，此文之誤，澤、釋字通而又脫之字耳。《通鑑攷異》云：『澤當是釋之，《史銓》所本，下呂澤同誤。』」審漢高帝入關爲漢五年事，見本書本卷「高皇帝五年」章及《史記・高祖本紀》。本文言易太子事爲漢已定後（《史記》言「從入關」）歲餘，則爲漢六年事。呂澤，爲呂后長兄，說見《史記・呂后本紀》，審《史記・高祖功臣侯年表》，於漢六年正月丙戌，高祖封呂澤爲「周呂侯」，於漢八年，呂澤死，未嘗封「建成侯」。又此〈年表〉載，於漢六年呂澤封周呂侯之時，呂后次兄呂釋之封「建成侯」（呂釋之爲呂后之次兄，說亦見《史記・呂后本紀》），至漢十五年方死。《通志》五〈孝惠帝〉、又一九〈高祖呂皇后〉亦並載呂后之長兄爲周呂侯，次兄呂釋之爲建成侯。職此，知呂澤即呂釋之之誤。本卷「漢十一年」章云「乃說建成侯曰」、「於是呂澤立夜見呂后」，呂澤死於漢八年，至漢十一年，已死三年，豈有「見呂后」之舉，而呂釋之爲建成侯九年方亡，是知「呂澤」確爲「呂釋之」之誤無疑，當據改正，下同，諸先生所言是也。楚府本「后」作「氏」，審本章敘述性語句中談及呂后者，並作「呂后」，無作「呂氏」者，故作「后」爲是。氏、后，形近而訛也。

曰：「君常為上計，今日欲易太子，君安得高枕臥？」

武井驥曰：「《史》『今日』作『今上』，《漢書》作『君常爲上謀臣，今上曰』云云。」

梁容茂曰：「《史記》：計，作『謀臣』；日，作『上』。」

茂仁案：「君常爲上計」，《漢書・張良傳》「計」亦作「謀臣」，《通志》九六同。「今日欲易太子」，《史記・留侯世家》「日」作「上」，《漢書・張良傳》「今」下有「上」字，《通志》九六同。審度此文，及本卷「漢十一年」章，云：「今戚夫人日

夜侍御，趙王常抱居上前，終不使不肖子居愛子上，明乎其代太子位必矣。」則此作「今上日欲易太子」爲長，「上」字，當據《漢書‧張良傳》、《通志》九六補。

留侯曰：「始上數在困急之中，幸用臣；今天下安定，以愛幼欲易太子。骨肉間，雖臣等百餘人何益？」

　　武井驥曰：「（幸用臣）《史》、《漢》有『筴』字。」又曰：「《漢書》『肉』下有『之』字、無『幼』及『餘』字。」

　　梁容茂曰：「《史記》：臣下有『筴』字，無『幼』字。」

　　茂仁案：《史記‧留侯世家》「臣」下有「筴」字、無「幼」字，《漢書‧張良傳》、《通志》九六並同，唯「筴」並作「策」。筴即策，說見上；策、策，形近而訛也。審度上、下文義，「臣」下有「策」字爲長，當據補。

呂澤彊要曰：「爲我畫計。」留侯曰：「此難以口舌爭也。

　　武井驥曰：「吳本無『也』字。」

　　梁容茂曰：「（此難以口舌爭）何本、程本、百子本：爭下俱有『也』字。《史記》有『也』字。」

　　茂仁案：武井驥《纂註本》、楚府本、何良俊本、白口十行本、程榮本、祕書本、四庫本「彊」並作「強」。彊、強，古並爲群母、陽部，音同可通。檢四庫《新序》版本有二，二本「爭」下並有「也」字，梁先生以四庫本爲底本，失檢。祕書本、陳用光本亦並有「也」字，元刊本、楚府本、何良俊本、楊美益本、白口十行本、鐵華館本、龍溪本則並無「也」字。

顧上有所不能致者，天下有四人：園公、綺里季、夏黃公、用里先生。

　　盧文弨曰「（角）宋本作『用』，下同。」

　　武井驥曰：「吳本『角』作『用』。」

　　蔡信發曰：「《漢書‧張良傳》不載此四人。『角』，《史記‧留侯世家》、《漢書‧王貢兩龔鮑傳》、《高士傳》卷中四皓、《通鑑漢紀》四、《十駕齋養新錄》六並作『用』。〈補注〉：『宋祁曰：‘用不成字，當作角。’〈齊‧召南〉曰：‘用里用字，《宋史‧儒林傳》，崔偓佺爲直講，太宗顧謂曰：李覺嘗奏朕云：四皓中一先生姓，或言用字加撇，或云加點，爾知否？偓佺對曰：臣聞刀用爲角（音榷），兩點爲角（音鹿），用上一撇一點，俱不成字。據偓佺此論，則俗本作角字者亦非也。宋云：用不成字，當作角，俗本又誤角作角。蓋緣不知崔偓佺之論耳。’』」

　　茂仁案：《史記‧留侯世家》載此四人名於下文「各言其姓名」下，《漢書‧張

良傳》並不載此四人名。《史記・留侯世家》〈索隱〉云：「四人，四皓也。謂東園公、綺里季、夏黃公、甪里先生。按《陳留志》云：『園公，姓庾，字宣明，居園中，因以爲號；夏黃公，姓崔，名廣，字少通，齊人，隱居夏里修道，故號曰夏黃公；甪里先生，河內軹人，太伯之後，姓周，名術，字元道，京師號曰霸上先生，一曰甪里先生。又孔安國祕記作祿里，此皆王劭據崔氏、周氏系譜及陶元亮四八目而爲此說。」〈正義〉承之，載之蓦詳，其末云：「甪音祿。」《漢書・王貢傳》顏〈注〉云：「四皓蓋隱居之人，匿跡遠害，不自標顯，祕其氏族，故史傳無得而詳。至于後代，皇甫謐之徒及諸地理書說，競爲四人施安姓氏，自相錯互，語又不經，班氏不載於書，諸家皆臆說，今竝棄略一無取焉。」顏說是也。羅泌《路史・發揮篇》四「辨四皓」、梁玉繩《史記志疑》二六〈陳涉世家〉、錢大昕《十駕齋養新錄》六「甪里先生」、黃暉《論衡校釋・非韓篇》，並辯之甚詳，《通志》二五〈氏族序〉「以地命氏者」條，所載亦詳，並可相參稽也。王楙《野客叢書》三〇「角里」云：「四皓中角里先生，角音祿，今呼爲閣里則發笑，僕考之，祿亦角也。魯直書曰：『阿童三尺箠，御此老觳觫，石吾甚愛之，勿遣牛礪角。』雖讀爲祿，實則角爾。魯直此語，豈無自哉。傅玄〈盤中詞〉曰：『與其書，不能讀，當從中央周四角。』是亦以角爲祿也。按《玉篇》、《廣韻》〈注〉二音皆通用。《群經音辨》：『古岳切，獸角也。』《禮》：『黃鍾爲角。』音祿，又如字。《資暇錄》謂孔氏之《祕記》，慮將來之誤，直書爲祿里。謂《詩》角里爲祿里。漢、魏之人多然。如繁欽祿先生訓，亦書爲祿。《資暇錄》所謂孔氏《祕記》者，孔氏即孔安國，其《祕記》不可得而聞，其事見《抱朴子》。」王楙說甚旳，焦竑《焦氏筆乘》一「角里」從之，更引《毛詩・麟之角》爲說，並祛崔偓佺之「甪」上一點一撇不成字，及「甪」上二點音鹿之說，《永樂大典》一九七四三「角氏」〈注〉亦辯之甚詳。審上所引論，顏師古等人之說及王楙等人之說並是，唯以王楙等人之說得之。則作「甪」者，或涉崔偓佺之說而誤？或後人未知角有二音，其一音祿，而另制「甪」字以別之？或角字音祿之後起本字？究以何者爲是，孰難定之。《漢紀・留侯世家》「園公」作「東園公」，《通典》三〇〈注〉、《通志》九六、《太平御覽》五〇七引皇甫士安《高士傳》、《太平御覽》五七三與《事類賦》一一及《全後漢文》四五並引崔琦〈四皓頌〉、《錦繡萬花谷》二五、《冊府元龜》九八、又七八四、又八〇九、又八四九、《太平廣記》六〈神仙六・張子房〉引《仙傳拾遺》、《學齋佔畢》二、《貞觀政要》四〈注〉、《投甕隨筆・漢四皓歌》、《焦氏類林》五、《卮林》二、《愛日齋叢鈔》一並同。《通典》三〇〈注〉「甪」作「角」，武井驥《纂註本》、元刊本、楚府本、何良俊本、程榮本、祕書本、陳用光本、四庫全書薈要本、百子本並同。

此四人者，年老矣，皆以上慢侮士，故逃匿山中，議不為漢臣。

盧文弨曰：「（義）宋本作『議』。」

武井驥曰：「《漢書》作『嫚娒』。」

梁容茂曰：「《史記》：『以』下有『為』字；士，作『人』。《拾補》云：『義，宋本作議。』」

蔡信發曰：「『慢侮』，《漢書》作『嫚娒』。顏〈注〉：『嫚，與慢同。娒，古侮字。』檢：《說文》：『慢，惰。嫚，侮傷也。娒，女師也。侮，傷也。』慢、嫚並從曼得聲，侮、娒並從每得聲。『娒慢』當為『侮嫚』之同音假借字。」

茂仁案：「皆以上慢侮士」，《史記・留侯世家》「以」下有「為」字、「士」作「人」。《漢書・張良傳》「慢侮」並作「嫚娒」。顏〈注〉云：「嫚與慢同。娒，古侮字。」蔡先生引《說文》，以「娒慢」當為「侮嫚」之同音假借字，是也。《通志》九六正作「嫚侮」，即其明證。「議不為漢臣」，《漢書・張良傳》「議」作「義」，《通典》三〇、《通志》九六、《冊府元龜》八〇九、又八四九並同，武井驥《纂註本》、白口十行本、陳用光本、四庫本、鐵華館本、百子本、龍溪本亦並同。義、議，古通。

然上高此四人。公誠能無愛金玉璧帛，令太子為書，卑辭，以安車迎之，因使辯士固請，宜來，來，以為客，時時從入朝，令上見之。

武井驥曰：「《漢書》『公』上有『今』字。」

梁容茂曰：「《史記》：無『以』、『迎之』三字。」

茂仁案：「公誠能無愛金玉璧帛」，《通志》九六「公」上亦有「今」字，有「今」字，於文義較長。「以安車迎之」，《漢書・張良傳》亦無「以」、「迎之」三字，《通志》九六同。審度文義，本文所載為詳。

上見之，即必異問之，問之，上知此四人，亦一助也。」

施珂曰：「《史記》人下有賢字。」

梁容茂曰：「《史記》：人下有『賢』字；亦，作『則』。」

茂仁案：《史記・留侯世家》無「上見之」、「異」下有「而」字、「人」下有「賢」字、「亦」作「則」，《通志》九六同，《漢書・張良傳》、《漢紀・高祖皇帝紀》並無前四句，「亦」亦作「則」。審「即必異而問之」與下文「上怪而問曰」相呼應，知有「而」字較長也。

於是呂后令澤使人奉太子書，卑辭厚禮迎四人，四人至，舍呂澤所。

梁容茂曰：「《史記》作：『客建成侯所』。案：建成侯即呂澤也。」

　　茂仁案：「舍呂澤所」，《漢書‧張良傳》亦作「客建成侯所」，《通志》九六同，是也。梁先生云「建成侯即呂澤也」。審「澤」、「呂澤」並「呂釋之」之誤也，說見上。

至十二年，上從破黥布軍歸，疾益甚，愈欲易太子。留侯諫，不聽，因疾不視事。太傅叔孫通稱說引古，以死爭太子，上佯許之，猶欲易之。

　　武井驥曰：「《史》『古』下有『今』字。」

　　茂仁案：《史記‧留侯世家》「古」下有「今」字、「佯」作「詳」，《漢書‧張良傳》「佯」作「陽」，《通志》九六「古」下亦有「今」字。詳、陽古通，佯，俗字，說見本書卷三「齊人鄒陽客游於梁」章，「是以箕子佯狂」條校記。

及燕，置酒，太子侍，四人者從太子，皆年八十有餘，鬚眉皓白，衣冠甚偉。

　　武井驥曰：「《漢書》『鬚』作『須』。」

　　茂仁案：「皆年八十有餘」，《史記‧留侯世家》、《漢書‧張良傳》、《漢紀》「皆年」並乙作「年皆」。「鬚眉皓白」，《史記‧留侯世家》、《漢紀‧高祖皇帝紀》「鬚」並作「鬢」，《通典》九六、《冊府元龜》七八四、又八○九並同，《漢書‧張良傳》「鬚」作「須」。鬚、鬢、須，義並通。須、鬢，正、俗字，說見《說文》九篇上須部「須」字段〈注〉。

上怪而問曰：「何為者？」

　　茂仁案：祕書本「怪」作「恠」，怪、恠，正、俗字。《史記‧留侯世家》「何」上有「彼」字，《通志》九六同。

四人前對，各言其姓名，上乃驚曰：「吾求公數歲，公避逃我，今公何自從吾兒游乎？」

　　茂仁案：「上乃驚曰」，《史記‧留侯世家》「乃」下有「大」字，《通志》九六同。「吾求公數歲，公避逃我」，《史記‧留侯世家》「避」作「辟」，《漢書‧張良傳》「吾求公數歲，公避逃我」作「吾求公，違逃我」，《漢紀‧高祖皇帝紀》「求公」作「召公等」。辟、避，古、今字。「公」作「公等」，義並通，唯作「公等」，於義較明。

四人皆對曰：「陛下輕士善罵，臣等義不辱，故恐而亡匿。

　　茂仁案：「陛下輕士善罵」，《漢書‧張良傳》「善」作「詈」，《漢紀‧高祖皇帝紀》作「喜」。詈，即「詈」字隸書之隸定。「臣等義不辱」，《史記‧留侯世家》、《漢

紀・高祖皇帝紀》「不」下並有「受」字，《通志》九六同。

聞太子為人子孝，仁敬愛士，天下莫不延頸願為太子死者，故來爾。」

武井驥曰：「吳本作『太子為人仁孝恭敬愛士』，《史》同，《漢書》作『今聞太子仁孝恭敬愛士』。」又曰：「《史》、《漢》作『故臣等來』。」

茂仁案：「聞太子為人子孝，仁敬愛士」，《史記・留侯世家》作「竊聞太子為人仁孝，恭敬愛士」，《通志》九六同，唯無「為人」二字。《漢書・張良傳》作「今聞太子仁孝，恭敬愛士」，《漢紀・高祖皇帝紀》作「今聞太子仁孝，愛人敬士」，白口十行本同《史記》，唯無「竊」字。審此文義，「聞」上有「竊」字，於義為長且明，當據補。「故來爾」，《史記・留侯世家》、《漢書・張良傳》、《漢紀・高祖皇帝紀》「故」下並有「臣等」二字，《通志》九六同，元刊本、楚府本、何良俊本、楊美益本、白口十行本、程榮本、祕書本、四庫本、百子本「爾」並作「耳」。爾、耳，古通。

上曰：「煩公幸卒調護太子。」四人為壽已畢，起去，上目送之。

茂仁案：「煩公幸卒調護太子」，《漢紀・高祖皇帝紀》「公」下有「等」字，是也，有「等」字，於義較明。「起去」，《漢書・張良傳》「起」作「趨」，《通志》九六同。古人臣之禮，與上宴飲，三觴後，趨出。職是，此「起」當改作「趨」為是，或以四皓年老之故，而云「起」耶？

召戚夫人指示四人者曰：「我欲易之，彼四人輔之，羽翼已成，難動矣。呂氏真而主矣。」

盧文弨曰：「（我）『為』訛。」又曰：「《史》『氏』作『后』，《漢書》『而』作『迺』。」

武井驥曰：「（為欲易之）吳本，嘉靖本『為』作『我』，《史》、《漢》同。」

蒙傳銘曰：「宋本『為』作『我』，鐵華館本同。」

梁容茂曰：「（我欲易之）何、程、百子本：我，作『為』。《拾補》云：『為訛。』」

茂仁案：「我欲易之」，四庫《新序》版本有二，二本並作「為」，不作「我」，梁先生以四庫本為底本，失檢。《漢紀・高祖皇帝紀》「我」作「吾」，武井驥《纂註本》、程榮本、陳用光本、四庫本、百子本「我」並作「為」。「呂氏真而主矣」，《史記・留侯世家》「呂氏」作「呂后」，《通志》九六同，《漢書・張良傳》「而」作「迺」。顏〈注〉云：「迺，汝也。」而、迺，並訓汝也。

戚夫人泣下，上曰：「為我楚舞，吾為若楚歌。」

武井驥曰：「《史》無『下』字，《漢書》『下』作『涕』。」

茂仁案：《古今合璧事類備要・別集》六六〈注〉亦無「下」字，且「若」作「君」。《通志》九六「下」亦作「涕」。

歌曰：「鴻鵠高蜚，一舉千里，羽翮已就，橫絕四海。橫絕四海，當可奈何。雖有矰繳，尚安所施。」

茂仁案：「鴻鵠高蜚」，《漢書・張良傳》「蜚」作「飛」，《通志》九六、《古今合璧事類備要・別集》六六〈注〉並同。飛、蜚，正、假字也，說見本書本卷「酈食其」章，「距蜚狐之口」條校記。

歌數闋，戚夫人嘘唏流涕，上起去，罷酒，竟不易太子者，留侯召四人之謀也。

武井驥曰：「《漢書》作『良本招此四人之力也』。」

蔡信發曰：「『嘘唏』，《漢書》作『歔欷』。《說文》：『嘘，吹也。唏，哀痛不泣曰唏。歔，欷也；一曰：出气也。欷，歔也。』嘘、歔並從虛聲，唏、欷並從希聲，均同音假借。」

茂仁案：《漢書・張良傳》「嘘唏」作「歔欷」，《通志》九六同。上言蔡先生之說是也，唯審《說文》八篇下欠部「歔」字段〈注〉云：「（歔）與口部嘘略同。」又「欷」字段〈注〉云：「欷亦作唏。」度此文義，戚夫人但隱忍悲傷嘆息流涕耳，則作「歔欷」是也，亦當以此為正，若釋「嘘」之「吹」義，則不類矣，職此，歔、嘘，欷、唏，並正、假字也，《古今合璧事類備要・別集》六六〈注〉作「歔欷」，即其明證。

（十一）漢十一年

漢十一年，九江黥布反，高皇帝疾，欲使太子往擊之。

茂仁案：「高皇帝疾」，《史記・留侯世家》作「上病」，下文「疾」字亦並作「病」。病，甚於「疾」，說見本卷「留侯張子房」章，「性多疾」條校記，審此文義，作「疾」是也。「欲使太子往擊之」，《史記・留侯世家》「子」下有「將」字，《通志》九六同。《漢紀・高祖皇帝紀》云：「上欲使太子將兵擊布。」亦有「將」字。審下文兩言「太子將兵」，及「使太子將之，此無異使羊將狼也」，並承此為言，故「子」下有「將」字是也，當據補。

是時，園公、綺里季、夏黃公、甪里先生，已侍太子，

武井驥曰：「吳本『甪』作『甪』。」

施珂曰：「(己侍太子)《漢魏叢書》陳本侍誤待。」

梁容茂曰：「(角里先生)何本：侍，作『待』，誤。」

茂仁案：鐵華館本作「已」，不作「己」，施先生以鐵華館本為底本，失檢，又陳用光本作「侍」，不作「待」，亦失檢。武井驥《纂註本》、元刊本、楚府本、何良俊本、楊美益本、程榮本、祕書本、陳用光本、四庫全書薈要本、百子本「甪」並作「角」，四皓，辯見本卷「留侯張子房」章，「顧上有所不能致者，天下有四人，園公、綺里季、夏黃公、甪里先生」條校記。

聞太子將擊黥布。四人相謂曰：「凡來者，將以存太子。太子將兵，事危矣。」

茂仁案：「將以存太子」，《漢紀·高祖皇帝紀》「存」作「安」，並通。

乃說建成侯曰：「太子將兵，有功，則位不益，無功，從此受禍矣。

武井驥曰：「《史·留侯世家》『功』下有『還則』二字。」

梁容茂曰：「《史記》：益上(茂仁案：當作下)有『太子』二字，從上有『還則』二字。」

茂仁案：《史記·留侯世家》「益」下有「太子」二字、「無功」下有「還」字、「從」上有「則」字，《通志》九六同，唯無益「太子」二字。《漢書·張良傳》「乃」作「迺」、「則」作「即」、「從」上亦有「則」字，《資治通鑑》一二「侯」下有「呂釋之」三字、「從」上有「則」字，《冊府元龜》八七八「侯」下有「呂澤」二字、「從」下亦有「則」字。審「則位不益」與「從此受禍矣」並列為言，故「從」上當據諸書補「則」字。則、即，義同；迺、乃，古、今字。《史記·留侯世家》「益」下有「太子」二字，非是，蓋涉上文「太子將兵」而衍也。

且太子所與俱諸將，皆嘗與上定天下梟將也，乃使太子將之，此無異使羊將狼也，皆不肯為用盡力，其無功必矣。

武井驥曰：「《史》無『用』字，《漢書》無『盡力』二字。」

茂仁案：「乃使太子將之」，《史記·留侯世家》「乃」作「今」，《漢書·張良傳》作「今迺」，《資治通鑑》一二作「乃令」，《通志》九六作「今使」，並通。「皆不肯為用盡力」，《史記·留侯世家》無「用」字，《通志》九六同，《漢書》無「盡力」二字，《資治通鑑》一二同。

臣聞「母愛者子抱」。

盧文弨曰：「（子抱）舊倒，誤。」

武井驥曰：「《史》、《漢》『抱子』二字倒。此語出《韓非子・備內篇》，作『其母好者，其子抱』。」

施珂曰：「（抱子）《史記》、《漢書》皆作『子抱』《韓子・備內篇》亦云：『其母好者其子抱。』」

蒙傳銘曰：「何良俊本亦作『子抱』。」

梁容茂曰：「（母愛則抱子）《史記》：抱子，作『子抱』。《拾補》亦作『子抱』，云：『舊倒誤。』」

蔡信發曰：「《史記》、《漢書》『抱子』並例。是句化自《韓子・備內》，曰：『其母好者，其子抱，然則其爲之反也，其母惡者，其子釋。』據此，《史》、《漢》作『子抱』是，當從。」

茂仁案：「母愛者子抱」，四庫《新序》版本有二，二本並作「者」，不作「則」，梁先生以四庫本爲底本，失檢。祕書本「母」形訛作「毋」，非是。武井驥《纂註本》、元刊本、楚府本、楊美益本、程榮本、祕書本、陳用光本、四庫本、鐵華館本、百子本、龍溪本「子抱」並乙作「抱子」，《史記・留侯世家》、《漢書・張良傳》並作「子抱」與此同，《通志》九六、《冊府元龜》八七八並同。《史記・留侯世家》〈索隱〉云：「此語出自《韓子》。」〈考證〉引沈欽韓曰：「《韓非・備內篇》：『語曰：“其母好者，其子抱，然則其爲之反也，其母惡者，其子釋。”』」職是，此作「子抱」者是也。

今戚夫人日夜侍御，趙王常抱居上前，

武井驥曰：「《史》『居抱』二字倒，《漢書》無『抱』字。」

茂仁案：「趙王常抱居上前」，《史記・留侯世家》「王」下並有「如意」二字、「上前」並乙作「前上」，「上」則屬下連讀，《通志》九六同，《漢書・張良傳》無「抱」字、「上前」亦乙作「前上」，《冊府元龜》八七八「上前」亦乙作「前上」。審上、下文義，此當作「趙王常抱居前，上」，武井驥《纂註本》「抱居」作「居抱」、無「上」字，元刊本、楚府本、何良俊本、楊美益本、白口十行本、程榮本、祕書本、陳用光本、四庫本、百子本「上前」亦並乙作「前上」，「上」屬下連讀，即其明證，當據乙正。楚府本、何良俊本、白口十行本、程榮本、祕書本、陳用光本、四庫本、百子本「抱居」並乙作「居抱」。

終不使不肖子居愛子上，明乎其代太子位必矣。

施珂曰：「（趙王常抱居……居愛子上）此當作『趙王常抱居前。上曰：「終不使不肖子居愛子上。」』『終不使不肖子居愛子上。』是四皓述高帝之語如此。今本『上』字誤錯在『前』字上，又脫『曰』字，則文意不明。《漢魏叢書》程本、陳本皆作『趙王常抱居前上，』《史記》作『趙王如意常抱居前，上曰：「終不使不肖子居愛子之上。」』可證。今本《漢書》『上』字未誤錯，惟亦脫『曰』字，王念孫有說。」

梁容茂曰：「（上終不使不肖子居愛子之上）《拾補》作：『趙王常抱居上前』……謂舊訛。案：《史記》終上有『曰』字，則上乃指高帝，《拾補》臆改之，非是。」

蔡信發曰：「《史記》『終』上有『曰』。王念孫以是乃四皓述高帝之語如此，若無曰字，則為四皓語，欠當。是。詳見《讀書雜志》四。《漢書》無『曰』，乃涉此而誤。」

茂仁案：四庫《新序》版本有二，二本「居愛子」下並無「之」字，梁先生以四庫本為底本，失檢。《史記·留侯世家》「終」上有「曰」字，《通志》九六同，上文二書之「上」字當屬下連讀，則此句作「上曰：『終不使不肖子居愛子上』」云云。王念孫《讀書雜志》四之八《漢書·蕭何曹參傳》「上終不使不肖子居愛子上」云：「景祐本『上』字下有『曰』字。劉攽曰：『曰字後人妄加。』念孫案：劉說非也。『不使不肖子居愛子上』，是四皓述高帝之語如此，故下文曰：『明其代大子位必矣。』若無『曰』字，則為四皓語矣，是四皓以大子為不肖也，豈其然乎？《史記》亦有『曰』字。」王念孫說非是也。《漢書·張良傳》載此，亦無「曰」字，審上文，此為四皓說建成侯之語，於此，《史記·留侯世家》、《通志》九六並作高帝之語，與上下文乖，非是。且文中之「不肖子」，非如王念孫所云為「不肖」之義也，此「肖」，當訓似也、類也。意即太子與高帝之性情不相類也，高帝輕士善罵，太子為人子孝，仁敬愛士（說見本卷「留侯張子房」章），「不肖」指此，非王念孫意指之「無義不仁」之義也，《史記·呂太后本紀》云：「太子為人仁弱，高祖以為不類我，常欲廢太子立戚姬子如意，如意類我。」又《漢書·外戚傳·高祖呂皇后》亦云：「太子為人仁弱，高祖以為不類己，常欲廢之而立如意，如意類我。」即其明證也，故「曰」字顯為衍文，不當有也。

君何不急謂呂后，承間為上泣言：

武井驥曰：「《漢書》『謂』作『請』。」

施珂曰：「（君何不急謂呂后，為上泣言）《史記》、《漢書》謂皆作請。義較長。」

茂仁案：「君何不急謂呂后」，《資治通鑑》一二、《通志》九六「謂」亦並作「請」。「承間爲上泣言」，鐵華館本「爲」上有「承間」二字，施先生以鐵華館本爲底本，失檢。《史記・留侯世家》「間」作「閒」，下同，《通志》九六同。閒、間，古、今字。

『黥布，天下猛將，善用兵，諸將皆陛下故等倫，

武井驥曰：「《史》、《漢》『倫』作『夷』、『諸將』上有『今』字。」

施珂曰：「《史記》、《漢書》倫皆作夷。夷、倫義近。」

梁容茂曰：「（諸將皆陛上故等倫）《史記》：諸上有『今』字；倫，作『夷』。」

茂仁案：「天下猛將」，祕書本「猛」作「猛」，非是，形近而訛也。「諸將皆陛下故等倫」，四庫《新序》版本有二，二本並作「陛下」，不作「陛上」，梁先生以四庫本爲底本，失檢。《史記・留侯世家》、《漢書・張良傳》「諸」上並有「今」字、「倫」並作「夷」，《資治通鑑》一二、《通志》九六同，《漢紀・高祖皇帝紀》「等倫」作「人」。《漢書・張良傳》顏〈注〉云：「夷，平也。言故時皆齊等。」《史記・留侯世家》〈索隱〉引如淳云：「等夷言等輩。」

乃令太子將此屬，無異使羊將狼，莫爲用。且使布聞之，即鼓行而西爾。

茂仁案：「莫爲用」，《史記・留侯世家》、《漢書・張良傳》、《漢紀・高祖皇帝紀》「莫」下並有「肯」字，《資治通鑑》一二、《通志》九六、《冊府元龜》八七八並同。有「肯」字，於義較長。「即鼓行而西爾」，《史記・留侯世家》、《漢書・張良傳》、《漢紀・高祖皇帝紀》「爾」並作「耳」，《資治通鑑》一二、《通志》九六並同，元刊本、楚府本、何良俊本、楊美益本、白口十行本、程榮本、祕書本、陳用光本、四庫本、百子本亦並同。爾、耳，古通。

上雖疾，臥護之，諸將不敢不盡力。

梁容茂曰：「《史記》：疾；作『病』，下句作『彊載輜車，臥而護之。』」

茂仁案：「臥護之」，《漢書・張良傳》亦作「彊載輜車，臥而護之」，《資治通鑑》一二、《通志》九六並同，《漢紀・高祖皇帝紀》同，唯「彊」作「強」。

雖苦，彊爲妻子計，載輜車臥而行。』」

武井驥曰：「《史》、《漢》『雖』上有『上』字。」

梁容茂曰：「《史記》作：『上雖苦，爲妻子自彊。』」

茂仁案：「雖苦，彊爲妻子計，載輜車臥而行」，《資治通鑑》一二、《通志》九

六亦並作「上雖苦，爲妻子自彊」。《漢書》作「上雖苦，彊爲妻子計」，武井驥《纂註本》、元刊本、楚府本、何良俊本、楊美益本、白口十行本、程榮本、祕書本、陳用光本、四庫本、百子本「彊」並作「強」，下同。彊、強，古並爲群母、陽部，音同可通。

於是呂澤立夜見呂后，呂后承間，為上泣而言，如四人意。

　　梁容茂曰：「《史記》：泣上有『涕』字。」

　　茂仁案：《史記・留侯世家》「泣」下有「涕」字，《資治通鑑》一二、《通志》九六並同，《漢書》無「立」字，《資治通鑑》一二「呂澤」作「呂釋之」。作「呂釋之」是也，說已見上。

上曰：「吾惟豎子故不足遣，乃公自行爾。」

　　盧文弨曰「（豎）『竪』，俗。」

　　武井驥曰：「《史》『故』作『固』，《漢書》『惟』下有『之』字。」又曰：「《史》『乃』作『而』，《漢書》作『迺』。」

　　施珂曰：「《史記》、《漢書》故皆作固。古字通用。」

　　梁容茂曰：「《史記》：豎，作『竪』；故，作『固』。《拾補》云：『竪俗。』」

　　茂仁案：「吾惟豎子故不足遣」，《史記・留侯世家》「故」作「固」，《資治通鑑》一二、《通志》九六並同，《漢書・張良傳》、《冊府元龜》八七八亦並同，唯「惟」下並有「之」字。武井驥《纂註本》、元刊本、楚府本、何良俊本、楊美益本、白口十行本、程榮本、祕書本、陳用光本、四庫本、百子本「豎」並作「竪」。故、固，古並爲見母、魚部，音同可通。「乃公自行爾」，《史記・留侯世家》「乃」作「而」、「爾」作「耳」，《資治通鑑》一二同，《漢書・張良傳》亦同，唯「乃」作「迺」，元刊本、楚府本、何良俊本、楊美益本、白口十行本、程榮本、祕書本、陳用光本、四庫本、百子本「爾」亦並作「耳」。乃、而、迺並訓汝；迺、乃，古、今字。說並見本卷「漢三年」章，「幾敗乃公事」條校記。

於是上自將東，群臣居守，皆送至霸上。

　　武井驥曰：「《漢書》『將』下有『而』字。」

　　茂仁案：「於是上自將東」，《史記・留侯世家》「將」下有「兵而」二字，《資治通鑑》一二、《通志》九六並同。三書所載爲詳且長，當據補。「皆送至霸上」，《史記・留侯世家》「霸」作「灞」，灞从霸得聲，二者可相通用。

留侯疾，彊起，至曲郵，見上曰：「臣宜從，疾甚。楚人剽疾，願上無與楚人爭鋒。」

　　武井驥曰：「《漢書》下『上』下有『愼』字、『無』作『毋』。」

　　梁容茂曰：「《史記》：疾，作『病』，下同。彊上有『自』字。」

　　茂仁案：「彊起」，《史記・留侯世家》作「自強起」，《資治通鑑》一二、《通志》九六並同，唯「強」作「彊」，武井驥《纂註本》、陳用光本、四庫本、百子本「彊」並作「強」，下同。「願上無與楚人爭鋒」，《漢書・張良傳》「無」作「愼毋」、無「人」字，《通志》九六同，唯有「人」字，《資治通鑑》一二無「楚人」二字。

因說上曰：「令太子為將軍，監關中諸侯兵。」

　　梁容茂曰：「《史記》：無『諸侯』二字。」

　　茂仁案：「令太子爲將軍」，祕書本「令」作「今」，非是，形近致訛也。「監關中諸侯兵」，《漢書・張良傳》亦無「諸侯」二字，《資治通鑑》一二、《通志》九六並同，《太平御覽》三九三引《史記》亦同，唯「兵」作「軍」。審《漢書・高帝紀》載高帝以三萬人爲太子軍霸上，爲太子之衛護。職此，則「監關中諸侯兵」，以無「諸侯」二字爲是，當據諸書刪。

上謂：「子房雖疾，彊起，臥而傅太子。」

　　武井驥曰：「（上謂）《史》作『上曰』。」

　　施珂曰：「《史記》《漢書》皆無起字。彊臥連讀。《漢魏叢書》程本太字誤夫。」

　　梁容茂曰：「《史記》：謂，作『曰』，無『起』字。」

　　茂仁案：「彊起臥而傅太子」，《資治通鑑》一二、《通志》九六亦並無「起」字。程榮本「太」作「夫」，非是，形近而訛也。

是時，叔孫通已為太子太傅，留侯行少傅事，漢遂誅黥布，太子安寧，國家晏然，此四公子之謀也。

　　盧文弨曰「孫云：『子疑衍。』」

　　武井驥曰：「『公』下『子』字疑衍。」

　　梁容茂曰：「（此四公子之謀也）百子本：子下有『房』字。《拾補》云：『孫云：子疑衍。』」

　　蔡信發曰：「此四公子，即指園公、綺里季、夏黃公、甪里先生，而此四公皆年八十有餘，鬚眉皓白，隱逸高士，豈可稱以公子？誤。當稱公。」

　　茂仁案：「此四公子之謀也」，四庫《新序》版本有二，二本並無「子」字，梁

先生以四庫本爲底本，失檢。四公子，當指園公、綺里季、夏黃公及用里先生四人，此四者於漢十一年，皆已年八十有餘，鬚眉皓白，文中言及四皓者，並稱之爲「公」，獨此以「四公子」名之，於理不通。審此文，立太子於安全之境，免於將兵之險者，首推四皓之功，其末張良說上，令太子爲將軍，使監關中諸侯之兵，此則爲保全太子之策，另可爲太子不出兵之理由，且四皓之從太子游，亦張良獻策使然，則今太子之安，爲四皓、張良之謀也，唯度此文，以述四皓之謀爲主，張良驥尾耳。則此「子」字當爲衍文，或「子」下當有「房」字。審何良俊本、四庫本並無「子」字，即其明證；百子本「子」下有「房」字，亦其確證也。職此，今「子」字若不刪，即當於「子」下補「房」字也。祕書本「之」字重出，非是。

（十二）齊悼惠王者

齊悼惠王者，孝惠皇帝兄也，

盧文弨曰：「（兄也）舊脫此二字。」

武井驥曰：「舊本『帝』下脫『兄也』二字，今據《廣漢魏叢書本》補。」

蒙傳銘曰：「宋本有『兄也』二字，鐵華館本同，與《史記·齊悼惠王世家》合。」

梁容茂曰：「《拾補》：帝下補『兄也』二字，云：『舊脫此二字。』：《史記·齊悼惠王世家》作：『齊王，孝惠帝兄也。』《拾補》是也。又當據《史記》重『孝惠帝』三字。」

茂仁案：「孝惠皇帝兄也」，元刊本、楚府本、何良俊本、楊美益本、白口十行本、程榮本、祕書本、陳用光本、四庫、百子本並無「兄也」二字，《史記·齊悼惠王世家》有「兄也」二字，與此同。《漢紀·孝惠皇帝紀》云：「二年冬十月，齊王來朝。王，上之庶兄也。」據是，知有「兄也」二字爲是。

二年，悼惠王入朝，孝惠皇帝與悼惠王燕飲，乃行家人禮，同席，

梁容茂曰：「《史記》：作『亢禮如家人。』《漢書·高五王傳》作：『上坐如家人禮。』」

茂仁案：「二年」，《史記·齊悼惠王世家》「二」上有「孝惠帝」，《漢書·齊悼惠王傳》「二」上有「孝惠」，則當從《史記·齊悼惠王世家》作「孝惠帝」，於義較明。「孝惠皇帝……同席」，《史記·呂后本紀》作「十月，孝惠與齊王燕飲太后前，孝惠以爲齊王兄，置上坐，如家人之禮」，《資治通鑑》一二略同，又〈齊悼惠王世家〉作「惠帝與齊王燕飲，亢禮如家人」，《漢書·齊悼惠王傳》作「帝與齊王燕飲

太后前，置齊王上坐，如家人禮」，《通志》七八、《冊府元龜》四七、又二六八並同，《漢紀・孝惠皇帝紀》作「上與王讌飲太后前，置王上坐，如家人禮」。《史記・呂后本紀》所載較此爲詳。元刊本、楚府本、何良俊本、楊美益本、白口十行本、程榮本、祕書本、陳用光本、四庫本、百子本「燕」並作「讌」。讌从燕得聲，二者可相通用。《說文》有燕，無讌。七篇下宀部云：「宴，安也。」段〈注〉云：「引申爲宴饗，經典多叚燕爲之。」又十一篇下燕部云：「燕，燕燕，玄鳥也。」職是，「燕」爲「宴」之借字。

呂太后怒，乃進鴆酒。孝惠皇帝知，欲代飲之，乃止。

茂仁案：《史記・呂后本紀》作「太后怒，迺令酌兩卮。酖置前，令齊王起爲壽。齊王起，孝惠亦起，取卮，欲俱爲壽。太后迺恐，自起泛孝惠卮，齊王怪之，因不敢飲，詳醉去，問知其酖」，《漢書・齊悼惠王傳》、《漢紀・孝惠皇帝紀》，《資治通鑑》一二、《通志》九六、《冊府元龜》四七、又二六八並略同。《史記・呂后本紀》所載較此並諸書爲詳。

悼惠王懼不得出城，上車太息。

茂仁案：《史記・呂后本紀》作「齊王恐，自以爲不得脫長安，憂」，《冊府元龜》二六八略同，《漢書・齊悼惠王傳》作「迺憂自以爲不得脫長安」，《通志》九六同。

內史參乘，怪問其故。悼惠王具以狀語內史。

蔡信發曰：「《史記・呂后紀》、《漢書・高五王傳》、《通鑑》『史』下並有『士』，《史記・齊悼惠王世家》『史』下有『勳』。內史，周官，秦因之，掌治京師。說見《漢書・百官公卿表》上。士、勳，並人名，不悉何者爲是，此不錄，良有以也。參，驂之初文。參乘，猶驂乘。《左・文公十八年》〈注〉：『驂乘，陪乘也。』《周禮・夏官・齊右》〈注〉：『陪乘、參乘，謂車右也。』」

茂仁案：「內史參乘」，蔡先生說是。《資治通鑑》一二、《通志》九六、《冊府元龜》二六八「史」下亦並有「士」字。

內史曰：「王寧亡十城耶？將亡齊國也？」悼惠王曰：「得全身而已，何敢愛城哉？」

蔡信發曰：「『十城』，《史記・呂后紀》、〈齊悼惠王世家〉、《漢書・惠帝紀》、〈高五王傳〉、《通鑑》，並作『城陽郡』。城陽郡，《漢書・地理下》作城陽國，但有莒、陽城、東安、慮四縣，何來十城？此當誤。」

茂仁案：《史記・呂后本紀》、《漢書・齊悼惠王傳》並作「今王有七十餘城，而

公主洒食數城，王誠以一郡上太后，爲公主湯沐邑」，《通志》九六、《冊府元龜》二六八並同。本文作「十城」，上四書並作「一郡」，《史記・齊悼惠王世家》、《漢書・惠帝紀》、又〈陳餘傳〉、又〈齊悼惠王傳〉、《漢紀・孝惠皇帝紀》並作「城陽郡」，《資治通鑑》一二同。蔡先生云城陽郡，《漢書・地理下》作城陽國，但有莒、陽城、東安、盧四縣，何來十城？此當誤。愚審本文所稱十城，較之諸書，蓋指城陽郡爲言，《漢書・地理志下》，此郡但有四城，依實數論，則此誤矣，若以略數誇言之，則十城未必誤也，一如齊王之食邑，有作七十城者，有作七十餘城者，有作七十三縣者然，蓋定數、略數、成數之稱異別也。元刊本、楚府本、何良俊本、楊美益本、白口十行本、程榮本、祕書本、陳用光本、四庫本、百子本「耶」並作「邪」。耶、邪，古通。

內史曰：「魯元公主，太后之女，大王之弟也。

　　茂仁案：祕書本「公」作「宮」，不辭。公，古爲見母、東部；宮，古爲見母、冬部。宮、公，聲轉之誤也。

大王封國七十餘城，而魯元公主湯沐邑少，大王誠獻十城，爲魯元公主湯沐邑，內有親親之恩，外有順太后之意，太后必大喜。是亡十城，而得六十城也。」

　　蔡信發曰：「齊悼惠王之封邑，作『七十餘城』者，有《史記・高祖紀》、〈呂后紀〉、《漢書・高五王傳》；『七十三縣』者，有《漢書・高祖紀》、《通鑑漢紀》三；『七十城』者，有《史記・齊悼惠王世家》。諸文所作不一，蓋七十三爲實數，七十餘爲略數，七十乃大數。」

　　茂仁案：「是亡十城，而得六十城也」，合共七十城，與上文云「大王封國七十餘城」，異。蔡先生以七十三爲實數，七十餘爲略數，七十乃大數說之，是也。檢《史記・吳王濞傳》亦云「七十餘城」，《漢書・吳王劉傳》云「七十二城」，《史記・曹相國世家》、《漢書・曹參傳》並云「七十城」。

悼惠王曰：「善。」至邸，上奏，獻十城爲魯元公主湯沐邑。太后果大悅，受邑，厚賜悼惠王而歸之，國遂安，齊內史之謀也。

　　茂仁案：「獻十城爲魯元公主湯沐邑」，《史記・呂后本紀》作「齊王洒上城陽之郡，尊公主爲王太后」，《漢書・惠帝紀》作「獻城陽郡，以益魯元公主邑，尊公主爲太后」，又〈齊悼惠王傳〉作「齊王獻城陽郡，以尊公主爲王太后」，《通志》九六同，《冊府元龜》二六八略同，諸書所載並與此異。「太后果大悅……而歸之」，《史

－736－

記・呂后本紀》作「呂后喜，許之，迺置酒齊邸，樂飲，罷歸齊王」，《漢書・齊悼惠王傳》、《漢紀・孝惠皇帝紀》、《資治通鑑》一二、《通志》九六、《冊府元龜》二六八並略同。

（十三）孝武皇帝時

孝武皇帝時，大行王恢數言擊匈奴之便，可以除邊境之害，欲絕和親之約。御史大夫韓安國以為兵不可動。

　　茂仁案：祕書本「邊」作「適」，非是，形近而訛也。

孝武皇帝召群臣而問曰：「朕飾子女，以配單于，幣帛文錦，賂之甚厚。

　　茂仁案：「朕飾子女」，元刊本、楚府本、楊美益本、白口十行本、程榮本「飾」並作「餙」，祕書本、陳用光本並作「餝」，《俗書刊誤》四云：「飾，俗作餝。」愚謂「餙」亦「飾」之俗字也。

今單于逆命加慢，侵盜無已，邊郡數驚，朕甚閔之。今欲舉兵以攻匈奴，如何？」

　　武井驥曰：「《漢書・韓安國傳》『逆』作『待』、『慢』作『嫚』。」又曰：「《漢書》『郡』作『竟』。」

　　梁容茂曰：「《漢書・竇田灌韓傳》：逆，作『待』。」

　　蔡信發曰：「〈紀〉無『今』，『逆』作『待』，『慢』作『嫚』，『無』作『亡』，『郡』作『境』，『以攻匈奴如何』作『攻之如何』；〈傳〉『郡』作『竟』，餘並同〈紀〉。」

　　茂仁案：《漢書・武帝紀》無「今」字、「逆」作「待」、「慢」作「嫚」、「無」作「亡」、「邊郡數驚」作「邊境被害」、「以攻匈奴」作「攻之」、「如何」乙作「何如」，《漢書・韓安國傳》同，唯「無」作「無」與本文同、又「郡」作「竟」，《通志》九八同《漢書・韓安國傳》，唯「郡」作「境」。竟、境，古、今字。餘並義通。

大行臣恢再拜稽首曰：「善。陛下不言，臣固謁之。

　　武井驥曰：「《漢書》作『陛不雖未言，臣固願效之』。」

　　茂仁案：《漢書・韓安國傳》「大行臣」作「大行」、無「善」字、「下」下有「雖」字、「謁」作「願效」，《通志》九八同。審「大行臣恢再拜稽首曰」為敘述語句，「官名」下驟出「臣」字，頗覺突兀，《漢書・韓安國傳》無「臣」字，上文但作「大行王恢」無「臣」字，下文亦並言「大行」耳，亦無「臣」字，知「臣」字衍文也，

當據刪。白口十行本「謁」作「願」，並通。

臣聞全代之時，北未嘗不有彊胡之敵，內連中國之兵也。

    武井驥曰：「《漢書》無『未嘗不』三字。」

    施珂曰：「《漢魏叢書》陳本中誤之。」

    梁容茂曰：「《漢書》：無『未嘗不』三字。」

    茂仁案：《漢書・韓安國傳》無「未嘗不」三字，《通志》九八同。陳用光本作「中」，與此同，不作「之」，施先生失檢。

然尚得養老長幼，樹種以時，倉廩常實，守禦之備具，匈奴不敢輕慢也。

    盧文弨曰「（慢）『侵』訛。」

    施珂曰：「《漢魏叢書》程本、陳本慢皆作侵。」

    茂仁案：《漢書・韓安國列傳》「樹種」乙作「種樹」、無「守禦之備具」五字、「侵」作「慢」，《資治通鑑》一八、《通志》九八並同，武井驥《纂註本》、元刊本、楚府本、何良俊本、楊美益本、白口十行本、程榮本、祕書本、四庫本、百子本「慢」亦並作「侵」。樹、種為合成詞，並為「種」義，互乙，無害其義也。

今以陛下之威，海內為一家，天下同任，遣子弟乘邊守塞，轉粟輓輸以為之備，

    盧文弨曰「（下『下』字）何訛『子』。」

    梁容茂曰：「（天下同任）《拾補》云：『（天）下，何訛子。』」

    茂仁案：「今以陛下之威」，祕書本「今」作「合」，非是，形近而訛也。「海內為一家」，《漢書・韓安國列傳》無「家」字，《資治通鑑》一八、《通志》九八並同。「天下同任」，四庫《新序》版本有二，二本並作「天子」，不作「天下」，梁先生以四庫本為底本，失檢。程榮本、陳用光本、百子本「下」並作「子」，非是，形近而訛也。

而匈奴侵盜不休者，無他，不痛之患也。臣以為擊之便。」

    武井驥曰：「吳本『痛』作『恐』，《漢書》作『以不恐之故耳』。」又曰：「《漢書》『以』上有『竊』字。」

    梁容茂曰：「《漢書》：作『不恐之故耳』。」

    茂仁案：《漢書・韓安國傳》「休」作「已」、「不痛之患也」作「以不恐之故耳」、「臣」下有「竊」字，《資治通鑑》一八、《通志》九八並同。「痛」疑當作「恐」，

白口十行本「痛」亦作「恐」。

御史大夫臣安國稽首再拜曰：「不然。臣聞高皇帝嘗圍於平城，匈奴至而投鞍，高於城者數所，平城之厄，七日不食，天下歎之。

　　武井驥曰：「《漢書》『歎』作『歌』。」

　　梁容茂曰：「《漢書》：無上『臣』字。」又曰：「《漢書》：厄，作『飢』；歎，作『歌』。」

　　茂仁案：《漢書・韓安國傳》無上「臣」字、「厄」作「飢」、「歎」作「歌」，《通典》一五一、《通志》九八並同，唯「厄」作「饑」。審《漢書・匈奴傳》云：「天下歌之曰：『平城之下亦誠苦，七日不食，不能彀弩。』」其事蓋本文所指，亦以「天下歌之」為言。「歎」訓詠歌，義與「歌」同。

及解圍反位，無忿怨之色，雖得天下，而不報平城之怨者，

　　武井驥曰：「《漢書》『怨』作『怒』。」

　　梁容茂曰：「《漢書》：怨，作『怒』；色，作『心』。」

　　茂仁案：「及解圍反位」，元刊本「及」形訛作「反」，何良俊本形訛作「乃」，並非。「無忿怨之色」，《漢書・韓安國傳》作「而無忿怨之心」，《通典》一五一、《資治通鑑》一八、《通志》九八並同。「而不報平城之怨者」，祕書本「報」作「服」，非是，形近而訛也。

非以力不能也，夫聖人以天下為度者也，不以己之私怒，傷天下之公義，故遣劉敬，結為和親，

　　蔡信發曰：「《漢書》作『不以己私怒，傷天下之功』，〈補注〉王念孫：『功，與公同。公義與私怒相對為文，報讎雪恥，一己之私怒也；案兵恤民，天下之公義也，故曰：不以己私怒，傷天下之公義。公借為功，又脫去義字，詞意遂不完備。《群書治要》引此已誤，《新序・善謀篇》作‘不以己之私怒，傷天下之公義。’《漢紀・孝武紀》作‘不以私怒，傷天下公議。’皆其證也。』檢：公、功同音，並為見紐東部，故相通作。《史記・孝武紀》『申功』，封禪書作『申公』。議，從義得聲，古多通作。《莊子・齊物論》『有義』〈釋文〉作『有議』。《史記・司馬相如傳》：『義不反顧』、〈酷吏傳〉：『義不受刑』，《漢書》並作『議』。王說是，見《讀書雜志》四。」

　　茂仁案：《漢書・韓安國傳》「已」下無「之」字，「公義」作「功」、「結為和親」作「奉金千斤，以結和親」，《通志》九八同，《資治通鑑》一八亦同，唯「公義」作「公」。《通典》一五一「不以己之私怒，傷天下之公義」作「不以私怒，傷天下之

政」、「結爲和親」作「奉金千斤結和親」。王先謙《漢書補注・韓安國傳》云：「宋祁曰：『浙本功作公。』王念孫曰：『案：「傷天下之功」，本作「傷天下之公義」。「功」與「公」同。「公義」與「私怒」相對爲文，報讎雪恥，一己之私怒也；案兵恤民，天下之公義也。故曰：「不以己私怒，傷天下之公義。」公借爲功，又脫去「義」字，詞義遂不完備。《群書治要》引此已誤《新序・善謀篇》作「不以己之私怒，傷天下之公義」。《漢紀・孝武紀》作「不以私怒，傷天下公義」，皆其證也【議與義同，《莊子・齊物論篇》：「有倫有義。」〈釋文〉：「義，崔本作議。」《史記・留侯世家》：「義下爲漢臣。」《新序・善謀篇》作「議」，〈司馬相如傳〉：「義不反顧。」〈酷吏傳〉：「義不受刑。」《漢書》並作「議」】。』」王念孫說是也，別見《讀書雜志》四之十《漢書・竇田灌韓傳》「天下之功，公義」條。

至今為五世利。

盧文弨曰：「（五）兩本無。」

武井驥曰：「吳本、嘉靖本無『五』字。」

蒙傳銘曰：「何良俊本、涵芬樓本並無『五』字，《漢書》有，武井驥本『五』作『後』。」

梁容茂曰：「（至今爲世利）《漢書》：世上有『五』字。何、程、百子並同。《拾補》亦有，云：『兩本無。』」

茂仁案：「至今爲五世利」，四庫《新序》版本有二，二本「世」上並有「五」字，梁先生以四庫本爲底本，失檢。元刊本、楚府本、何良俊本、楊美益本、白口十行本並無「五」字，他本並有。檢武井驥《纂註本》作「至今爲五世利」，與此同，蒙先生云「武井驥本『五』作『後』」，蓋誤檢下文「至今爲後世利」爲校也，此諸本皆同，非必武井驥《纂註本》也，蒙先生蓋失之不審耳。

孝文皇帝嘗一屯天下之精兵於嘗谿、廣武，

盧文弨曰「（常谿）『嘗』訛。《漢書・韓安國傳》作『廣武常谿』。」

武井驥曰：「吳本、嘉靖本下『嘗』作『常』，《漢書》作『廣武常谿』、『一屯』作『壹擁』。」

梁容茂曰：「（孝文皇帝嘗屯天下）《漢書》作：『孝文皇帝又嘗屯壹擁天下之精兵，聚之廣武常谿。』《拾補》：嘗谿，作『常谿』。謂：『嘗訛。《漢書・韓安國傳》作廣武常谿。』」

蔡信發曰：「『嘗谿』，《漢・傳》作『常谿』。是。張晏〈注〉：『常谿，谿名。』

〈補注〉引沈欽韓：『今雁門山下有水，東南流經州城外東關，名東關水。又南入滹沱，或謂之常谿水。』」

　　茂仁案：四庫《新序》版本有二，二本「屯」上並有「一」字，梁先生以四庫本爲底本，失檢。《漢書・韓安國傳》作「孝文皇帝又嘗壹擁天下之精兵，聚之廣武、常谿」，《通典》一五一同，唯「壹」作「一」、無上「之」字及「常谿」二字，《通志》九八亦同，唯「壹」作「一」、無「精」字。「嘗谿」作「常谿」，盧文弨云「嘗訛」，王先謙《漢書補注》云：「沈欽韓曰：『今雁門山下有水，東南流經州城外東關，名東關水，又南入滹沱，或謂之常谿水。』《一統志》引《郡國志》云：『雁門有常溪水，合注滹沱，即此。』」則「嘗谿」作「常谿」是也，盧文弨說是。何良俊本、白口十行本上「嘗」字並作「常」，即其明證也，陳鱣校同。嘗、常，古並爲禪母、陽部，音同可通。職是，嘗，爲「常」之借字也。

無尺寸之功，天下黔首，約要之民，無不憂者。

　　梁容茂曰：「（無不憂少）《漢書》：少，作『者』。何、程、百子亦作『者』。」

　　蔡信發曰：「《漢・傳》無『約要之民』。黔首，即民人，繼出『約要之民』，累贅，《漢書》無。是。」

　　茂仁案：四庫《新序》版本有二，二本並作「者」，不作「少」，梁先生以四庫本爲底本，失檢。《漢書・韓安國傳》無「約要之民」四字，《通典》一五一、《通志》九八並同。

孝文皇帝悟兵之不可宿也，乃為和親之約，至今為後世利。

　　茂仁案：《漢書・韓安國傳》「悟」作「寤」、「乃爲和親之約」作「故復合和親之約」、無「至今爲後世利」六字，《通志》九八同。悟、寤，古並爲疑母、魚部，音同可通。《說文》十篇下心部云：「悟，覺也。」段〈注〉云：「古書多用寤爲之。」據是，悟、寤，正、假字也。

臣以為兩主之迹，足以為効。臣故曰勿擊便。」

　　武井驥曰：「《漢書》作『此二聖之迹，足以爲效矣，臣竊以爲勿擊便』。」

　　茂仁案：「足以爲効」，龍溪本「効」作「效」，效、効，正、俗字。「臣故曰勿擊便」，《漢書・韓安國傳》「故曰」作「竊以爲」，《資治通鑑》一八、《通志》九八並同，楚府本「便」作「使」，非是，形近而訛也。

大行曰：「不然。夫明於形者，分則不過於事；察於動者，用則不失於利；審於靜者，恬則免於患。

茂仁案：「審於靜者，恬則免於患」，當與上文「明於形者，分則不過於事」、「察於動者，用則不失於利」句法一律。職此，「恬則免於患」之「則」下疑有奪文，疑奪「得」、「能」、「可」等義之字。

高帝被堅執銳，以除天下之害，蒙矢石，沾風雨，行幾十年，

武井驥曰：「《漢書》作『蒙霧露，沐霜雪』。」

梁容茂曰：「（高皇帝被堅執銳）《漢書》：帝下有『身』字，被，作『披』。被、披，古通用。」又曰：「《漢書》：作『蒙霜（茂仁案：當作霧）露、沐霜雪，行幾十年。』」

茂仁案：四庫《新序》版本有二，二本「高」下並無「皇」字，梁先生以四庫本為底本，失檢。《漢書·韓安國傳》「帝」下有「身」字、「被」作「披」、「蒙矢石，沾風雨」作「蒙霧露，沐霜雪」，《通志》九八同。披，為「被」之借字，說見本卷「高皇帝五年」章，「且夫秦地被山帶河」條校記。武井驥《纂註本》「沾」作「沽」，非是，形近而訛也。

伏尸滿澤，積首若山，死者什七，存者什三，行者垂泣而倪於兵。

武井驥曰：「《廣漢魏叢書本》『倪』作『視』。」

梁容茂曰：「《漢書》：倪，作『視』。」

茂仁案：上言「倪」之作「視」，審其義，作「倪」為長。楚府本「滿」作「蒲」，非是，形近而訛也。

夫以天下末力厭事之民，而蒙匈奴飽逸，其勢不便。故結和親之約者，所以休天下之民。高皇帝明於形而以分事，通於動靜之時。

盧文弨曰「（末）『未』訛。」

武井驥曰：「吳本『末』作『未』。」

施珂曰：「《漢魏叢書》陳本不誤小。」

茂仁案：「夫以天下末力厭事之民」，元刊本、楚府本、楊美益本、白口十行本、程榮本、祕書本、陳用光本、四庫本、百子本「末」並作「未」，非是，形近而訛也。「而蒙匈奴飽逸」，元刊本、楚府本、何良俊本、楊美益本、白口十行本、程榮本、祕書本、陳用光本、四庫本、百子本「逸」並作「佚」。逸、佚，古並為余母、質部，音同可通。又陳用光本作「其勢不便」，與此同，「不」不作「小」，唯黃丕烈於「不」

旁書「小」字，施先生恐失之不審。

蓋五帝不相同樂，三王不相襲禮者，

　　武井驥曰：「《漢書》作『五帝不相襲禮，三王不相復樂』。」

　　茂仁案：「蓋五帝不相同樂，三王不相襲禮者」，《漢書・韓安國傳》作「臣聞五帝不相襲禮，三王不相復樂」，《通志》九八同，《漢紀・孝武皇帝紀》作「五帝不相襲禮，三王不相蹈樂」，並禮與樂互易也。審《史記・樂書》云：「趙高曰：『五帝三王，樂各殊名，示不相襲。』」本文載不同樂者爲五帝，《漢書・叔孫通傳》云：「五帝異樂，三王不同禮。」所言禮、樂事，與本文同。於《漢書・韓安國傳》言不相復樂者爲三王，《史記・樂書》則三王、五帝並有之，諸文雖異，其意卻同，並表「不復相襲」意。唯審《禮記・樂記篇》云：「五帝殊時，不相沿樂；三王異世，不相襲禮。」古禮、樂關係密切，或禮、或樂，其義蓋一，此爲示不相襲也。

非故相反也，各因世之宜也。

　　梁容茂曰：「百子本：世，作『事』。」

　　茂仁案：「各因世之宜也」，祕書本「因」作「囚」，非是，形訛也。《漢紀・孝武皇帝紀》「世」作「時」，作「時」義較長。檢百子本「世」作「世」，與此同，不作「事」，梁先生失檢。

教與時變，備與敵化，守一而不易，不足以子民。今匈奴縱意日久矣，侵盜無已，係虜人民，戍卒死傷，中國道路，樷車相望，此仁人之所哀也。臣故曰擊之便。」

　　武井驥曰：「《漢書》『哀』作『隱』。」

　　梁容茂曰：「《漢書》：哀，作『隱』。」

　　茂仁案：《漢書・韓安國傳》無「教與時變……係虜人民」三十四字、「戍」並作「士」、無「道路」二字、「哀」作「隱」，《資治通鑑》一八、《通志》九八並同。顏〈注〉引張晏曰：「隱，痛也。」武井驥《纂註本》「戍」作「戌」，非是，形近而訛也。

御史大夫曰：「不然。臣聞之，利不什，不易業；功不百，不變常。是故古之人君，謀事必就聖，發政必擇語，重作事也。

　　武井驥曰：「《漢書》『什』、『百』下並有『者』字。」又曰：「《漢書》『聖』作『祖』、『必擇語』作『占古語』。」

梁容茂曰：「《漢書》：聖，作『祖』；必擇，作『占古』。」

茂仁案：《漢書・韓安國傳》「什」、「百」二字下並有「者」字、「故」作「以」、「聖」作「祖」、「必擇」作「占古」，《通志》九八同。「利不什，不易業；功不百，不變常」，本書卷九「秦孝公欲用衛鞅之言」章，作「利不百，不變法；功不什，不易器」。

自三代之盛，遠方夷狄不與正朔服色，非威不能制，非彊不能服也，

盧文弨曰「（代）『氏』訛。」

武井驥曰：「吳本、嘉靖本、《漢書》『氏』作『代』，是。」

梁容茂曰：「（遠方夷狄不與王朔服色）《漢書》：無『遠方』二字；王，作『正』。何本、程本：代，作『氏』。《拾補》云：『氏訛』。」

茂仁案：四庫《新序》版本有二，二本並作「正」，不作「王」，梁先生以四庫本爲底本，失檢。《漢書・韓安國傳》「自」上有「且」字、無「遠方」二字、無下「非」字，《通志》九八同。有「且」，於文氣較順，無下「非」字，亦通，唯句讀異耳。武井驥《纂註本》、程榮本、祕書本「代」並作「氏」，氏、代，形近而訛也。元刊本、楚府本、楊美益本、白口十行本、程榮本、祕書本、陳用光本、四庫本、鐵華館本、百子本、龍溪本「彊」並作「強」。彊、強，古並爲群母、陽部，音同可通。

以爲遠方絕域不牧之民，不足以煩中國也。

盧文弨曰「（牧）『收』訛。」

武井驥曰：「《漢書》『收』作『牧』。」

茂仁案：武井驥《纂註本》、元刊本、楚府本、何良俊本、楊美益本、白口十行本、程榮本、祕書本、陳用光本、四庫全書本、百子本「牧」並作「收」。《管子・法法解》云：「上不行君令，下不合於鄉里，變更自爲，易國之成俗者，命之曰『不牧之民。』」據是，則此作「牧」爲是也，至作「收」者，「收」字俗書作「收」，與「牧」字形近，致形近而訛也，說見王念孫《讀書雜志》九之一《淮南子・原道》「收之」條。

且匈奴者，輕疾悍亟之兵也。畜牧爲業，弧弓射獵，逐獸隨草，居處無常，難得而制也。

蔡信發曰：「《漢書》無『者』。無『者』，則『匈奴』爲狀詞，義謂：且匈奴輕疾悍亟之兵；增『者』，『匈奴』變名詞，義謂：且匈奴乃輕疾悍亟之兵。前者但表

匈奴之兵，後者則言匈奴爲兵，二義相去遠甚，理應無『者』。此當誤。」

　　茂仁案：愚謂「匈奴」下有無「者」字，並義同也。《漢紀·孝武皇帝紀》無「悍疾」二字，亦無「畜牧爲業……逐獸隨草」十二字。

至不及圖，去不可追，來若焱風，解若收電。

　　武井驥曰：「《漢書》作『至如焱風，去如收電』。」

　　梁容茂曰：「《漢書》作：『至如焱風，去如收電。』」

　　茂仁案：「來若焱風，解若收電」，《通志》九八亦作「至如焱風，去如收電」，《漢紀·孝武皇帝紀》作「至如飃風，去如流電」。審「解若收電」與「來若焱風」對言，則「解」以作「去」，於文例爲長。《說文》十篇上犬部云：「猋，犬走皃。」段〈注〉云：「引申爲凡走之偁，〈九歌〉：『猋遠舉兮雲中。』王〈注〉：『猋，去疾皃。』《爾雅》：『扶搖謂之猋。』作此字。」又十篇下焱部云：「焱，火華也。」職是，知「焱」爲「猋」之形訛字，當據改。武井驥《纂註本》、元刊本、楚府本、何良俊本、楊美益本、白口十行本、程榮本、祕書本、陳用光本、四庫本、百子本「焱風」則並作「風雨」。審此二句對言，則作「焱（猋之訛）風」，於文例爲長。

今使邊鄙久廢耕織之業，以支匈奴常事，其勢不權，臣故曰勿擊為便。」

　　盧文弨曰：「何『難』，訛。《漢書》作『其勢不相權也』。」

　　梁容茂曰：「《漢書》：鄙，作『郡』。」又曰：「《漢書》：無『之業』二字；匈奴，作『胡之』；不權，作『不相權』。何、百子本：權，作『難』。《拾補》云：『何訛難，《漢書》作『其勢不相權也。』」

　　茂仁案：《漢書·韓安國傳》「鄙」作「郡」、無「之業」二字、「匈奴」作「胡之」、「勢」下有「相」字、無「爲」字，《通志》九八同。審上、下文並作「勿擊便」，亦無「爲」字。疑「爲」爲衍文。陳用光本「權」亦作「難」，盧文弨云「難，訛」，是也，陳鱣校同。

大行曰：「不然。夫神蛟濟於淵，而鳳鳥乘於風，聖人因於時。

　　茂仁案：「而鳳鳥乘於風」，與上文「神蛟濟於淵」、下文「聖人因於時」句法一律，「而」字疑爲衍文，《喻林》三四引有「而」字，而《漢書·韓安國傳》則正無「而」字，即其證也，當據刪，《說苑·建本篇》云：「故魚乘於水，鳥乘於風，草木乘於時。」與此句例相似，亦無「而」字，亦其比也。

昔者秦繆公都雍郊，地方三百里，知時之變，攻取西戎，辟地千里，

盧文弨曰「（郊）疑是『邠』。」

武井驥曰：「《漢書》無『郊』字。」又曰：「《漢書》『時』下有『宜』字。」

梁容茂曰：「（攻取戎）《漢書》：無『郊』字。《拾補》云：『郊疑是邠。』《漢書》：時下有『宜』字。戎上有『西』字。程、百子本亦有『西』字。」

茂仁案：《漢書‧韓安國傳》無「者」、「郊」二字，「時」下有「宜」字，《通志》九八同。「攻取西戎」，四庫《新序》版本有二，二本「戎」上並有「西」字，梁先生以四庫本爲底本，失檢。元刊本、楚府本、何良俊本、楊美益本、白口十行本並無「西」字，蓋奪耳，他本並不奪。陳鱣校「郊」作「邠」。

并國十二，隴西北地是也。

施珂曰：「《漢書‧韓安國傳》二作四。」

梁容茂曰：「（並國十二）《漢書》：二，作『四』。」

蔡信發曰：「《漢‧傳》『十二』作『十四』。檢：穆公稱霸西戎，首見《左》文公三年《傳》，未嘗言及并國之數，迄《史記‧秦本紀》始載『益國十二』，而〈李斯傳〉作『并國二十』，《文選》卷三十九載李文，『二十』又作『三十』。竊以此據〈秦紀〉，作十二，是；《漢‧傳》作十四，非。至〈李傳〉作二十，乃十二之倒；《文選》作三十，乃二十之誤刻。」

茂仁案：四庫《新序》版本有二，二本並作「并」，不作「並」，梁先生以四庫本爲底本，失檢。檢《通志》九八「十二」亦作「十四」。蔡先生云作十二爲是，蓋是也。

其後蒙恬爲秦侵胡，以河爲境，累石爲城，積木爲塞，

盧文弨曰「（塞）『寨』訛。」

武井驥曰：「《漢書》作『樹榆爲塞』。」

梁容茂曰：「《漢書》作：『樹榆爲塞。』《拾補》改寨爲塞，云：『寨俗。』」

茂仁案：《漢書‧韓安國傳》「胡」下有「辟數千里」四字、「境」作「竟」、「積木」作「樹榆」，《通志》九八同。「積木爲塞」，武井驥《纂註本》、元刊本、何良俊本、楊美益本、白口十行本、程榮本、祕書本、陳用光本、四庫本、鐵華館本、百子本、龍溪本並作「積木爲寨」，楚府本作「積水爲寨」，盧文弨云「寨俗」，陳鱣亦校作「塞」。竟、境，古、今字；水、木，形近致訛也。

匈奴不敢飲馬北河，置烽燧，然後敢牧馬。夫匈奴可以力服也，不可以仁畜也。

武井驥曰：「《漢書》『北』作『於』。」又曰：「《漢書》『力』作『威』、無『也』字。」

梁容茂曰：「《漢書》：北，作『於』。」又曰：「《漢書》：力，作『威』；無『也』字。」

茂仁案：《漢書‧韓安國傳》「北」作「於」、「可」上有「獨」字、「力」作「威」、無上「也」字，《通志》九八同。白口十行本「烽」作「鋒」，審度文義，作「烽」是也。

今以中國之大，萬倍之資，遣百分之一以攻匈奴，譬如以千石之弩，射癰潰疽，必不留行矣。

武井驥曰：「吳本『矣』作『也』，《漢書》作『譬猶以強弩射且潰之癰也』。」

梁容茂曰：「（射癰潰疽）《漢書》作：『譬猶以彊弩射且潰之癰也』。」

蔡信發曰：「《漢‧傳》作『譬猶以彊弩射且潰之癰也』。《說文》：『癰，腫也。疽，久癰也。』二字義同。《漢‧傳》以『潰』作狀詞，全句義謂：譬如以強有力之弓弩，射將爛之腫瘤。字順句當，義明理愜。《史記‧穰侯傳》：『如以千鈞之弩決潰癰。』與之同。《國策‧秦策二》：『譬猶以千鈞之弩潰癰也。』以『潰』作動詞，乃此所本，全句義謂：譬如以千鈞之弓弩，射破腫瘤。亦達。至本文改作『射癰潰疽』，而『射癰』之義，無別『潰疽』，自不及〈秦策〉、《漢‧傳》之簡練有力。諸句皆喻事之至易。」

茂仁案：「今以中國之大」，《漢書‧韓安國傳》「大」作「盛」，《通志》九八同。「譬如以千石之弩，射癰潰疽」，四庫《新序》版本有二，四庫全書薈要本作「癰」，四庫全書本作「癰」，二本並不作「疽」，梁先生以四庫本為底本，失檢。《漢書‧韓安國傳》作「譬猶以彊弩射且潰之癰也」，《通志》九八同。王先謙《漢書補注》引沈欽韓曰：「〈秦策〉蘇代曰：『以天下擊齊，猶以千鈞之弩潰癰也。』」，意與蔡先生同。何良俊本、白口十行本、四庫本「癰」亦並作「癰」，程榮本、陳用光本、百子本並作「癰」。「必不留行矣」，元刊本「矣」作「也」。

【《史》有若是】

茂仁案：武井驥《纂註本》、元刊本、楚府本、何良俊本、楊美益本、白口十行本、程榮本、祕書本、陳用光本、四庫本、百子本並無此〈注〉，鐵華館本、龍溪本

則並與此同。《漢書‧韓安國傳》亦無此〈注〉，唯「若是」二字附入正文。

則北發月氏，可得而臣也，臣故曰擊之便。」

茂仁案：楚府本「北」作「比」、無下「臣」字。北、比，形近致訛也；無「臣」字，蓋奪耳，他本並不奪。

御史大夫曰：「不然。臣聞善戰者以飽待飢，安行定舍，以待其勞，整治施德，以待其亂，按兵奮眾，深入伐國墮城。

盧文弨曰「（深入）二字《漢書》無。」

武井驥曰：「《漢書》『善戰』作『用兵』。」又曰：「《漢書》作『正治以待其亂，定舍以待其勞』。」

梁容茂曰：「《漢書》：善戰，作『用兵』。無『安行』二字。整，作『正』。無『施德』二字。」又曰：「《漢書》：按，作『接』。無『深入』二字。」

茂仁案：《漢書‧韓安國傳》「善戰者」作「用兵者」、「飢」作「饑」、無「安行」二字、「整」作「正」、無「施德」二字、「按兵奮眾」作「故接兵覆眾」、無「深入」二字，《通志》九八同，《資治通鑑》一八亦同，唯「飢」作「飢」，與本文同，白口十行本「飢」則作「饑」。飢，古為見母、脂部；饑，古為見母、微部。二者一聲之轉。《說文》五篇下食部云：「饑，穀不孰為饑。」又云：「飢，餓也。」段〈注〉云：「與饑分別，蓋本古訓，諸書通用者多有，轉寫錯亂者亦有之。」審此「飢」與「飽」對言，職是，飢、饑，正、假字也。

【漢史作以飽待飢，正治以待其亂，定舍以待其勞，故按兵覆眾，伐國墮城】，

茂仁案：武井驥《纂註本》、元刊本、楚府本、何良俊本、楊美益本、白口十行本、程榮本、祕書本、陳用光本、四庫本、百子本並無此〈注〉，鐵華館本則與此同。龍溪本作【漢史作以飽待飢，正治以待其亂，定舍以待其勞，故食。兵法曰：「遺人獲也」】。龍溪本之〈注〉誤也，其致誤之由，為與下文之〈注〉「【漢史不作至千里，人馬乏食，□法曰：「遺人獲也」】」，錯亂移置而未之檢耳。

故常坐而役敵國，此聖人之兵也。

茂仁案：《漢書‧韓安國傳》無「故」字，《資治通鑑》一八、《通志》九八並同。龍溪本「役」作「投」，非是，形近至訛也。

夫衝風之衰也，不能起毛羽；彊弩之末力，不能入魯縞。

　　武井驥曰：「《史》作『強弩之極矢，不能穿魯縞；衝風之末力，不能漂鴻毛』。」

　　茂仁案：「夫衝風之衰也」，《史記‧韓長孺傳》作「且彊弩之極矢，不能穿魯縞；衝風之末力，不能漂鴻毛」，《漢書‧韓安國傳》作「且臣聞之：『衝風之衰』」，《通志》九八同。「彊弩之末力」，《喻林》二二引「彊」作「強」，武井驥《纂註本》、楚府本、何良俊本、白口十行本、程榮本、祕書本、陳用光本、四庫本、百子本並同。彊、強，古並爲群母、陽部，音同可通。楚府本「末」作「未」，形訛也。

盛之有衰也，猶朝之必暮也。

　　梁容茂曰：「《漢書》：暮，作『莫』。莫、暮，古今字（茂仁案：當作字）。」

　　茂仁案：《漢書‧韓安國傳》「盛」上有「夫」字、「暮」作「莫」，《通志》九八同。

今卷甲而輕舉，深入而長驅，難以為功。

　　武井驥曰：「《漢書》『今』下有『將』字。」

　　梁容茂曰：「（深入長驅）《漢書》：驅，作『毆』。師古曰：『毆與驅同』。」

　　茂仁案：四庫《新序》版本有二，二本「入」下並有「而」字，梁先生以四庫本爲底本，失檢。《漢書‧韓安國傳》「今」下有「將」字、無兩「而」字、「驅」作「毆」，《資治通鑑》一八、《通志》九八並同。《資治通鑑》一八胡〈注〉亦云：「毆與驅同。」

夫橫行則中絕，從行則迫脅，

　　茂仁案：《漢書‧韓安國傳》兩句互易，且「夫橫行則中絕」作「衡行則中絕」，《資治通鑑》一八、《通志》九八並同。

徐則後利，疾則粮乏，

　　茂仁案：《漢書‧韓安國傳》兩句互易，「粮」作「糧」，《資治通鑑》一八、《通志》九八並同。武井驥《纂註本》、程榮本、祕書本、陳用光本、百子本、龍溪本亦並作「糧」。粮，未見於字書，愚謂即「糧」之俗字。

不至千里，人馬絕飢，勞以遇敵，正遺人獲也。

　　武井驥曰：「《漢書》作『人馬乏食』。」又曰：「《漢書》無『飢』以下六字，而有『兵法曰』三字。」

施珂曰：「《漢魏叢書》陳本千誤于。」

梁容茂曰：「何本：千，作『于』，非。《漢書》：次句以下作：『人馬乏食，兵法曰：遺人獲也。』」

茂仁案：《漢書·韓安國傳》作「不至千里，人馬乏食，兵法曰：『遺人獲也。』」《資治通鑑》一八、《通志》九八並同。白口十行本「飢」作「饑」。飢、饑，正、假字，說見上。檢陳用光本作「千」，不作「于」，施先生失檢。

【漢史不作至千里，人馬乏食，□法曰：「遺人獲也」】。

茂仁案：武井驥《纂註本》、元刊本、楚府本、何良俊本、楊美益本、白口十行本、程榮本、祕書本、陳用光本、四庫本、百子本並無此〈注〉。鐵華館本作「【漢史作不至千里，人馬之食，兵法曰：「遺人獲也」】」，龍溪本作「【漢史作不至千里，人馬之按兵覆眾，伐國墮城】」。《漢書·韓安國傳》所作，見上。此〈注〉「不作」誤乙；□字殘泐，據《漢書·韓安國傳》、《資治通鑑》一八、《通志》九八、鐵華館本知為「兵」字，當據補。鐵華館本「乏」作「之」，形訛也。龍溪本之誤，與上〈注〉文錯亂移置，而未詳檢，說已見上。

意者有他詭妙，可以擒之，則臣不知，不然，未見深入之利也。臣故曰『勿擊便』。」

武井驥曰：「《漢書》『詭妙』作『繆巧』。」

施珂曰：「《漢魏叢書》程本、陳本擊下皆有之字。」

梁容茂曰：「《漢書》：詭妙，作『繆巧』。」

茂仁案：《漢書·韓安國傳》「詭妙」作「謬巧」、「擒」作「禽」，下文「擒」亦作「禽」，《通志》九八同。楚府本、何良俊本、白口十行本、祕書本、四庫本、百子本「擊」下亦並有「之」字。禽、擒，古、今字。

大行曰：「不然。夫草木之中霜霧，不可以風過；清水明鏡，不可以形遯也；通方之人，不可以文亂。

武井驥曰：「(中霜霧)《漢書》作『遭霜者』。」又曰：「《漢書》『人』作『士』。」

梁容茂曰：「夫草木之中霜露不可以風過。……不可以形遯，通方之人)《漢書》：無『之中』二字。霜露，作『遭霜者』。遯，作『逃』；人，作『士』。」

茂仁案：四庫《新序》版本有二，二本並作「霧」，不作「露」；且「遯」下並有「也」字，梁先生以四庫本為底本，失檢。《漢書·韓安國傳》「夫草木之中霜霧」作「夫草木遭霜者」、「遯」作「逃」、無「也」字、「人」作「士」，《通志》九八同。

審「不可以形邂也」與上文「不可以風過」、下文「不可以文亂」句法一律，故「也」字，顯爲衍字，當據刪。白口十行本「霧」作「露」，他本並作「霧」與本文同，《喻林》四四引亦作「霧」。

今臣言擊之者，固非發而深入也，將順因單于之欲，誘而致之邊，吾伏輕卒銳士以待之，陰遮險阻以備之，

茂仁案：「固非發而深入也」，《漢紀・孝武皇帝帝》「發」下有「兵」字。「吾伏輕卒銳士以待之，陰遮險阻以備之」，《漢書・韓安國傳》作「吾選梟騎壯士，陰伏而處，以爲之備；審遮險阻以爲其戒」，《資治通鑑》一八、《通志》九八並同，《漢紀・孝武皇帝紀》作「選驍騎羽林壯士，陰爲之備」。

吾勢以成，或當其左，或當其右，或當其前，或當其後，單于可擒，百全必取，臣以為擊之便。」

武井驥曰：「《漢書》上二『當』作『營』、下『當』作『絕』。」

梁容茂曰：「（吾勢已成）《漢書》：成，作『定』；當，俱作『營』。」又曰：「《漢書》：當，作『絕』。」

茂仁案：四庫《新序》版本有二，二本並作「以成」，不作「已成」，梁先生以四庫本爲底本，失檢。《漢書・韓安國傳》「以成」作「已定」、前兩「當」字並作「營」、末「當」字作「絕」、「擒」作「禽」，無「臣以爲擊之便」六字，《資治通鑑》一八、《通志》九八並同，《漢紀・孝武皇帝紀》亦同，唯末「當」字作「當」、「擒」作「擒」並與本文同。禽、擒，古、今字。

於是遂從大行之言，孝武皇帝自將師，伏兵於馬邑，誘致單于，單于既入塞，道覺之，奔走而去。

茂仁案：《史記・韓長孺傳》、《漢書・韓安國傳》、《漢紀・孝武皇帝紀》，《通志》九八並以伏兵於馬邑者爲衛尉李廣爲驍騎將軍、太僕公孫賀爲輕車將軍、大行王恢爲將屯將軍、太中大夫李息爲材官將軍、御史大夫安國爲護軍將軍，並與此孝武皇帝自將師者異。且三書載誘致單于之法，並較此詳。

其後交兵接刃，結怨連禍，相攻擊十年，兵凋民勞，百姓空虛，道殣相望，轊車相屬，寇盜滿山，天下搖動。

茂仁案：「相攻擊十年」，審《史記・匈奴列傳》所載，自元光二年夏六月後，和親之約廢，匈奴入侵邊境甚繁，至元光六年始，漢亦大舉興兵進攻匈奴，直至元

狩四年，衛青、霍去病等大破匈奴，以漢缺馬匹之故，是以方不再大舉興兵攻匈奴。職此，自元光二年至元狩四年，合共十四年，此云「相攻擊十年」，蓋舉其成數言。

孝武皇帝後悔之。御史大夫桑弘羊，請佃輪臺，

蔡信發曰：「《通鑑》繫此事於征和四年。據《漢書・西域傳下》，斯時桑司搜粟都尉。又檢〈百官公卿表下〉，是時爲御史大夫者，乃商丘成，而桑任御史大夫，在後元二年二月乙卯，晚二年，則此稱斯職，乃追記之詞。『輪臺』，《史記・大宛傳》、《漢書・李廣利傳》或作『侖頭』。蓋輪、侖音同；臺、頭聲同，並爲定紐；輪臺，即侖頭。〈李傳〉顏〈注〉：『輪臺，亦國名。』」

詔卻曰：「當今之務，務在禁苛暴止擅賦，今乃遠西佃，非所以慰民也。朕不忍聞。」

盧文弨曰：「（苛）舊脫。」

武井驥曰：「《廣漢魏叢書本》『禁』下有『苛』字。」

梁容茂曰：「（務在禁暴上擅賦）何、程、百子本：上，俱作『止』，是也。《拾補》：禁下補苛字，云：『舊脫。』」

茂仁案：「詔卻曰」，審《漢書・西域傳下》載詔書全文，此爲節文，文字亦小有異同，可相參稽。程榮本、陳用光本「卻」並作「郤」，非是，形近而訛也。「務在禁苛暴止擅賦」，四庫《新序》版本有二，二本並作「止」，不作「上」，梁先生以四庫本爲底本，失檢。武井驥《纂註本》、楚府本並作「務在禁暴止檀賦」，元刊本、何良俊本、楊美益本並作「務在禁暴上擅賦」，白口十行本、程榮本、祕書本、陳用光本、四庫本、百子本並作「務在禁暴止擅賦」。上、止，檀、擅，並形近而訛也。且上引諸本並無「苛」字，審「禁苛暴止擅賦」爲正對，故有「苛」字爲是，鐵華館本、龍溪本並有「苛」字，即其明證。

封丞相，號曰富民侯，遂不復言兵事，國家以寧，繼嗣以定，從韓安國之本謀也。

茂仁案：楚府本奪「謀」字，他本並不奪。

（十四）孝武皇帝時

孝武皇帝時，中大夫主父偃爲策曰：

茂仁案：「中大夫主父偃爲策曰」，《史記・主父偃傳》、《漢書・主父傳》「爲策」

並作「說上」，《資治通鑑》一八、《通志》九九、《縱橫家佚書輯本七種・主父偃書》並同，《冊府元龜》四七七作「說帝」。元刊本「主」作「上」，白口十行本、鐵華館本、百子本、龍溪本「策」並作「策」。上、主，策、策，並形近而訛也，當據改。

「古諸侯不過百里，彊弱之形易制也。

　　武井驥曰：「《漢書》本傳『侯』下有『地』字。」

　　梁容茂曰：「《史記・平津侯主父列傳》：古下有『者』字。《漢書》：侯下有『地』字。當據補。」

　　茂仁案：「古諸侯不過百里」，《漢書・主父傳》「古」下有「者」字、「侯」下有「地」字，《通志》九九、《冊府元龜》四七七、《縱橫家佚書輯本七種・主父偃書》並同，《史記・主父偃傳》、《資治通鑑》一八「古」下亦並有「者」字。「彊弱之形易制也」，元刊本、楚府本、何良俊本、楊美益本、白口十行本、程榮本、祕書本、陳用光本、四庫本、百子本「彊」並作「強」，下同。彊、強，古並爲群母、陽部，音同可通。

今諸侯或連城數十，地方千里，緩則驕，易爲淫亂，急則阻其彊，而合從謀以逆京師。

　　武井驥曰：「《史》、《漢》『驕』下有『奢』字。」又曰：「《史》、《漢》無『謀』字。」

　　施珂曰：「《漢書・主父偃傳》驕下有奢字。」

　　梁容茂曰：「《史記》：驕下有『奢』字。」又曰：「《史記》：無『謀』字。」

　　茂仁案：《資治通鑑》一八、《通志》九九、《冊府元龜》四七七、《縱橫家佚書輯本七種・主父偃書》「驕」下亦並有「奢」字、亦並無「謀」字。

今以法割之，即逆節萌起，前日晁錯是也。

　　武井驥曰：「《史》『割』下有『削』字。」

　　梁容茂曰：「《史記》：割下有『削』字。」

　　蔡信發曰：「『晁錯』，《史記》作『鼂錯』，《漢書》作『朝錯』。晁、鼂、朝並直遙切，三字同音，可相通作。《漢書・景帝紀》顏〈注〉：『晁，古朝字。』《集韻》：『鼂，或作晁。』」

　　茂仁案：《史記・主父偃傳》「割」下有「削」字、「晁」作「鼂」，《資治通鑑》一八、《通志》九九、《冊府元龜》四七七、《縱橫家佚書輯本七種・主父偃書》並同，《漢書・主父傳》「割」下亦有「削」字，唯「晁」作「朝」。祕書本「以」作「已」，

古通。晁、鼂、朝之說，蔡先生說是也。

今諸侯子弟，或十數，而適嗣代立，餘雖骨肉，無尺地之封，則仁孝之道不宣。

　　武井驥曰：「《史》作『尺寸地封』。」

　　施珂曰：「《漢魏叢書》程本、陳本肉皆誤內。」

　　梁容茂曰：「（無尺寸之封）《史記》：之，作『地』。」

　　茂仁案：「無尺地之封」，四庫《新序》版本有二，二本並作「地」，不作「寸」，梁先生以四庫本爲底本，失檢。《史記・主父偃傳》作「無尺寸地封」。

願陛下令諸侯得推恩，分子弟，以地侯之，彼人人喜得所願，上以德施，實封其國，而稍自消弱矣。」

　　盧文弨曰「（封）《漢書》作『分』。」

　　武井驥曰：「《史》作『實分其國，不削而稍弱矣』。」

　　梁容茂曰：「《史記》作：『實分其國，不削而稍弱矣。』」

　　茂仁案：「願陛下令諸侯得推恩」，元刊本、楚府本、楊美益本、程榮本、鐵華館本「令」並作「今」，非是，形近而訛也。祕書本「推」作「惟」，亦形訛也。「實封其國」，《史記・主父偃傳》、《漢書・主父傳》「封」並作「分」，《資治通鑑》一八、《通志》九九、《冊府元龜》四七七、《縱橫家佚書輯本七種・主父偃書》並同。「實封其國，而稍自消弱矣」，其意蓋：於公明封其國，而私下，諸侯乃暗自消弱而不覺知也，若「封」作「分」，則其意韻失矣，作「封」於義較長也。「而稍自消弱矣」，《史記・主父偃傳》作「不削而稍弱矣」，《資治通鑑》一八同，《漢書・主父傳》作「必稍自銷弱矣」，《通志》九九、《縱橫家佚書輯本七種・主父偃書》並同，《冊府元龜》四七七作「必稍弱矣」。

於是上從其計。因關，馬及弩不得出，絕□□□路，重附益諸侯之法，急詆誤其君之罪，諸侯王遂以弱，而合從之事絕矣。主父偃之謀也。

　　茂仁案：「於是上從其計」，《冊府元龜》四七七「上」作「帝」。「絕□□□路」，□□□等三字殘泐，《冊府元龜》四七七「□□□」作「游說之」，武井驥《纂註本》、各本並作「遊說之」，適與文義合。則此作「游說之」是也，當據補。遊，游之俗字也，說見《說文》七篇上水部「游」字段〈注〉。

《新序》佚文輯補

　　《新序》，唐以前原書三〇卷（見《隋書‧經籍志》、《唐書‧經籍志上》、《新唐書‧藝文志三》），至宋放逸，經北宋曾鞏蒐羅，據訂以爲一〇卷（見《新序‧曾鞏序》），是知遺漏於世者必矣。自來爲之輯佚，今可見者，始於盧文弨《群書拾補》（抱經堂本），是書輯《新序》佚文五二條，其後嚴可均《全上古三代秦漢三國六朝文》卷三九〈全漢文‧新序〉據以過錄，刪其重出「周昌者沛人」一條（重見盧氏所輯第九、第三二條。盧氏所輯條次，以下簡稱第幾條），另增《北堂書鈔》一三「搞服四夷，天下安然」一條，并爲五二條。審嚴可均所輯補者，實見諸「上古之時」章（第一九條）。再審「臧孫行猛政」（第二條），與「臧孫，魯大夫」（第四一條），及「子貢曰」（第四二條）爲同一章；「昔子奇年十八」（第一四條），與「子奇年十八」（第三七條），亦同一章；「公孫敖問伯象先生曰」章（第二一條），與「孫叔敖曰」章（第四四條），亦屬一章；「桓公與管仲、鮑叔、甯戚飲」章（第三八條），與「齊桓公與管仲飲」章（第三九條），亦同屬一章，且此見諸今本《新序》卷四「桓公與管仲鮑叔甯戚飲酒」章；又「平公問叔向曰」章（第二四條），見諸今本《新序》卷四「晉平公問於叔向曰」章；「劉向曰」章（第五一條），見諸今本《新序》卷四「勇士一呼」章，盧文弨失察誤入佚文，嚴可均又誤過錄之。於「崔杼弑莊公」章（第一二條）下，盧文弨〈注〉云：「又有申鳴一條，今見《說苑》，疑誤作《新序》，今不錄。」審《新序》、《說苑》並爲劉向所序撰，《說苑》之作，於〈說苑敘錄〉云：「除去與《新序》復重者。」劉向雖欲去其復重，然二書未盡去其重也，如：《新序‧雜事五》「齊侯問於晏子」章，又見《說苑‧臣術篇》「齊侯問於晏子」章；《新序‧雜事五》「晉平公問於叔向」章與《說苑‧善說篇》「晉平公問於叔向」章略同；《新序‧雜事四》「魏文侯弟曰季成」章與《說苑‧臣術篇》「子貢問於孔子曰」章略同；《新序‧雜事五》「楚莊王伐鄭」章與《說苑‧君道篇》「楚莊王既服」章略同，凡

此者不勝枚舉。即盧文弨所輯佚文，亦有見諸《說苑》者，如：「齊景公遊海上」章（第一五條），見諸《說苑‧正諫篇》；「趙簡子使使者聘孔子於魯」章（第二五條），見諸《說苑‧權謀篇》；「秦王以五百里地易鄢陵」章（第三〇條），見諸《說苑‧奉使篇》；「林既衣韋衣而朝齊景公」章（第三一條），見諸《說苑‧善說篇》，此四者，盧文弨并存之，何以「申鳴」一條，即以見諸《說苑》而不錄，此必不然矣。既重出，何妨並錄以存真之？據此，盧文弨、嚴可均二氏所輯者，并為四三條。

　　民國後，為之補輯者，始見施珂先生《新序校證》（臺灣大學中文所碩士論文），於盧文弨所輯外，補輯一二條，唯據《文選》左太沖〈魏都賦〉〈注〉所輯「權輿天地未祛也」條，乃劇秦美新之序，施先生失之不審誤入；次據《北堂書鈔》一一四所輯「齊桓公伐楚以致苞茅」，見諸今本《新序》卷四「昔者齊桓公與魯莊公為柯之盟」章；次據《北堂書鈔》五所輯「若晝夜有恆」，則未見諸《北堂書鈔》該卷；次據《太平御覽》四五六所輯「不幸不聞其過」及「段規」二條，宋本《太平御覽》明標為《周書》之文，非《新序》所有，據此，輯佚并為五〇條，其後梁榮茂先生《新序校補》（水牛出版社），增輯《文選》卷六〈注〉、卷一八〈注〉、卷四三〈注〉，及卷六〇〈注〉等四條，唯卷四三〈注〉云「卜偃謂晉侯曰：『天子降心迎公』」，見諸今本《新序》卷九「晉文公之時」章；卷六〇〈注〉云「大臣曰：『洛陽西有崤澠』」，見諸今本《新序》卷一〇「高皇帝五年」章，是以并為五二條。其後大陸趙善詒《新序疏證》（華中師範大學出版社）過錄張國銓〈新序佚文校輯〉一〇條，自輯三條。其中張國銓據《群書治要》所輯「臧孫行猛政」條、據《三國志‧劉廙傳》〈注〉引「趙簡子欲專天下」條及據《意林》引「子奇年十六」條，三者已見諸盧文弨所輯，另據《史記‧商君傳》〈集解〉引「秦孝公保崤函之固」條，〈集解〉明示此文為〈新序論〉（茂仁案：為劉歆所作），非《新序》之文，張國銓失之不審誤入，據此輯佚并為五八條。趙善詒自輯三條，其據《太平御覽》一九二所引「梁伯涸於酒」條，已見施珂先生所輯，其據《文選》〈魏都賦〉〈注〉引「單襄公曰」條，則已見諸梁容茂先生所輯，據此輯佚并為五九條。前人已檢得而筆者復於他處見引，則加案語明之，另增輯一四條，則附於末，并為七三條。今筆者檢討所及，重為補輯，以就正於博雅方家。

盧文弨《群書拾補》所輯（一至四三），如左。原注以【　】表之。

　　一、齊王問墨子曰：「古之學者為己，今之學者為人，何如？」對曰：「古之學者，得一言，以附己；今之學者，得一善言，以悅人。」【《北堂書鈔》八三、《御覽》六〇七】

茂仁案：盧氏所引《北堂書鈔》文，與藝文館景南海孔氏本小異，今據之改訂。《太平御覽》所引較略。

二、臧孫行猛政，子贛非之，臧孫召子贛而問曰：「我不法耶？」曰：「法矣。」「我不廉耶？」曰：「廉矣。」「我不能事耶？」曰：「能事矣。」臧孫曰：「三者，吾唯恐不能。今盡能之，子尙何非耶？」子貢曰：「子法矣，好以害人；子廉矣，好以驕上；子能事矣，好以陵下。夫政者，猶張琴瑟也，大絃急，則小絃絕矣。是以位尊者，德不可以薄；官大者，治不可以小；地廣者，制不可以狹；民眾者，法不可以苛。天性然也，故曰：『罰得則姦邪止矣，賞得則下歡悅矣。』由此觀之，子則賊心已見矣。獨不聞子產之相鄭乎？其掄材推賢舉能也，抑惡而揚善。故有大略者，不問其所短；有德厚者，不問其小疵；有大功者，宿惡滅息，成人之美，不成人之惡也。其牧民之道，養之以仁，教之以禮，使之以義，修法練教，必遵民所樂，故從其所便而處之，因其所欲而與之，順其所好而勸之，賞之疑者從重，罰之疑者從輕。其罰審，其賞明，其刑省，其德純，其治約，而教化行矣。治鄭七年，而風俗和平，災害不生，國無刑人，囹圄空虛。及死，國人聞之，皆叩心流涕，曰：『子產已死，吾將安歸？夫使子產命可易，吾不愛家一人』。其生也則見愛，其死也而可悲。仕者哭於廷，商人哭於市，農人哭於野，處女哭於室，良人絕琴瑟，大夫解佩玦，婦人脫簪珥，皆巷哭。然則思者仁恕之道也，君子之治，始於不足見，而終於不可及，此之謂也。蓋德厚者報美，怨大者禍深。故曰：『德莫大於仁，而禍莫大於刻。』夫善不可以爲求，而惡不可以亂去，今子方病，民喜而相賀曰：『臧孫子已病，幸其將死』。子之病稍愈，而民以相懼，曰：『臧孫子病又愈矣，何吾命之不幸也，臧孫子又不死矣。』子之病也，人以相喜；生也，人以相駭。子之賊心亦甚深矣，爲政若此，如之何不非也？」於是臧孫子慚焉，退而避位。【《群書治要》四二引】

茂仁案：盧氏引《藝文類聚》五二之文甚略，考《群書治要》四二所引爲詳，故今據引。此文略見《後漢書·陳寵傳》章懷〈注〉引、又《北堂書鈔》二七「夫政猶張琴瑟」〈注〉引、又三五「養之以仁，教之以禮」〈注〉引、又《文選》三七劉越石〈勸進表〉李善〈注〉引。

三、子產相鄭，七年而教宣風行，國無刑人。【《北堂書鈔》三五「風俗和平，囹圄空虛」〈注〉引】

四、李斯問荀卿曰：「當今之時，爲秦奈何？」孫卿曰：「力術止，義術行，秦之謂也。」【《荀子·強國篇》楊倞〈注〉引】

五、子產決鄧析教民之難，約，大獄袍衣，小獄襦褲。民之獻袍衣襦褲者不可勝數。以非爲是，以是爲非，鄭國大亂，民日讙譁。子產患之，於是討鄧析而僇之，

民乃服，是非乃定，是其類也。【《荀子‧正名篇》〈注〉引】

茂仁案：盧氏所引《荀子》注文小異，今據王先謙《荀子集解》（世界書局排印本）改訂。

六、梁車爲鄴令，其婦姊往看之，梁刖其姊足。趙武侯以不慈，免車官，奪其璽。【《書鈔》七八「梁車以不慈免」〈注〉引】

茂仁案：盧氏引《太平御覽》五一七此文，宋本《太平御覽》五一七，所引書名作《新子》，非《新序》，盧氏恐失檢誤入。考此文略見《北堂書鈔》七八〈注〉引，故今據以易之。

七、魯哀公爲室而大，公儀子【淮南人閒訓作公宣子】諫曰：「室大，眾與人處則讙。少與人處則悲【卑訛，今從淮南】，願公之適也。」曰：「聞命矣。」築室者不輟。明日。又諫【當有曰字】，「國小室大，百姓必怨吾君；諸侯聞之，必輕吾國。」公曰：「聞命矣。」築室不輟。明日，又諫曰：「左昭右穆，爲室而大，以臨二先君，無乃害於孝乎！」於是哀公毀室而止。【《御覽》一七四】

茂仁案：盧氏所引《太平御覽》，與宋本《太平御覽》文小異，今據宋本改訂。此文又略見宋本《太平御覽》四五七引。

八、齊景公遊於牛山之上，而北望齊曰：「美哉國乎！使古無死者，則寡人將去斯如之何？」乃泣沾襟。高子曰：「然。賴君之賜，蔬食惡肉，可得而食也；駑馬棧車，可得而乘也，且不欲死，而況吾君乎？」俯而垂泣。晏子拊手而笑曰：「樂哉！今日嬰之遊也，見怯君一而諛臣二。使古之無死者，則太公丁公至今猶存，吾君方將被蓑笠而立乎畎畝之中，唯事之恆，何暇念死乎？」景公慚焉。【《御覽》四二八，今見《韓詩外傳》一○】

茂仁案：盧氏所引《太平御覽》，與宋本《太平御覽》文小異，今據宋本改訂。

九、齊有田巴先生者，行修於內，智明於外。齊王聞其賢，聘而將問政焉。田巴先生改製新衣，髹飾冠帶，顧謂其妾曰：「何若？」其妾曰：「佼。」將出門，問其從者曰：「何若？」從者曰：「佼。」過於淄水，自闚，醜惡甚矣。遂見齊王，齊王問政焉，對曰：「政在正身，正身之本，在於群臣。今者大王召臣，臣改制髹飾，將造公門，問於妾，妾愛臣，諛臣曰：『佼。』將出門，問從者，從者畏臣，曰：『佼。』臣臨淄水而觀影，然後自知醜惡也。今齊之臣妾諛王者，非特二人也。王能臨淄水，見己之惡，過而自改，斯齊國治矣。」【《群書治要》四二引】

茂仁案：盧氏引《太平御覽》六三、又三八二文較略，今詳見《群書治要》四二引，故據以易之。此文又略見《藝文類聚》二三引、《翁注困學紀聞》一一引。《鄭堂札記》四，云盧氏引作《御覽》三六一。非。三六一當爲三八二之誤，鄭氏失檢。

一〇、孔子見宋榮啓期，年老白首，衣弊服，鼓琴自樂。孔子問曰：「先生老而窮，何樂也？」啓期曰：「吾有三樂：天生萬物，以人爲貴，吾得爲人，一樂也。人生以男爲貴，吾得爲男，二樂也。人生命有傷夭，吾年九十餘，是三樂也。貧者，士之常；死者，人之終，居常以守終，何不樂乎？」【《御覽》三八三】

茂仁案：盧氏所引《太平御覽》，與宋本《太平御覽》文小異，今據宋本改訂。此文略見《文選》一八嵇叔夜〈琴賦〉李善〈注〉引、又二二謝靈運〈登石門最高頂〉李善〈注〉引。

一一、崔杼弒莊公，申蒯漁於海而後至，將入死。其御止之曰：「君之無道聞於天下，不可死也。」申蒯曰：「告我晚。【下子不早告我五字似複】子不早告我，吾食亂君之食，而死治君之事乎？子勉之，子無死。」其御曰：「子有亂主，猶死之，我有治長，奈何勿死。」至於門，曰：「申蒯聞君死，請入。」守門者以告崔子，曰：「勿內」。申蒯曰：「汝疑我乎？吾與汝臂。」乃斷其臂，以予其門者。門者以示崔子。崔子陳八列曰：「令入」，申蒯拔劍呼天，三踊乃鬥，殺七列，未及崔子一列而死。其御亦死之門外。君子聞之曰：「蒯可謂守節死義矣。」【《御覽》三六九、又四一七、又四三八，又有申鳴一條，今見《說苑》，疑誤作《新序》，今不錄。】

茂仁案：盧氏所引《太平御覽》之文，以卷四三八最詳，唯盧氏所引《太平御覽》，與宋本《太平御覽》文小異，今據宋本改訂。此文又略見《初學記》一七「申蒯斷臂、弘演納肝」〈注〉引、《天中記》二四「斷臂」引。又盧云「申鳴」一事，當輯列之，說已見前論，今補輯於末。

一二、孫武、樂毅之徒，皆前世之賢將也，久遠深奧，其事難知。至於吳漢，近時人耳，起於販馬，立爲良將，垂名竹帛，天下歸德，此可慕也。【《御覽》二七六】

一三、子奇年十六，齊君使治阿，既而君悔之，遣使追，追者反曰：「子奇必能治阿，共載皆白首也，夫以老者之智，以少者決之，必能治阿矣。」子奇至阿，鑄庫兵以作耕器，出倉廩以賑貧窮，阿縣大治，魏聞童子治邑，庫無兵，倉無粟，乃起兵擊之，阿人父率子、兄率弟，以私兵戰，遂敗魏師。【《意林》三引】

茂仁案：盧氏原引《太平御覽》二六八之文，唯《意林》三所引爲詳，故今據以易之。此文又略見《後漢書‧孝順皇帝紀》章懷〈注〉引、又《類聚》五〇引、又《御覽》三八三引、又《玉函山房輯佚書續編‧新序佚文》引。

一四、齊景公遊海上，樂之，六月不歸，令左右，敢言歸者死。顏歜諫曰：「君樂治海上，不樂治國。儻有治國者，君且安得樂此海也。」公據戟將斫之，歜撫衣而侍之，曰：「君奚不斫也？昔桀殺關龍逢，紂殺王子比干，君奚不斫，以臣參此二

人，不亦可乎！」公遂歸。【《御覽》三五三】

一五、昌邑王治側，鑄（續漢志作注）冠十枚，以冠賜之師及儒者。後以冠冠奴，龔遂免冠歸之，曰：「王賜儒者冠，下至臣；今以餘冠冠奴，是大王奴虜畜臣也。」【《御覽》五○○】

茂仁案：盧氏所引《太平御覽》，與宋本《太平御覽》文小異，今據宋本改訂。此文又略見《類聚》三五引。

一六、昌邑王徵為天子，到營陽，置積竹刺杖二枚。龔遂諫曰：「積竹刺杖者，驕蹇少年杖也。大王奉大喪，當柱竹杖。」【《御覽》七一○】

茂仁案：此文略見《北堂書鈔》一三三引。

一七、昌邑王取侯王二千石，墨綬黃綬，與左右佩之。龔遂諫曰：「高皇帝造花綬五等，陛下取之而與賤人，臣以為不可，願陛下收之。」【《御覽》六八二】

一八、上古之時，其民敦朴。故三皇教而不誅，無師而威。故善為國者不師，三皇之德也。至於五帝，有師旅之備而無用。故善師者不陣，五帝之謂也。湯伐桀，文王伐崇，武王伐紂，皆陣而不戰。故善陣者不戰，三王之謂也。及夏后之伐有扈，殷高宗討鬼方，周宣王之征熏鬻，而不血刃，皆仁聖之惠，時化之風也。至齊桓，侵蔡而蔡潰，伐楚而楚服，而彊楚以致苞茅之貢於周室，北伐山戎，使奉朝觀，三存亡，一繼絕，九合諸侯，一匡天下，衣裳之會十有一，嘗有大戰，亦不血刃。至晉文公，設虎皮之威，陳曳柴之偽，以破楚師而安中國。故曰善戰者不死，晉文公之謂也。楚昭王遭闔閭之禍，國滅，昭王出亡，父老迎而笑之。昭王曰：「寡人不仁，不能守社稷，父老反笑，何無憂，寡人且從此入海矣。」父老曰：「有君若此，其賢也。」及申包胥請救，哭秦庭七日，秦君憐而救之，秦楚同心，遂走吳師，昭王反國。故善死者不亡，昭王之謂也。是故自晉文公已下，至戰國，而暴兵始眾，於是以彊并弱，以大吞小，故彊國務攻，弱國備守，合從連衡，群相攻伐。故戰則稱孫吳，守則稱墨翟。至秦而以兵并天下，窮兵極武而亡。及項羽尚暴而滅，漢以寬仁而興，故能掃除秦之苛暴矣。孝武皇帝，攘服四夷，其後天下安然。故世之為兵者，其行事略可觀也。【《御覽》二七一下條有曹操破袁紹云云，必非劉向書，故不錄。】

茂仁案：盧氏所引《太平御覽》，與宋本《太平御覽》文小異，今據宋本改訂。此文又見《永樂大典》八二七五引、又略見《書鈔》一三「攘服四夷，天下安然」〈注〉引、又一一三「極武而亡」〈注〉引。

一九、湯居亳七十里，地與葛伯為鄰。葛伯放淫不祀，湯使人問之：「何為不祀？」曰：「無以供犧牲也。」湯使人遺之牛羊，葛伯食之，又不以祀。湯又使人問曰：「何為不祀？」曰：「無以供粢盛也。」湯又使眾往為耕，老弱饋食。葛伯率其民，要其

有酒肉黍稻者，奪之，不受者，殺之。有一童子以黍肉餉，殺而奪也。書曰：「葛伯仇餉。」此之謂也。爲其殺是童子而征之，四海之內皆曰：「非富天下也，爲匹夫匹婦報讎也。」【《御覽》三〇五】

茂仁案：盧氏所引《太平御覽》，與宋本《太平御覽》文小異，今據宋本改訂。

二〇、公孫敖問伯象先生曰：今先生收天下之術，博觀四方之日久矣，未能裨世主之治，明君臣之義，是則未有異於府庫之藏金玉，筐篋之囊間有書。【《御覽》八一一】

茂仁案：盧氏所引《太平御覽》，與宋本《太平御覽》文小異，今據宋本改訂。此文略見《文選》二一應璩〈百一詩〉李善〈注〉引、又二三任彥昇〈出郡傳舍哭范僕射〉李善〈注〉引。

二一、公孫敖曰：「夫玉石金鐵，猶可琢磨以爲器用，而況於人？」【《御覽》八一三】

二二、紂王天下，熊羹不熟而殺庖人。【《御覽》八六一】

茂仁案：此文又見《初學記》二六引。

二三、趙簡子欲專天下，謂其相曰：「趙有犢犨，晉有鐸鳴，魯有孔丘，吾殺三人者，天下可王也。」於是乃召犢犨、鐸鳴而問政焉，已即殺之。使使者聘孔子於魯，以胖牛肉迎於河上，使者謂船人曰：「孔子即上船，中河必流而殺之。」孔子至，使者致命，進胖牛之肉。孔子仰天而歎曰：「美哉水乎，洋洋乎！使丘不濟此水者，命也夫！」子路趨而進曰：「敢問何謂也？」孔子曰：「夫犢犨、鐸鳴，晉國之賢大夫也，趙簡子未得意之時，須而後從政，及其得意也，殺之。黃龍不反于涸澤，鳳凰不離其蔚羅。故刳胎焚林，則麒麟不臻；覆巢破卵，則鳳凰不翔；竭澤而漁，則龜龍不見。鳥獸之於不仁，猶知避之，況丘乎？故虎嘯而谷風起，龍興而景雲見，擊庭鐘於外，而黃鐘應於內。夫物類之相感，精神之相應，若響之應聲，影之象形，故君子違傷其類者。今彼已殺吾類矣，何爲之此乎？」於是遂回車不渡而還。【《三國志・魏書・劉廙傳》〈注〉引】

茂仁案：盧氏引《御覽》八六三文較略，今以《三國志》〈注〉引爲詳，故今據以易之。

二四、楚王使謁者徐光迎方與，盲人能吹竽者，龔遂乃去。【《御覽》五八一】

茂仁案：盧氏所引《太平御覽》，與宋本《太平御覽》文小異，今據宋本改訂。

二五、禹南濟于江，黃龍負舟，舟中之人失色。禹仰視天而歎曰：「吾受命於天，死生命也。」龍弭耳而逝。【《御覽》六〇】

茂仁案：盧氏所引《太平御覽》，與宋本《太平御覽》文小異，今據宋本改訂。

二六、勇士一呼，三軍皆碎易，士之誠也。【此三句有】夫勇士孟賁，水行不避蛟龍，陸行不避虎狼，發怒吐氣，聲響動天，至其死矣，頭行斷絕。夫不用仁而用武，當時雖快，身必無後，是以孔子勤勤行仁。【《御覽》四三七】

茂仁案：盧氏所引《太平御覽》，與宋本《太平御覽》文小異，今據宋本改訂。前三句又略見今本《新序》卷四「勇士一呼」章。

二七、齊遣淳于髠到楚，髠爲人短小，楚王甚薄之，謂之曰：「齊無人耶？而使子來，子何長也？」對曰：「臣無所長，腰中七尺之劍。欲斬無狀王。【疑】」王曰：「止！吾但戲子耳。」與髠共飲酒。【《御覽》四三七】

茂仁案：盧氏所引《太平御覽》，與宋本《太平御覽》文小異，今據宋本改訂。此文又見《全漢文》三九〈注〉引。

二八、秦王以五百里地封鄢陵君，鄢陵君辭不受，使唐且謝秦王。王忿然變色，怒曰：「亦嘗見天子之怒乎？」且曰：「臣未嘗見。」王曰：「夫天子之怒，伏尸百萬，流血千里。」且曰：「大王亦嘗見布衣韋帶士之怒乎？」王曰：「布衣韋帶士之怒，解冠徒跣，以頭搶地耳，何難知者。」且曰：「此乃庸夫庶人之怒耳，非布衣韋帶士之怒也。夫專諸刺王僚，彗星襲月，奔星晝出；要離刺王子慶忌，倉鷹擊於臺上；聶政刺韓王，白虹貫日。此三者，皆布衣怒也，與臣將四。士無怒則已，一怒伏尸二人，流血五步。」即案其匕首，起視秦王，曰：「今將是矣。」王色變，長跪曰：「先生就坐，寡人喻矣，鄢陵獨以五十里在者，徒用先生故乎！」【《御覽》四三七】

二九、林既衣韋【圍誤】衣而朝齊景公。景公曰：「此君子之服耶？小人之服耶？」林既作色曰：「夫服事何足以揣士行乎？昔荊爲長劍危冠，令尹子西出焉？齊桓短衣而遂溝之冠，管仲隰朋出焉；越文身翦髮，范蠡大夫種亦出焉；西戎左衽而組結，由餘亦出焉。如君言，衣大裘者當大號，衣羊裘者當羊鳴。今君衣狐裘而朝，得無爲變乎？」景公曰：「子自以爲勇捍乎？」曰：「登高臨危，而目不眴，而足不凌者，此工匠之勇捍也。入深泉，取蛟龍，拘黿而出者，此漁夫之勇捍也。入深山，刺虎豹，抱熊而出者，此獵夫之勇捍也。夫不難斷頭裂腹，暴骨流血中野者，此武士之勇捍也。今臣居廣廷，作色而辯，以犯主君之怒，前雖有乘軒之賞，未爲之動也；後雖有斧鑕之威，未爲之恐也。此既之所以爲勇捍也。」【《御覽》四三七】

茂仁案：盧氏所引《太平御覽》文小異，今據之改訂。

三〇、周昌者，沛人，以軍功封汾陰侯、御史大夫。高帝欲廢惠帝，立戚夫人子如意，群臣固爭莫能得。昌廷爭之，強，上問其說。昌爲人吃，曰：「臣口不能言，然臣則知其不可也。陛下雖欲廢太子，臣期期不奉詔。」【《御覽》七四〇】

茂仁案：盧氏所引《太平御覽》，與宋本《太平御覽》文小異，今據宋本改訂。

三一、文王之葬枯骨，無益眾庶，眾庶悅之，恩義動人也。【《御覽》三七五】

茂仁案：又見《天中記》二三「骨」引。

三二、挾泰山以超北海。【《御覽》三九】

三三、諸侯牆有黑堊之色，無丹青之彩。【《御覽》一八七】

茂仁案：此文略見《初學記》二四「牆壁」〈注〉引。

三四、賤之如虺豕。【楊倞〈注〉《荀子·王霸篇》】

三五、伊尹蒙恥辱，負鼎俎以干湯。【《後漢書·崔駰傳》〈注〉】

三六、營，度也。【《文選》〈注〉三】

茂仁案：盧氏所引文，見《文選》三張平子〈東京賦〉李善〈注〉引。

三七、楚王載繁弱之弓，忘歸之矢，以射兕於雲夢。【《文選》〈注〉二四】

茂仁案：盧氏所引文，見《文選》二四嵇叔夜〈贈秀才入軍〉李善〈注〉引。此文又見《文選》三四曹子建〈七啓〉李善〈注〉引、又《事類賦》一三「其夏服忘歸之已作」〈注〉引。

三八、公孫龍謂平原君曰：「臣居魯，則聞下風，高先生之知，悅先生之行。」【《文選》〈注〉三九】

茂仁案：盧氏所引文，見《文選》三九鄒陽〈上書吳王〉李善〈注〉引。

三九、孔子曰：「聖人雖生異世，相襲若規矩。」【《文選》〈注〉四三】

茂仁案：盧氏所引文，見《文選》四三孫子荊〈為石仲容與孫皓書〉李善〈注〉引。

四○、趙良謂商君曰：「君亡，可翹足而待也。」【《文選》〈注〉四四】

茂仁案：盧氏所引文，見《文選》四四陳孔璋〈檄吳將校部曲文〉李善〈注〉引。此文又見《文選》一一何平叔〈景福殿賦〉、又略見《玉臺新詠》八「日出東南隅」〈注〉引。

四一、太王亶父止於岐下，百姓扶老攜幼，隨而歸之，一年成邑，二年成都，三年五倍其初。【《文選》〈注〉四九】

茂仁案：盧氏所引文，見《文選》四九于令升〈晉紀總論〉李善〈注〉引。

四二、及定王，王室遂卑矣。【《文選》〈注〉五三】

茂仁案：盧氏所引文，見《文選》五三陸士衡〈辨亡論〉上李善注引。此文又見《文選》五四陸士衡〈五等論〉李善〈注〉引。

四三、晉襄公之孫周，為晉國休戚不倍本也。【《文選》〈注〉五六】

茂仁案：盧氏所引文，見《文選》五六潘安仁〈楊仲武誄〉李善〈注〉引。

施珂先生《新序校證》所輯（四四至五○），如左：

四四、溫斯子曰：「古者有愚以全身」。【《文選》袁彥伯〈三國名臣序贊〉〈注〉】

四五、子產□民□之道，三令與道而行。【《書鈔》三五】

茂仁案：施先生所引文，見《北堂書鈔》三五，「小大不爲非」〈注〉引。

四六、晉平公問趙武曰：「中牟，王國之股肱，寡人欲其令，誰使而可？」武曰：「邢子可。」公曰：「邢子非子之讎耶？」對曰：「私讎不入公門。」【《書鈔》七八】

茂仁案：施先生所引文，見《北堂書鈔》七八，「中牟股肱」〈注〉引。

四七、楚鄂君乘青漢之舟，越人擁楫而清歌。以挑君，曰：「山有木兮木有枝，心悅君兮君不知。」鄂君乃捧繡被以覆之矣。【《書鈔》一三八、又《說苑·善說篇》】

茂仁案：施先生所引文，見《北堂書鈔》一三八，「越人擁楫歌山木之曲」注引。其所引《北堂書鈔》文小異，今據之改訂。

四八、宓子賤爲單父宰，齊人攻魯，單父父老曰：「麥已熟矣，請令民皆出，人自刈穫。」三請，不許。季孫聞之，使人讓宓子賤，宓子慨然曰：「不耕者穫得，是樂有寇，令民有自取之心。」季孫聞之慚，曰：「使穴可入，吾豈忍見宓子哉！」【《書鈔》一五八】

茂仁案：施先生所引《北堂書鈔》文小異，今據藝文館景南海孔氏本改訂。

四九、梁伯湎於酒，淫於色，心惛而耳塞，好作大城而不居，民罷甚。【《御覽》一九二】

茂仁案：盧先生所引《太平御覽》，與宋本《太平御覽》文小異，今據宋本改訂。

五○、商鞅內刻刀鋸之刑，外深斧越之誅，步過六尺者有罰，弃灰於道者被刑一日，臨渭水而論囚七百餘人，渭水盡赤，號哭之聲動於天地。【《記纂淵海》六四、《天中記》二八】

茂仁案：此文又略見《白氏六帖》一三引。

梁容茂先生《新序校補》所輯（五一至五二），如左：

五一、單襄公：「經之以天，緯之以地，經緯不爽，天之象也。」【《文選》卷六〈注〉引】

茂仁案：梁先生所引文，見《文選》六　左太沖〈魏都賦〉李善〈注〉引。

五二、高堂百仞。【《文選》卷二九〈注〉引】

茂仁案：梁先生所引文，見《文選》二九　曹子建〈雜詩〉李善〈注〉引。

張國銓〈新序佚文校輯〉所輯（五三至五八），據趙善詒《新序疏證》轉引，如次：

五三、孟子見齊宣王于雪宮，王左右顧曰：「賢者亦有此樂耶？」孟子對曰：「有，人不得則非其上矣。不得而非其上者，非也。為人之上者而不與民同樂者，亦非也。樂民之樂者，人亦樂其樂。憂人之憂者，民亦憂其憂。樂以天下，憂以天下，然而不王者，未之有也。」【見《群書治要》】

茂仁案：張氏所引文，見《群書治要》四二引。

五四、子路治蒲三年，孔子過之，入其境，曰：「善哉！由乎！恭敬以信矣」；入其邑，曰：「善哉！由乎！信以寬矣」；至於其廷，曰：「善哉！由乎！明察以斷矣」。子貢執轡而問曰：「夫子未見由，而三稱其善，可得聞乎？」孔子曰：「我入其境，田疇盡易，草萊甚闢，溝洫甚深，此其恭敬以信，故其民盡力也；入其邑，牆屋甚崇，樹木甚茂，此忠信以寬，故其民不偷也；入其廷，廷甚閑，此明察以斷，故其民不擾也。」【見《群書治要》】

茂仁案：張氏所引文，見《群書治要》四二引。

五五、申子之書，言人主當執術無刑，因循以督責臣下，其責深刻，故號曰術。商鞅所為書，號曰法，皆曰刑名，故號曰刑名法術之書。【《史記·韓非》〈集解〉】

茂仁案：此文又見《法言義疏·問道篇》引黃老〈集解〉云、又略見《通鑑答問》一引。

五六、斯在逐中道上上諫，書達始皇，始皇使人逐至驪邑，得還。【《史記·李斯傳》「乃除逐客之令，復李斯官。」〈集解〉駰案《新序》曰云云。〈校輯〉〈注〉：疑《新序》載李斯〈諫逐客書〉全文，而此數語，乃其書之首尾也。】

五七、孔子謂曾子曰：「君子不以利害義，則恥辱安從生哉。官怠於宦成，病加於少愈，禍生於怠惰，孝衰於妻子，察此四者，慎終如始。」【〈校輯〉〈注〉：見薛據《孔子集語》，與《鄧析子·轉辭篇》語小異，《說苑·敬慎篇》作曾子語，又見《韓詩外傳》八。】

五八、齊桓公好婦人之色，妻姑姊妹，國人多淫於骨肉。【見馬驌《繹史》四四之二】

趙善詒《新序疏證》所輯（五九），如左：

五九、農無廢業，野無空地。【《書鈔》卷三十九引】

茂仁案：趙氏所引文，見《北堂書鈔》三九引子產相鄭云云。

筆者增輯（六〇至七三），如左：

六〇、潰清。【《慎子三種合袂附逸文・傳補》「慎清」〈注〉引】

六一、纏螻蟻。【姚氏本《戰國策・楚策一》「黃泉蓐螻蟻」〈注〉引】

六二、宰牢天下而制之。【《荀子・王霸篇》楊倞〈注〉引】

六三、人之出戰。【《荀子・王制篇》楊倞〈注〉引】

六四、百里奚，楚宛人，仕於虞，虞亡入秦，號五羖大夫也。【《史記・李斯列傳》〈正義〉引】

六五、魚之大者，名為鱣。【《家語疏證・屈節解》〈注〉引】

六六、齊桓公求婚於衛，衛不與而嫁於許。衛為狄所伐，桓公不救至於國滅。【《三國志・魏書・陳矯傳》】

六七、孫叔敖相楚，國富兵彊。【《文選》五六潘安仁〈楊荊州誄〉李善〈注〉引、又四三孫子荊〈為石仲容與孫皓書〉李善〈注〉引】

六八、禽息，秦大夫。薦百里奚，不見納。繆公出，當車以頭擊闑，腦乃精出，曰：「臣生無補於國，不如死也。」繆公感寤而用百里奚，秦以大化。【《群書集事淵海》一一引】

六九、樂毅以弱燕破彊齊七十餘城者，齊無法故也；孫武以三萬破楚二十萬者，楚無法故也；韓信以寡眾，破趙萬者，趙無法故也。近者曹操以八千破袁紹五萬者，袁無法故也。此五子能以少剋多者，軍有法故也。故用兵無法，猶乘舟無楫，登馬而不勒，是以良將思計如飢，存法如渴，所以戰必勝，攻必拔也。【《太平御覽》二七一引。

茂仁案：此文自「近者」起，述曹操滅袁紹一事，必為後人所加，不可據以為《新序》所有。】

七〇、永陽李增，行經大溪，見二蛟在水，引弓射之，中一，即死。增歸，因復出，市有女子素服銜涕，捉所射箭。增怪而問焉，女荅曰：「何用問為？若是君許，便以相還。」授矢而滅，增惡而驟反，未達家，暴死於路。【《太平御覽》三五〇引】

七一、楚有士申鳴者，在家而養其父，孝聞於楚國，王欲授之相，申鳴辭不受。其父曰：「王欲相汝，汝何不受乎？」申鳴對曰：「捨父之孝子而為王之忠臣，何也？」其父曰：「使有祿於國，立義於庭，汝樂，吾無憂矣！吾欲汝之相也。」申鳴曰：「喏！」遂入朝，楚王因授之相，居三年，白公為亂，殺司馬子期，申鳴將往死之，父止之曰：「棄父而死，其可乎？」申鳴曰：「聞夫仕者，身歸於君而祿歸於親，今去子事君，得無死其難乎？」遂辭而往，因以兵圍之。白公謂石乞，曰：「申鳴者，天下之孝子也，往劫其父以事兵，申鳴聞之，必來，來與之語。」白公曰：「善！」則往取

其父，持之以兵，告申鳴曰：「子與吾，吾與子分楚國，子不與吾，子父則死矣！」申鳴流涕而應之曰：「始吾父之孝子也，今吾君之忠臣也。吾聞之也，食其食者，死其事；受其祿者，畢其能。今吾已不得爲孝子矣，乃君之忠臣也，吾何得以全身！」援枹鼓之，遂殺白公，其父亦死。王賞之百斤金，申鳴曰：「食君之食，避君之難，非忠臣也；定君之國，殺臣之父，非孝也。名不可兩立，行不可兩全也，如是而生，何面目立於天下，遂自殺。」【《太平御覽》四一七引】

七二、李穀與韓熙載早同筆硯分攜，曰：「各以才命選其主。」穀廣順中，仕周爲平章事，熙載仕江南李先主，爲光政殿學士。熙載貽穀書曰：「江南果相我長驅以定中原穀」。答曰：「中原苟相我，下江南如探囊中物」。李後果作相，親征江南而熙載已卒。【《類說》三〇引。

茂仁案：李穀係宋人，見《宋史》二六二。此文明非《新序》所有，蓋後人訛託。】

七三、王禹偁翰林宿儒，累爲遷客，請放金榜下諸生送于郊奏可之。禹稱作詩謝，曰：「綴行相送我何榮，老鶴乘軒媿谷鸎。三入承明不知舉，看人門下放諸生」。時交親循，時好惡，不敢私送。竇元賓執手泣於閤門，曰：「天乎！得非命耶？」公行後，以詩謝，曰：「惟有南宮竇員外，爲余垂淚閤門前」，至郡未幾，二虎鬥於境，一死。群雞夜鳴，冬雷而雹，司天奏守土者，當其咎，即命徙蘄謝表，曰：「宣室鬼神之問，不望生還；茂陵封禪之文，止貽身後。」閱月而卒，太宗嘗戒曰：「卿聰明，文章不下韓，但剛不容物，人多沮卿，使朕難芘」。【《類說》三〇引。

茂仁案：王禹偁係宋人，見《宋史》二九三。此文明非《新序》所有，蓋後人訛託。】

徵引書目

——依《四庫全書》分類編排。《新序》相關論著，詳見〈凡例〉。

壹、經　部

一、易　類

1. 《周易正義》，魏王弼、晉韓康伯注，唐孔穎達正義，藝文館景阮刻本。
2. 《周易本義》，宋朱熹，新文豐出版社景宋刊本。
3. 《京氏易傳》，四部叢刊景明天一閣本。
4. 《易緯通卦驗》，新文豐出版社景聚珍版原刻本。

二、書　類

1. 《尚書正義》，漢孔安國注，唐孔穎達正義，藝文館景阮刻本。
2. 《書經集傳》，宋蔡沈，啓明書局景粹芬閣藏本。
3. 《古文尚書考》，清惠棟，上海古籍出版社景清乾隆五十七年宋廷弼刻本。
4. 《古文尚書撰異》，清段玉裁，上海古籍出版社景清乾隆道光間段氏刻經韻樓叢書本。
5. 《尚書今古文注疏》，清孫星衍，上海古籍出版社景清嘉慶二十年孫氏冶城山館刻平津館叢書本。
6. 《尚書大傳輯校》，清陳壽祺，四部叢刊景原刻本。

三、詩　類

1. 《毛詩正義》，漢毛公傳、鄭玄箋，唐孔穎達正義，藝文館景阮刻本
2. 《詩集傳》，宋朱熹，四部叢刊景宋刊本。
3. 《詩考》，宋王應麟，玉海附刻本。
4. 《詩異文錄》，清黃位清，上海古籍出版社景清道光十九年刻本。
5. 《詩毛氏傳疏》，清陳奐，上海古籍出版社景清道光二十七年陳氏掃葉山莊刻本。

6. 《三家詩異文疏》，清馮登府，經解本。

7. 《詩經異文釋》，清李富孫，上海古籍出版社景清光緒十四年南菁書院刻皇清經解續編本。

8. 《三家詩遺說考》，清陳壽祺撰、陳喬樅述，上海古籍出版社景清刻左海續集本。

9. 《三家詩補遺》，清阮元，上海古籍出版社景清儀徵李氏刻崇惠堂叢書本。

10. 《詩經四家異文考》，清陳喬樅，上海古籍出版社景清道光刻本。

11. 《韓詩外傳》，四部叢刊景明野竹齋本。

12. 《韓詩外傳考徵》，賴炎元，臺灣師範大學排印本。

四、禮　類

1. 《周禮注疏》，漢鄭玄注，唐賈公彥疏，藝文館景阮刻本。

2. 《儀禮注疏》，漢鄭玄注，唐賈公彥疏，藝文館景阮刻本。

3. 《禮記正義》，漢鄭玄注，唐孔穎達正義，藝文館景阮刻本。

4. 《禮記集說》，元陳澔，世界書局排印本。

5. 《禮記集解》，清孫希旦，文史哲出版社排印本。

6. 《大戴禮記解詁》，清王聘珍，世界書局景光緒十三年廣雅書局刻本。

五、春秋類

1. 《春秋左傳正義》，晉杜預注，唐孔穎達正義，藝文館景阮刻本。

2. 《春秋左氏傳舊注疏證》，清劉文淇，中文出版社排印本。

3. 《左傳會箋》，日本竹添光鴻，天工書局本。

4. 《周秦諸子述左傳考》，劉正浩，台灣商務館排印本。

5. 《左傳虛字集釋》，左先生松超，商務館排印本。

6. 《春秋公羊傳注疏》，漢何休注，唐徐彥疏，藝文館景阮刻本。

7. 《春秋穀梁傳注疏》，晉范寧注，唐楊士勛疏，續經解本。

六、孝經類

1. 《孝經注疏》，唐玄宗御注，宋邢昺疏，藝文館景阮刻本。

七、五經總義類

1. 《經典釋文》，唐陸德明，四部叢刊景通志堂刊本。

2. 《王氏經說》，清王紹蘭，世界書局排印本。

3. 《經義述聞》，清王引之，廣文書局本。

4. 《群經平議》，清俞樾，春在堂全書本。

5. 《茶香室經說》，清俞樾，春在堂全書本。

6. 《尚書緯考靈曜》，古微書本。

7. 《尚書緯璇璣鈐》，古微書本。

8. 《尚書中候》，古微書本。

9. 《詩緯含神霧》，古微書本。

10. 《禮緯含文嘉》，古微書本。

11. 《禮緯稽命徵》，古微書本。

12. 《春秋緯元命包》，古微書本

13. 《春秋緯感精符》，古微書本。

14. 《春秋緯說題辭》，古微書本。

15. 《孝經緯援神契》，古微書本。

八、四書類

1. 《論語注疏》，魏何晏注，宋邢昺疏，藝文館景阮刻本。

2. 《論語集解義疏》，魏何晏注，梁皇侃疏，世界書局本。

3. 《論語正義》，清劉寶楠，世界書局本。

4. 《論語比考讖》，古微書本。

5. 《論語摘衰聖》，古微書本。

6. 《孟子注疏》，漢趙岐注，宋孫奭疏，藝文館景阮刻本。

九、小學類

1. 《爾雅注疏》，晉郭璞注，宋邢昺疏，藝文館景阮刻本。

2. 《爾雅義疏》，清郝懿行，經解本。

3. 《爾雅正義》，清邵晉涵，經解本。

4. 《釋名疏證》，漢劉熙撰，清畢沅疏證，廣文書局影乾隆己酉校刊本。

5. 《廣雅疏證》，清王念孫，北京中華書局景嘉慶年間王氏家刻本。

6. 《埤雅》，宋陸佃，五雅全書本。

7. 《爾雅翼》，宋羅願，元洪焱祖音釋，新文豐景學津討原原刻本。

8. 《說文解字注》，清段玉裁注，藝文館景經韻樓本。

9. 《說文解字詁林》，丁福保，國民出版社本。

10. 《說文通訓定聲》，清朱駿聲，世界書局本。

11. 《玉篇殘卷》，梁顧野王，古逸叢書本。

12. 《大廣益會玉篇》，宋陳彭年重修，四部叢刊景元刻本。

13. 《積微居小學述林》，楊樹達，大通書局排印本。

14. 《廣韻》，宋陳彭年重修，藝文館景澤存堂本。

15. 《集韻》，宋丁度，四部備要本。

16. 《正字通》，明張自烈撰，清廖文英續，上海古籍出版社景清康熙二十四年清畏堂刻本。

17. 《一切經音義》，唐釋慧琳，大通書局景日本翻刻麗藏本。

18. 《續一切經音義》，遼釋希麟，大通書局景日本翻刻麗藏本。

19. 《匡謬正俗》，唐顏師古，藝文館景小學彙函原刻本。

20. 《經籍纂詁》，清阮元，北京中華書局景阮氏琅嬛仙館原刻本。

21. 《助字辨略》，清劉淇，世界書局景海源閣校刊本。

22. 《經傳釋詞》，清王引之，世界書局排印本。

23. 《經傳釋詞補》、再補，孫經世，藝文館景心矩齋本。

24. 《經詞衍釋》，清吳昌瑩，世界書局排印本。

25. 《經詞衍釋補遺》，清吳昌瑩，世界書局排印本。

26. 《詞詮》，楊樹達，商務館排印本。

27. 《古書虛字集釋》，裴學海，北京中華書局排印本。

貳、史　部

一、正史類

1. 《史記》，宋裴駰集解，唐司馬貞索隱、張守節正義，開明書店鑄版本。

2. 《史記志疑》，清梁玉繩，藝文館景史學原刻本。

3. 《史記札記》，清郭嵩燾，世界書局排印本。

4. 《史記會注考證》，日本瀧川資言，宏業書局排印本。

5. 《史記新證》，陳直，宏業書局排印本。

6. 《史記斠證》，王叔岷，中央研究院史語所專刊之七十八。

7. 《漢書》，唐顏師古注，仁壽本廿五史景南宋福唐郡庠本。

8. 《漢書補注》，清王先謙，藝文館景虛受堂本。

9. 《漢藝文志考證》，宋王應麟，玉海附刻本。

10. 《後漢書》，唐章懷太子注，仁壽本廿五史景南宋福唐郡庠本。

11. 《後漢書集解》，盧弼，藝文館本。

12. 《十七史商榷》，清王鳴盛，叢書集成本。

13. 《廿二史考異》，清錢大昕，叢書集成本。

14. 《廿二史劄記》，清趙翼，四部備要本。

二、編年類

1. 《資治通鑑》，元胡三省注，啓明書局景胡刻本。
2. 《通鑑答問》，宋王應麟，玉海附刻本。
3. 《漢紀》，漢荀悅，四部叢刊景明本。
4. 《竹書紀年》，梁沈約注，清洪頤煊校，藝文館景平津館原刻本。

三、別史類

1. 《逸周書集訓校釋》，清朱右曾，續經解本。
2. 《通志》，宋鄭樵，商務館本。
3. 《路史》，宋羅泌撰、羅苹注，四部備要本。
4. 《春秋別典》，明薛虞畿，藝文館景嶺南遺書原刻本。

四、雜史類

1. 《國語》，吳韋昭注，四部叢刊景明金李刊本。
2. 《國語斠證》，張以仁，商務館排印本。
3. 《戰國策》，漢高誘注，讀未見齋重刻剡川姚氏本。
4. 《戰國策校注》，宋鮑彪校注，元吳師道重校，四部叢刊景元刻本。
5. 《戰國策新校證》，繆文遠，巴蜀書社排印本。
6. 《貞觀政要》，四部叢刊續編景明成化刊本。
7. 《渚宮舊事》，唐余知古，藝文館景平津館原刻本。
8. 《西京雜記》，晉葛洪，漢魏叢書本。
9. 《世本八種》，清秦嘉謨等輯，商務館排印本。
10. 《帝王世紀》，晉皇甫謐，藝文館景指海原刻本。

五、傳記類

1. 《晏子逸箋》，鄒太華，台灣中華書局排印本。
2. 《晏子春秋校注》，張純一，世界書局排印本。
3. 《古列女傳》，漢劉向，北京中華書局景文選樓叢書本（覆宋本）。
4. 《聖賢高士傳》，魏嵇康，玉函山房輯佚書本。
5. 《羣輔錄》，晉陶潛，龍威祕書本。
6. 《人物志》，漢魏叢書本。

六、載記類

1. 《楚史檮杌》，藝文館景古今逸史原刻本。

2. 《晉文春秋》，藝文館景稗乘原刻本。

3. 《吳越春秋》，元徐天祐注，世界書局景明弘治覆元大德本。

4. 《越絕書校注》，張宗祥，世界書局景手稿本。

5. 《三輔舊事》，藝文館景二酉堂原刻本。

6. 《三輔故事》，藝文館景二酉堂原刻本。

七、地理類

1. 《水經注》，後魏酈道元注，四部叢刊景武英殿本。

2. 《三輔黃圖》，藝文館本。

八、政書類

1. 《通典》，唐杜佑，商務館本。

九、目錄類

1. 《崇文總目》，宋王堯臣，商務館本排印本。

2. 《昭德先生郡齋讀書志》，宋晁公武，商務館景宋淳祐袁州刊本。

3. 《子略》，宋高似孫，廣文書局景四明本。

4. 《經義考》，清朱彝尊，四部備要本。

5. 《四庫全書總目》，清紀昀，藝文館本。

6. 《四庫提要辨證》，余嘉錫，藝文館排印本。

7. 《增訂四庫簡明目錄標注》，邵友誠重編，世界書局排印本。

8. 《鄭堂讀書記》，清周中孚，嘉業堂本。

9. 《偽書通考》，張心澂，商務館排印本。

10. 《考信錄》，清崔述，世界書局崔東壁遺書本。

參、子　部

一、儒家類

1. 《孔子家語》，魏王肅注，四部叢刊景明翻宋本。

2. 《家語疏證》，清孫志祖，廣文書局本。

3. 《曾子註釋》，清阮元，經解本。

4. 《子思子》，廣文書局景南菁書院刻本。

5. 《荀子集解》，清王先謙，世界書局排印本。

6. 《荀子正補》，劉先生文起，油印本。

7. 《孔叢子》，漢魏叢書本。

8. 《陸賈新語》，四部備要本。

9. 《新語校注》，王利器，明文書局排印本。

10. 《賈誼新書》，漢魏叢書本。

11. 《賈子新書校釋》，祈玉章，中國文化雜誌社景手鈔本。

12. 《鹽鐵論校注》，漢桓寬撰，王利器校注，世界書局排印本。

13. 《說苑佚文》，玉函山房輯佚書續編本。

14. 《說苑補正》，金嘉錫，國立台灣大學文史叢刊。

15. 《說苑集證》，左先生松超，油印本。

16. 《說苑校證》，向宗魯，北京中華書局排印本。

17. 《法言義疏》，汪榮寶，世界書局本。

18. 《潛夫論箋》，漢王符撰、汪繼培箋，四部備要本。

19. 《申鑒》，漢荀悅撰，明黃省曾注，世界書局排印本。

20. 《中論》，漢徐幹，漢魏叢書本。

21. 《典論》，孫馮翼輯，藝文館景問經堂原刻本。

22. 《魏子》，後漢魏朗，玉函山房輯佚書本。

23. 《杜氏體論》，魏杜恕，玉函山房輯佚書本。

24. 《顧子新言》，吳顧譚，玉函山房輯佚書本。

25. 《譙子法訓》，晉譙周，玉函山房輯佚書本。

26. 《袁子正書》，晉袁準，玉函山房輯佚書本。

27. 《華氏新論》，晉華譚，玉函山房輯佚書本。

28. 《中說》，四部叢刊景宋本。

29. 《黃氏日鈔》，宋黃震，大化書局景日本稀覯本。

30. 《帝範》，藝文館景粵雅堂原刻本。

31. 《臣軌》，藝文館景佚存原刻本。

32. 《鐳子政左氏說》，章太炎，章氏叢書本。

二、兵家類

1. 《六韜》，四部叢刊景宋鈔本。

2. 《司馬法》，四部叢刊景宋鈔本。

3. 《黃石公三略》，藝文館景武經七書原刻本。

4. 《尉繚子》，藝文館景武經七書原刻本。

三、法家類

1. 《管子校正》，清戴望，世界書局排印本。
2. 《商君書解詁》，朱師轍，世界書局排印本。
3. 《鄧析子校詮》，王啓湘，世界書局排印本。
4. 《尹文子佚文》，玉函山房輯佚書續編本。
5. 《尹文子校詮》，王啓湘，世界書局排印本。
6. 《公孫龍子校詮》，王啓湘，世界書局排印本。
7. 《韓非子集釋》，陳奇猷，復文圖書出版社排印本。
8. 《世要論》，魏桓範，玉函山房輯佚書本。

四、雜家類

1. 《墨子閒詁》，清孫詒讓，世界書局排印本。
2. 《墨子集解》，張純一，文史哲出版社本。
3. 《史佚書》，周尹佚，玉函山房輯佚書本。
4. 《隨巢子》，周隨巢子，玉函山房輯佚書本。
5. 《胡非子》，周胡非子，玉函山房輯佚書本。
6. 《子華子》，藝文館景子彙原刻本。
7. 《慎子三種合帙附逸文》，廣文書局本。
8. 《慎子集說》，蔡汝銹，萬有文庫本。
9. 《鶡冠子》，唐陸佃解，四部叢刊景明翻宋刊本。
10. 《鬼谷子》，梁陶弘景注，世界書局景明嘉靖乙巳鈔本。
11. 《尸子》，清汪繼培輯，世界書局排印本。
12. 《呂氏春秋集釋》，許維遹，世界書局排印本。
13. 《許慎淮南子注》，孫馮翼輯，藝文館景問經堂原刻本。
14. 《淮南子》，漢高誘注，四部備要本。
15. 《淮南子校釋》，于大成，油印本。
16. 《白虎通疏證》，清陳立，廣文書局景光緒元年淮南書局刊本。
17. 《論衡校釋》，黃暉，商務館排印本。
18. 《桓子新論》，孫馮翼輯，四部備要本。
19. 《風俗通義》，世界書局本。
20. 《劉子新論》，漢魏叢書本。
21. 《物理論》，晉楊泉，藝文館景平津館原刻本。
22. 《金樓子》，世界書局景鈔永樂大典本。

23. 《劉子集證》，王叔岷，中央研究院史語所排印本。

24. 《顏氏家訓》，藝文館景抱經堂原刻本。

25. 《長短經》，唐趙蕤，廣文書局本。

26. 《兩同書》，唐羅隱，世界書局排印本。

27. 《鹿門子》，唐皮日休，叢書集成本。

28. 《群書治要》，唐魏徵，四部叢刊景日本尾張刊本。

29. 《意林》，唐馬總，藝文館類書薈編本。

30. 《先秦諸子考佚》，阮廷焯，鼎文書局排印本。

31. 《諸子平議》，清俞樾，世界書局排印本。

32. 《諸子平議補錄》，清俞樾，世界書局排印本。

33. 《讀諸子札記》，陶鴻慶，藝文館排印本。

34. 《古今注》，晉崔豹，四部叢刊三編景宋刊本。

35. 《蘇氏演義》，唐蘇鶚，筆記小說大觀十四編本。

36. 《夢溪筆談校證》，世界書局排印本。

37. 《東坡先生志林》，宋蘇軾，藝文館景百川學海原刻本。

38. 《能改齋漫錄》，宋吳曾，筆記小說大觀二十九編本（宋紹興二十七年鈔本）。

39. 《學林》，宋王觀國，藝文館景湖海樓原刻本。

40. 《容齋隨筆》、續筆、三筆，宋洪邁，筆記小說大觀二十九編本（宋嘉定馬巽甫氏刻本）。

41. 《容齋四筆》、五筆，宋洪邁，筆記小說大觀二十九編本。

42. 《緯略》，宋高似孫，藝文館景守山閣原刻本。

13. 《寬牖閒評》，宋袁文，藝文館景聚珍版原刻本。

44. 《芥隱筆記》，宋龔頤正，藝文館景學津討原原刻本。

45. 《野客叢書》，宋王楙，筆記小說大觀二十八編本。

46. 《靖康湘素雜記》，宋黃朝英，墨海金壺本。

47. 《考古質疑》，宋葉大慶，藝文館景聚珍版原刻本。

48. 《釋常談》，藝文館景百川學海原刻本。

49. 《學齋佔畢》，宋史繩祖，藝文館景百川學海原刻本。

50. 《類說》，宋曾慥，書目文獻出版社景明天啓六年岳鍾秀刻本。

51. 《翁注困學紀聞》，清翁元圻，世界書局排印本。

52. 《愛日齋叢鈔》，藝文館景守山閣原刻本。

53. 《敬齋古今黈》，元李冶，世界書局排印本。

54. 《兩山墨談》，明陳霆，藝文館景惜陰軒原刻本。

55. 《丹鉛雜錄》，明楊慎，藝文館景函海原刻本。

56. 《丹鉛續錄》，明楊慎，藝文館景寶顏祕笈原刻本。

57. 《譚苑醍醐》，明楊慎，叢書集成本。

58. 《藝林伐山》，明楊慎，叢書集成本。

59. 《投甕隨筆》，明姜南，筆記小說大觀十七編本。

60. 《筆乘》，明焦竑，叢書集成本。

61. 《筆乘續集》，明焦竑，叢書集成本。

62. 《眞珠船》，明胡侍，叢書集成本。

63. 《群碎錄》，明陳繼儒，叢書集成本。

64. 《狂夫之言》，明陳繼儒，叢書集成本。

65. 《少室山房筆叢》，明胡應麟，世界書局排印本。

66. 《厄林》，明周嬰，世界書局排印本。

67. 《山東考古錄》，清顧炎武，藝文館景學海類編原刻本。

68. 《菰中隨筆》，清顧炎武，世界書局排印本。

69. 《日知錄集釋》，清黃汝成，世界書局排印本。

70. 《書影》，清周亮工，世界書局排印本。

71. 《義府》，清黃生，世界書局排印本。

72. 《天香樓偶得》，清虞兆㳺，筆記小說大觀三編本。

73. 《訂譌襍錄》，清胡鳴玉，世界書局排印本。

74. 《通俗編》，清翟灝，廣文書局本。

75. 《鍾山札記》，清盧文弨，抱經堂本。

76. 《龍城札記》，清盧文弨，抱經堂本。

77. 《十駕齋養新錄》，清錢大昕，四部備要本。

78. 《讀書雜志》，清王念孫，世界書局景同治庚午十一月金陵書局重刊本。

79. 《札樸》，清桂馥，心矩齋本。

80. 《札迻》，清孫詒讓，世界書局景光緒廿年本。

81. 《讀諸子札記》，陶鴻慶，藝文館排印本。

82. 《南江札記》，清邵晉涵，文海出版社景清嘉慶癸亥年冬面水層軒刊本。

83. 《舊學蓄疑》，清汪中，文海出版社本。

84. 《瞥記》，清梁玉繩，文海出版社本。

85. 《朮盧札記》，清丁泰，叢書集成本。

86. 《炳燭編》，清李賡芸，叢書集成本。

87. 《蠡勺編》，清凌楊藻，世界書局排印本。

88. 《隻塵譚》，清胡承譜，叢書集成本。
89. 《讀書叢錄》，清洪頤煊，藝文館景史學原刻本。
90. 《鄭堂札記》，清周中孚，叢書集成本。
91. 《癸巳類稿》，清俞正燮，世界書局排印本。
92. 《癸巳存稿》，清俞正燮，世界書局排印本。
93. 《陔餘叢考》，清趙翼，新文豐出版社景上海鴻章書局石印乾隆庚戌湛貽堂藏板原刊本。
94. 《舒藝室隨筆》，清張文虎，文海出版社景金陵冶城賓館刊本。
95. 《銅熨斗齋隨筆》，清沈濤，文海出版社景咸豐七年丁巳橋李沈氏雕版。
96. 《霞外攟屑》，清平青，世界書局排印本。
97. 《茶香室叢鈔》，清俞樾，春在堂全書本。
98. 《劉申叔先生遺書》，華世出版社本。
99. 《觀堂集林》，王國維，北京中華書局景商務館本。
100. 《三餘札記》，劉文典，世界書局本。
101. 《燕石札記》，呂思勉，世界書局排印本。
102. 《積微居讀書記》，楊樹達，北京中華書局排印本。
103. 《書傭論學集》，屈翼鵬，開明書店排印本。

五、類書類

1. 《北堂書鈔》，隋虞世南，藝文館景南海孔氏本。
2. 《藝文類聚》，唐歐陽詢，新興書局景宋刻本。
3. 《初學記》，唐徐堅，藝文館景宋刊本。
4. 《白氏六帖事類集》，唐白居易，北京文物出版社景宋紹興刻本。
5. 《白孔六帖》，唐白居易，宋孔傳，新興書局景明嘉靖覆宋刻本。
6. 《歲華紀麗》，唐韓鄂，藝文館景秘冊彙函原刻本。
7. 《琱玉集（存卷十二、卷十四）》，藝文館景古逸原刻本。
8. 《事類賦》，宋吳淑，書目文獻出版社景宋紹興十六年刻本。
9. 《太平御覽》，宋李昉，北京中華書局縮印商務館景宋本。
10. 《冊府元龜》，宋王欽若，中華書局景明本。
11. 《蒙求集註》，宋徐子光，新文豐景學津原原刻本。
12. 《海錄碎事》，宋葉廷珪，新興書局景明刻本。
13. 《古今合璧事類備要》，宋謝維新、虞載，新興書局景明覆宋刻本。
14. 《記纂淵海》，宋潘自牧，北京中華書局景宋刻本。
15. 《書敘指南》，宋任廣，藝文館景珠叢別錄原刻本。

16. 《群書考索》，宋章如愚，上海古籍出版社景文淵閣四庫全書本。
17. 《玉海》，宋王應麟，華文書局景元後至元慶州路儒學刊本。
18. 《小學紺珠》，宋王應麟，玉海附刻本。
19. 《錦繡萬花谷》，書目文獻景宋刻本配補明刻本。
20. 《類林雜說》，金王朋壽，吳興劉氏嘉業堂刊。
21. 《群書類編故事》，元王罃，商務館景印宛委別藏景寫元刻本。
22. 《永樂大典》，明姚廣孝，世界書局景原鈔本。
23. 《喻林》，明徐元太，新興書局景明原刻本。
24. 《天中記》，明陳耀文，藝文館本。
25. 《群書集事淵海》，莊嚴文化景明弘治十八年賈性刻本。
26. 《焦氏類林》，明焦竑，莊嚴文化景明萬曆十五年王元貞刻本。
27. 《書目類編》，嚴靈峰編，成文出版社本。

六、小說家類

1. 《世說新語校箋》，楊勇，正文書局排印本。
2. 《山海經》，四部叢刊景明本。
3. 《搜神記》，晉干寶，龍威祕書本。
4. 《異苑》，宋劉敬叔，筆記小說大觀十編本。
5. 《異苑校證》，呂春明，文化大學中文所碩士論文。
6. 《太平廣記》，宋李昉，上海古籍景清乾隆四十四年二月校補明嘉靖中右都御史談愷刊本。
7. 《博物志》，晉張華，四部備要本。
8. 《續博物志》，宋李石，藝文館景古今逸史原刻本。

七、道家類

1. 《老子道德經》，河上公章句，四部叢刊景宋刊本。
2. 《老子》，魏王弼注，古逸叢書本。
3. 《老子校釋》，朱謙之，明倫出版社本。
4. 《關尹子》，墨海金壺本。
5. 《列子集釋》，楊伯峻，華正書局排印本。
6. 《莊子集釋》，清郭慶藩，世界書局排印本。
7. 《莊子校詮》，王叔岷，中央研究院史語所專刊之八十八。
8. 《莊子纂箋》，錢穆，四十四年增訂本。
9. 《文子注》，唐徐靈府注，世界書局本。

10. 《抱朴子》，世界書局排印本。
11. 《抱朴子內篇校釋》，王明，北京中華書局排印本。
12. 《亢倉子》，藝文館景子彙原刻本。
13. 《任子道論》，魏任嘏，玉函山房輯佚書本。
14. 《蘇子》，晉蘇彥，玉函山房輯佚書本。
15. 《少子》，南齊張融，玉函山房輯佚書本。
16. 《燕丹子》，藝文館景平津館原刻本。

肆、集　部

一、楚辭類

1. 《楚辭補注》，漢王逸章句，宋洪興祖補注，四部備要本。

二、別集類

1. 《杜工部草堂詩箋》，宋蔡夢弼，藝文館景古逸叢書原刻本。

三、總集類

1. 《文選李善注》，藝文館景胡刻本。
2. 《六臣註文選》，四部叢刊景宋刊本。
3. 《古文苑》，宋章樵註，北京中華書局景守山閣原刻本。
4. 《全上古三代秦漢三國六朝文》，光緒甲午黃岡王氏本。

附錄一　《新序》源自《韓詩外傳》文者

「禹之興也以塗山」章（卷第一〈雜事〉），《韓詩外傳》二有其文，即《新序》所本。

「昔者周舍事趙簡子」章（卷第一〈雜事〉），《韓詩外傳》七有其文，即《新序》所本。

「晉平公浮西河」章（卷第一〈雜事〉），《韓詩外傳》六有其文，即《新序》所本。

「昔者燕相得罪於君」章（卷第二〈雜事〉），《韓詩外傳》七有其文，即《新序》所本。

「楚莊王伐鄭」章（卷第四〈雜事〉），《韓詩外傳》六有其文，即《新序》所本。

「桓公田」章（卷第四〈雜事〉），《韓詩外傳》一〇有其文，即《新序》所本。

「勇士一呼」章（卷第四〈雜事〉），《韓詩外傳》六有其文，即《新序》所本。

「魯哀公問子夏曰」章（卷第五〈雜事〉），《韓詩外傳》五有其文，即《新序》所本。

「里鳧須」章（卷第五〈雜事〉），《韓詩外傳》一〇有其文，即《新序》所本。

「顏淵侍魯定公於臺」章（卷第五〈雜事〉），《韓詩外傳》二有其文，即《新序》所本。

「魏文侯問李克曰」章（卷第五〈雜事〉），《韓詩外傳》一〇有其文，即《新序》所本。

「孔子侍坐於季孫」章（卷第五〈雜事〉），《韓詩外傳》五有其文，即《新序》所本。

「君子曰」章（卷第五〈雜事〉），《韓詩外傳》五有其文，即《新序》所本。

「宋玉因其友以見於楚襄王」章（卷第五〈雜事〉），《韓詩外傳》七有其文，即

《新序》所本。

「田饒事魯哀公而不見察」章（卷第五〈雜事〉），《韓詩外傳》二有其文，即《新序》所本。

「昔者楚丘先生」章（卷第五〈雜事〉），《韓詩外傳》一〇有其文，即《新序》所本。

「桀作瑤臺」章（卷第六〈刺奢〉），《韓詩外傳》二有其文，即《新序》所本。

「桀爲酒池」章（卷第七〈節士〉），《韓詩外傳》四有其文，即《新序》所本。

「紂作炮烙之刑」章（卷第七〈節士〉），《韓詩外傳》四有其文，即《新序》所本。

「原憲居魯」章（卷第七〈節士〉），《韓詩外傳》一有其文，即《新序》所本。

「申徒狄非其世」章（卷第七〈節士〉），《韓詩外傳》一、三有其文，即《新序》所本。

「鮑焦衣弊膚見」章（卷第七〈節士〉），《韓詩外傳》一有其文，即《新序》所本。

「陳恆弑簡公而盟」章（卷第八〈義勇〉），《韓詩外傳》六有其文，即《新序》所本。

「宋閔公臣長萬」章（卷第八〈義勇〉），《韓詩外傳》八有其文，即《新序》所本。

「崔杼弑莊公」章（卷第八〈義勇〉），《韓詩外傳》二有其文，即《新序》所本。

「白公之難」章（卷第八〈義勇〉），《韓詩外傳》一有其文，即《新序》所本。

「齊崔杼弑莊公」章（卷第八〈義勇〉），《太平御覽》四一八、四九九並引《韓詩外傳》（今本佚），即《新序》所本。

「卞莊子好勇」章（卷第八〈義勇〉），《韓詩外傳》一〇有其文，即《新序》所本。

附錄二　《新序》歷來著錄

一、歷代史志

（一）、《漢書‧藝文志》云：「劉向所序六十七篇。」〈注〉云：「《新序》、《說苑》、《世說》、《列女傳頌圖》也。」

（二）、《隋書‧經籍志》云：「《新序》三十卷。」〈注〉云：「錄一卷，劉向撰。」

（三）、《唐書‧經籍志上》云：「《新序》三十卷。」〈注〉云：「劉向撰。」

（四）、《新唐書‧藝文志三》云：「劉向《新序》三十卷。」

（五）、《宋史‧藝文志四》云：「劉向《新序》十卷。」

二、公藏類

（一）、《七略別錄佚文》云：

「臣向所序新序三十篇。」

「新序三十卷河平四年都水使者諫議大夫臣向上言【馬總《意林》】。」

「新序總一百八十三章陽朔元年二月癸卯上【晁氏《讀書志》、王氏《漢書藝文志考證》】。」（以上〈別錄佚文〉）

「臣向所序六十七篇，新序說苑世說列女傳頌圖也」。（〈七略佚文〉）

（二）、《群書考索》云：「新序　漢劉向撰。遠至舜禹，次及周秦古人嘉言善行，悉採摭序載，總一百六十三章，本朝曾鞏校其差誤爲之序。」

（三）、《明書‧經籍志》云：「劉向新序　三部、各三冊、均完全。」

（四）、《四庫全書簡明目錄》云：「新序十卷　漢劉向撰。唐以前本皆三十卷，宋以後本皆十卷，蓋不知爲合併、爲殘闕也。所錄皆春秋至漢初軼事，可爲法戒者。

雖傳聞異詞，姓名時代或有牴牾，要其大旨主於正紀綱、迪教化，不失爲儒者之言。」

（五）、《摛藻堂四庫全書薈要目錄》云：「新序十卷　漢劉向撰。四冊。」

（六）、《四庫全書總目》云：「新序十卷　江蘇巡府採進本。」

（七）、《四庫目略》云：「新序　漢劉向撰。明內府刊本、漢魏叢書本、嘉靖丁未何良俊刊本、明袁宏道等校刊本、正德五年庚午楚藩刊本、明翻宋本、明刊劉氏二書本、黃丕烈有北宋刊本、日本刊本、子書百種本、鐵華館本。是書所載皆戰國秦漢間事可爲法戒者。」

（八）、《增訂四庫簡明目錄標注》上云：「《新序》十卷　漢劉向撰。唐以前本皆三十卷，宋以後本皆十卷。蓋不知爲合併，爲殘缺也。」〈注〉：「漢魏叢書本、嘉靖丁未何良俊刊本、明袁弘道等刊本、胡維新本、黃丕烈有北宋刊本（十一行，行二十字）、明正德五年楚藩刊本、蔣寅昉有宋刊本、群書拾補內有校正新序若干條、新序逸文五十一條、校正說苑若干條、說苑逸文二十五條。」〈續錄〉：「元刊本，半葉十一行，行十八字，目錄在序前；明初刊大字本；明內府本；明翻宋本；明刊劉氏二書本；子書百種本；光緒癸未長洲蔣氏鐵華館影宋刊本；廣漢魏叢書本；四部叢刊本；日本享保二十年尙古堂刊本；日本文政尙古堂刊本。」

（九）、《故宮善本書目》云：「說苑新序一函八冊　漢劉向撰。說苑二十卷新序十卷，明嘉靖二十六年華亭何良俊合刻本。」

（一〇）、《內閣書檔舊目補》云：「劉向序二本。」（茂仁案：序上奪新字）。

（一一）、《故宮普通書目》云：

「新序旁注評林十卷，漢劉向撰。明黃從誠評註，明刊本，四冊。」

「漢魏叢書　明程榮輯。新安程氏校刊本，新序十卷，漢劉向撰。」

「漢魏叢書，明何允中輯，明刊本，新序十卷，漢劉向撰。」

「漢魏叢書，清王謨輯，乾隆年王氏校刊本，新序十卷，漢劉向撰。」

（一二）、《北京圖書館古籍善本書目》云：

「劉氏二書三十卷，漢劉向撰。明嘉靖十四年楚藩崇本書院刻本，十冊，十行十九字黑口四周雙邊。」

「劉氏二書三十卷，漢劉向撰。明嘉靖三十八年楊美益刻本，八冊，十一行十八字細黑口四周雙邊。」

「劉氏二書三十卷，漢劉向撰。明刻本，六冊，十一行十八字黑口四周雙邊。」

「劉氏二書三十卷，漢劉向撰。明刻本，六冊。」

「重刊說苑新序三十卷，漢劉向撰。明嘉靖二十六年何良明刻本，朱駿聲校，八冊，十行二十字白口左右雙邊。」

「重刊說苑新序三十卷，漢劉向撰。明嘉靖二十六年何良俊刻本，八冊。」

「新序十卷，漢劉向撰。宋刻本，錢謙益、黃丕烈、金錫爵跋，五冊，十一行二十字白口左右雙邊。」

「劉向新序十卷，漢劉向撰。明正德五年楚府正心書院刻本，陳揆校並跋，一冊，十一行十八字黑口左右雙邊。」

「劉向新序十卷，漢劉向撰。明嘉靖二十六年何良俊重刻說苑新序本，戴望校並跋，郭柏蒼、周星詒、蔣鳳藻跋，一冊，十行二十字白口左右雙邊。」

「劉向新序十卷，漢劉向撰。明嘉靖二十六年何良俊重刻說苑新序本，二冊，十行二十字白口左右雙邊。」

「劉向新序十卷，漢劉向撰。明嘉靖三十八年楊美益刻劉氏二書本，蔣杲校並跋，二冊，十一行十八字細黑口四周雙邊。」

「劉向新序十卷，漢劉向撰。明嘉靖三十八年楊美益刻劉氏二書本，四冊。」

「新序十卷，漢劉向撰。明萬曆程榮刻漢魏叢書本，周叔弢校並跋，一冊，九行二十字白口左右雙邊。」

「新序十卷，漢劉向撰。明刻本，黃丕烈校並跋，陸損之校，孫星衍跋，二冊，十一行十八字黑口四周雙邊。」

「劉向新序十卷，漢劉向撰。明刻本，佚名錄顧廣圻跋並錄何焯校，四冊，十行十九字黑口四周雙邊。」

「劉向新序十卷，漢劉向撰。明刻本，四冊，十行十八字白口左右雙邊。」

「劉向新序十卷，漢劉向撰。明刻本，二冊。」

「新序十卷，漢劉向撰。清初刻漢魏叢書本，黃丕烈、陳檀校，四冊，九行二十字白口左右雙邊。」

「新序十卷，漢劉向撰。清初刻本，鄭珍校並跋，二冊，九行二十字白口左右雙邊。」

（一三）、《上海圖書館善本書目》云：「劉向新序十卷，漢劉向撰。明刻黑口本。」

（一四）、《四川省圖書館藏古籍目錄》云：

「新序，存一至六卷，一冊，漢劉向撰。明刻本。」

「新序，二冊，清同治四川敘府翻刻漢魏叢書本。」

「新序，二冊，清光緒元年（一八七五）湖北崇文書局刻本。」

「新序，一冊，清光緒九年（一八八五）倣宋刻本。」

「新序，二冊。」

「新序十卷，一冊，明鍾惺評。清刻本。」

「新序校注十卷，三冊，張國詮校注，民國 33 年（一九四四）成都茹古書局排印本。」

（一五）、《國立中央圖書館善本書目增訂本》云：

「劉氏二書三十卷，十二冊，漢劉向撰。明嘉靖三十八年楊美益刊本。」

「劉向新序十卷，三冊，漢劉向撰。明初刊黑口十行本，北平（茂仁案：凡註『北平』者，皆已移藏故宮博物院圖書文獻館善本書室，下同。）」

「劉向新序十卷，三冊，漢劉向撰。明刊黑口十一行本。」

「劉向新序十卷，二冊，漢劉向撰。明刊黑口十一行本，北平。」

「新序十卷，二冊，漢劉向撰。明刊黑口十行本。」

「新序十卷，四冊，漢劉向撰。明嘉靖乙未（十四年）楚府崇本書院重刊本。」

「劉向新序十卷，四冊，漢劉向撰。明嘉靖丁未（二十六年）何良俊刊新序說苑合刻本。」

「劉向新序十卷，四冊，漢劉向撰。明刊白口十行本，近人葉德輝手書題記，北平。」

「劉向新序十卷，二冊，漢劉向撰。明刊白口十行本。」

「劉向新序十卷，二冊，漢劉向撰。明刊白口十行本。」

「新序旁證十卷，二冊，清不著撰人。清同光間著者手稿本。」

（一六）、《中國人民大學圖書館古籍善本書目》云：「劉向新序十卷，漢劉向撰。明刻本，清王士禎校跋，二冊一函，十一行二十字，白口，單魚尾，四周單邊。鈐『王士禎印』、『阮亭』、『龔文照印』、『群玉山房藏書記』諸印。」

（一七）、《京都大學人文科學研究所漢籍目錄》云：「和刻本諸子大成，新序十卷，漢劉向撰，明程榮校，日本平野玄仲訓點，享保二十年江府（戶）書舖錦山堂植村藤三郎刊本。」

（一八）、《美國國會圖書館藏中國善本書目》云：

「劉向新序十卷，三冊，與說苑合裝。明刻本，十一行十八字。」

「新序旁注評林十卷，四冊一函。明坊刻本，六行十七字。」

三、私藏類

（一）、《遂初堂書目》云：「劉向新序。」

（二）、《百川書志》云：「新序十卷，漢光祿大夫劉向撰。凡四類。」

（三）、《萬卷堂書目》云：「新序十卷，劉向。」

（四）、《晁氏寶文堂書目》云：「劉向新序說苑。」

（五）、《世善堂藏書目錄》云：「新序十卷。」

（六）、《菉竹堂書目》云：「劉向新序，三冊。」

（七）、《欽定天祿琳琅書目·續目》云：「劉向新序，一函四冊，漢劉向著。十卷，目錄後有宋曾鞏序。此蓋明翻宋槧之本，而紙質則嫌麤厚，槧印亦未能工。」（見卷九）

「說苑新序，一函八冊。（前略說苑）新序書十卷，凡四篇。曰雜事五、刺奢、節士上下，善謀上下，兩書俱有曾鞏校上序，嘉靖丁未何良俊合刻有序，良俊字元朗，松江華亭人，官翰林院，孔目有清森閣集。」（見續卷十六）

（八）、《孫氏祠堂書目內外編》云：「新序十卷，漢劉向撰。一明程榮刊本，一明何良俊仿宋刊本，一星衍依宋刻校本。」

（九）、《求古齋宋本書目》云：「新序，五冊。」

（十）、《結一廬書目》云：「新序十卷，計六本，漢劉向撰。明嘉靖閒重刊宋本。」

（一一）、《藝芸書舍宋元本書目》云：「新序，十卷。」（宋本）

（一二）、《鐵琴銅劍樓藏書目錄》云：「新序十卷，清康熙庚寅蔣杲傳錄何焯校本並跋。」（見目次）

「新序十卷，校宋本。題陽朔元年二月癸卯護左都水使者光祿大夫臣劉向上，序文後接目錄，以每卷爲次，目錄上空二字，卷第一上空三字，雜事上空四字，每半葉十一行行二十字，間有小注，明刻所無，如卷十善謀篇，守戰南陽守齮走保城守宛；又休牛於桃林下注云：史作放牛桃林之陰，示天下不復輸積；又雍齒與我有故，下注云：漢書音義曰：未起時有故怨；又深入伐國墮城，下注云：漢史作以飽待飢，正治以待其亂，定舍以待其勞，故按兵覆眾，伐國墮城；又正遣人獲也，全書改正訛奪處甚多，後有蔣氏杲手記云：康熙庚寅借義門師校正本對勘，師本乃從憩橋巷李氏借得陽山顧大有舊藏宋槧本校定也。又於卷一後，錄錢蒙叟舊題云：舊本新序說苑首開列陽朔鴻嘉某年某月具官臣劉向上一行，此古人修書經進之體式，今本先將此行削去，古今人識見相越及鑱刻之佳惡，一開卷而可辨者也。」（見卷十三）

（一三）、《鐵琴銅劍樓藏宋元本書目》云：「新序十卷，校宋本。每半葉十一行，行二十字，間有小注，明刻所無。後有蔣氏杲手記云：康熙庚寅借義門師校正本對勘，師本乃從憩橋巷李氏借得陽山顧大有舊藏宋槧本校定也。」

（一四）、《聊城楊氏海源閣藏書目》云：「新序十卷二冊。」

（一五）、《述古堂藏書目》云：「劉向新序十卷。」

（一六）、《虞山錢遵王藏書目錄彙編》云：「劉向新序十卷。」

（一七）、《天一閣見存書目》云：「新序十卷，全閣中校刊本　漢劉向撰。」

（一八）、《藝風藏書記》云：「新序十卷，日本刻本。長沼武井驥纂注，有源賴繩序，後有自序。驥號檉齋，注亦兼校，所引皆古書。」

（一九）、《皕宋樓藏書志》云：「新序十卷，明覆宋本，漢劉向撰。曾鞏序。」

（二〇）、《文瑞樓藏書目錄》云：「新序十卷，漢劉向著。」

（二一）、《孝慈堂書目叢刻》云：

「新序，劉向。十卷，二冊。」

「宋板新序十卷。」

（二二）、《藏園群書經眼錄》云：

「新序十卷，漢劉向撰。宋刊本，中版心，半葉十一行，行二十字，白口，左右雙闌，版心下記刊工姓名。字體方嚴，爲南宋初杭本正宗，與藏樂府詩集極相類。有錢謙益跋，黃丕烈三跋，又金錫爵一跋，詳《楹書隅錄》中，不贅。鈐有明華亭朱氏及清錢、季、徐、黃諸家印記。」

「新序十卷，漢劉向撰。明刊本，十一行十八字，黑口，四周雙闌。黃丕烈乙卯閏月借顧廣圻傳錄何焯校宋本臨寫一過，何氏用陽山顧大有家藏宋本也。嘉慶庚午又以顧氏宋本續校。嘉慶己未孫星衍借校，有跋二行，不詳記。黃氏卷前跋二則，卷尾跋三則，均見《楹書隅錄》，不復抄。據黃氏跋，知先以家藏宋本校過，即錢謙益所跋者，後以陽山顧氏所藏宋本覆校，是此書凡三校矣。宋本二十二行，行二十字，校筆先用藍色，三卷以後改墨色，覆校用朱色。卷三後有跋一則，爲《楹書隅錄》所遺，錄如後：『乙卯四月十四日，書船友鄭輔義攜宋本新序首冊來，留閱信宿，校此三卷，與何校本似有微異處，未知何所據之宋本云何也。開卷第二行曾鞏地與姓名一行何校未及增入，所正字尚有爲何校所軼及兩殊者，悉照宋本改定。惜其需直太昂，難以得之，不得窺厥全豹爲恨恨耳。第一卷末有東澗跋四行，與有學集所載合，‘可也’‘可’字乃爲‘此’字之誤。跋後有牧翁闊方印，錢謙益印方印，筆墨古雅，圖章宛然，令人愛不忍釋。惜錢之癖交戰於中而不能決，奈何奈何！蕘圃望日燈下記。』鈐有濟美堂、嘉興李聘、黃錫蕃印、孫氏伯淵、公佐、芑禁癭諸印，又楊氏宋存書室各印。」

「新序十卷，漢劉向撰。明刊本，蔣杲臨何焯校本，有跋錄後：『康熙庚寅借義門師校正本對勘。師本乃從憩橋巷李氏借得陽山顧大有舊藏宋槧本校定也。七月八日，杲記。

康熙丁酉六月得傳是樓宋本，錄牧翁題識，復改定十餘字。杲又記。』」

（二三）、《五十萬卷樓藏書目錄初編》云：「劉氏二書說苑二十卷新序　卷，明刊本，漢劉向撰。前有嘉靖己未賜進士第巡按山西監察御史前行人司行人鄞邑楊美益序，略云（中略）吾之刻二書於汾陽也，重有所感，亦深有所望也。次有曾鞏序，次目錄，半葉十一行，行十八字。」

（二四）、《寒瘦山房鬻存善本書目》云：「新序十卷，三冊，漢劉向撰。明大字本，有麓村儀周珍藏二印，又桐城姚伯昂氏藏書記二印。」

（二五）、《群碧樓善本書目》云：「新序十卷，四冊，漢劉向撰。明嘉靖丁未何良俊刊本。」

（二六）、《舊山樓書目》云：「新序，校本，一本。」

（二七）、《東海藏書樓書目》云：「說苑二十卷新序一卷，漢劉向撰。明萬曆刊本。」

（二八）、《揚州吳氏測海樓藏書目錄》云：「新序十卷，漢劉向。」

（二九）、《故宮所藏觀海堂書目》云：

「新序十卷，漢劉向撰。祕書九種本。」

「又十卷，明刊本。有狩谷望之燕超堂書畫印朱記，三冊。」

「新序纂註十卷，日本武井驥撰。日本刊本，四冊。」

「新序考不分卷，日本岡本保孝撰。日本鈔本，有溫故堂文庫印，一冊。」

（三○）、《博野蔣氏寄存書目》云：「新序二卷，漢劉向撰。清張道源評，文萃十三種本。」

（三一）、《西諦書目》云：「新序十卷，劉向撰。明刊本，一冊。」

（三二）、《文奎堂書目》云：「說苑二十卷新序十卷，漢劉向。明嘉靖年刊，棉紙十二本。」

（三三）、《天放樓書目》云：

「劉向新序，雖分十卷，而篇名止三四，不足備類，疑未成之書。」

「新序，程榮本。明刻本。」

四、其它

（一）、《昭德先生郡齋讀書志》云：「新序十卷。漢劉向撰。向當成帝時典校書，因採傳記行事百家之言，刪取正辭美義可勸戒者爲新序說苑共五十篇，新序陽朔元年上，世傳本多亡闕。皇朝曾子固在館中自校正其訛舛而綴緝其放逸，久之新序始復全。」

（二）、《直齋書錄解題》云：「新序十卷，漢護都水使者光祿大夫劉向子政撰。舜禹以來迄于周，嘉言善行往往在焉，其書最爲近古。」

（三）、《古今書刻》云：「新序（楊州府、楚府、蜀府）。」

（四）、《絳雲樓題跋》云：「新序。舊本新序說苑，卷首開列陽朔鴻嘉某年某月具官臣劉向上一行。此古人修書經進之體式，今本先將此行削去，古今人識見相越，及鑱刻之佳惡，一開卷而可辨者此也。」

（五）、《蕘圃藏書題識》云：「新序十卷【北宋本】。

『舊本《新序》、《說苑》卷首開列陽朔鴻嘉□年□月，具官臣劉向上一行，此古人修書經進之體式，今本先將此行削去，古今人識見相越及鑱刻之佳惡，一閱而可辨者也。辛丑夏五謙益題。』【在卷一後】

『余於乾隆乙卯閏月，借顧澗薲傳錄何校宋本《新序》臨寫一過，知宋本實有佳處，義門所校，得其眞矣！繼於四月十四日書，船友鄭輔義攜一宋本來，留閱信宿，校首冊三卷，開卷第二行有曾鞏地與姓名一行，何校未及增入，未知何所校之宋本云何也？何校原本在澗薲堂兄抱沖處，係陽山顧大有所藏，顧之前，藏於憩橋巷李氏，余所見宋本，第一卷末有東澗跋，何校未之及，知非一本，每葉幾行，每行幾字，彼此相類，而所校又與刻本間有異，未知何故？余愛之甚，惜需直八十金，故以樣本還之，不及窺厥全豹，大爲恨事，自後書友來，來必曰：『此書爲物主攜往他處，將不久留於江南境矣！何如其直得之乎？』余遂究所從來，云是太倉王氏物，渠與畢秋颿制府本友善，宋刻善本亦嘗歸之，故本地不售，將往楚中求售，如售去，家中宋本皆盡往矣。余艷其宋本之多，屬書友更攜他書借閱，書友允吾請，至冬季，果以北宋小字本《列子》來，需直六十金，余喜異書之沓至，後更勝於前，不復計錢物之多寡，以白鏹八十餘金并得之，是時余方承被火灾，後爲治家計，最急省他費購書，室人交徧謫，我亦置若罔聞而已，今屆移家月餘，諸事稍定，倩工裝池，分爲五冊，書中有板刻印溫公訓子語一紙，爲信陽王氏四部堂識，足見藏書家珍重之意，因裱托置諸卷端，俾垂永久。裝畢，追述得書顚末，并著宋本或有異同校者不無譌誤，是在目見，而又心細方盡讀書之能事爾。時嘉慶元年六月望日，書於王洗馬巷新居之小千頃堂，棘人黃丕烈識。』

『嘉慶辛酉秋九月望後一日，觀書於東城蔣氏，見有宋刻本《新序》，爲陽山顧大有所藏，方悟何校所據即此本矣。初見時，覺板刻字形與余所收似不甚異，及借歸參閱，乃知前所云所校又與刻本間有殊異者，皆顧本有以亂之也，即如卷九中，『是後桓公信壞德衰』，衍一德字；『殷夏之滅也』，譌湯爲夏字；『張子房之謀也』，句下脫『楚雖無彊，《漢》、《史》作楚唯無彊』小註十一字【此在卷十中】，其誤迭出，

他遇宋諱，如殷、如竟、如完、如構皆未缺筆，每葉上塡大小字數，下注刻工姓名，皆與余本異。行款悉同，而字形活變，不能斬方，彼此相較，眞如優孟衣冠矣，始知宋刻本一翻雕而神氣已失，不必在異代也。則此本之可貴，逾勝於初得時。書友之索重直，若有先知者耶？蕘圃氏又識。』

　　『蔣本《新序》，余定爲覆刻者，前跋已詳之，頃蠻庭金君從蔣氏購歸，與余攤書對讀，知兩書實出兩刻，如『信壞德衰』，蔣本擠一德字，文理爲順於原本，則衍矣！茲又隨手勘及，如『盈海者矣』，蔣本『者』作『內』，此原本作『者』，朱筆校改『內』字，是又據後出之本改之也，以余所見所聞，如高〈注〉《戰國策》、歐陽忞《輿地廣記》、劉向《古列女傳》同一宋本而皆各有異世，非一刻即文非一例，在各存其眞可耳，《國策》、《輿地廣記》、《列女傳》余寶其一，而此外藏於他所者，或得諸聞，或得諸見，不能爲兩美之合，亦造物有以使之然也，蠻庭先後來吳中，而皆獲至精之本以去，可謂識寶者，而以余訂交，如蠻庭談書，又得一良友，寒齋數日之敘，百宋一廛中添一段佳話，他日攤書對讀圖成，豈異長毋相忘冊邪！【此五硯樓事】并誌於此，以告後之讀是書者。庚午季冬五日宿雨初霽丕烈書。』

　　『嘉慶庚午十一月，借居陶陶室，蕘圃先生出示宋槧諸書，皆見所未見，而此本尚不與焉，他日予得蔣氏宋本《新序》，急乞假以校讀之，知蕘圃已先於辛酉年據校矣，以此本爲初刻，蔣本爲覆刻，審定之確，無是過其記異同。曰衍、曰脫，亦道其實，曰誤，予以爲正不誤也，惟湯夏當別記，不應改本文，而蕘圃墨守初刻必以不同初刻者即爲誤，予未敢信，跋而還之，陶陶室先後得二宋本，陶集取名其室，并及。嘉興金錫爵記。』」

　　「新序十卷【校宋本】。

　　『此康熙庚寅義門何氏用陽山顧大有舊藏宋槧校，乾隆乙卯傳錄，澗薲記，時孟陬九日也。』

　　『乙卯閏月，借顧澗黃傳錄何校宋本臨寫一過，何校原本在伊兄抱沖處，俟臨畢，當借歸參考之，棘人黃丕烈。』

　　『四月望日往訪抱沖，索觀何校本，知顧本藏於憩橋巷李氏，亦古書授受之源流也，爰復表而出之蕘圃，此本閒有與宋本字合者，以雙圈識之，視顧澗薲所校漢魏叢書本，勝之遠矣。卷首序目，叢書本無之，此本居然完璧，洵近刻中之佳者也。蕘圃氏識。』

　　『嘉慶四年太歲己未五月，孫星衍借歸金陵，校於五松書屋。』

　　『嘉慶庚午冬，金君蠻庭收得蔣本所藏《新序》，即義門據校之本，陽山顧氏舊藏者，復取讐一過。復翁。』

『校書之難，如埽落葉，如拂几塵，此書於向年校過家藏宋刻，即東澗跋本，後矗以陽山顧氏所藏宋刻覆之，知兩本實有異同，因恩恩借校，略識其異。頃，是本已爲嘉興金蠻庭所得，復取續校卷中，識蔣本者是也，蔣氏即顧舊藏，而何所據校者，向藏史家巷賜書樓，蔣氏今分支居西白塔子巷者，家不甚貧，卻愛財而不愛書，故是本爲金所有，余初見時，其家佔直十二金，欲并售，未能獨得，後累至十倍，茲以番餅四十二枚易之，蠻庭何幸而遇此。江浙分儲，非復吾郡中物矣，書之黯然。庚午冬十二月十一日記。復翁。』」

（六）、《楹書隅錄》云：「北宋本新序十卷五冊一函（茂仁案：跋語與《莬圃藏書題識》著錄同）。」

（七）、《邵亭知見傳本書目》云：「新序十卷，漢劉向撰。漢魏叢書本、嘉靖丁未何良俊刊本、明袁宏道等校刊本、正德五年庚午楚藩刊本、盧氏群書拾補內有校正新序若干條，逸文五十一條，（中略）。黃丕烈有北宋刊本，新序每頁二十二行，行二十字，目錄接序文，後每卷自爲一行，第二行有鴻嘉年號紅豆舊物。元刊本每頁二十二行，行十八字，目錄在序前。」

（八）、《宋元本書目行格表》云：「宋本新序行二十字，十卷。明何中允本（茂仁案：中允誤乙），半頁十行行二十字。儀顧堂跋，百宋一廛賦注一本同，瞿目有校宋本即從百宋出。」

（九）、《文求堂展觀書目》云：
「新序十卷說苑二十卷，明楚藩刊大字本。」
「劉向新序纂註十卷，漢劉向。日本武井驥註，文政五年刊本。」

（一○）、《三國志注所引書目》云：「劉向新序，陳矯傳。案說見上，又曾鞏新序序三十卷，錄一卷。隋唐之世尚爲全書，今可見者十篇而已，向之序此書，於今最爲近古，雖不能無失，然遠至舜竊而次及於周秦以來古人之嘉言善行，往往而在也。中興書目雜家新序十卷，總一百八十三章，今本雜事五卷、刺奢一卷、節士二卷、善謀二卷，尚是宋本之舊。」

附錄三　書　影

新序十卷　宋刻本

新序卷第一

陽朔元年二月癸卯護左都水使者光祿大夫臣劉向上

雜事

昔者舜自耕稼陶漁而躬孝友父瞽瞍頑母嚚弟象傲皆下愚不移舜盡孝道以供養瞽瞍瞽瞍與象為浚井塗廩之謀欲以殺舜舜孝益篤出田則號泣年五十猶嬰慕可謂至孝矣故耕於歷山耕者讓畔陶於河濱河濱之陶者器不苦窳漁於雷澤雷澤之漁者分均以立為天子六下化之陶者器服北發渠搜南撫交阯莫不慕義麟鳳在郊故同孝弟之至通於神明光于四海此之謂也

劉向新序十卷　明刊黑口十一行本

劉向新序卷第一

雜事第一

昔者舜自耕稼陶漁而躬孝友父瞽瞍頑母嚚及弟象傲皆下愚不移舜盡孝道以供養瞽瞍瞽瞍與象為浚井塗廩之謀欲以殺舜舜孝益篤出田則號泣年五十猶嬰兒慕可謂至孝矣故耕於歷山歷山之耕者讓畔陶於河濱河濱之陶者器不苦窳漁於雷澤雷澤之漁者分均之陶者器不苦窳漁於雷澤雷澤之漁者分均及立為天子天下化之蠻夷率服北發渠搜南撫交阯莫不慕義麟鳳在郊故孔子曰孝弟之至通於神明光于四海舜之謂也孔子在州里

新序十卷　明嘉靖乙未楚府崇本書院本

劉向新序卷第一

雜事第一

昔者舜自耕稼陶漁而躬孝友父瞽瞍頑母嚚及

爭象傲皆下愚不移舜盡孝道以供養瞽瞍瞽瞍

與象爲浚井塗廩之謀欲以殺舜舜益篤出田

則號泣年五十猶嬰兒慕可謂至孝矣故耕於歷

山歷山之耕者讓畔陶於河濱河濱之陶者器不

苦窳漁於雷澤雷澤之漁者分均及立爲天子天

下化之蠻夷率服北發渠搜南撫交阯莫不慕義

劉向新序十卷　明刊黑口十行本

劉向新序卷第一

雜事第一

昔者舜自耕稼陶漁而躬孝友父瞽腹頑母嚚及

爭象傲皆下愚不移舜盡孝道以供養瞽腹瞽腹

與象爲浚井塗廩之謀欲以殺舜舜孝益篤出田

則號泣年五十猶嬰兒慕可謂至孝矣故耕於歷

山歷山之耕者讓畔陶於河濱河濱之陶者器不

苦窳漁於雷澤雷澤之漁者分均及立爲天子天

下化之蠻夷率服北發渠搜南撫交阯莫不慕義

劉向新序十卷　明嘉靖丁未華亭何良俊刊新序說苑合刻本

新序卷第一

雜事第一

昔者舜自耕稼陶漁而躬孝友父瞽瞍頑母嚚及弟
象傲皆下愚不移舜盡孝道以供養瞽瞍瞽瞍與象
為浚井塗廩之謀欲以殺舜舜孝益篤出田則號泣
年五十猶嬰兒慕可謂至孝矣故耕於歷山歷山之
耕者讓畔陶於河濱河濱之陶者器不苦窳漁於雷
澤雷澤之漁者分均及立為天子天下化之蠻夷率
服北發渠搜南撫交阯莫不慕義麟鳳在郊故孔子
曰孝爭之至通於神明光于四海舜之謂也孔子在

新序十卷　明嘉靖己未楊美益劉氏二書刊本

劉向新序卷第一

雜事第一

昔者舜自耕稼陶漁而躬孝友父瞽瞍頑毋嚚

及弟象傲皆下愚不移（舜盡孝道以供養瞽瞍

瞽瞍與象爲浚井塗廩之謀欲以殺舜舜孝益

篤出田則號泣年五十猶嬰兒慕可謂至孝矣

故耕於歷山歷山之耕者讓畔陶於河濱河濱

之陶者器不苦窳漁於雷澤雷澤之漁者分均

及立爲天子天下化之蠻夷率服北發渠搜南

撫交阯莫不慕義麟鳳在郊故孔子曰孝弟之

至通於神明光于四海舜之謂也孔子在州里

劉向新序十卷　明刊白口十行本

劉向新序卷第一

雜事第一

昔者舜自耕稼陶漁而躬孝友父瞽瞍頑母嚚
及弟象傲皆下愚不移舜盡孝道以供養瞽瞍
瞽瞍與象爲浚井塗廩之謀欲以殺舜舜孝益
篤出田則號泣年五十猶嬰兒慕可謂至孝矣
故耕於歷山歷山之耕者讓畔陶於河濱河濱
之陶者器不苦窳漁於雷澤雷澤之漁者分均
及立爲天子天下化之蠻夷率服比發渠搜南
撫交阯莫不慕義麟鳳在郊故孔子曰孝弟之

新序十卷　明天一閣本

劉向新序卷第一

雜事第一

昔者舜自耕稼陶漁而躬孝友父瞽瞍頑母嚚

及弟象傲……以供養瞽瞍

瞽瞍……修舜孝道以供養瞽瞍

篤……欲以殺舜舜孝益

故……可謂至孝矣

之間……舜者襄陶於河濱河濱

故耕於……漁於雷澤雷澤之漁者分均

及立為天子天下化之蠻夷率服此發於搜南

撫交阯莫不慕義麟鳳在郊故孔子曰孝弟之

百家類纂　新序節選本　明隆慶元年含山縣儒學刻本

百家類纂卷之七

儒家類　新序

孔子在州里篤行孝道居於闕黨闕黨之

親者得多孝以化之也是以七十二子自遠從其

德魯有沈猶氏者曰欲其羊飲之以欺而市人公慎氏有妻而

淫慎潰氏奢侈驕佚魯而之蒿牛馬者善豫賈孔子將為

魯司寇沈猶氏不敢朝欲其羊公慎氏出其妻慎潰氏踰

境而徙魯之蒿馬牛不豫賈布正以待之也既為司寇季

孟墮郈費之城齊人歸所侵魯之地由積正之所致也故

禹之與也以塗山筮之亡也以末喜湯之與也以有莘紂

曰其身正不令而行

《新序》校證

新序十卷　明萬曆程榮漢魏叢書刊本

新序卷第一

雜事第一

漢　沛郡劉向著

明　新安程榮校

昔者舜自耕稼陶漁而孝友父頑母嚚及弟象傲皆下愚不移舜盡孝道以供養瞽瞍瞽瞍與象為浚井塗廩之謀欲以殺舜舜孝益篤為山田則號泣年五十猶思慕可謂至孝矣故耕於歷山歷山之耕者讓畔陶於河濱河濱之陶者器不苦窳漁於雷

一八六一

一

－804－

新序十卷　明末武林何氏漢魏叢書刊本配補清刊本

新序卷一

漢　沛郡劉向著　翁立環閱

雜事第一

昔者舜自耕稼陶漁而躬孝友父瞽瞍頑母嚚及弟
象傲皆下愚不移舜盡孝道以供養瞽瞍瞽瞍與象
為浚井塗廩之謀欲以殺舜舜孝益篤出田則號泣
年五十猶嬰兒慕可謂至孝矣故耕於歷山歷山之
耕者讓畔陶於河濱河濱之陶者器不苦窳漁於雷
澤雷澤之漁者分均及立為天子天下化之蠻夷率

新序十卷　明鍾惺金閶擁萬堂刊祕書九種本

新序卷一

雜事第一

漢　沛郡劉　向撰
明　竟陵鍾　惺評

昔者舜自耕稼陶漁而躬孝友父頑母嚚及弟象傲猶下愚
不移舜盡孝道以供養瞽瞍與象為浚井塗廩之謀欲以
殺舜舜孝益篤出田則號泣年五十而慕可謂至孝矣故
耕於歷山歷山之耕者讓畔陶於河濱河濱之陶者器不苦窳
漁於雷澤雷澤之漁者分均又立

天下化之變夷為服

漢魏叢書選　新序節選本　明張邦翼編萬曆戊午刊本

新序

漢沛郡劉向著

祝簡對中行寅曰貴者五曰先君中行穆子皮車十乘
不憂其薄也憂德義之不足也今王君有華車百乘
不憂德義之薄也唯患車不足也夫舟車餙則賦歛
厚賦歛厚則民怨謗詛矣且君茍以為祝有益於國
乎則詛亦將為損世亡矣一人祝之一國詛之一祝
不勝萬詛國亡不亦宜乎祝其何罪中行子乃慚

晉平公欲伐齊使范昭往觀焉范昭歸以告平公曰

新序十卷　明刊本　陳用光校（清王謨　增訂漢魏叢書同此）

凡加黑圍者与宋本今本合

新序卷第一

漢　沛郡劉向著　新城陳用光校

雜事第一

昔者舜自耕稼陶漁而射孝友父瞽瞍頑母嚚及弟象傲皆下愚不移舜盡孝道以供養瞽瞍瞽瞍與象為浚井塗廩之謀欲以殺舜舜孝益篤出田則號泣年五十猶嬰兒慕可謂至孝矣故耕於歷山歷山之耕者讓畔陶於河濱河濱之陶者器不苦窳漁於雷澤雷澤之漁者分均及立為天子天下化之蠻夷率

劉向新序十卷　　日本享保二十年東京書林嵩山房刊本，日本金華平玄仲訓點

新序卷第

雜事第一

漢　沛郡劉向著

明　新安程榮校

昔者舜自耕稼陶漁而躬孝友父瞽瞍頑母嚚及弟
象傲皆下愚不移、舜盡孝道以供養瞽瞍瞽瞍與象、
爲浚井塗廩之謀欲以殺舜、舜孝益篤、出則號泣、
年五十猶怨慕、可謂至孝矣、故耕於歷山歷山之
耕者讓畔、陶於河濱河濱之陶者器不苦窳、漁於雷

新序十卷　欽定四庫全書薈要本

欽定四庫全書薈要卷一萬二百九十一子部

新序卷一

漢　劉向　撰

雜事第一

昔者舜自耕稼陶漁而躬孝友父瞽瞍頑母嚚及弟象傲皆下愚不移舜盡孝道以供養瞽瞍瞽瞍與象為浚井塗廩之謀欲以殺舜舜孝益篤出田則號泣年五十猶嬰兒慕可謂至孝矣故耕於歷山歷山之耕者讓畔陶於河濱河濱之陶者器不苦窳漁於雷澤雷澤之漁

欽定四庫全書

新序
卷一

二

新序十卷　欽定四庫全書本

欽定四庫全書

新序卷一

雜事第一

漢　劉向　撰

昔者舜自耕稼陶漁而躬孝友父頑母嚚及弟象傲皆下愚不移舜盡孝道以供養瞽瞍瞽瞍與象為浚井塗廩之謀欲以殺舜舜孝益篤出田則號泣年五十猶嬰兒慕可謂至孝矣故耕於歷山歷山之耕者讓畔

欽定四庫全書

劉向新序纂註　日本武井驥著　日本文政壬午長沼源湅氏天籍館刊本

劉向新序卷第一

日本　長沼　武井驥纂註

雜事第一　凡十九章

昔者舜自耕稼陶漁而躬孝友。鄭玄曰，穫穀曰稼，若嫁女之有所生。

爾雅曰，善父母曰孝，善兄弟曰友。孟子曰，舜自耕稼陶漁，以至為帝。父瞽瞍頑母嚚

及弟象傲。孔安國曰，無目曰瞽。舜父有目，不能分別好惡，故時人謂之瞽。瞍，字曰瞍，無目之稱。象，舜弟之字。傲慢不友，言並惡。左氏傳曰，心不則德義之經為頑，口不道忠信之言為嚚。

皆下愚不移。論語曰，唯上知與下愚不移。舜盡孝道以供養瞽

瞍。史記曰，舜母死，瞽瞍更娶妻而生象，象傲，瞽瞍愛後妻子，常欲殺舜，舜避逃，及有小過則受罪

新序十卷　清光緒紀元夏月湖北崇文書局刊子書百家本

新序卷一

漢　沛郡劉向撰

雜事第一

昔者舜自耕稼陶漁而躬孝友父瞽瞍頑母嚚及弟象傲皆下愚不移舜盡孝道以供養瞽瞍瞽瞍與象為浚井塗廩之謀欲以殺舜舜孝益篤出田則號泣年五十猶嬰兒慕可謂至孝矣故耕於歷山歷山之耕者讓畔淘於河濱河濱之陶者器不苦窳漁於雷澤雷澤之漁者分均及立為天子天下化之蠻夷率服北發渠搜南撫交阯莫不慕義麟鳳在郊故孔子曰孝弟之至通於神明光於四海舜之謂也孔子在州里篤行孝道居於闕黨闕黨之子弟畋漁分有親者得多孝以化之也是以七十二子自遠方至服從其德魯有沈猶氏者旦飲羊飽之以欺市

新序旁證十卷　　　清不著撰人　　清同光間著者手稿本

孫叔敖為嬰兒之時出遊見兩頭蛇殺而埋之歸而泣其□間

其故叔敖對曰聞見兩頭之蛇者死嚮者吾見之恐去母而死

也其母曰蛇今安在曰恐他人又見殺而埋之矣其母曰吾聞

有陰德者天報以福汝不死也及長為楚令尹未治而國人信

其仁也

說苑福慶篇楚相孫叔敖為兒之時見兩頭蛇殺而埋之歸對其母泣母問其故對曰

我聞見兩頭蛇死向者吾見之恐去母死矣其母曰今何在對曰我恐後人見

之即殺而埋之其母曰子有陰德者天必報之汝必不死天必報汝叔敖克不死遂為楚

相埋一地獲二祿天報善明矣　西頁讀新書春秋孫敖(叔)之為嬰兒也出遊而還憂

而不食其母問其故汝而對曰今吾見兩頭蛇恐去死無日矣其母曰今蛇安在曰吾聞見兩

卷　新序　三

新序十卷　臺灣藝文印書館百部叢書集成景清光緒癸未蔣鳳藻鐵華館叢書刊本

新序卷第一

陽朔元年二月癸卯護左都……

雜事

昔者舜自耕稼陶漁而躬孝友父瞽瞍頑母嚚及弟象傲皆下愚不移舜盡孝道以供養瞽瞍瞽瞍與象為浚井塗廩之謀欲以殺舜舜益篤出田則號泣年五十猶嬰兒慕可謂至孝矣故耕於歷山歷山之耕者讓畔陶於河濱河濱之陶者器不苦窳漁於雷澤雷澤之漁者分均及立為天子天下化之蠻夷率服北發渠搜南撫交阯莫不慕義麟鳳在郊故孔子曰孝弟之至通於神明光于四海舜之謂也孔子在州里篤行孝道居於闕黨闕黨之子弟畋漁分有親者得多孝以化之也是以七十二子自遠方至服從其德魯有沈猶氏者旦飲羊飽之以欺市人公慎氏有妻而淫慎潰氏奢侈驕

新序十卷　清光緒甲午湖南藝文書局漢魏遺書校刊本（收入漢魏遺書子餘之四）

新序卷一

雜事第一

漢　沛郡劉向撰

昔者舜自耕稼陶漁而弼孝友父瞽瞍頑母嚚及弟象傲皆下愚不移舜竭孝道以供養瞽瞍瞽瞍與象為浚井塗廩之謀欲以殺舜舜孝益篤為出田則號泣年五十猶嬰兒慕可謂至孝矣故耕於歷山歷山之耕者讓畔陶於河濱河濱之陶者器不苦窳漁於雷澤雷澤之漁者分均及立為天子天下化之蠻夷率服北發渠搜南撫交趾莫不慕義麟鳳在郊故孔子

新序十卷　臺灣藝文印書館百部叢書集成景鄭龍勳龍谿精舍據鐵華館校刊本

新序卷第一

陽朔元年二月癸卯護左都水使者光祿大夫臣劉向上

雜事

昔者舜自耕稼陶漁而躬孝友父瞽瞍頑母嚚及弟象
傲皆下愚不移舜盡孝道以供養瞽瞍瞽瞍與象為浚
井塗廩之謀欲以殺舜舜孝益篤出田則號泣年五十
猶嬰兒慕可謂至孝矣故耕於歷山歷山之耕者讓畔
陶於河濱河濱之陶者器不苦窳漁於雷澤雷澤之漁
者分均及立為天子天下化之蠻夷率服北發渠搜南
撫交阯莫不慕義麟鳳在郊故孔子曰孝弟之至通於

新序　　　卷一　　　一　　　龍谿精舍校刊

新序十卷　四部叢刊本

劉向新序卷第一

雜事第一

昔者舜自耕稼陶漁而躬孝友父瞽瞍頑母嚚
及弟象傲皆下愚不移舜盡孝道以供養瞽瞍
瞽瞍與象為浚井塗廩之謀欲以殺舜舜孝益
篤出田則號泣年五十猶嬰兒慕可謂至孝矣
故耕於歷山歷山之耕者讓畔陶於河濱河濱
之陶者器不苦窳漁於雷澤雷澤之漁者分均
及立為天子天下化之蠻夷率服北發渠搜南
撫交阯莫不慕義麟鳳在郊故孔子曰孝弟之
至通於神明光于四海舜之謂也孔子在州里

〔新序卷之一〕

〔一〕

新序十卷　臺灣藝文印書館景本

劉向新序卷第一

雜事第一

昔者舜自耕稼陶漁而躬孝友父瞽瞍頑母嚚及弟象傲皆下愚不移舜盡孝道以供養瞽瞍瞽瞍與象為浚井塗廩之謀欲以殺舜舜孝益篤出田則號泣年五十猶嬰兒慕可謂至孝矣故耕於歷山歷山之耕者讓畔陶於河濱河濱之陶者器不苦窳漁於雷澤雷澤之漁者分均之陶者器不苦窳漁於雷澤雷澤之漁者分均及立為天子天下化之蠻夷率服比發渠搜南無交阯莫不慕義麟鳳在郊故孔子曰孝弟之至通於神明光于四海舜之謂也孔子在州里

新序十卷　臺灣廣文書局諸子薈要本

新序卷一

漢　沛郡劉向撰

雜事第一

昔者舜自耕稼陶漁而品孝友父瞽瞍頑母嚚及弟象傲皆下愚不移舜盡孝道以供養瞽瞍瞽瞍與象為浚井塗廩之謀欲以殺舜舜益篤出田則號泣年五十猶嬰兒慕可謂至孝矣故耕於歷山歷山之耕者讓畔陶於河濱河濱之陶者器不苦窳漁於雷澤雷澤之漁者分均及立為天子天下化之變夷率服北發渠搜南撫交阯莫不慕義麟鳳在郊故孔子曰孝弟之至通於神明光於四海舜之謂也孔子在州里篤行孝道居於闕黨闕黨之子弟畋漁分有親者得多孝以化之也是以七十二子自遠方至服從其德魯有沈猶氏者旦飲羊飽之以欺市

新序十卷　臺灣黎明文化事業公司百子全書本（收入百子全書第四冊）

新序卷一

漢　沛郡劉向撰

雜事第一

昔者舜自耕稼陶漁而躬孝友父瞽瞍頑母嚚及弟象傲皆下愚不移舜盡孝道以供養瞽瞍瞽瞍與象為浚井塗廩之謀欲以殺舜舜孝益篤出田則號泣年五十猶嬰兒慕可謂至孝矣故耕於歷山歷山之耕者讓畔陶於河濱河濱之陶者器不苦窳漁於雷澤雷澤之漁者分均及立為天子天下化之蠻夷率服北發渠搜南撫交阯莫不慕義麟鳳在郊故孔子曰孝弟之至通於神明光於四海舜之謂也孔子在州里篤行孝道居於闕黨闕黨之子弟畋漁分有親者得多孝以化之也是以七十二子自遠方至服從其德魯有沉猶氏者旦飲羊飽之以欺市

新序十卷　上海古籍出版社諸子百家叢書本

劉向新序卷第一

雜事第一

昔者舜自耕稼陶漁，而躬孝友，父瞽瞍頑，母嚚，及弟象傲，皆下愚不移，舜盡孝道以供養瞽瞍，瞽瞍與象為浚井塗廩之謀，欲以殺舜，舜孝益篤，出田則號泣，年五十猶嬰兒慕，可謂至孝矣。故耕於歷山，歷山之耕者讓畔，陶於河濱，河濱之陶者器不苦窳，漁於雷澤，雷澤之漁者分均，及立為天子，天下化之，蠻夷率服，北發渠搜，南撫交阯，莫不慕義，服從其德。至通於神明，光于四海，舜之謂也。孔子在州里，為行孝道，居於闕黨，闕黨之子弟分有親者得多，孝以化之也，是以七十二子自遠方至，服從其德也。有沈猶氏者旦飲其羊，飽之以欺市人。公慎氏有妻而淫，慎氏出其妻。魯之鬻牛馬者善豫賈，孔子將為魯司寇，沈猶氏不敢朝飲其羊，公慎氏出其妻，商賈不豫賈，慎氏逾境而徙。魯之鬻馬牛者不豫賈，布正以待之也。沈猶氏之所以侵魯之地，由積正之所致也。故曰其身正，不令而行。

孫叔敖為嬰兒之時，出遊，見兩頭蛇，殺而埋之。歸而泣，其母問其故，叔敖對曰：聞見兩頭之蛇

群書治要　新序　日本鎌倉時代手鈔本

雜事

新序　　　　　　劉向

楚恭王有疾呂令尹曰常侍莐蘯與我

處常惼我以義吾與處不安也吾見不惠

也雖然吾有得也其切不細必爵之申侯伯

與我處常從恣吾所樂者勸吾為之吾

所將者先吾服之吾與處唯樂之不得則

咸雖然吾終無得也其過不匔必去直之

新序考　日本岡本保孝手鈔本

雜事一九十九章

○一下愚不移　論語陽貨字曲、

從井塗牀　事見孟子萬章上史記五帝紀、

出田則號泣　同上、

午五十　見孟子萬章上、

耕於歷山、　辯非難二淮南原道史記五帝紀、

說苑反質、

蠻夷率服　辟典字兩、

北發渠搜　別有攻木書菩謀下北發月氏可

得而臣也、